臺靜農先生學術藝文編年考釋

羅聯添自署

臺灣學生書局印行

目錄

上冊

目錄　下冊

包含要目
一、逝世百日紀念座談會
二、逝世周年家屬追薦法會
三、出版紀念文集、書法集、研究論著
四、出版遺作及捐贈故宮書畫展覽專集
五、逝世十周年中文學報專刊紀念
六、百年紀念活動
（一）臺大臺靜農教授書畫展

伍、歇腳盦卅六年 下冊

（民國卅五年十月，一九四六—七十年，一九八一）

民國卅五年　一九四六　四十五歲

十月十二日，友人夏德儀教授應聘來臺大歷史系任教。暫住臺北佐久間町前日本官舍。（參夏德儀《日記》，《傳記文學》八六卷二期）

十八日，臺先生及家人自滬乘船抵臺北。先到魏建功家，午後移往夏德儀處暫住。繼住國語推行委員會宿舍，三遷暫居水道町住宅。（參同前）

案：水道町在今臺北市溫州街南端至長汀街一帶地區。

十一月，自記生年及教書經歷。

生於民國紀元前十年。

十六年七月—十八年六月中法大學講師　4

十八年七月—二十年六月輔仁大學講師　4

二十年七月—二十三年六月輔仁大學副教授兼秘書　4

二十三年七月—二十四年六月北平大學女子文理學院講師

二十四年八月—二十六年七月廈門大學教授 2
二十八年七月—三十一年六月國立編譯館專任編譯（七月改編審，至次年十月辭職）
三十一年十一月二日任國立女子師範學院中國文學系教授 4

案：十六、十八年兩行及二十、三十一年兩行下各有阿拉伯數字「4」，二十四年一行下有阿拉伯數字「2」，蓋計算其任教年資，共爲十四年。二十至二十三年副教授年資爲三年，書「4」年乃包括二十三年至二十四年一年講師年資。廿四年至廿六年教授年資實爲一年，書「2」年乃包括山東青島大學一年講師年資。當時各公務機構及學校凡新進人員必須塡寫履歷表（包括學經歷）。書此簡歷，當是應臺大人事室要求而書之存根，其時在卅五年十月來任教臺大以後不久。

十一月中旬，正式上課，臺先生分配得講授二班大一國文。夏德儀《日記》云：

靜農之課係大一國文兩班，渠以既係普通功課，又以人數太多，改卷麻煩，頗不願意，幾經交涉，始勉強承認。大約於十一月中旬才正式授課。（參同前）

當時臺大文學院人事紊亂，院無院長，系無主任，文學系主任由魏建功兼任，而始終未到校辦公。夏德儀《日記》記其事云：

大學（指臺灣大學）之人事方面紊亂，達於極點。……文學院則尤其可笑，無院長，哲、史二系無主任，建功兼任文學系主任，而始終未到校辦公。於是整個文學院殆陷於無人負責之狀態，文學院之事務室則更糟糕。……文學院有臺籍教授林茂生（兼先修班主任）及陳某者皆想乘文學院無人負責之際爭取領導權。故有文學院同仁懇親會之舉。（《傳記文學》八六卷二期，頁一六）

十二月十八日，臺先生配住昭和町五一一官舍，即後之臺北市大安區龍坡里九鄰，溫州街十八巷六號臺大宿舍，日式木屋。臺先生名其書齋曰「歇腳盦」。《龍坡雜文》序：

臺北市龍坡里九鄰的臺大宿舍，我於一九四六年就住進來了，當時我的書齋名之為「歇腳盦」。

案：宿舍係日式木板屋，宿舍前後有庭院。鄰近十六、二十、二十二各巷日式木屋，均前臺北日本帝大教授宿舍，光復後由臺大接收，分配來臺大任教授者居住。臺先生所配宿舍，原稱昭和町五一一官舍，居住人爲日本市村毅教授。時臺大校長陸志鴻發配住公文云：「昭和町五一一官舍五間，原住市村毅，分配臺端居住。即希照附開地點、號數即與原住日員面洽接住，勿爲他人居住，致多糾葛爲盼。此致臺靜農先生」（遺存資料）。

又案：臺先生所作〈魯迅先生整理中國古文學之成績〉敘言，末署「一九三九年八月，孔嘉記於歇腳庵。」孔嘉乃臺先生筆名，據是可知民國二十八年入川後，寓居江津白沙柳麻岡，某富商莊園時，已名其居爲「歇腳盦」。臺北龍坡齋名，乃沿用舊稱。

夏德儀亦同時配住同一地區，昭和町五一一官舍，原為日人小泉清明所住。即溫州街十八

巷三號，位於臺先生寓所斜對面。（參夏德儀《日記》）

案：夏德儀（一九〇一－一九九八）江蘇東臺人，民國十五年北大歷史系畢業，返鄉任教，抗戰期間先後任教於四川省立女子師範學校與昆明中法大學。日本投降，蘇北家鄉已爲共軍統治。卅五年與臺先生同時分別受聘爲臺大歷史、中文系教授，擔任大一中國通史課程。卅七年九月筆者進臺大中文系就讀，大一通史課程，即夏先生講授。夏先生精研明史，在臺大歷史系執教近四十年，培育不少歷史專家學者，退休後移居美國匹茲堡與其女夏璇（任教於匹茲堡大學）同住。一九九八年十一月十八日逝世，年九十八歲。夏氏視臺先生年長一歲，壽長九年。民國卅八年後與歷史系沈剛伯、余又蓀，中文系屈萬里、孔德成、鄭騫、張清徽、毛子水、許世瑛、戴君仁等時常聚會飲宴，談笑戲謔，酒量極佳，未開席往往先索酒而飲，同仁戲稱爲「酒丐」。夏先生授課條理分明，語音清晰，常講時人軼事，饒有趣味，聽者不倦。研究明史，惟述而不作，致著作流傳無多。卒後，聞在其遺物中保存大量日記，從早年在北大就學開始至逝世前止，未有間斷，極具史料價値。目前由其門人汪榮祖教授整理中，部分題《夏德儀二二八前後日記》上下發表於臺北《傳記文學》月刊（民國九十四年二月、三月號，八六卷二、三期。）。

鄉人王治秋任孫連仲軍部少將參議，從事策反，事敗遭通緝。聞知其事，作〈寄秋弟〉（一題〈憂患〉）詩云：

憂患吾生汝最親，忽聞捕牒遍城堙。高懸網羅驚脫否，迷離音書信未真，紫塞料容舒健翼，碧天猶自望修鱗，可憐妻子投豺虎，會見金戈覆帝秦。（《龍坡丈室詩稿．龍坡草》）

案：六十四年抄本題作〈寄秋弟〉，應是原題，次於〈別白沙口號〉詩後，七十六年鈔本改題〈憂患〉，列《龍坡草》。據此以推，殆在卅五、六年來臺後作。論者謂〈寄秋弟〉之秋指王冶秋（一九〇九－一九八七）。冶秋又名野秋，安徽霍丘人，曾加入中國社會主義青年團，參加左聯，卅年加入共產黨，後為馮玉祥秘書，卅五年在孫連仲軍部任少將參議，從事策反，事敗遭通緝，「忽聞捕牒遍城堙」即指此（參《詩集》頁四四，編者案語）。據《孫連仲年譜》，民國卅四年六月二十六日從代理第六戰區司令（駐防湖北省恩施縣），轉任第十一戰區司令，並為河北省政府委員兼主席。卅六年二月五日第十一戰區奉命結束，二月十日赴保定組織綏靖公署，同年十二月一日就任首都（南京）衛戍總司令。據此以推，卅五年王冶秋任孫部少將參議，孫正任第十一戰區司令長官，兼河北省主席。詩所謂「城堙」當指北平城。其他處北方邊防要塞，故詩有「紫塞料容舒健翼」之語。

胡適五十六歲：春在哥倫比亞大學講學。六月初動身回國，七月五日抵滬，旋至北京。九月就任北大校長，北大開學典禮演講引呂祖謙語「善未易明，理未易察」，加以發

揮。後受中共批判：「含有惡毒用意」、「提倡糊塗哲學」、「擁護蔣介石、擁護國民黨」、「玩弄人民的思想」。胡反批「共黨讀書，更求甚解。」、「八個字是反對『武斷主義』，『佛教主義』、『馬克思主義』」、「是反共的正確路徑，是復國的路徑。」是秋，齊白石攜帶資料來訪，請為寫傳記。感謝付任，當下答應。十月六日作〈考據學的責任與方法〉。十一月十五日出席國民大會開幕禮，當選為主席團團員，得最高票。十二月提案〈教育文化應列為憲法專章〉。十二月卅一日從南京回北平。

溥心畬五十一歲：張大千來頤和園，租住仰雲軒，合作繪畫多件。十月與齊白石相偕赴南京，參加由北平故都文物研究會主辦之齊白石、溥心畬及白石弟子繪畫聯展。

張大千四十八歲：上海畫展，法國巴黎「賽那奇博物館」畫展，參加聯合國文教組織，在巴黎「現代美術博物院」舉行之現代畫展。

莊嚴四十八歲：四川巴縣所保管之文物八十箱，奉院令運至重慶，先行赴渝。

民國卅六年　一九四七　四十六歲

是年，繪墨梅橫披長卷，枝萼繁茂。莊嚴稱其「筆法精絕」、「平生僅見」。《逸興》（頁四、五）著錄。莊嚴題記云：

靜農先生畫梅，筆法精絕，傳世極少。此卷為一平生僅見。季市兄索觀……遂持奉，並題數語，以記墨緣。

鈐印「莊嚴、尚嚴」等五方。

案：此卷長一二〇公分、寬三二公分，有「靜農」署名其右下方。並鈐「臺靜農」印章。左下又鈐「靜農無恙」四字。不題款識年月，未知何時、何地、因何而作。然據「季市索觀」一語，疑此畫卷作於卅六年。季市（市，黻古字，亦作韍），許壽裳字（魯迅日記亦作季市，見廿三年六月廿九日，詳前），亦作季茀。許壽裳（一八八二－一九四八）號上遂。卅五年六月十五日自滬飛抵臺北，七月十日受聘爲編譯館館長。卅六年六月四日臺大校長陸志鴻聘爲中文系教授兼系主任，卅七年二月十八日夜在臺北市青田街六號寓所爲竊賊所害。許爲魯迅留日時同學，年長臺先生十九歲，臺先生以魯迅關係，早年在北京與其相識，並曾在其所主持女子文理學院任教職（廿二年八月受聘爲北平大學女子文理學院文史系講師，翌年夏，許來任院長），關係非比尋常。莊嚴卅六年護送故宮文物自重慶至南京。卅七年春，教部組臺灣訪問團，莊與向達、錢鍾書、鄭振鐸等受聘爲團員來臺訪問。是年二月五日立春，九日爲農曆除夕。訪問團抵臺在春節前後，亦正當初春，錢鍾書在臺〈贈喬大壯先生詩〉有「春水方生宜欲去」（見《槐聚詩存》頁九六）之句可證。臺先生初來臺大中文系任教，自卅五年冬至卅六年，人簡事少（上課學生僅數人）。自有閒情作此巨幅梅畫。翌年春，莊來臺應有時機與其舊識，許、臺等聚會。臺先生或在其時以此畫贈莊。許聞知索觀，時大約在二月上旬或中旬。已無年月可考，姑以莊、許等行蹤，作此推算，俟後詳察。

為臺大哲學系范壽康教授刻姓名印章。《臺大書畫集》（頁一六二）著錄。

案：范壽康（一八九五—一九八三），字允臧。卅四年臺灣光復後嘗出任陳儀長官公署教育處長，後轉任臺大哲學系教授。課後常至中文系辦公室與臺先生聚會傾談。後返回大陸定居，七十二年逝世，七十四年臺先生有詩悼念。印章疑爲來臺早年刻。

二月四日，夏德儀考試歷史，從試卷得知中文系學生四人，史學系一人。（參夏德儀《日記》，《傳記文學》八六卷三期，頁三六）

魏建功經手從上海來薰閣購得四部叢刊初編二千一百十二冊，二編五百十冊，三編五百冊，共三千一百二十二冊。二月六日上午，臺先生與夏德儀、裴溥言同往臺大圖書館開箱點收，冊數不訛。（參夏《日記》，《傳記文學》八六卷三期，頁三六）

案：此套四部叢刊大部分收藏在中文系第一研究室，民國四十三年筆者受聘爲中文系助教，得進第一研究室，見此套叢刊加以利用。

二十四日，臺大開學，臺先生與夏德儀同往文學院，取得上海來薰閣寄來書籍三包。（參

夏德儀《日記》，《傳記文學》八六卷三期，頁三九）

案：是月六日臺先生與夏等點收魏建功經手所購四部叢刊一套，此三包爲第二批書籍。

二十八日，臺灣各地發生動亂，後稱為「二二八事變」。時臺大歷史系夏德儀教授耳聞目睹事件發生緣由及動亂平定前後經過，自是日至三月二十二日有文詳敍其事。（參夏德儀《日記》）

是日傍晚，臺先生獨自步行至師範學院附近，幾陷危境。幸得報告稱前有事故發生，遂轉身而回，安然無事（參夏德儀《日記》）。

三月，出示所藏〈魯迅演講稿手跡—娜拉走後怎樣〉於編譯館館長許壽裳。二十六日許為之題跋。

案：據《許壽裳年譜》，卅五年六月二十五日許自滬飛抵臺北。七月十日受臺灣長官公署任命爲編譯館館長，十三日到任就職，至卅六年六月四日應臺大校長陸志鴻之聘，改任臺大中文系教授兼系主任。三月二十六日爲臺先生藏魯迅手跡作題跋，正當臺先生任臺大教授後半年，許掌編譯館時。〈娜拉走後怎樣〉係魯迅一九二三年十二月廿六日在北京女子高等師範學校文藝會議之講稿（文見《魯迅全集》第一冊，頁一六〇—一六六），初發表於一九二四年北京女高師《文藝會刊》第六期。同年八月一日上海《婦女雜誌》十卷八期轉載。《娜拉》爲十八世紀後半期挪威戲劇家易卜生（一八二六—一九〇六）所著。中文譯作《傀儡家庭》。臺先生十一年春（一九二二）至北京。一九二五年（民國十四年）四月底始認識魯迅，一九二三年魯演講此題，臺先生在北大研究所國學門為旁聽生，尚未識魯迅，講稿手跡何時、因何而得，有待查考。

四月六日，魏建功返臺。（參夏德儀《日記》）

下旬，臺大文學院長錢歌川到校就職，魏建功辭去中文系主任。招生委員會開會，「靜農與我俱被聘為招生委員，文學院中文系、史學系、外文系俱招二年級插班生各十名」。（參夏德儀《日記》，《傳記文學》八六卷三期，頁四六）

案：文學院長職，一月間傳言有意聘任魏建功，旋又函聘顧頡剛來長文院，顧無回應。十四日聞已聘定錢歌川（參夏《日記》）。又錢任期僅一年餘，翌年六月莊長恭來接任臺大校長，原南京中央大學史學系沈剛伯教授接任文學院長（詳後）。

五月，著成〈兩漢樂舞考〉，近五萬言。卅九年六月載臺大《文史哲學報》第一期。七十八年收入《靜農論文集》。大要謂漢雅樂疏簡，制度未備，樂府中頗流行地方樂府。今之民間戲劇，即源於漢樂府之「優戲」。

《靜農論文集序》：「按漢代祭宗廟社稷之雅樂，實甚疏簡，雖有一、二人能雅歌善舞容，而制度未備。然樂府中頗流行地方樂府，乃至異域傳來者，今漢石刻往往見之。而今之民間戲劇，即源於漢樂府之『優戲』，若此類民間戲劇，往往亦見之漢樂府。」

全文分七章十三節：一、兩漢之雅樂。二、兩漢樂府之風尚：（一）楚聲偶樂之流行，（二）讌飲佐以歌舞。三、樂府。四、郊廟樂舞：（一）南北郊樂，（二）五郊迎氣樂，（三）月令迎氣樂，（四）宗廟樂府。五、讌樂：（一）黃門鼓吹與散樂，（二）散樂之來自異域者，（三）雜舞，（四）雜樂，（五）優戲。六、軍樂：（一）鼓吹與騎吹，（二）橫吹。七、相和歌。（《論文集》頁一—五六）

案：觀此章節，可見其結構規模宏濶。篇前題記云：「回憶爲此文時，牽於生事，或作或輟，每縈於懷。頃雖排比成篇，殊少新意。鉤玄燭隱，愧未能也。一九四七年五月臺靜農記於臺北龍安坡寄寓。」臺先生以卅五年十月來臺大任教，此文定稿於卅六年五月，其經營構思當遠在此前。文末後記云：「本文先後承向覺明、勞貞一兩兄爲之補正，敬誌感謝。一九五〇年六月中校訖，靜農記於歇腳庵。」則著成至校訖出版相隔三年。向覺明即向達，以研究敦煌變文稱譽於時。貞一，勞幹字，以研究漢簡著名，民國卅八年來臺任中研院史語所研究員兼臺大歷史系教授。向達，臺灣光復後，似未來臺。此文如係臺先生來臺前向其請益，則初稿當在戰時白沙鎮期間寫成。出版刊物年月據著作繫年。

中旬，前臺灣省編譯館館長許壽裳應臺大教務長戴運軌（仲甫）聘請，任臺大中文系首任系主任。

六月，魏建功（時任臺灣省國語推行委員會主任委員）來臺大，任中文系特約教授；李霽野亦來，先任共同科教授，後專任外文系教授。

二十一日，校長陸志鴻函聘臺先生為中文系教授，薪俸五百四十元，聘期自卅六年八月至卅九年七月（遺存資料）。

暑假，臺大首次招考中文系一年級新生，同時收二名由大陸轉來二年級學生。

八月，李何林來任中文系副教授。

二日，沈兼士逝世，年六十二歲。

某日，喬大壯自南京中央大學應聘來臺大中文系任教，時許壽裳（季茀）主持系務。臺先生始與喬共事而相識。〈記波外翁〉一文敍喬之為人及與相識相處情形：

一九四七年八月某日，波外翁喬大壯先生一到臺北，魏建功兄即遇之於南昌街。他是受臺大中文系教授聘來臺的，渡海由兒子護送，船到基隆，學校有人將他們接到臺北廈門街招待所。時過中午，父子兩人，又乏又餓，便出門打算午餐，以為像在內地一樣，隨處可找到小吃館。哪知附近並沒有賣吃的，走出廈門街到了南昌街，也是如此。當時這兩條街，荒涼得很，偶有小吃攤子，也不過是魚丸肉羹之類，並無一飯之處。當他們父子在秋陽下徘徊街頭時，遇到建功，建功的夫人是波外翁老友之女，故他們早就相識的。於是建功招待他們父子到家，草草一飯。波外翁之來臺，本為避開中大方面的是

非，沒想到來到臺北，竟有置身異域之感。（《龍坡雜文》頁九四）

案：文作於民國六十七年十二月（見後）。六十五年十月臺先生序《喬大壯印蛻》云：「丁亥夏，大壯先生渡海來臺。」丁亥爲卅六年。是夏喬來臺與此八月到臺北稍有差異。觀文中稱「他們父子（喬及其子）在秋陽下徘徊街頭。」知八月爲是。喬大壯爲許壽裳任教京師大學堂時學生，其自南京中大來任臺大中文系教職，當係應許之招聘。抗戰期間喬在重慶沙坪壩任教中央大學，臺先生時居四川江津縣白沙鎮，數往返於重慶，應有機緣彼此認識。又喬與張大千均蜀人（張籍內江，喬籍成都），喬年長張七歲，二人皆雅好詩、詞、篆刻，喬有〈浣溪沙〉二闋詠張大千仕女畫及巫峽清江圖（見波外樂章），可證二人有交誼。臺先生二十六年七月與張大千認識後，即時有文字來往，且交誼甚厚，臺先生與喬相識，或與大千推介有關。

作《屈原〈天問〉篇體製別解》，九月載《臺灣文化》二卷六期，收入《靜農論文集》。內容要點：謂〈天問〉文體，出於民間體製，在古代詩人中，屈原為第一位採用民歌形式，發為光輝不滅的作品。概要如下：

〈天問〉一篇在《楚辭》中，體製最為特殊，然未必為屈原所創製，實亦襲自民間作品。據藍田師範學院羅榮宗君所調查得來的苗人開天闢地歌，與〈天問〉文體比較，其結果有二：（一）是形式同為問答體的長篇敘事詩，所不同者，一有問有答，一為單純的疑問。（二）是內容同由混沌初開時說起，所不同者，一則由開闢而古先帝王以至春秋時代，一為單純的開闢故事。蓋若此種開天闢地歌，原為古人歷史性的教本，而〈天問〉則為反抗現實的詩人精神之所寄。其鋪陳史事而為詩歌，猶之〈招魂〉、〈大招〉以及淮南小山之〈招隱〉，雖內容各異，而文體實為一系。

案：二十五年後（民國六十一年），《天問新箋》單行本出版，序言中重申〈天問〉出於民間體製，西南苗族開天闢地歌，實類似〈天問〉（見後）。

十月，作〈談酒〉，刊十一月一日《臺灣文化》二卷六期，收入《龍坡雜文》、《散文選》。文章似在不經意之間，談看自己曾經飲過、且留下特深印象的苦老酒，亦在不經意間表現「鄉土」文思和人生「悵惘」。

朋友從青島帶來了兩瓶「苦老酒」，這酒曾是他十分愛喝的，因為它顏色黑，「像中藥水似的」，尤其是它有「焦苦味」，這就使它特具「鄉土風味」。這不禁使他「藉此懷想昔年在青島作客時的光景」，「不見汽車的街上」，「燈火明濛，水氣昏然」的簡陋酒樓；於是作者「不免有點悵惘」。從而又想起後來在四川白沙時曾喝過的一種「雜酒」；這「雜酒的味兒，並不在苦老酒之下，而雜酒且富有原始味」；考其來源，應稱「咂酒」，又名「重陽酒」，更易起人鄉土之思。考此酒來源，「一時不能斷定」，想是由「西南半開化民族」傳來，「而且在五百年前就有了」。

張淑香〈鱗爪見風雅：談臺靜農先生的《龍坡雜文》〉：「喝酒，顯然是一種對人生的感覺與品味」，是「人生多感的一種暗喻」。

舒蕪〈談《龍坡雜文》：悼臺靜農先生〉：「……《龍坡雜文》仍然散發著這種泥土氣息……」

十二月，作〈《古小說鉤沈》解題〉，二十八日完成，作小序。翌年一月一日刊臺北《臺灣文化月刊》三卷一期，收入《文集》。

魯迅先生之《古小說鉤沈》，僅有一總序，民國元年假其二弟作人之名，載於《越社叢刊》。全書合魏晉江左作者，得三十六種，雖墜簡叢殘，難復舊觀，然治小說史者，欲考古說，捨此莫由。顧先生生前，未及一一敘其源流，讀者殆莫窺其端緒；茲檢舊觀，略為解說，其無可考者，仍付闕如，至輯錄之勤，校完（勘）之精，則非淺學所能知也。

末署：「三十六年十二月廿八日記於龍坡里寄寓」。

案：《鉤沈》三十六種，解題卅一種，即：（一）《青史子》（二）裴子《語林》（東晉裴啓）（三）《郭子》（東晉郭澄）（四）《笑林》（後漢邯鄲淳）（五）《俗說》（梁沈約）（六）《小說》（梁殷藝）（七）《水飾》（不著撰者）（八）《列異傳》（魏文帝）（九）《古異傳》（袁仁壽）（十）《甄異傳》（晉戴祚）（十一）《述異記》（南齊祖沖之）（十二）《靈鬼志》（不著撰者）（十三）《志怪》（晉祖臺之）（十四）《志怪》（無撰者）（十五）《神錄》（梁劉之遴）（十六）《齊諧記》（宋無疑）（十七）《幽明錄》（宋劉義慶）（十八）《鬼神列傳》（謝氏撰）（十九）《志怪記》（殖氏撰）（二十）《集靈記》（北齊顏之推撰）（二十一）《漢武故事》（不著撰者）（二十二）《妒記》（南朝宋虞通之撰）（二十三）《異聞記》（後漢陳實）（二十四）《玄中記》（撰者不詳）（二十五）《異林》（不詳撰者）（二十六）《志怪》（曹毗）（二十七）《集異記》（郭季產撰）（二十八）《神異記》（晉王浮撰）（二十九）《錄異傳》（撰者不可考）（三十）《宣驗記》（南朝宋劉義慶）（三十一）《冥祥記》（南朝宋王琰）。探討小說書名源流、異同、各家書誌著錄、版本流傳、卷數分合，考辨作者眞僞及生平事蹟，或評述內容，簡明扼要，功力深厚，爲研究小說入門必參考之作。

胡適五十七歲：是年作有關《水經注》筆記、書函、序跋十七則。四月出席北平師範大學舉行錢玄同、高步瀛追悼會。稱錢氏為南方學人的典型，高氏為北方學人的代表。五月四日作〈「五四」第二十八週年〉文，刊大公報。八月寫成《齊白石自述編年》。九月二十八日有〈爭取學術獨立的十年計畫〉文。十二月作有英文著作〈教育家張伯苓〉（譯題〈張伯苓〉）**。**

溥心畬五十二歲：春擬定「北平滿族文化協進會」會章，元配羅清媛因二度中風，逝世於頤和園。秋冬之際，為爭取滿族行憲國代名額，前往南京，此後未再北返。年底，當選國大代表。

張大千四十九歲：《張大千臨摹敦煌壁畫》第一集在滬出版，與徐雯波結婚。

民國卅七年　一九四八　四十七歲

是年春，教育部組織臺灣訪問團，莊嚴、向達、錢鍾書、鄭振鐸等受聘為團員，赴臺演講，宣揚中華文化（《莊尚嚴年譜簡編》，見《故宮、書法、莊嚴》頁三七八）。時臺大校長陸志鴻、文學院院長錢歌川。

行書寫條幅陳大樽律詩一首，寄廣西南寧桂林師範學院方重禹。《法書集》（一）（頁十）著錄。

端居日夜望風雨，鬱鬱長雲掩不開。青草自生揚子宅，黃金初謝郭槐臺。豹姿常隱何曾變，龍性能馴正可哀。閉戶厭聞天下事，壯心猶得幾徘徊。（又見《詩集．附錄》頁三二）

案：方重禹三十六年下學期至廣西南寧桂林師範學院國文系任教，時國文系主任覃丕模，亦臺先生友人。舒蕪〈憶臺靜農先生〉：「一九四八年，靜農臺先生寫了一個小條幅寄給我，寫的是陳大樽的詩。……我明白他這完全是借古人之詩，言自己之志。」

（同前）此當爲臺先生來臺第一張書法，卅年前後始專寫倪字，推想寄贈重禹者，應是倪體行書。陳大樽，明陳子龍號，崇禎進士，抗清事敗，投水殉節，年四十。有詩集，明史有傳。

年初，陰曆年過後，喬大壯、魏建功到臺先生家會面。喬酒醉表現不甚正常。翌日臺先生與建功往訪，見喬飲酒頹唐情形嚴重。〈記波外翁〉敍其事云：

這年陰曆年剛過兩三天，波外翁同建功及一女生到我家來，他輕快的走上「玄關」，直入我的書房，這樣飄然而來，同他平時謙恭揖讓的態度頗不相同。他一眼看到玻璃窗尚貼著李義山的一首小詩，詩的意境很淒涼的，他反覆朗誦，帶著嘆息聲，好像這詩是為他而寫的。我招待他坐，還是站在窗前，茶端上來，他才坐下，他又變為平常的態度了，同我寒暄了幾句後，又「是的，是的」。漸漸他倒向沙發睡了，才知他是醉了。不久醒來，我們請他多休息一回（會），他堅要回去，可是剛走兩三步，便搖搖的幾乎倒下去，我們趕緊將他扶住，慢慢地讓他躺下，他已什麼都不知了。傍晚，我同建功將他送回宿舍，從侍奉他的工友口中，知道他從除夕起，就喝高梁酒，什麼菜都不吃。燈前他將家人的相片攤在桌上，向工友說：「這都是我的兒女，我也有家呀。」

第二天我同建功去看他，依然只喝酒不吃東西，醉醺醺的，更加頹唐了。他說話也多了，不再「是的，是的」了。建功同我都感到情形嚴重，只得天天來陪他，但又不能露骨的說些安慰話，惟有相機的勸他吃點東西，可是毫無用處。或邀他一同出來小吃，他不推辭，卻堅要由他作東。既然作東，又不吃菜，只喝酒，這倒令我們技窮了。於是改變主意，先陪他在街上散步，再將他引到家裡，就便留飯，這樣以為他可以吃點什麼了，卻又不然，他先是遜謝，然後說「還是喝點酒罷」。（《龍坡雜文》頁九三）

二月間，又書教書經歷。

十六年度至十九年度任中法大學及輔仁大學講師
二十年度至二十三年度任輔仁大學副教授兼秘書
二十四年度至二十六年度任廈門大學教授
三十年度至三十四年度任國立女子師範學院教授兼國文系科主任
三十五年度至今任本校教授一年半
共任大學教職十五年半

案：以往在大陸各級學校學年度乃自七月起算至翌年六月。國民政府播遷來臺，各校學年度爲自八月算起支薪，至翌年七月底止爲一學年。卅五年十月來臺，薪資乃自卅五學年度八月起算，據其自書云「卅五年度至今任本校教授一年半」，知應爲卅六學年度上學期（卅六年八月至卅七年一月）結束後所書，亦即卅七年二月爲應臺大人事室要求塡表格時，而書此經歷留下之存根。

十八日深夜，臺大中文系許壽裳教授，在臺北市青田街六號寓所為竊賊所害。喬大壯繼為主任。喬來臺後，頹唐憂鬱，時常縱酒，有待死心情。臺先生與魏建功時加照拂。是月喬繼接系主任後，心情較為平靜，移居溫州街與臺先生比鄰。臺先生每日前往探望，然仍憂憤舊事，鬱結難解，又復縱酒無度。〈記波外翁〉詳其經過云：

季茀先生遭竊賊戕害又不幸適於這時候發生，前一天我還同建功看季茀先生，告以波外翁的情形，驚異之餘，不勝焦慮，因想一兩日內將波外翁接到他家同住。誰知一夜之間，一個具有無盡的生命力的老人，竟不能活下去，另一不算老的波外翁，反要毀掉他自以為多餘的生命。因季茀先生的橫禍，大學的朋友們都被莫名的恐怖籠罩著，然對待死心情的波外翁，又不能不裝著極平靜的樣子。當季茀先生臥在血漬中的時候，我同建功還陪波外翁應許恪士先生之邀去草山看杜鵑花，許是他中大同事，已經知道他縱酒的事，特在草山旅社備了酒菜，邊飲邊談，波外翁總算吃了些東西，酒卻喝了不少。次日，我們先和臺大外文系馬宗融兄約好，傍晚陪波外翁到他家，由他留飯。宗融以翻譯知名的，與他四川同鄉，又是通法文的同道，平日還談得來。可是去宗融處必得經過季茀先生家，只好藉故繞道而往。宗融本善於說話，請他吃菜，他看著胡蘿蔔說道：「顏色真好呀。」慢慢地用筷子夾了一片。這天晚上，總算吃了幾片胡蘿蔔。第二天或是第三天的早晨，居然自動的要粥吃，飯桌上看了日報，也是他縱酒以來第一次看報，季茀先生的事，他也知道了。當建功與我見到他時，雖然高興他已自動的吃了東西，卻怕季茀先生的橫禍刺激了他。但他的感情並沒有很大的震動，幾天來我們不敢想像他的反應，現在放心了。於是陪他到季茀先生遺體前致弔，他一時流淚不止。再陪他回到宿舍，直到夜半才讓我們辭去，他站在大門前，用手電燈照著院中大石頭說：「這後面也許就有人埋伏著」，說這話時，他神情異樣，我們都不禁為之悚然。尤其是我回家的路，必須經過一條僅能容身的巷子，巷中有一座小廟，靜夜裡走過，也有些異樣的感覺。

季茀先生追悼日，波外翁寫了兩首輓詩，有兩句非常沈痛：「門生搔白首，旦夕骨成灰」一語，也不是偶然說的，他在臺北古玩舖買了一個琉璃燒的彩陶罐子，頗精美，曾經指著告訴朋友：「這是裝我的骨灰的」。這本是一時的戲言，後來才知道他心中早有了死的陰影。

波外翁既經平靜下來，學校請他主持中文系，他覺得人事單純，也就接受了。換了宿舍，與我家衡宇相望，我幾乎每天都去看他，他對我也好像共過患難的朋友，放言無所忌諱了。因他久處京朝，軼聞舊事，不雅不潔的知道頗多，談起來也不免憤慨。像他這樣將一切都鬱結在心中的人，只有痛苦。果然，他又再度縱酒不吃東西了，所幸他有一學生彭君自南京來了。彭君四川人，他約來任助教的，與他住在同一宿舍，隨時照顧

他，不久感情也就平復了。（《龍坡雜文》頁九三—九六）

案：二月十八日許壽裳遇害，翌日，臺灣、大陸各報，紛載其事，抨擊臺灣治安敗壞。學界震驚，臺灣學人爲之惶惶不安。

四月，中文系副教授李何林因許壽裳被害事，憤而離臺。作〈追思〉，刊五月五日臺北《臺灣文化》三卷四期。又刊同年同月上海《中國作家月刊》一卷三期，收入《文集》。又刊同年十月上海《青年界月刊》，改題〈記許壽裳先生〉。本文追思與許氏「遇合」大略過程，並緬懷其「謙沖慈祥，臨事不苟」道德風範。文分三層次：

（一）追思同許季茀先生認識和交往大略：認識許先生「是二十年前在北京的時候」，一次去看魯迅先生時，許先生已在座，便認識了。此後只有過幾次短暫的交往；「直至先生入臺灣大學，才得常在先生左右」；「不幸這樣的時間，纔及半年，先生忽然遭此橫禍」。（二）追思其道德風範和學術貢獻：「先生事略上，稱先生為『謙沖慈祥，臨事不苟』，這兩句話確說明了先生的生平。」如民國十四年同魯迅先生等一道為恢復女師大而作的不屈不撓的鬥爭；抗戰中，「先生隨北平大學輾轉至西北，為爭學術獨立問題，終至不合作而去」。「晚年主持臺省編譯館」，時間短而成績不菲；在臺大亦如此，「遇害之前一日，還是苦心地籌畫國語問題、國文問題，以及圖書的整理」。「先生治學以弘通致用為主」，其著作《怎樣學習國語與國文》正是為「廣大的臺灣青年群的需要」著想。（三）許先生的遇害是我們的重大損失。「先生一生與章太炎、蔡子民，魯迅三先生關係最深。這三位先生都是創造現代中國文化的大師」。無疑是「一代文獻所寄的前輩」，今遽爾遇害，痛何如之。但相信「先生的長厚正直與博學，永遠的活在善良的人們的心中的。」

夏明釗評論：「這篇記人述事的傷悼散文，繁簡得當，意眞情摯。許先生之音容宛在，而其風範更使人有景行行止之感！」（手稿）

五月下旬，喬大壯決意回滬。離臺前夕，作自輓聯，有句云「他生再定定盦詩」。廿七日抵滬。

六月，喬在滬上先後致函臺先生。前函稱「喘疾不癒，有四方靡騁之嘆」。後函稱「徒緣衰廢，未克有終」。七月二日，喬乘家人不備，搭車到蘇州，居旅邸寫遺書，並作絕命詩一首寄其弟子。子夜投梅村河自盡。〈記波外翁〉詳其經過云：

五月間，他忽然表示想回上海看看，當時系中學生少，他只任一門課，暫時離校，無大影響。我總覺得他精神迄不穩定，不如回去看看兒女，散散心，因而也慫恿他作渡海之行。決定由彭君送他到上海，走的前夕，彭君為他收拾行裝，我發現一卷他寫的字，原來是自輓聯，匆匆一讀，只記得一句：「他生再定定盦詩」。這句好像是借用別人的，我曾在哪裡見過，記不得了。我將此聯放進衣箱後，覺得有些冒昧，看他臉色也沒有什麼。可是當時使我難過的，今生活的如此痛苦，還望他生？彭君私下告訴我，在角落處發現一瓶「來索水」之類的藥物，這令我比看見他的輓聯，還要難受。走的一天，我送他到基隆碼頭，白西服，黑領帶，彭君扶著他，蹣跚的背影走過船橋上了船。六月六日波外翁來信說：到了上海已經十日，住處僻左，宜於攝養，學期試題，已交給彭君帶回，校中如有近聞，希望告訴他。他自己呢？「賤疾略可，弟喘疾迄今不癒，頗有四方靡騁之嘆耳。」一週後，又有信來，除告我友人某君事外，並說「徒緣衰廢，未克有終，慚疚之私，殆難言喻。」所謂「四方靡騁」，即小雅「我瞻四方，蹙蹙靡所騁」，在動盪的時代，這原是一般人的心情，尤其是知識份子的感受，最為深切。至於第二封信所表示的慚疚，初未想到有言外之意，正如看他蹣跚登船，我沒有想到他從此一去不返。

波外翁去蘇州是七月二日，是日上午還由兒婦陪同訪他的老友許森玉先生，晤言甚歡。返寓後，乘家人不備即搭車到蘇州太安旅館，寫了遺書，再寫一詩寄其弟子蔣維崧君。詩云：

白劉往往敵曹劉，鄴下江東各獻酬。為此題詩真絕命，瀟瀟暮雨在蘇州。

後記云：在都蒙命作書，事冗稽報，茲以了緣過此，留一炊許，勉成上報，亦了一緣。

尊紙則不及繳還。時值子夜，大風雨，故詩云「瀟瀟暮雨」。次日發現遺體，還懸一名片，書明「責任自負」。生死安排，如此從容，真如陶公自祭文所云：「余今斯化，可以無恨」。尤以去蘇州之前，猶訪老友，言笑自如，森玉先生怎樣也不會想到這是老友前來訣別。（《龍坡雜文》頁九六—九八）

案：喬大壯六月六日函稱抵滬已十日，其至滬當在五月廿七日，「一週後，又有信來」，當在六月十二、三日。七月二日赴蘇州，子夜投河自盡，臺先生此文記之甚明確。絕命詩又有「瀟瀟暮雨在蘇州」之句，又據臺先生爲喬大壯行書扇畫題跋云：「自沉於蘇州梅村河」，更明確指出河川之名。喬在蘇州自沉梅村河絕無可疑。〈年表〉稱：「喬大壯離臺回滬，旋於七月三日自沉蘇州河中。」案：滬上市區有蘇州河流貫其間。〈年表〉不僅時日稍欠準確，漏去赴蘇州一節，亦易誤會以爲喬在滬自沉蘇州河。

六月，臺大局部改組，新任校長莊長恭，教務長為我國現代著名的喜劇作家兼物理學家丁西林，文學院長為沈剛伯。

喬氏卒後，其籍里、家世、出身、學養、經歷、為人性格、藝文造詣，多不為人知。卌年後，臺先生〈記波外翁〉一文，發潛德幽光，得見其平生概略：

波外翁給我的印象，身短、頭大，疏疏的長鬚，言語舉止，一派老輩風貌。雖是第一次見面，我卻早讀過他與徐炳旭先生合譯的波蘭顯克微支的《你往何處去》，這書是當時青年們所喜讀的，書中安東尼割手腕血管，從容死去，我至今還有模糊的印象。那時我從幾位前輩口中，知道他不是專門翻譯家，而是以詩詞篆刻知名於舊京的名士。

初與波外翁相處，使人有不易親近之感，不因他的嚴肅，而是過分的客氣，你說什麼，他總是說「是的，是的」，語氣雖然誠懇，卻不易深談下去。我的研究室與系主任許季茀先生的辦公室隔壁，而有一門相通，有次他同季茀先生談天，短暫時彼此都沒話說了，還會聽到一兩句「是的，是的」。後來建功夫人說：這是他的口頭語，在家裡同女兒說話，也免不了要說聲「是的，是的」。波外翁死年五十七歲，中年剛過，體力猶強，可悲的，竟以生命為多餘的，而必欲毀之於自家之手。從他片斷的談話中，我所瞭解的，一個舊時代的文人，飽受人生現實的折磨，希望破滅了，結果所有的，只是孤寂、憤世、自毀。

波外翁是世家子，成都人，生長北京，滿清末年讀書譯學館，這是當時政府培養外交人員的學校，為京師大學堂的前身，他的法文就是在譯學館學的。民國初年畢業，入教育部，法文用不著了，總算與其友人合譯了一部名著，可是這部《你往何處去》，已絕版了。

久居冷衙門，不知波外翁有無冷凍之感？不過當時教育部確有不少名士，藝術文學，皆有高手，想波外翁會樂此窮官的。可是後來竟拂袖而去，翁之赴告云：「於時潛於郎曹亦幾十載，屬有長官來自關外，遇僚寀不以禮，府君與同官高丈閬仙皆不為之下，遂辭官去。」我們只知道章士釗作教育部長時，有人不屑與為伍而辭官，原來還有類似的情事。高閬仙即高步瀛先生，於唐詩宋詩文都有極淵博的注釋，至今大學裡尚流行他的撰著。若波外翁這樣人，窮並不怕，幾個月不給薪俸，他受得了，但不能傷害他的尊嚴。他曾同我說過一事，在重慶時，與他有知遇之交的某君，想推薦他升官，可至卿貳之列，但要他將鬍鬚剃掉，他一笑謝絕了。

波外翁對人處世，總是謙恭謹慎的。有次我們談到飲酒，我說：「先生是有酒名的。」他接著說：「我在南京時，人家都不知道我會喝酒，我每日下班後，才倒一盃酒，一面陪家母談話，一面喝酒。」我又問他：「難道不同朋友會飲麼？」他說：「給人家當秘書，知道你好喝酒，誰敢要你。」大概在重慶任中央大學教授後，他喝酒已全無忌諱了。詞人吳白匋從百餘里外的水道去看他，一進門，就聞著酒氣，而翁於酩酊中與之周旋，並寫了一首近作給他：

畫簾鉤重，驚起孤衾夢，二月初頭桐花凍，人似綠毛么鳳。日日苦霧巴江，歲歲江波路長，樓上薰衣對鏡，樓外芳草斜陽。

這首頗傳於同道之中，個人的寂寞，時勢的悲觀，感情極為沈重，尤以末兩句明顯的指責當時局勢。酒人何嘗麻木，也許還要敏感些。波外翁到上海住在女兒家，他不許為之具精膳肉食，並慨然說：「斯世殺劫，殆其極矣，吾持殺戒，願汝曹戒之也」（赴告）。在臺時，他也表示過持殺戒。有一女生拿來一隻家裡飼養的雞，要工友作給波外翁吃，翁說：「我是不殺生的，拿回去，寄養你家，給他個名字，就叫喬大壯吧。」此生看老師不是故說風趣話，默然攜著雞回去了。

波外翁有四子三女，都已成立，而夫人去世了，使他更為寂寞，尤其一個心情頹喪的人，會感到孑然一身無所依靠。他有著一首生查子悼亡詞云：

舫樓東逝波，鷁首西沈月，何似一心人，自此無期別。犯霧翦江來，打鼓凌晨發，君去骨成塵，我住頭如雪。

戰後，兒女分散各地，剩下波外翁一人，恓恓惶惶，既無家園，連安身之地也沒有。渡海來臺，又為什麼？真如墮瀰天大霧中，使他窒息於無邊的空虛。生命於他成了不勝負荷的包袱，而死的念頭時時刻刻侵襲他，可是死又不是輕而易舉的事，這更使他痛苦。在臺時兩度縱酒絕食，且私蓄藥物，而終沒有走上絕路。到了上海，又將輓季茀先生詩「門生搔白首，旦夕骨成灰」兩句，改得溫和些。（這是死後發表上海報上，我才知道的。）如此種種，都可見他的生命與死神搏鬥的情形，最後死神戰勝了，於是了無牽掛的在風雨中走到梅村橋。

波外翁死後，所著波外樓詩及波外樂章，均由他的朋友交成都刻工刻出，詩集臺北有影印本，又微波詞手稿由臺大影印，沈剛伯先生為之作序。年前曾紹杰兄重印〈喬大壯印蛻〉，屬我寫一小序。曾說：「居府椽非其志，主講大庠又未能盡其學，終至阮醉屈沉，以詩詞篆刻傳，亦可悲矣。」我交波外翁日淺，這幾句話或可彷彿翁之平生。（節錄《龍坡雜文》頁九一—一〇一）

案：是年喬卒年五十七，年長臺先生十歲。臺先生視之爲長者，又誼屬同事，故不時予以照顧。是春錢鍾書來臺，有〈贈喬大壯先生〉七律一首，其中云：「春水方生宜欲去，青天難上苦思歸。眈吟應惜拈髭斷，得酒何求食肉飛。」末注：「先生思歸蜀，美髯，善飲。」（《槐聚詩存》頁九六）可與臺先生所記：「疏疏的長髯」、「縱酒」、「成都人」相互印證。文末所謂「詩集臺北有影印本」，是指臺北藝文印書館影印之《波外詩稿》（見四十八年），「微波詞手稿由臺大影印」，四十四年臺大文學院影印本乃題署《波外樂章》（見後）。印蛻重印時在六十五年底（見後）。

七、八月，臺先生代理中文系主任。臺大開始正式招生，臺先生為招生委員會委員參與工作。全校報考學生約三千五百多人，錄取八百餘人，中文系錄取卅五名。新聘戴君仁、洪炎秋、劉仲阮為教授。

案：入學考試八月中旬舉行，第一天首試國文，作文試題爲〈理想的大學生〉，中文系考場設在文學院樓下教室，八時十分開始，十時結束，由歷史系夏德儀教授監考。作文題用粉筆寫在黑板上。筆者是年獲錄取中文系，九月入學。第一年修習臺先生所開「讀書指導」，第二、三年修讀臺先生所開「中國文學史」、「楚辭」等課程。大一國文由許世瑛先生講授，課本爲前主任許壽裳主編，內容新舊文學各半。新文學課文中有魯迅〈狂人日記〉、朱自清、徐志摩等作家文章。許先生只講文言文，語體文自行閱讀。當時（卅七學年度上學期）閱讀相當自由，《魯迅全集》及巴金、曹禺等新文學作品均可在總圖書館借閱。

八月，沈剛伯莅任臺大文學院院長，住臺北市青田街五號。

秋，友人酈衡叔自浙江大學文理學院休假來臺，任教省立師範學院國文系，翌年春返南京。

案：臺先生二十六年七七事變後，九月間至南京會晤酈衡叔。（見前）十一年後，三十七年八月酈氏自浙大休假來臺任教台灣師院國文系，方再相聚。酈氏亦戴君仁先生舊識（民國十八年九月至二十三年七月，戴先生在杭州浙江大學文理學院爲兼專任講師前後五年，蓋此時期與酈衡叔同事。）十二月戴先生有〈贈酈衡叔兄〉詩云：「舊日盟鷗久見招，卻因鵬運一消遙，幽齋好著蒲團坐，詩思還從酒味撩，親舍白雲依北斗，家山清夢憶南朝。閒時莫聽瀟瀟雨，應有無聲破寂寥。」（《梅園詩存續編》）酈氏南京人，據「家山清夢憶南朝」語，鄺氏似爲思鄉而回歸。

十一月廿九日，臺大校長莊長恭函聘臺先生兼中國文學系主任。（遺存資料）

案：是年五月臺大中文系主任喬大壯回滬，七月三日自沉於蘇州梅村河。此後主任懸缺，臺先生受命代理。至是方正式受命兼任，其所以代理五個月方正式任命，當是臺先生謙辭不肯就。經院長沈剛伯極力敦請，方遲遲正式就任。

執掌臺大中文系務後，撰〈中國文學系的使命〉一文（《輯存遺稿》頁一九七—二〇三）未發表。認為中文系負有「繼往開來」的責任，主張古文學、新文學研究應並重，語言文字學當獨立成系。並指出部定中文系科目不夠完善。全文分三節：一、各家不同的見解。二、我個人的意見。三、現行部定中文系科目。大要如下：

一、各家見解歸納為七派：（一）舊派的見解：以為中文系傳授的是包括經史子集的國學。文學（辭章）是其中一部份。目的在培養多種學問專家。而忽略近代學術分科的研究。（二）純研究派的見解：以為大學只能造成學者，不能造成文學家。此派強調大學是以傳授知識為主，講授研究結果，不授文學寫作技巧。如北京大學中文系分「文學組」「語言文字學組」即基於此見解。（三）純新文學派：強調大學中文系以造就或養成文學家為主。不能給人以天才，應給人以技巧，課程應注重欣賞、批評與創作。（四）研究與創作分立派：以為中文系應分為文學、語言文字、文學史三組。文學組以新文藝創作為目的：主要課程為文藝理論、作家研究及作品欣賞等。古文學研究則屬於文學史組。（五）研究與創作並重派：以為新文學既然是從舊文學蛻變而出，故應研究舊的，也應研究新的，但兩者不可能並重，因舊文學份量太多，新文學份量過少，兩者不能平均，但原則上新文學有相當份量即可。（六）重行分系的主張：將中、外文學系改為文學系，再分中國文學組、外國文學組，將現行中文系所屬的語言文字獨立成為語言學系。（七）中國語文學系派：將系課程分四組：甲、古代語言文學。乙、古代文學。丙、近代語言文學。丁、近代文學。學生可分主修、副修以選讀其應修課程。

二、我個人的意見：認為中國文學是中國文化的一部份。負有「繼往開來」的責任。貴古賤今，貴今賤古，都是要不得。贊同古文學與新文學兩者研究並重。為學生興趣，以及事實兩者不能兼顧，學者可於兩者選擇其一為主科。兩方面課程盡可能與外文系、歷史系、哲學系以及政治、經濟系溝通。語言學已走上純科學道路，古文字的資料日出不窮，兩者獨立出來不再是中文系的附庸，才能有大發展。

三、現行部定中文系科目：國文8，外國文8，理則學4，哲學概論4，中國（西洋）哲學史3—6，自然科學6—8，社會科學3—6，共計38—46—52，詩選及習作6，文選及習作6，文學史6，文字學8，專書9，中國哲學史6，西洋文學史

6，各體文習作4，共計51。新添帝俄侵華史6，共同必修科及本系必修科共103學分。四年必修滿132學分，是選修學分只有29學分。本系現有文字、聲韻、訓詁各科已達32學分。看來很多，實際並不夠。如聲韻學史、語文專書研究均未能開。文學方面所缺尤多，至於習作，新文學習作則不再此列。

案：臺先生卅七年八月接任臺大中文系主任，此文用印有「國立臺灣大學」稿紙書寫，知其爲接系主任後對中文系課程所提出構想及批評之意見書，時當在八月後不久。亦可能卅八年傅孟眞來任臺大校長後，向傅校長提出供參考者。臺先生在任近二十年，除現代文學（如現代散文、小說、詩歌）有所增益外，至其新舊文學研究並重構想，似未能實現。其原因殆有二端：一格於規定及學術環境，更張不易。二是許多來自北大任教臺大中文系教授皆是專長研究古典文學。故臺大中文系數十年來承接北大學風，從事古典文學研究，範圍包括經史子集。是故臺大中文系學術研究是上列第一、二派的融合。即以研究國學爲主，培養學者專家，不傳授文學寫作技巧，不鼓勵文學創作、造就作家。

冬，教育部朱家驊發表傅斯年接任臺大校長（參那廉君《臺大話當年》頁七一）。

案：傅氏時在南京主持中研院史語所，並兼爲立法委員。那廉君在史語所協助傅氏處理雜務。傅氏受命後，一則與那廉君奔走營救北平教授：毛子水、英千里、錢思亮、劉崇鋐等南來，再輾轉來臺。再則力主遷史語所至臺灣楊梅鎮。

胡適五十八歲：是年作有關《水經注》筆記二十六條。三月二十五日當選中研院第一屆人文組院士。八月七日夜作〈從《牟子理惑論》推論佛教初入中國的史蹟〉（原為〈與友人書〉）。十月二十日應邀在杭州浙大講〈自由的來源〉。十二月八日編定〈水經注版本展覽目錄〉：九類四十種。十二月共軍圍北平四郊，十五日下午與夫人及傅斯年等乘蔣中正總統派去專機飛抵南京。陽曆除夕，與傅氏相對悽然，飲酒背誦陶詩〈擬古〉第九首：「種桑長江邊，三年望當採。枝條始欲茂，忽值山河改。……」不禁淚下。

溥心畬五十三歲：夏攜眷遊浙江。遊天目山，作〈遊天目山記〉、〈遊天目山〉詩。秋，任教國立杭州藝專，教授北宗山水。

張大千五十歲：前往香港，舉辦扇面書畫展。在上海初晤梅蘭芳。

莊嚴五十歲：春，參加臺灣訪問團，四月五日，接獲國立臺灣大學校長陸志鴻所發聘書，聘為教授。雖經臺大多方催促，但終未應聘。七月，當選中國博物館協會理事。

民國卅八年　一九四九　四十八歲

一月，徐蚌會戰，國軍失敗。蔣中正總統宣佈引退。二月國民政府遷廣州，中共佔領大陸。十月一日，中共成立中華人民共和國。國民政府遷重慶，再遷成都，十二月二十七日播遷臺北。

臺先生為開展中文系學生眼界，增廣見識，規定大一學生再修讀英文一年，並鼓勵選修外系課程。如商請歷史系沈剛伯教授，同意中文系學生修讀其所授「西洋通史」及「西洋文化史」，又商請外文系主任英千里教授、心理系主任蘇薌雨教授分別為中文系學生講授「西洋文學史綱」及「心理學」等。凡此即今日所謂通識教育課程，五、六十年前臺先生實已首開其端。

元月十六日，傅斯年從上海搭乘中航機到臺灣臺北松山機場。省主席陳誠到機場迎接。十七日傳到臺大接事。（參《臺大話當年》頁七一、七二）。

案：是日臺大學生會會長中文系一年級學生羅錦堂，率同學數人到機場迎接獻花，臺北各報並記載其事並刊登照片。

為臺大醫學院病理學教授葉曙刻姓名印章一方（《臺大書畫集》頁一六三著錄）。

案：葉曙字奕白，留學日本十八、九年。民國卅二年回國至上海，受聘東南醫學院教職。卅五年來臺大醫學院任教，卅八年正月傅孟眞接掌臺大，受命主持臺大醫學院教務，並主持病理研究所。五十六年葉著《病理卅三年》一書，臺先生爲之序。（見《龍坡雜文》頁一六七—一七六）。此方印章疑卅八年葉接掌臺大醫學院教務及病理研究所後所刻，作爲公務行文之用。

一月二十三日，臺大校長傅斯年蒞任一星期，調整臺大教職員薪俸，臺先生獲校長函稱，自卅七年八月一日起改每月薪俸為新臺幣五百八十元。（遺存資料）

五月十三日，傅校長來函稱自卅八年五月一日起薪俸改訂新臺幣六百元。（遺存資料）

傅校長來函，述及有關聘史次耘事，稱其要作「理學名儒」。（遺存資料）

案：史次耘（一九〇七－一九九七）卅八年八月聘爲臺大中文系講師，講授大一國文。原任南京中央大學教席，卅八年初來臺。傅函當在本年八月前作。

八月四日，傅校長函續聘臺先生為中文系主任。（遺存資料）

上旬，臺大舉行招生考試，國文科作文，由傅斯年校長親自命題〈母親〉。

案：傅氏來任臺大校長後，對大一學生必修課「國文」非常重視，特委託中文系主任臺先生聘請資深擅於教學教授如毛子水、戴君仁、鄭騫、王叔岷等講授大一國文，是年新年度中文系招考錄取學生中，有龍宇純、杜其容、何佑森等，後皆爲教授。

秋冬，戴靜山有〈為靜農題畫〉五、七絕各一首：

策蹇亂清流，林暗白雲近，不辭水風寒，山中方招隱。

白雲應是故山多，又見西風動碧柯，此日琴書林下路，一鞍詩思渡清波。（見《梅園詩存》）

案：戴君仁先生字靜山，民國卅七年八月自師院轉任臺大中文系教授，始與臺先生密切交往，詩或爲卅七年秋以後作。戴詩不記年月，然觀其《梅園詩存》，大致按年時次其先後。題畫詩後，爲〈冬日齋居〉、〈感事〉、〈杜鵑花三首〉，再後第五首爲〈士林觀蝴蝶蘭〉，又後第四首爲〈五十生日鑑資贈詩次韻和之〉。戴先生民前十一年（一九〇二）八月十六日生，五十生日爲民國卅九年八月十六日。又其後二首〈哭膺中〉、〈公祭孟眞校長有作〉，據《戴譜》，二首均作於卅九年十二月，由此逆推，題畫詩當作於卅七年秋冬。又觀題畫詩意，所題應是山水人物畫。臺先生擅長畫梅，偶畫松菊蘭等植物，未見山水人物畫作品。（今傳《靜農戲墨集》未見山水畫），因推知戴先生取題或是臺先生藏品，殆非臺先生自作。

九月，編選《史記》、《孟子》各十餘篇，用為卅八學年度上下學期大一國文教本。

案：此前大一國文，採用前中文系主任許壽裳所編《大一國文選》，包含歷代古文及近代語體文，傅斯年接長臺大後，認爲《國文選》內容太雜，未必對學生有益，因建議臺先生編選古典經、史學名著文章作爲教本。臺先生遂委託毛子水、金祥恆等教授主持編選工作。是年九月開學，編選工作進行，當始於是年春、夏。二、三年後，新編高中《中國基本文化教材》出版，其中有《孟子》選文，爲免重複，以《左傳》選本取代。

霍丘鄉人管笠，訪歇腳盦寓屋。賦詩云：

有山有水帶鄉風，萬頃青秧一望中。最愛小橋回首處，村村映帶夕陽紅。

案：管笠，字雪廬，霍邱人，清光緒年間留學日本江戶弘文學院。民國卅五年任南京國史館編纂。卅八年來臺居臺北市浦城街。著有雪廬詩集。此詩見《雪廬詩集後集丙・旅臺集》〈臺灣雜詩其七〉，自注：「訪靜農寓屋」。臺先生卅五年十月來臺灣住臺北市溫州街臺大宿舍「歇腳盦」。管氏所謂「寓屋」自是指「歇腳盦」而言。惟卅八年「歇腳盦」之名，尚未廣爲人知，管氏因稱爲「寓屋」。（案：管氏訪臺賦詩一節有關資料，係輔大阮廷瑜教授於九十一年四月二日提供。）

與戴靜山（君仁），夏卓如（德儀）同赴北投訪張雪門，未遇，戴有〈與靜農卓如赴北投訪雪老未遇〉詩。（見《梅園詩存續編》）

案：雪老指張雪門（一八九一—一九七二），浙江寧波鄞縣人，民國十三年入北京大學研究世界各國幼稚教育，認爲幼教應從兒童生活中取材，遂著手擬定幼稚園課程。卅一年在陝西城固，任女師院家政系兒童保育教職。卅五年七月應臺灣省民政處之邀，在北投創設育幼院，六十一年卒。年八十二歲。徐訏有〈悼念張雪門〉（參六十二年七月《傳記文學》三卷一期）記其生平事蹟。據臺先生〈記張雪老〉文推算臺先生應在民國十三年在北大求學期間與雪老認識，廿四年離開北平。從此十餘年，二人未再見面。戰後，卅五年十月臺先生來臺大中文系任教，張雪門先於同年七月應邀來臺，在北投創設育幼院。二人取得聯繫後，約於年底或卅六年初，臺先生由孫培良陪同赴北投訪晤張雪門，分別十餘年二人始重聚。臺先生小雪老十一歲，始終尊之爲長輩，是後臺先生常往北投訪晤，六十年前後雪老得病，臺先生嘗往探視，六十一年雪老逝世，同年臺先生爲文悼念。戴君仁先生小雪老十歲。既是同鄉，又皆擅長賦詩。戴卅六年八月來臺執教臺灣師範學院，卅七年八月轉任臺大中文系教授。約卅六年冬、至卅七年戴受雪老之邀赴北投，作有〈張雪門先生邀觀北投育幼院〉詩（《梅園詩存》）。卅九年二月戴有〈庚寅上元前二日過張雪老齋清寂如僧舍戲書一絕〉（見《入海集》，《梅園詩存》未收），八月又有〈張雪老示次韻奉酬〉（同上）一首。四十年雪老〈感懷〉詩贈臺、戴、夏三人，戴有〈次韻雪老感懷之作〉（《梅園詩存》），據此雪老與臺、戴交往過程考察，臺、戴等三人「訪雪老不遇」一事，疑在卅八年，阮廷瑜教授《戴君仁先生學術年譜》繫戴詩於卅七年，似亦無不可。

十月七日，畫直幅老松贈成都綽裕。（《輯存遺稿》頁四四）

題記：「牛兒年十月七日晚燈下寫此。是日綽裕自蜀中寄來近影，即以奉貽。靜農於龍安里。」又云：「是夕與蔚卿清談甚久。送伊歸後，落筆寫此，遙想綽裕正撫幼兒，思蓉城羇旅也。靜農再記。」

案：臺先生卅五年來臺後居溫州街龍坡里，此「龍安」當是「龍坡」之誤。蜀中，蓉城，皆指四川成都。牛年爲丑年，卅五年後至七十九年，凡四遇牛年，即卅八年己丑、五十年辛丑、六十二年癸丑、七十四年乙丑。據文中記事，綽裕（姓待查）似是白沙女師院與廖蔚卿同事或相識之學生。臺、廖來臺，綽裕去成都任職，結婚生子，卅八年十月中共建國，國民政府自大陸撤退，臺先生得綽裕寄來近影，與廖氏談及其撫養幼兒事，甚是懸念，因作此畫以寄意。時兩岸隔絕，通訊困難，此畫欲寄未寄，因留存在篋中。無人知曉，身後方由其家屬隨同其遺稿送與中研院文哲所保存（後移交臺大圖書館）。

約十月間，在臺大外文系主任英千里辦公室，與舊識畫家溥心畬相見，隨即陪同參觀中文系圖書室。〈有關西山逸士二三事〉云：

> 心畬渡海來臺，我們始相見於臺大外文系英千里的辦公室，道途輾轉，不慣海行，頗有風塵之色。我陪他參觀中文系圖書館，甚是高興，以為不意臺灣孤懸海外，居然還有這麼多藏書，我告訴他這些書都是福州龔家烏氏山房的收藏，早年臺灣帝大買來的，他笑著說：「這不失楚弓楚得。」……（原載七十三年一月十三日《中時副刊．人間》，見《龍坡雜文》頁一〇七）

案：卅七年冬英千里與毛子水、錢思亮等搭機自北平南下，卅八年一月隨傅斯年抵臺，傅就任校長，英千里八月受聘爲外文系教授兼系主任。是年中共佔領大陸，溥心畬爲逃避戰亂，夏秋之交，自杭州藝專到上海，九月（農曆八月）與友人章宗堯等由吳淞偷渡至舟山，東南公署長官陳誠聞訊，派飛機接運來臺北。十月應聘爲師院藝術系教授（參《溥心畬年譜》）。臺先生文中稱見溥時，覺其「道途輾轉」、「頗有風塵之色」。據此推測相見時間應在溥來臺後不久，殆在十月任教師院後。又文中所謂「中文圖書館」，係包括臺大中文系附設中文圖書室及總圖書館地下室收藏線裝中文古籍而言。其中烏氏山房藏書，部分藏於中文系圖書室，部分藏於總圖地下室。中文系圖書室位於總圖後三層樓房之第二層，共有六、七間。（卅八年度上學期筆者正肄業臺大中文系二年級，時往借書，知之甚稔）。五十九年文學院聯合圖書館（簡稱文聯）成立，中文系圖書室古籍，遂移交文聯。八十六年臺大新建圖書館完成，文聯撤銷，所有中文圖書古籍及舊館中文書，均移往新圖善本室收藏。筆者卅七年九月考進臺大中文系，四十一年夏畢業，四十三年進臺大中文系任教，迄八十三年八月退休，於中文古籍多所利用，其移轉經過，知之甚熟，因特附記之。

又臺先生文中稱：福州龔家烏氏山房叢書，係早年臺灣帝大買來。案：一說此叢書乃抗日戰爭期間日本軍閥攻陷福州後劫獲而運至臺灣，收藏於帝大（臺大）。

之後，溥氏不時請臺先生代為借書。嘗借《續古文苑》、《晚笑堂畫傳》等書，致臺函云：

未接清誨，良深馳想。以儒之簡出索居，離於益友，不得聞過，殊深惕懼。今欲所有述著，敢煩在臺大圖書館，請生徒一察，書目謹列於後，願次第借觀，當即奉璧。又曾在本館中，見有《晚笑堂畫傳》，木版二冊一函。記在地室書架上，請先檢借為盼。前所乞借孫淵如〈續古文苑〉中有〈雲居寺〉中漏鈔兩句，乃元和年范陽縣丞吉逾詩，其詩曰：「到此花宮裏」云云，務請分神將此全首鈔示，弟因作筆記錄至此條，見少兩句，大為窘急。

案：《溥譜》四十一年先後著有《爾雅釋言證經》、《毛詩經義集證》、《四書經義集證》。溥函云：「今欲有所述著」，並開列書單商請借觀，當爲著述上列諸書之用。溥氏嘗自稱其成就：經學第一、詩詞其次、書畫末技，不足道。此與世人評價完全相反。

傅斯年就任臺灣大學校長後，極力整頓校務，並力行種種措施，照顧臺大學生生活，又配合政府取締中共鬧事職業學生，校園獲得寧靜，人心遂得安定。十一月十五日校慶日提出「敦品勵學，愛國愛人」八字箴言，作為校訓。

胡適五十九歲：是年至七月止作有關《水經注》筆記十一則。一月二十五夜自北平赴上海，提出「和比戰難」口號，二月四日政府遷廣州。九日作〈齊白石年譜序〉，舉例稱贊齊自作傳記文字，樸實動人，風趣而有詩意。三月下旬到台灣，二十七日在台北市中山堂演講「中國文化的自由傳統」，聽眾六千餘人。四月六日奉派回滬搭船到美國，四月十四夜作《陳獨秀的最見解》序言。二十七日到紐約。五月香港共黨報紙刊登輔大陳垣致胡適公開信。廿二日有覆趙元任夫婦信。

溥心畬五十四歲（來臺經過見前）：十一月，在臺北舉行首次個展。

張大千五十一歲：首次來臺，舉行畫展，接眷赴香港暫居。

民國卅九年　一九五〇　四十九歲

為溥心畬刻四印：二方為名字，另二方為「義熙甲子」與「逸民之懷」。溥來謝函云：

臺教授文席：承惠佳刻，鐵筆古雅，損益臣斯之璽，追琢妥趙之章。筆非五色，煥滄海之龍文；石不一拳，化崑山之片玉。永懷此賚，敬奉蕪函，既致繾綣，靡深仰止。臺教授文席。溥儒頓首。（《遺存資料》，又見《配圖傳記》頁一〇五影印原件）

臺先生撰〈有關西山逸士二三事〉引溥函，記其事云：「他要我為他刻印章，我這刻工並不高明，他的謝簡卻極典雅。信手拈來，居然六朝韻味，若在皇帝時代，定是『書記翩翩』的人物。這不過是心畬文學方面另一本領。如：……（如前函，此略）……我只為他刻過四印。兩名字小印外，一『義熙甲子』，又一『逸民之懷』。前者他比跡陶公，後者似用王羲之語。十七帖中：『吾為逸民之懷久矣。……』……可體會的羲之的喪亂意識，若參之晉書羲之傳中與殷浩書，更覺此語之沉重，然則心畬與羲之有同感耶！」（《龍坡雜文》頁一〇六、一〇七）

案：爲溥治印，不著年月，據行文推考，臺溥相見後，溥商請借書，之後求爲刻印章。三事相屬，似相隔不太久。前考定卅八年十月臺溥晤面，是冬或翌年初，溥借書。溥求刻印，似在借書後隔不甚遠，茲姑定卅九年或稍後。又所刻四印，二印名字，應是「溥儒」、「溥心畬」二方。另二方：「逸民之懷」似未見載。「義熙甲子」篆文，見《臺大書畫集》（頁一六四），又見《配圖傳記》（頁一〇七）著錄。溥氏精於經史之學，其著述、函札，行文典雅，正古人所謂「鎔裁經史，自鑄偉詞」。或謂溥氏曾訪友未遇，隨手留一便箋云：「未見君子，悠悠我思。……」亦極雅致。韓昌黎云「沈浸濃郁，含英咀華。」溥氏辭章，眞可當之。溥氏不僅辭章雅麗，才思亦極敏捷。同上文所謂嘗見溥氏題畫冊「拿起筆來便題，不曾構思，便成妙文。」（詳見四十三年）此文另記一事云：「我曾與大千談到心畬的捷才，他也佩服，因說昔年同在日本時，他新照了一像，心畬看了，就立刻題了一詩：『滔滔四海風塵日，天地難容一大千。恰似少陵天寶際，作詩空憶李青蓮。』這樣眞情流露，感慨萬端，不特看出兩人的交情，並且透露了他兩人不同的格調，高視藝壇的氣概。」（《龍坡雜文》頁一〇九）

案：溥氏此首題詩，《寒玉堂詩集》未收。

著〈記四川江津縣地卷〉，八月載《大陸雜誌》一卷三期，收入《靜農論文集》。所謂「地卷」乃江津縣死人下葬時道士焚化的地契，此風俗漢代已有。

四川江津縣地卷是現在江津縣死人下葬時道士焚化的地契，契文用木版印刷的，正契後附有「契尾」一紙。埋葬而有契約，這種迷信心理之產生，當然是為了現代社會的土地私有制的契約關係，於是在死人的社會也應有契約的關係了。這種風俗漢朝就有了。今所發現的漢晉以迄趙宋的地卷，皆是刻在石上埋在地下的，至於由道士焚化應是近代的事。此種契約，金石家通稱之為地卷，故於今四川地契亦以地卷稱之。今四川地卷雖不盡同古地卷，卻也保留了不少古地卷的面目，很顯明的是一脈相傳下來的。

案：臺先生自廿七年底至卅五年七月，居白沙前後凡九年，親見四川江津地卷，自當在此時期。此文撰作當亦在此期，應非來臺後追記。

八月，作〈記孤本《解金貂》與《溫柔鄉》兩傳奇的內容及結構〉，九月載臺北《大陸雜誌》一卷四、五期。二十七年後（民國六十六年）作後記稱兩傳奇為清雍正乾隆時代江蘇松江人黃圖珌作。《解金貂》是以李白為題材，處置不得宜，處處有生湊之感。《溫柔鄉》取材於《飛燕外傳》，別開生面，寓作者微意，殊為新穎。惟第二十六齣賽浴，學《長生殿》中窺浴一幕的描寫，落入前人窠臼，不足為奇，反足為累。七十八年收入《靜農論文集》。大要如下：

國立臺灣大學圖書館藏有《解金貂》與《溫柔鄉》兩傳奇，為國內不經見之書。此兩傳奇原為日本久保天隨氏舊藏，久保氏為前臺北帝國大學教授，喜收藏中國戲劇小說，後將所藏悉歸大學。兩傳奇同一作者，皆署「江夏蕉窓編次」，又有「江夏黃先生」之語，可知作者姓黃，「江夏」為作者郡望，「蕉窓」應為作者別號。作者的時代尚不能考證出來。就兩書的作風看來，顯然是受孔東堂、洪昉思一派歷史劇的影響，而文筆卑弱，上不及東堂、昉思，下亦不及蔣臨川。《解金貂》劇情是以李白整個生平為題材。按以李白「清平調」為題材者，清代有尤侗、張韜兩家，尤著又名「李白登科記」。《解金貂》作者的觀念，與尤、張兩氏殆全無二致，所不同者是敷演李白整個生平，非如尤、張所敷演者僅清平調一事。按明萬曆時屠隆的《彩毫記》，便是譜李白傳的，與《解金貂》同樣是李白生平的史劇。然《解金貂》之取材，比《彩毫記》多，處置又不得宜，處處有生湊之感。《溫柔鄉》之作緣於作者一時之興會，取材於《飛燕外傳》，別開生面，殊為新穎。然《飛燕外傳》中之淫褻處，皆未採用。且寫至飛燕為后後，封合德為昭儀止，而不及以後事，與寫李白傳之貪多，恰恰相反。此外，作者的微意，即使皇帝荒淫，只要朝有忠賢，也不致影響社稷。那麼，本劇所敷陳的雖是宮闈艷情以至爭風吃醋一類的事，卻別有寓意。第二十六齣賽浴，則甚不高明。學《長生殿》中窺浴一幕的描寫，而於《外傳》中「后雖有異香，不若婕妤體自香也」一言。不能割愛，落了人家窠臼，不足為奇，反足為累。

後記云：余草是篇於一九四〇年八月，時僅知作者姓黃，不知其名字生平。余推測其年代早在乾隆中，遲在道光中。後見傅惜華君編《白蛇傳集序》又讀到《看山閣集閒筆提要》才知道【作者】為黃圖珌，字容之，別號蕉窓居士、守真子。江蘇松江人。生於一七〇〇年（清康熙三十九年），雍正間官杭州、衢州同知，乾隆中卒。所著有《看山閣集》及傳奇《雷峰塔》、《棲雲石》、《夢釵錄》、《解金貂》、《梅花箋》、《溫柔鄉》六種……一生著作有六種之多，不能算少，可是竟被冷落著，則是藝術上不能達到上乘，我讀《解金貂》與《溫柔鄉》時已略有所指出。一九七七年記於臺北市龍坡里

案：臺先生卅五年（一九四六）十月來臺任教臺大中文系。《溫》、《解》兩傳奇，海內孤本，僅見於臺大圖書館。文爲來臺後作，後記「一九四〇年八月」應爲五〇年（卅九年）八月之誤。八月草成，九月發表於大陸雜誌時序正合。

作〈談寫經生〉，十一月載《大陸雜誌》一卷九期，收入《靜農論文集》。內容概要如下：

佛教徒的觀念，寫經原是一種功德，於人於己，都有妙用，然輾轉抄寫，能免脫誤，卻非易事。寫經生的責任是雙重的，所寫的經典，是對佛菩薩負責，拿人的錢，得對功德主負責。據《大般若經》所云，寫經生要比功德主有更深的宗教虔誠才配幹這一行。可見今所見敦煌經卷「依樣塗鴉」和「潦草塞責」的，並不在少數，是功德主與被僱的寫經生兩有缺陷，即寫經生結了「業緣」，功德主化了錢而未收「救苦之益」也。至於寫

經生之被僱用，大概有兩種辦法，一是住在家中或寄居寺院裏，一是功德主將寫經生請到家裏，令其寫經，有如僱短工一樣。寫經生既以為人抄寫為業，其社會地位與一般技工相等，至於書品，是向不被重視的。自敦煌卷子出現後，現代的鑑賞家的觀念，多少影響了我們的書苑，唐人寫經體這一名詞的出現，便是最好的例子。

作〈冥婚〉，十一月載《大陸雜誌》一卷十期，收入《靜農論文集》。文僅千餘字，主要辨證冥婚為中國舊有風俗，非沙海昂氏所謂出自蒙古。內容概要如下：

沙海昂氏著《馬可波羅行記》，以為冥婚的風俗出於韃靼，而非出於中國。其實不然，冥婚的風俗，中國老早就有了。《周禮．媒氏》云：「禁遷葬者與嫁殤者」。是「嫁殤」的風俗，無論如何在秦以前就有了，而且很盛行，所以才行禁止。隋以後的唐代，此種風俗，也頗盛行。據《舊唐書》所載，唐代皇室猶行冥婚之俗，則當時民間之盛行可想而知。自唐以後，此風並未斷絕，今日民間還有保守這種風俗的。反正中國之大，無奇不有，未必如沙海昂氏所說「出於韃靼而非出於中國」。

與戴靜山、夏卓如（德儀）同赴北投訪張雪門，未遇。

案：戴靜山先生有詩題稱〈與靜農卓如赴北投訪雪老未遇〉（《梅園詩存續編》）。卓如，夏德儀字，臺大歷史系教授，雪老即張雪門，在臺北市北投主持育幼院。戴先生另有〈張雪門先生邀觀北投育幼院〉一詩（《梅園詩存》），時約在民國卅七、卅八年。臺先生與雪門交厚，當必受邀同往。應邀首訪張氏，與再赴往訪，期間相隔或有一、二年之久，茲姑繫卅九年。四十年六月張寄來感懷詩一首（見後）。

十二月二十日，臺大校長傅斯年（孟真）逝世。廿二日大殮火化，卅一日治喪會及臺大聯合在臺大法學院禮堂舉行追悼會，臺先生為臺大同仁作祭文。

維中華民國三十九年十二月卅一日，國立臺灣大學全體教職員工謹以香花之奠，致祭於故校長傅公之靈：

嗚呼我公，百代之英，士之圭臬，國之幹楨。如公聖善，宜長厥生；天胡不弔，奪我老成！惟公於學，真理是求；碧落黃泉，幽探冥搜。洞觀群書，卓犖寡儔；苟當於仁，不讓前修。惟公於文，去華崇實；純任自然，豪放飄逸。快人快語，杜詩韓筆；「容受人化」，大猷秩秩。公之制行，一歸於正；造次顛沛，希賢希聖。亦同赤子，率真任性；邪世不亂，風疾草勁。公之治事，無怠無荒；當務為急，理其紀綱。人或譏公，宋人芒芒；徐察其實，莫不允臧。公之待人，如推赤心；忠厚悃愊，眾所同欽。朋僚有遇（過），亦規亦箴；凡厥知好，永懷德音。公愛同胞，更忠於國；義之所在，寧敢默默！奸黨可恨，邪說可憎；鋤奸黜邪，聲震禹域。公謂進步，基於知識；先知先覺，應盡厥職。學術教育，畢生努力；三十餘載，無稍休息。多難興邦，倭人來格；臺灣光復，爰開講席。皇皇太學，文化柱石；改弦更張，民志未懌。政府選才，公來長此；與革舉錯，實事求是。曾未二稔，凡百就理；惠學此子，濟濟多士。同人不敏，幸託庇護；式遵訓誨，庶免謬誤。豈謂哲人，竟不永祚；哀痛曷極，愊憶誰訴！公之儀型，永留上庠；萬世矜式，規圓矩方。仰公神明，在上在旁，誓守遺教，不忽不忘！嗚呼哀哉。尚饗！（見《傅故校長哀輓錄》）

案：《臺靜農先生文集》後期著作繫年，一九五一年十二月廿一日臺北中央日報第一版刊臺先生所撰祭文。廿一日當爲卅一日之誤。

又以個人名義作聯輓之。

跡儒俠而近名法豈止文章驚奇偉；

外生死以殉學術忍從笏漢問神明。

弟臺靜農拜輓（見同前）

傅校長追悼會，哀輓文字無數，其中最能突顯傅校長一生人品與作為者當推沈剛伯、王叔岷兩先生所作新舊體詩。沈詩七絕四首題〈哭孟真兄〉，茲錄其前三首：

至大至剛至尚寬，亦儒亦墨亦申韓。謗隨聲譽滿天下，論定傷心已蓋棺。

壯志思延民族脈，苦心別有天人策，一眠不見九州同，此恨綿綿空啣石。

誘導循循出至誠，懷安少長費經營，謀人捨己躬勤儉，自奉三餐只菜羹。

王氏新詩題〈輓孟真師〉：

貫徹儒家的抱負，挺起墨家的精神。
你的氣魄：要挾著時代隨著你前進。
你的風格：要與泰山比高，日月爭明。
有利益你全推給別人，有困難你獨自擔任。
人間留上你豐碩的實惠，你卻未受到人間半點溫情。
啊！儒家的抱負，墨家的精神。
我們永遠景仰的完人。

（並見民國卅九年《臺大校刊》一〇一期，後收入《傅故校長哀輓錄》）

案：沈稱「儒」、「墨」、「申」、「韓」，王謂「儒」、「墨」與臺先生輓聯所云不約而同。

溥心畬五十五歲：農曆年前，應邀往高雄舉行個展，春節後，抵臺中舉行個展，返臺北後，遷居臨沂街六九巷十七弄八號日式宅院，一直住到五十二年逝世。九月，張目寒推薦孫立人機要秘書蕭一葦到寒玉堂拜師。

張大千五十二歲：應印度美術會邀，赴新德里舉辦畫展。至亞堅塔臨摹壁畫，認為與敦煌壁畫並非同源。

民國四〇年 一九五一 五十歲

三月，篆隸刻「錢思亮」印章一方。（《臺大書畫集》頁一六一，著錄）

案：卅八年正月，傅斯年接任臺大校長，錢思亮為教務長。卅九年十二月傅逝世，四十年三月錢接任校長。印章疑為錢氏接任臺大校長後所刻。

歇腳盦曇花夜間開放，邀約戴靜山、許詩英同觀。戴先生有詩題〈歇腳盦中曇花夜開靜農剪一朵置盆水中呼余與詩英共觀〉：

剪朵何傷轉眼殘，我生乘化本如湍，同來歇腳庵中坐，小駐花光照夜闌。

案：此詩戴先生自編《梅園詩存》未收。見《補編》（《戴靜山全集》第三冊，頁一八〇六），次於〈五十生日贈內詩〉後七首。戴先生五十歲生日為卅九年八月十六日，此詩當在其後不久作。姑繫四十年。

著〈中國文學由語文分離形成的兩大主流〉，五月十五日、卅一日刊臺北《大陸雜誌》二卷九、十兩期，收入《靜農論文集》。闡明語文分離的主因，是中國文字為「意符文字」，表意不能兼顧表音，表意者成為古文學；表音者形成民間口語文學。兩大主流各自發展，亦隨時演化，互相影響吸收，不是對立。至近代白話文興盛，古文一蹶不振，一則是古文發展到最後體製繁多，內容貧乏，失去文學個性，再則由於受西方文明沖激，新文

學要求，成為自然趨勢。到五四時代，社會變化的動力，促使白話文勃興。文分六節：（一）口頭語言與書寫語言之所以分離：受西方文明沖洗，新文學要求，成為自然的趨勢。到五四時代，社會變化劇烈，有國語文學的要求。（二）語文分離的必然性及其相互的關係：語文分離主因在文字本身，中國文字是「意符文字」，表意不能兼顧表音。分離時期，假定在殷商時代。（三）由書寫文字發展的多種型態：古文學體製發展，越往後分體越瑣細，內容越貧乏。講究辭源、聲調、句子單複變化，不要內容而可為煌煌大文，失去文學的個性。（四）以語言為基礎的多種形體：以語言為基礎的民間文學，最流行的體製是詩歌、戲劇、小說。三者不像古文學瑣碎，真實表達感情，而非先根據文學形式去創作。（五）語文互相影響表現於文學史上的情形：語文兩者隨時演化，互相吸收，一則不失其為典雅，一則不失其為通俗，彼此均以融化渾成為原則。（六）結語：語文兩大主流互相影響，並非對立。

案：《大陸雜誌》民國卅九年由中央研究院院士甲骨學專家董作賓教授創辦。初爲半月刊，後改月刊、雙月刊、季刊、半年刊。爲臺灣早期學術性雜誌。臺先生四十三年受邀撰中國文學史，四十九年前後初稿完成（見後），以語文分離兩大主流爲文學史觀貫串全書，此文可視爲其書之緒論。

六月，友人張雪門寄來〈感懷〉詩一首。

兩眼花生忌酒杯，小樓孤影獨徘徊。久留海上傷前浪，忽憶人間有復灰。舊屐空餘河朔夢，新衫未染浙東埃。年來莫怪詩情薄，亂世蟲沙已不哀。

款識：右感懷一首錄呈　靜農吾兄，戴、夏二公大吟壇　斧政　弟張雪門未是草　辛卯端午後一日

案：辛卯爲民國四十年，是年端午當國曆六月九日，後一日爲十日。臺先生收到當在六月中旬。「戴夏二公」指戴君仁、夏德儀。二人分任臺大中文系、歷史系教授。卅五年十月臺先生來臺大任教，張雪門已先於七月到臺灣，在臺北北投創辦育幼院。約卅六年冬至卅七年張邀約戴先生赴北投參觀育幼院，約卅八年，臺、戴、夏同赴北投訪雪老未遇，戴先生有詩記其事（見前）。是後臺、戴、夏三人與雪老時有來往。雪老視三人年長十餘歲，六十一年卒，年約八十二。翌年臺先生作〈記張雪老〉一文，記其人其事（詳後）。

戴先生有〈次韻雪老感懷之作〉：「別後難逢表紹杯，清詩吟罷久低徊。淒迷秋枕千番夢，寂歷春心一寸灰。胸臆應添新壘塊，衣襟猶識舊塵埃。人間飲恨知多少，不信詩家止七哀。」（《梅園詩存》，《戴靜山先生全集》（三）頁一七三七）

（張雪門〈感懷詩〉及有關資料，係輔大阮廷瑜教授提供）

八月，大千居士自香港來臺旅遊，隨身攜帶大風堂三寶—顧閎中〈韓熙載夜宴圖〉、董源

〈瀟湘圖〉、黃山谷書〈張大同手卷〉。九月臺先生與張目寒陪同大千居士至臺中霧峰北溝故宮博物院參觀書畫，由該院主任莊嚴接待。臺先生有文記大千當時觀畫「隨看隨卷」說出畫的精微與源流，當場作畫「疾如風雨，瞬息便成」。序馮幼衡《形象之外》云：

猶記三十年前陪大千去臺中北溝故宮博物院看畫，當時由莊慕陵兄接待，每一名蹟到手，隨看隨卷，亦隨時向我們說出此畫的精微與源流，看畫的速度，不免為之吃驚。可是有一幅署名仇十洲而他說是贋品的著色山水，他不特看得仔細，並且將是畫結構，及某一山頭、某一叢林、某一流水的位置與顏色，都分別註在另一紙片上。這一幅畫，他在南京時僅一過目，卻不同於其他名蹟早已記在心中，這次來一溫舊夢而已。由這一小事，使我看出他平日如何用功，追索前人，雖贋品也不放過其藝術的價值。當晚在招待所客廳，據案作畫，分贈故宮博物院執事諸君，大家一起圍觀，只見其信筆揮灑，疾若風雨，瞬息便成一幅。觀者歡喜讚嘆，此老亦掀髯快意，一氣畫了二十餘幅。因而想到，抗戰前，大千任中央大學教授，每週來南京，落腳在張目寒兄家。有次在目寒家客廳，一面作畫，一面同三數朋友說笑，畫一完成，即釘在牆上，看「亮」、「不亮」。這是我第一次才聽到書法上有所謂「亮」這一名詞，其實便是西畫法的「透視」。

（《形象之外》頁四）

案：慕陵，莊嚴字，《全傳》繫臺先生陪大千居士赴北溝故宮事於一九五一年（民國四十年）九月（下冊頁三四一）。臺先生序馮書作於七十二年三月，相去三十二年，正合所謂「三十年前」語。惟確切時日尚待考查。大千居士作畫當晚嘗取出三寶圖，請衆人觀賞，臺先生當時自必在場。

九月末，大千居士擬去日本小住，由張目寒建議，將三件至寶暫存在臺先生家，臺先生「有說不出的惶恐」，只得將三寶藏在壁櫥舊衣堆中。序馮書云：

幼衡談到大風堂鎮山之寶董源的「江堤晚景」，要知大風堂鎮山之寶豈止一件，多著呢！如顧閎中「夜宴圖」、董源「瀟湘圖」、黃山谷書「張大同手卷」，都是大風堂至寶；這三件至寶於我有幸，曾在我家住過短短時間。早年大千將這三件至寶帶來臺北，臺北鑑藏家一時為之震撼。時大千有日本之行，有一老輩想暫時借去，好好賞玩。而大千表示這三件上面都鈐有「東西南北只有相隨無別離」的印，有似京戲裏楊香武要盜九龍玉杯，對方卻「杯不離手，手不離杯」。畢竟短時間去日本，帶來帶去，海關出入，有些不便。由目寒建議，暫存在我家。我於字畫古玩，既無可買，亦無可賣，不引人注意。於是他同目寒親自送到我家，我當時有說不出的惶恐，只得將這三件至寶供養在壁櫥舊衣堆裏。傳說凡寶物所在處，必有神光射入斗牛，可是在寒舍的寶物，卻沒有神光射出，也許寶物自知借地躲藏，姑且收斂，不然定有人追蹤而至。（《形象之外》頁四、五）

案：《全傳》繫臺先生收存三寶事於是年九月末（下冊頁三四三），應不誤。

是冬，約十一月大千居士自日返臺，從臺先生住處取回三件至寶，不久返香港。（《全傳》下冊頁三四三）

受臺灣文學團體指責為「左派同路人」，尉天聰〈追念何欣先生〉云：

卅九、四十年臺灣文學團體公開指責臺靜農、黎烈文等為左派同路人，是時局的觀望派，如對反共不表態，即該送綠島管訓。（八十七年九月二十一日《聯合報》副刊）

案：文學團體，殆指文藝協會之類團體。

溥心畬五十六歲：冬，江兆申前來寒玉堂拜師。辭光復大陸設計委員、國策顧問等職，居家授徒，埋首著作。

張大千五十三歲：返港暫居，並舉行個展。

莊嚴五十三歲：七月應董作賓之請，為其所撰《清明上河圖》一書，撰〈元秘府本清明上河圖卷跋〉，八月再應董作賓之邀，為其所編《大陸雜誌》撰〈關於辟邪〉文（刊三卷四期），九月，又應董作賓之邀，撰〈宋元瓷器述略〉（文刊三卷五期），十月，撰〈書衣跋〉一文。

民國四十一年　一九五二　五十一歲

一月五日，胡適在美國紐約寫日記，嚴厲指責前北大老同事沈尹默教授是「小人」：

胡家健從香港寄來剪報「大公報」，有十二月二日「大公報」在上海開的「胡適思想批判座談會」的記載與資料。……沈尹默的一篇則是全篇扯謊。這人是一個小人，但這種下流的扯謊倒是罕見的。（曹伯源《胡適日記》第八卷（合肥安徽教育出版社，二〇〇一）頁一七四．臺北民國九十四年十月《傳記文學》八十七卷四期，張耀杰〈北京大學與「新青年」編輯部〉文引。《胡適年譜長編》未載此節）

案：「十二月二日」指民國四十年（一九五一）。沈發言標題〈胡適這個人〉（見一九五一年十二月二日香港《大公報》）。要點有二：（一）胡不滿沈未支持擔任北大教務長。（二）沈反對胡有意包辦《新青年》雜誌。沈、胡皆臺先生北大業師。臺先生書藝受沈指導，關係尤深。

作〈記《銀論》一書〉，介紹其歷史背景與內容，收入《龍坡雜文》、《散文選》。大意謂：

鴉片戰爭後，海禁大開，外國貨物大量傾銷進來，於是外國銀幣自然也流行於沿海商埠，而銀幣有真偽，需辨真偽則要知識，這樣，《銀論》一書也就應運而生。此書在清光緒初年於廣東流行，雖是一本「不入流的書」，但「其大有助於當時商人辨別銀幣的真偽，則是事實。」本文就「意在介紹此書」；只是「先談一談中國書中關於外國銀幣的記載，然後再談到《銀論》。」（一）據史記大宛列傳記載，遠在二千多年前的西域諸國，已有銀幣；至十六世紀中葉，西班牙銀幣首入中國，通行於福建漳州府等地；至十七世紀，西班牙銀幣則大量通行於沿海等地；十九世紀初，美國亦用西班牙銀幣與我通商；至於中國銀幣之鑄造，當始自十七世紀末而通行於十八世紀末。（二）《銀論》以介紹外國銀幣為主。「是書第一部份為銀式，集各種外幣的圖譜及說明；第二部份為銀論，即辨別銀幣的種種知識。」書中特別提出太平天國鑄製的鷹幣，雖仿鑄外幣，卻不能與作偽並論，因為其成色好、含銀量高。

案：此文爲讀書札記，目錄未列，出處待查。本篇收入《龍坡雜文》，又收入《散文選》。

著論文〈兩漢散文的演變〉，九月刊《大陸雜誌》五卷六期。旨在闡述前後兩漢散文如何由初期策士文，一變為史傳文，再變為文士文、三變為批論文。全篇分四節，概要如下：

一、戰國策是文體的餘緒：自漢高祖到武帝一百二十年間散文作者如朱建、陸賈、劉敬、賈泣、賈山、晁錯、鄒陽等都上呈戰國策士餘風。策士文特色是「俊發」，「屬辭比事，翻空易奇。」大都具有激切明快的風格。

二、史傳文體：司馬遷《史記》是史書紀傳體及傳記文學開山作品。其特色爲「善序事理，辨而不華，質而不俚」，又能「微文刺譏」「以舒其憤思」。作法爲後來文士開啓若干道路。其所受文學淵原有三：一爲紀事狀物，得之於《左傳》、《國語》。二爲文辭縱橫雄肆，磊落多奇得之於《莊子》、《國策》、《楚騷》等。三爲樸茂簡重，質而不俚，得之於《尙書》及先秦經傳。繼史記後出現之紀傳體史書爲班固《漢書》。其特色爲文辭「弘麗」，序事「詳而有體」，多用「複筆」，是與多用「單筆」之《史記》，大不相同。

三、文士文：是由史傳文演變發展而成之碑傳文。主要作家爲蔡邕，所作碑文皆「言不由衷，以阿諛死者爲能事。」惟辭句能鎔鑄經典，結構謹嚴而淵懿，但求文字工巧，無視內容。影響所及，造成漢以後文章極端形式華美。

四、王充的批論：王充反對文學形式主義，認爲以文學爲藝術文士文沒有價値。主張黜虛妄華飾，以六藝爲主造論立說，表達思想。其所著《論衡》一書，蔡邕入吳得之作爲談助。會稽太守王朗以爲「異書」。蔡中郎仍寫「華而不實」文章，王充主張不爲後人所重，是因每一時代文學風尙都以社會形態爲動力，非一、二人單靠文學所能轉移。

案：〈兩漢散文的演變〉爲臺先生《中國文學史稿》中之一章。今出版之《史稿》編爲第六章，應是原稿編排如此。此篇民國四十一年發表，據可推知《史稿》非應邀簽約後方著手撰寫。推想早年臺先生任教廈門大學講授有關中國文學史課程，已開始撰寫講義，《史稿》係歷年構思累積而成，復鄭重其事，一再增訂。此篇把握四基點，分析前後傳承關鍵所在，串爲一線。讀者由點而線，一目了然。

溥心畬五十七歲：來臺後，與劉文騰、方震五、李猷等交往密切。民國七十年劉文騰過世，其後人遵囑將心畬作品捐贈國立故宮博物院，出版《溥心畬臺先生書畫特展目錄》，為心畬作品故宮收藏、研究之始。以述而不作方式，以經解經，先後著有《爾雅釋言證經》、《毛詩經義集證》、《四書經義集證》等。

張大千五十四歲：秋末舉家遠遷南美阿根廷曼多灑，舉行個展。第一次赴美旅遊，再回臺灣，舉辦畫展。

民國四十二年　一九五三　五十二歲

七月卅日，續聘為臺大中文系主任。時校長為錢思亮。（遺存資料）

老友莊嚴次子莊因考上臺大，九月自臺中北上，奉父命攜清酒二瓶首次到歇腳盦拜謁。莊因有文記其事：

> 靜農世伯雖與家父交往甚早，可是我首次見到他已是民國四十二年的事了，那年考上臺大，自臺中北上讀書，父親囑我攜帶兩瓶公賣局製的「特級清酒」去拜見靜農老伯，歇腳盦主人把酒瓶拿過去後，喚著臺伯母出來見我。笑嘻嘻地說「莊慕陵的老二來了，帶

來兩瓶特級清酒，敷衍塞責。」（〈寂寞清樽醒醉間〉，見《紀念集》頁一一五）

案：從此足見臺先生言談之風趣及與莊家之交誼與關係。臺大開學約九月中旬，莊因來臺北當在九月初旬。莊因初讀臺大法律系，後轉入中文系成爲臺先生學生。（莊因文作於八十年，見後）

溥心畬五十八歲：農曆四月，賦〈感遇詩〉十四首。前往花蓮舉行個展。

張大千五十五歲：以傑作十二幅贈巴黎市政廳收藏。

莊嚴五十五歲：三月應臺中市民聲日報之邀，撰〈書法的欣賞〉，九月撰〈唐閻立本繪蕭翼賺蘭亭圖卷跋〉（文刊《大陸雜誌》十五卷九期），後收入遺著《山堂清話》。

民國四十三年　一九五四　五十三歲

八月，筆者受聘為臺大中文系助教，入坐系辦公室（即中文系第三研究室），除辦理少許雜務外，即以讀書研究為事。

案：四十一年夏，筆者在臺大中文系修業四年期滿畢業，依規定須受預官訓練一年。四十二年七月期滿，經就業考試，分發至公務機構服務。一年後應臺先生之聘返校任中文系助教職務。民國四十年代，大學畢業須交一篇論文，筆者三年級下學期即商請戴靜山（君仁）師擔任指導教授，以〈柳子厚年譜〉爲題進行研究寫作，一年後完成，頗爲指導教授戴君仁及臺靜農、許世瑛、董同龢諸師的推許，認為實事求是，可從事學術研究。到校後，有回臺先生特意說：「當助教，除辦理小公事外，主要是讀書，不是要你來提皮包做跟班。」此語深刻，歷久不忘。

十二月，大千居士自巴西赴香港，舉行畫展，以自繪《花卉冊頁》一套贈臺先生，各頁均有題跋。

梅花頁題：「大千自有此法，不是華光與元章也。」水仙頁題：「清湘題雪箇水仙云：興到寫花如戲影。吾此作，不當視為離魂倩女耶！發靜農一笑。」剪秋羅上題：「昔遊華山青柯坪中，剪秋羅絕淒艷，曾做小詞，今不復記憶矣！」牡丹頁題：「予花卉初從白陽山人入手，三十年來，亦不自知其變也。」櫻桃芭蕉頁題：「紅了櫻桃，綠了芭蕉，此妙語竟成畫家爛格，大千亦不復免，靜農當必大笑也。」最後一頁為大千旅居日本東京時侍女山田畫像，題曰：「畫成既題署，侍兒謂尚餘一頁，與已闌，手已倦，無暇構思，即對影為此，是耶非耶，靜農何從而知之耶？甲午十二月。」（《詩文集》卷七，頁一〇五、一〇六）

案：甲午十二月，為民國四十三年十二月。大千贈花卉冊頁，黃天才以為在一九五四年（民國四十三年）夏間在東京繪贈。（《五百年來一大千》頁八）未是。李永翹《全傳》則訂在是年十二月（頁三六三），蓋據題署。考民國四十二、三年大千行止事蹟，大千以四十二年六月自臺北赴日本東京，始認識山田女士，旋聘其爲私人秘書，代爲處理雜事。七月離日本回阿根廷，十月移家巴西，四十三年春在巴西聖保羅市構築園林，稱三巴摩詰山園。九月匯集中國歷代卅七家、卅八幅名畫爲《大風堂名跡》一書，撰序言。十二月離巴西赴香港舉行畫展（《全傳》頁三五二—三六五），據山田畫像題記，大千作花卉冊，時山田在側，花卉冊既署「甲午（四十三年）十二月」，疑是年十二月大千抵港前，嘗先赴東京小住，與山田聚會。花卉冊當是時所繪，之後託人帶與臺先生。《全傳》定在一九五四年（四十三年）十二月應可信。

師大藝術系教授溥心畬聞訊，索觀畫冊，臺先生攜之以往，溥氏提筆即題，不曾構思，便成妙文。〈有關西山逸士二三事〉記其經過云：

約在甲子春夏之交，大千兄在日本帶給我一本他畫的冊頁，甚精。他聽說了，急於要看，因告訴目寒兄，後日同在某家宴會，務必帶去。屆時我帶去了，他坐方桌前，正為一群人寫字，看我來了，欣然將冊子接去，邊看邊讚賞，翻到最後空頁，拿起筆來便題，不曾構思，便成妙文：「凝陰覆舍，雲行雨施，神龍隱見，不知為龍抑為雲也，東坡泛舟赤壁，賦水與月，不知其為水為東坡也，大千詩畫如其人，人如其畫與詩，是耶？非也，誰得而知之耶？」寥寥六十來字，超脫渾成，極合大千氣度。尤妙者，所謂

「是耶非也」語氣，好像是受大千的題語而觸發了靈感。……（《**龍坡雜文**》頁一〇七、一〇八）

案：所謂「甲子春夏之交」，當有誤，蓋大千題記山田畫像末署年月爲「甲午十二月」甲午爲四十三年。「甲子」當是「甲午」之誤。「春夏之交」疑當作「冬春之交」，方合時序。

又此事，黃天才〈張大千的日本情結〉文，亦引溥氏題辭，詳敘其原委（見黃著《五百年來一大千》頁八）。臺先生文發表於七十三年一月十三日（見中時副刊），黃著出版於八十七年（一九八八）十一月。黃氏所記應是據臺先生文而來。

十二月，教育部大學用書編審委員會，邀請臺先生撰寫中國文學史。簽約預領一半稿費新臺幣九千元。

案：當時教育部長張其昀鑒於大學教授生活清苦，因約請各大學教授編寫教科書，預支部分稿費，以爲資助，四十一年臺大中文系教授戴君仁（編注詩選）、鄭騫（編注詞選）、屈萬里（編注詩經）皆受邀撰寫，並先後完成，列爲大學用書。臺先生自卅七學年度起在臺大中文系講授中國文學史課程，依情理論，受邀簽約編寫《中國文學史》應與戴、鄭、屈同時，所以遷延時日，蓋別有其故（詳後）。四十七年教育部編審會，由國立編譯館接辦。五十四年以未能如期交稿而解約（詳後）。

溥心畬五十九歲：農曆正月，得秦漢銅印十一品，作考釋。所著《寒玉堂畫論》獲教育部第一屆美術獎。

張大千五十六歲：移居巴西，住聖保羅市郊摩詰山城。

莊嚴五十六歲：應中華民國書法協會之邀，赴日本訪問。自日攜回清末楊守敬所著《書學邇言》，後由藝文印書館出版。

民國四十四年　一九五五　五十四歲

七月，故友喬大壯《波外樂章》，臺灣大學印行，文學院長沈剛伯作序。

……今者臺灣大學文院諸師儒，多先生故舊，方想與播君高風，以激揚後進，思綴遺文，以為世範，訪求經年，得先生手寫之波外樂章四卷，乃請於校長錢公，而亟以付諸影印。（節錄）

案：末署「沈剛伯，民國四十四年七月」。沈時任臺大文學院長，與喬大壯嘗同在重慶、南京中大任教。喬於卅六年八月來任臺大中文系教職，翌年五月返滬，在臺前後不到十個月。其時臺大與喬同任教職，除臺先生外，尚有魏建功等，魏不久回北京。惟戴君仁先生卅六年八月來臺任教師院，翌年八月來任臺大中文系教授，雖未及在臺大與喬共事。然師院距臺大非遙，諒與喬應時有文酒之會。觀卅七年春，戴有〈呈喬大壯先生〉一詩（《靜山全集．梅園詩存》），可證戴先生推重之情，序所謂「文院師儒」、「先生故舊」亦包括戴靜山先生。《波外樂章》由臺大印行，四十多年後，人事變遷，知者無多，九十年筆者合《波外樂章》《波外詩稿》另加《印蛻》為一集，交某出版社印行，後因故未出版。

七月，董作賓以甲骨文書沈兼士聯文贈臺先生，後附釋文及書此聯緣起。

告往知來，其學日益，

先疇舊往，乃家之光。

於騮公處見兼師此聯，書之如是　呈靜農兄賜存　乙未季夏董作賓（《甲骨文法書集》）

案：乙未為民國四十四年，農曆季夏，當國曆七月。騮公，指朱家驊，字騮先。時任臺北南港中央研究院院長。董氏時為史語所研究員兼所長。民國十年至十三年董氏與臺先生就學北大期間，同師事沈兼士，書「兼師此聯」以贈，蓋老同學之誼亦兼懷先師之意。

為董作賓刻姓名印章一枚。（《臺大書畫集》頁一六一，著錄）

案：董作賓（一八九五－一九六三），字彥堂，為臺先生北大老同學、同事。卅八年董來臺，卅九年創辦大陸雜誌，風行海內外，為當時僅有一份學術性雜誌。四十四年董為中研院史語所研究員兼所長，七月以甲骨文書沈兼士聯文贈臺先生（見前），此方印章殆是「官印」，爲其就任所長後所刻，以資公務之用。

莊因就讀中文系期間所見臺先生為人治事風格，有如下敍述：

中文系在他的領導下，一切都由「無為而治」的哲學精神管照得齊齊整整。中文系第三辦公室中，慣常在大木屏風之後，坐在客座沙發椅上的，不外戴靜山教授、鄭因百教授、孔德成教授以及歷史系的常客余又蓀教授、夏卓如教授等，他們總是閒談系外的事，也並臧否人物，總是笑語喧喧，洋溢著美好的共識。……靜農世伯基本上是非常重視人品的，對言行不尊的事，甚是反感。他很有傳統讀書人講求名節的儀行。但是他絕不泥古，思想活躍，很了解年輕人的想法，於是頗得學生們的喜愛。大概也是我大三那年，某次他在文學院十九教室上楚辭課，而本系某教授因在大樓外面教授一位女生騎摩托車，使得車聲及笑語聲迭傳入內，騷擾了靜農世伯上課的氣氛，他突然對著我說：「莊因，去把走廊的窗子關上，快！」車聲及笑語聲終於隔絕在外。……（〈寂寞清樽醒醉間〉，《紀念文集》頁一一六）

案：莊因所記可謂眞實。四十三年八月筆者應聘任臺大中文系助教，坐鎭中文系辦公室協助打理行政雜事，的確感覺到臺先生「無爲而治」的處事精神。臺先生自己在本系開的課，慣例都排在上午十點至十二點。（臺先生曾擔任外系大一國文多年，課排在上午八至十時，則爲例外）。一般都是上午十點坐校車準時到辦公室，有課到教室，無課則文學院各路人馬課後都到中文系辦公室聚會，多半清談一些見聞，經常來報到的除上述五教授外，尚有外文系英千里、黎烈文，哲學系范壽康以及本系屈萬里等教授。文學院沈剛伯院長有時聞聲亦來湊趣，辦公室人氣可說非常旺盛。只聞清言笑聲，從未有喧嘩爭論。瑣碎事務放手交給職員、助教辦理。下午除學校開會，大多都不坐辦公室，眞正達到「無爲而有爲」、「不治而自治」的境界。至莊文提到有一次臺先生上課，室外摩托車聲笑語聲喧嘩，筆者事後亦曾耳聞臺先生提起。四十年代一般經濟情況不佳，來往多以腳踏車爲交通工具。中文系有一講師理財有方，生活甚爲優裕，新購一摩托車，得意之餘，招搖校園，爲追求本系某一女生，乃藉教導騎車博其好感。而不顧及院內教室正在上課。臺先生明知其人，寧可關窗閉戶而不加喝斥阻止，實由於二人皆前後所教學生，不忍在同學前傷其自尊。故不當面訓責而讓其事後自悟。此事雖小，然足見臺先生爲人厚道與用心。

溥心畬六十歲：農曆三月，與朱家驊、董作賓同往韓國講學，獲贈漢城大學法學榮譽博士學位。在東京舉行畫展。邂逅在東京開畫展的張大千，與前往開會的黃君璧、莊嚴，同遊日本名勝。

張大千五十七歲：《大風堂名蹟》四巨冊在東京出版，並舉行「張大千書畫展」。

莊嚴五十七歲：升任故宮博物院古物館館長。十一月撰〈博物館史略〉刊《教育與文化》九卷九期。冬，應教育部禮聘，與毛子水、黃君璧、淩鴻勛同組教育代表團訪問日本。

民國四十五年 一九五六 五十五歲

著〈魏晉文學思想述論〉，十二月刊《文學雜誌》一卷四期，七十八年收入《靜農論文集》。主要論述魏晉文學思想演變過程，初由曹操名法政治思想形成文學清峻風格與校練名理的議論文；再變為何晏王弼合儒道為一的新思想體系；三變至嵇康阮籍崇尚老莊玄學，藉以逃避現實。魏晉之際，佛教玄學興起與老莊玄學相輔相吸，合流而形成清談之風。過江以後，清談家變成絕對自利主義，已失去原本玄學思想。全文分六節：

（一）漢末士大夫兩種人生態度：一是黨錮諸賢的「知其不可為而為之」，一是逸民的「遯世無悶」。兩者相反而實相成，同是發於儒家的人生哲學。曹操廢儒術以名法治天下，安定亂局。名法政治影響文學方面是清峻（簡練明快）與通侻（自由抒寫）風格。曹操文學作品即具此風格。

（二）名法政治反映於散文方面的風格：曹魏的政治一變漢之儒術而為名法。因而有王粲、傅嘏等校練名理的議論文。但未建立新的思想體系。

（三）老莊與玄學（當作儒學）並存的新思想：何晏、王弼以老莊自然為體，儒學名教為用，建立新思想體系，充實此時思想的空虛。
（四）嵇康、阮籍兩人正處魏晉之際不幸時代，不得已託跡老莊，故作放誕，有所逃避。
（五）老莊玄學與佛教玄學合流的清談：曹魏末年，司馬氏學曹操父子所為，有節概不甘臣僕的人，棲心老莊玄學以求解脫，而佛教思想又是談說空無、厭棄塵世。與老莊道術既不相違，遂不覺有所契合。
（六）自利主義清談家人生觀：正始年間，何王清談，尚不失為老莊玄學之倡導，過江以後的清談，集合儒道佛各家等，厭世有節而無可為「苟生為我論」，已喪失玄學的基礎。

案：《文學雜誌》季刊，是年三月創刊。係由臺大外文系教授夏濟安主編，工學院秘書劉守宜爲發行人。此文僅第一、二節提到文學與散文，其他均以論述玄學思想爲主，未及文學作品所受到的影響。第三節老莊與玄學並存的新體系，按其內容觀察，「玄學」似當作「儒學」。

〈庾信的賦〉，約作於本年前後，主要論述〈哀江南賦〉承前啟後，其特色便是寫實，在以綺麗刻畫為工時代，開闢新路。

沈炯的〈歸魂賦〉影響庾信〈哀江南賦〉。庾信的〈哀江南賦〉又影響顏之推〈觀我生賦〉，顏賦中的用事及句法與庾賦符合處，極類〈哀江南賦〉之與〈歸魂賦〉。他們共同精神，便是寫實的精神。以綺麗刻畫為工的俳賦時代，居然開了一條新路。可是唐初辭人並未能繼承下去，使〈哀江南賦〉那麼偉大的作品，竟成了絕響。

案：本文乃臺先生所撰《中國文學史稿》中的一節，未曾發表。逝世後，史稿連同其他遺稿送中研院文哲所收藏。民國八十一年六月排印刊載於臺大中文學報第五期（附影印原稿）。自民國卅五年臺先生來臺大任教中文系，連續講授中國文學史課程多年，直至五十四、五年止。約民國四十三年底，嘗受教育部之託（部長張其昀）撰寫中國文學史，作爲大學院校教學之用。至五十年左右完成初稿，稿本嘗分送弟子多人核校（筆者嘗奉命校對唐代文學部分）。本文當是史稿中南北朝文學的一節，其寫作當在四十至五十年間。難定確切年月。觀臺先生自編《靜農論文集》，其中有〈魏晉文學思想述論〉一文，四十五年十二月發表於《文學雜誌》一卷四期，據此推計，本文撰作殆亦在是年前後。

《魏晉文學思想述論〉發表後，意有未盡，又作〈嵇阮論〉，未發表，卅二年後收入《靜農論文集》。本文之作，旨在補充前文第四節述論嵇康、阮籍內容之不足，並認為何、王與嵇、阮是同時代的兩派，糾正前文何、王在前，嵇、阮居後之誤。文分八節，從標題可見其其內容要略：

（一）漢末知識分子「黨錮」與「逸民」。（二）魏晉之際何晏、王弼以「老莊為體儒學為用」。（三）嵇康、阮籍以老莊思想的放達藉以避禍。（四）嵇康、阮籍的政治關係與政治意識。（五）嵇康以「剛腸疾惡」被殺。（六）阮籍以自汙汙人倖免於死。（七）兩人並受盛名之累。（八）放達流風及於後世。（《論文集》頁九三—一〇四）

案：〈論文集〉序云：「關於文學者有〈魏晉文學思想述論〉，而意有未盡，乃寫〈嵇阮論〉兩篇可比照觀之。」據此可知此文爲補充前篇「嵇康阮籍」一節之不足。寫作時間當在前文發表後不久，殆在四十六年。又此文僅見三十二年後出版之《靜農論文集》，〈著作繫年〉未見著錄。今出版臺先生《中國文學史稿》魏晉篇第三章第三節題作〈阮籍與嵇康〉，內容有部分與此篇相同，蓋爲配合文學史體例，據此改寫而成。

八月，為孔德成刻印章一枚。《臺大書畫集》（頁一六一），著錄。

案：四十五年八月，故宮中央博物院聯合管理處主任委員杭立武辭職，出任駐泰國大使，孔德成繼任爲主任委員。此印章較大，四方形，陰文，疑爲孔就任故宮主委後，作爲公務印鑑。孔時兼任臺大中文系及考古學系教授。五十三年五月孔請辭主委。

溥心畬六十一歲：六月自日本返抵臺北。年底與次年初，應徐復觀之邀，前往臺中東海大學授課。

張大千五十八歲：四月在東京展出敦煌壁畫，展畢後應邀將壁畫運往巴黎。首次赴歐洲旅

行，觀賞西方藝術。於法國尼斯與畢卡索把晤論畫，互贈作品。

莊嚴五十八歲：八月受聘為臺北市臺灣省立師範大學，擔任國文研究所兼任教授。十月，撰《故宮與中央博物院存臺文物簡介》。十二月，為故宮博物院那志良著《故宮博物院三十年之經過》作序。《故宮書畫錄》在其主持下編成出版。此後繼有《故宮銅器圖錄》、《故宮瓷器錄》、《故宮文獻總目》等一系列目錄陸續出版。

民國四十六年　一九五七　五十六歲

五月，畫無量壽佛，預賀莊慕陵五十九歲壽誕。《逸興》（頁六）著錄。

題辭：面壁歸來，低眉褒手，慧業一燈，淵源接受，貝葉翻經，盋盂淘垢，佛法婆心，康寧福壽。

款識：丁酉初夏為慕陵吾兄壽，靜者。

鈐印二方：「□□」、臺靜農

案：丁酉爲四十六年，農曆初夏爲國曆五月。五十四年冬，亦畫此圖賀莊氏六十八歲壽誕（《逸興》頁二五，見後）。題辭亦同，惟首句「面壁歸來」作「秋夢醒來」。莊氏今年五十九歲，生日農曆六月八日（國曆七月四日），此乃預賀其壽辰。

冬，有畫梅作品，戴靜山先生賦〈題靜農畫梅〉詩云：

紙窗清影一枝斜，密雪三更更落些，傲骨生來元耐冷，不宜溫室暖梅花。原注：余嘗以盆梅置暖室中，盡敗。（《梅園詩存》）

案：畫梅作品，今不可見。疑是繪贈戴先生者。題詩列《梅園詩存》卷末，其前爲〈廣播聞程硯秋唱片〉七絕一首，後二句云：「惘然四十年前事，尚有餘音付海雲。」原注：「初聽程戲距今已四十年」。據《戴譜》，靜山先生以民國六年（一九一七）八月十七歲，考入北京大學文預科，十年八月廿一歲，入北大本科中國文學系，至十二年（一九二三）六月北大畢業，八月受聘任教於天津南開中學。在北京前後凡七年，其初聽程戲，當在此數年初期。今若設定初聽程戲時在民國六、七年，下計四十年，聽廣播程戲應在四十六、七年間。題畫梅詩次其後，約略與之同時，茲姑繫本年冬。

作〈《陶庵夢憶》序〉，此文是應臺灣開明書店經理劉甫琴先生之請，為該店取粵雅堂本《陶庵夢憶》標點重印所作序言。旨在使「讀者略知作者的生平」。收入《龍坡雜文》、《散文選》。要點如下：

（一）《陶庵夢憶》的作者張岱，又號「陶庵」，山陰人；其家世頗為顯貴，所以他才能享受那樣豪華的生活，如夢憶中所寫的，正因其生長於這樣家庭的關係。（二）據有關史料，張岱活到了八十八歲；他的生平可以甲申為限，劃作兩個階段。在前一階段他的生活是極為豪侈，而態度是極為放縱，國亡後的生活，則大大不同了，用他自己的話來說，是「布衣蔬食，常至斷炊」的，這樣的生活持續了約四十年。（三）張岱絕不是一個苟全性命的人，他自己說「每欲引決，因石匱書未成，尚視息人間」的。大概一個人能將寂寞與繁華看作沒有兩樣，纔能耐寂寞而不熱衷，處繁華而不沒落。《陶庵夢憶》之所以能有那種種境界，實得力於他的這種人生態度。（四）張岱的詩文，是受徐文長的影響，而「來得深刻」；他又長於史學，其重要的著作，便是上面提到過生命相依的石匱書，是書寫了近五十年，它是谷應泰編《明史紀事本末》時的重要參考書。（五）關於《陶庵夢憶》的幾種版本：有硯雲甲編本一卷、王文誥本八卷，皆乾隆中刻。粵雅堂本乃來自王本。

舒蕪〈談《龍坡雜文》—悼臺靜農先生〉：「《龍坡雜文》中的論文談藝之作不少，都不是學院和書齋式的，而是浸潤著人生的意識，故常能打破限隔，於各種藝術中觀其會通。……談張岱的《陶庵夢憶》，卻又指出他的文章之美，『如看雪箇和瞎尊者的畫，總覺水墨濃鬱中，有一種悲涼的意味，卻又捉摸不著。』其實我覺得這正可以稱作對《龍坡雜文》的恰切的自評。」

夏明釗評述：「這篇序文的最大特色是簡明扼要。序文的題旨是在向讀者介紹張岱的生平，故有關資料的引用及考證，都是要言不煩；展示其生活道路與思想，又處處緊扣著

《陶庵夢憶》。此文書目未列。」（手稿）

案：此書四十六年出版，時筆者任臺大中文系助教，羅錦堂爲中文所碩士班研究生，二人曾奉臺先生之命，爲此書分段標點。

溥心畬六十二歲：春，第三次前往臺中東海大學授課。並前往霧峰北溝故宮博物院欣賞古代名畫。

張大千五十九歲：初患眼疾，赴美就醫。

莊嚴五十九歲：八月十日，長媳張琬女士來歸。

民國四十七年　一九五八　五十七歲

是春，為美國加州大學陳世驤教授及其夫人梁美真女士刻姓名圖章二方。（《臺大書畫集》頁一六三，著錄）

案：陳世驤教授北京大學中文系畢業，赴美攻讀西洋文學獲博士學位，留美任教美國加州大學講授中國文學等課程。約四十六年冬至四十七年春應聘來臺大文學院訪問講學。其講稿嘗潤飾著爲論文多篇，發表於臺灣學術期刊或文學雜誌，其中之一題〈中國詩之分析與鑑賞示例—杜甫八陣圖〉，刊四十七年六月《文學雜誌》四卷四期。後又赴臺中東海大學講學訪問。臺先生爲刻二枚印章，時不出四十七年春夏。

四月，論文〈柳宗元〉，載《中國文學史論集》第二集，臺北中華文化出版事業委員會印行。要旨論述柳宗元具有「政治膽識與節概」，其參加王叔文黨，志在「共立仁義」。韓愈倡導古文，宗元為之羽翼。載道觀與韓愈不同，文有寬博氣象，無道統包袱，又有從容自得之趣。篇分五節，概略如下：

（一）據《舊唐書》卷一六〈柳宗元〉傳，概述其生平事蹟。

（二）柳宗元性格公正不阿，德宗貞元時，國子司業陽城被貶，太學諸生詣闕請願，宗元作〈與太學諸生……詣闕書〉予以聲援，謂「此一行動足以繼承漢魏太學生的餘烈」，表現宗元政治膽識與節概。

（三）與王叔文結黨，後人以為「昵比小人」。實際上王叔文等所結合者皆「當世知名之士」、「行動又是有關國家大計」，因此應該相信宗元所言「共立仁義，裨教化過」。

（四）柳宗元為柳州刺史，解放奴婢，作了中國歷史上解放奴婢的偉人。

（五）宗元與韓愈各有不同之史觀與載道觀。柳宗元對韓愈修史「人禍」、「天刑」之說，不以為然。但說法各有寄意，見解並不大相左。韓愈倡古文，宗元實為之羽翼。兩人載道基本思想有別。韓重道統，文有叫囂之音，柳無道統包袱，文有從容自得之趣。

案：此篇約五千餘言，所論與《中國文學史稿》．〈韓愈與柳宗元〉合論一節（頁三七一—三七六，第三節）。內容篇幅，頗不相同。文學史稿中論柳宗元僅二小段，不過六七百字，篇幅不及此文七分之一。文係應約限期而作（中華文化事業出版委員會，係教育部單位），著成在先（約民國四十六、七年間），《文學史稿》中〈柳宗元〉一節，寫作於後，殆據此篇刪節，並加修訂以配合全書體例。《文學史稿》論柳宗元除略述其事蹟外，著重柳之文學成就。認爲柳宗元「學力與韓愈實相伯仲，風格各不相襲」，引韓愈評柳文語「雄深雅健似司馬子長」，「汎濫停蓄，爲深博無涯涘」。與此所論，實有差異。

五月廿日，論文〈關於李白〉，載臺北《文學雜誌》月刊四卷三期，署名白簡。內容著重論述李白五言古詩反映現實，流露悲憤與諷刺。贊同黃節所謂「憂時感憤，恒發於言」觀點。李白清真自然風格，不僅有起廢之功，亦為後人開自由抒寫道路。要點如下：

（一）論李白家世，取陳寅恪說法，認為李白是西域人，系出「隴西成紀」，乃出於唐人攀附高門習氣。

（二）據王琦《李太白年譜》，考述李白一生事蹟，其中述及白二十歲時受知於禮部尚書蘇頲，蘇稱其「天才英麗」，「若廣之以學，可以相如比肩」。

（三）李白任氣放誕，仰慕魯仲連為人，欣賞策士談笑間取功名的才調。其附從永王璘，不取昔人曲為之說，以宋蔡寬夫《詩話》所謂「其學本縱橫，以氣俠自任，當中原擾攘時，欲藉之以立奇功」，為有見地之論。

（四）李白非實際政治人物，但不甘於寂寞。對唐玄宗好邊功、愛女色、並好神仙追求長生不老，都有詩篇予以諷刺。如〈戰城南〉等詩，指責玄宗窮兵黷武，認為「兵者是凶器，聖人不得已而用之」。楊國忠執政，用兵南詔，作古風（第卅四首）加以抨擊。其餘甚多五古亦皆為時為事而作。

（五）李白憧憬神仙，藉以表現高遠之寄託。其心目中神仙，猶如淵明之桃花源，純是反映現實。

（六）宋人羅大經所謂李白「社稷蒼生，曾不繫其心膂」，為不可信。舉近人黃節論太白之語「天才卓絕，而憂時感憤，恒發於言。……而忠義激發，又足以繫夫三綱五常之重，識者稱其深得國風諷刺之旨。」非羅大經輩短視所能及。

（七）寫作態度：掃魏晉之陋，起騷人之廢。主清真自然，開自由抒寫道路。因天才高，志氣宏放，聯想豐富，以致後人視之高不可攀，望之卻步。

案：臺先生字伯簡，易伯爲白，爲筆名發表。臺先生所著《中國文學史稿》（今已整理出版）中，唐代篇第四章題〈唐詩極盛時期的各派別〉，第一節〈王維孟浩然—唐代自然詩派詩人〉，第二節〈杜甫、元結〉，第三節〈韋應物〉，獨缺李白。此篇應爲第四章中之一節。次於王孟後、杜甫前。臺先生殆爲應《文學雜誌》編者索稿之急需，遂從文學史稿中抽出〈李白〉一節題〈關於李白〉，付之刊印。匆促間，未及鈔存底稿，遂致中國文學史稿中缺此重要之一節。又此篇長七千餘言，與〈杜甫〉節篇幅（六千餘字）約略相當，推想其為文學史稿中之一節，應能成立。又四十六、七年間某日，嘗聞臺先生談起當時流傳《中國文學發展史》一書，認爲其中閒話太多，將李白寫成風流才子，浪漫文人，亦爲不妥。臺先生當時寫作此篇實甚費心，其用意亦甚顯然。

七月卅一日，致函校方依規定自八月一日起，休假一年，並請辭系主任。五日校長錢思亮函請繼續主持系務，並附原聘函兩件。

案：函稱：「十年來中文系多承先生主持」。臺先生自卅七年八月擔任中文系主任迄本年適爲十年。

八月十日，校長函請臺大中文系戴君仁教授，於臺先生休假期間，代理系主任。（遺存資料）。

案：戴先生四十四年八月應臺中東海大學首任校長曾約農之聘，主持策劃中文系。四十五年任東大教授兼系主任。八月借聘期滿，回臺大中文系任教。四十六年八月一日起臺大休假一年，東海聘爲講座教授，講學一年。四十七年七月底休假期滿，八月回臺大，臺先生休假，遂受聘代理。（《戴譜》不及代理主任一節）。

東亞學術計劃委員會成立，主任委員為李濟教授，臺先生受聘為委員，會址設在臺大總圖

書館後樓三樓。（詳參六十一年春，《百種詩話類編》完成條案語）

寄畫松一幀賀莊慕陵嚴六十壽，並致函。《法書集》（二）（頁七九）著錄。

慕老吾兄：近況如何？殊念念。寄呈畫松一幀。用筆何如？幸教之。倉卒題款，未及「六十」兩字，兄跋數語，拈出可耳。即請儷安。弟靜農頓首。

案：據「倉卒題款，未及六十」云云，當是指寄呈畫松為賀其「六十」壽而言。而題款漏書「六十」兩字。據《莊譜》，莊生於清光緒二十五年（一八九九）農曆六月八日（新曆七月二十五日），「六十壽」應為民國四十七年（一九五八）農曆六月八日，國曆七月廿四日，觀信封郵戳，有「八月十二日」字樣（不甚清楚），畫松致賀似在其壽誕之後。

九月，獲悉老友莊慕陵長子申，服役金門，時爆發炮戰，身居危地，致函莊氏北來，商請有關人士，援手以護其安全。函行書體見《法書集》（二）（頁七六）著錄。

慕陵老兄賜鑒：日前手教，奉悉申侄居危地，至可念。弟意兄可親來臺北，商諸王雪艇先生。倘彼能為之向俞大維先生一言，或有濟乎！學生受訓，究非戰鬥人員可比。申侄造詣，雪艇所深知，或不吝一援手耳。志希亦可託之。總之，事之有濟與否，不妨為之奔走一試也。兄以為可行，望即來此，為盼。專此　即請儷安。弟靜農頓首，星期日。

案：此係復函，未書年月，惟據「日前手教，奉悉申侄居危地」語可推知莊、臺來往函件撰寫年月。據〈莊申傳〉及《莊申年譜》，莊申四十五年七月師大史地系畢業，四十六年八月十日與張琬女士結婚，旋入營受一年預官訓練，期滿，四十七年八月即分發至金門任少尉排長政工官。旋發生震驚中外，所謂「八二三」炮戰，函中所謂「居危地」即指此而言。中父慕陵（莊嚴）時居臺中霧峰北溝任故宮博物院古物館館長。中父殆於炮戰後憂心其子安危，因致函臺先生告以其子在金門服役事。推其時日當在八月末至九月間。臺復函封面貼有「限時專送」郵簽，知收到莊函後即作覆。函中提及可商請援助人物：（一）雪艇，指王世杰，時任總統府秘書長。（二）俞大維時任國防部長，炮戰期間，常赴金門視察。（三）志希指羅家倫，時任國史館館長。翌年，四十八年春，莊申役畢退伍，入中研院史語所任助理研究員，函末「事之有濟與否，不妨爲之奔走一試也。兄以爲可行，望即來此。」云云，就實際觀察，莊慕陵似未北來爲其子奔走。莊申係依規定，服役完畢退伍。

本年，為胡適刻「胡適之印」圖章一方。五十年五月二十三日，胡用以鈐印《乾隆甲戌本石頭記》。《胡譜長編》云：

五十年五月廿三日（星期二）……夜裡十點多，……先生正在翻看今天裝訂好的《乾隆甲戌本脂硯齋重評石頭記》影印本，於是拿出臺靜農刻的圖章，在這部影印本上下兩冊的第一頁上都蓋了印，說：「這是影印第一部，我很少在自己的書籍上蓋印的」。（十冊，頁三六〇二）

案：《甲戌本石頭記》舊鈔本四冊，民國十六年胡適在上海購得。今年爲紀念曹雪芹逝世（一七六三）將屆兩百年，因出所藏石頭本交臺北中央印幣廠影印，線裝二冊，以是年五月出版。今觀第一冊序後首頁及第二冊十三回首頁都鈐有「胡適之印」四字楷體。正與胡譜所謂「上下兩冊的第一頁上都蓋了印。」一語相合。胡適民國四十七年四月來臺就任中央研究院院長，年六十八歲。臺先生爲所刻四字印章，當在胡氏就任院長後不久。

之後，又為刻印章四方，即篆體「胡適」、「胡適校書記」（直長形）、「胡適手校」及楷隸「胡適的書」，並見《臺大書畫集》（頁一六一）著錄。

案：胡適四十七年四月來臺就任院長職後，曾爲刻「胡適之印」一方（見前）。此四枚中「胡適的書」，乃五十年八月刻（見後），其餘三方殆其前或稍後所刻。胡適五十一年二月猝逝，是三方圖章雕刻不得至晚於五十年底。

溥心畬六十三歲：《寒玉堂論書畫》手稿影印本由世界書局出版。農曆十月初前後，在曼谷開畫展。

張大千六十歲：以「秋海棠」一畫，為紐約「國際藝術協會」公選為世界偉大畫家，榮獲金質獎章。

莊嚴六十歲：八月撰〈研究中國繪畫史的喜龍仁教授〉（刊《文星》月刊）。

民國四十八年　一九五九　五十八歲

為毛子水刻印二方：一為篆字陰文姓名「毛準」，一為橢圓形篆字陽文「大患為有書」。

並見《臺大書畫集》（頁一六三）著錄。

案：毛子水，名準，卅八年正月隨傅斯年校長來臺任教臺大中文系，配用第一研究室，住臺北市溫州街十六巷十六號，與臺先生寓所近在咫尺，故來往頻繁。毛先生有愛書癖好，行年九十，猶自國外訂購書籍。自北京避亂撤退來臺，隨後運來數十箱藏書（其中不乏宋元明善本書），以住房小，無書架可安放書籍，故數十箱圖書從未打開，因有書多爲患之嘆。「大患爲有書」圖章殆臺先生因其請而刻，時約在卅八年至五十年間。推測或與爲胡適所刻數方圖章約略同時，茲姑繫四十八年。據其夫人張菊英女士告知，數十箱舊版書，最後爲蠹魚啃蝕，化爲殘屑。毛先生數十年與筆者共用第一研究室，於其爲人治學知之頗深。通曉多種外語，學術精博。晚年專研論語，獨有創見，著《論語今注今譯》，學界許爲傑作。六十二年與臺先生同時退休，猶兼任講授「先秦古籍訓釋」等課程。與俞大維、吳大猷等交誼深厚，嘗書一聯贈俞氏云：「經天緯地奇男子，獨立特行大丈夫」，又書一聯自嘲云：「好德如好色，有涯隨無涯」。毛先生早年留歐多年習天文數學，回國後教國學。六十四年，年八十三歲與張女士結婚，凡此學界傳爲佳話。

嘗獲國家文化獎，臺大中文系聘爲名譽教授。七十六年四月十一日九五華誕，系中門人獻《論文集》爲壽。翌年五月十日卒，年九十六。

三月，臺先生故友喬大壯《波外詩稿》出版，曾克耑作序。

案：詩稿共四卷：《波外叟詩》二卷，《續波外詩稿》二卷。民國四十八年三月臺北藝文印書館印行，戊戌（四十七年）十二月香港曾克耑作序。

一月十一日（農曆四十七年十二月初三日），大千居士在巴西八德園臨〈瘞鶴銘〉一本四十六頁，五、六月間自巴西寄贈臺先生。

案：〈瘞鶴銘〉係碑刻，華陽眞逸撰，上皇山樵書。文自左至右，筆法渾穆，原在江蘇鎮江焦山石崖上，曾落江中，宋淳熙中挽出，後又落江，清康熙中，復出。共五石，宋歐陽修《集古錄》疑爲唐顧況書寫，南宋黃伯思考定撰書者爲南朝梁陶弘景（見所撰《東觀餘論下跋瘞鶴銘後》）。大千居士所臨共四十六面、九十字。銘末題記：「戊戌十二月初三日，客去後，臨此第六通」。其後又署：「己亥四月寄上靜農老弟教之」。「戊戌」爲民國四十七年，十二月初三，當國曆四十八年一月十一日。己亥爲四十八年，四月應爲農曆，當國曆五、六月。廿八年後，民國七十六年三月，臺先生欲公之於世，遂交臺北華正書局出版。故宮博物院副院長莊嚴爲題署「大千居士臨瘞鶴銘」八字。

十二月十二日，胡適來函，建議重印《淮南民歌》為單行本。《胡譜長編》：

四十八年十二月十二日……又有給臺靜農的信。

靜農兄：今天翻檢月涵先生送我的《歌謠周刊》合訂本四冊。其中有你的《淮南民歌》第一集，共有一百十三首。還有你〈致淮南民謠讀者〉短文一首。你那天說，你已沒有存稿了，何不用這本《歌謠》作底本，叫人重鈔出來，校勘一遍，重印成一個單行本？

胡適四八．十二、十二。

案：月涵，梅貽琦字。時任教育部長。民國十二年一月北大研究所國學門成立後，旋即成立「歌謠研究會」，由周作人主持，常惠任事務員，後出版《歌謠周刊》，常惠任主編。十三年八月臺先生應常惠之請，回鄉半年，輯錄歌謠二千多首，刪汰鈔錄成冊共六百首。十四年四月歌謠初編爲《淮南民歌第一輯》，在《歌謠周刊》八十五期開始登載，後續登於八十七、八十八、九十一、九十二各期，共百一十三首。胡適所稱即民國十四年在北大出版之《歌謠周刊》，本年梅月涵所送合訂本，當是卅四年前舊本。臺先生〈致淮南民歌的讀者〉文，刊十四年六月廿八日《歌謠周刊》九十七期。（見前）

越三日，胡再來函，並送《歌謠周刊》備用。《胡譜長編》：

四十八年十二月十五日（星期二）今夜有給臺靜農的信。

靜農兄：《歌謠周刊》送上備用，不必急於送還。你能做《慶元黨禁》史證，這是很有趣又很有用的工作。我祝你成功。我覺得李心傳《道命錄》編的比《慶元黨禁》較好。

你一定知道此書最可供參考，不用介紹了。《朱子語錄》一百七寫晦翁在黨禁下的態度，也可供採擇。匆匆南去，敬祝平安　胡適．十二、十五（八册，頁三一一一—三一一二）。

案：臺先生從胡適建議，鈔《歌謠周刊》中《淮南民歌》部分，十二年後（民國六十年）由臺北東方文化書局出版，列為《民俗叢書》第二十四種。〈慶元黨禁〉史證，未見《靜農論文集》，殆此文未完成，或未發表，待考。

是年，獲哈佛燕京社東亞學術計畫委員會資助，開始進行《百種詩話類編》工作。參加工作者有臺大中文系助教歐纈芳、中文所研究生彭毅、鄭錦全三人。臺先生為主編，設計體例、類目、督導工作（詳六十一年）。

溥心畬六十四歲：《四書經義集注》手稿，由國立中央圖書館以十萬元購藏。

張大千六十一歲：春，在國立歷史博物館首次舉行「張大千先生國畫展」。周遊歐洲，返臺訪友敘舊。

莊嚴六十一歲：九月撰〈評故宮銅器圖錄〉（刊《中國一週》第四九一期）。十一月撰〈中國繪畫的特色〉（刊《中美月刊》四卷十一期）。

民國四十九年　一九六〇　五十九歲

是年前後，《中國文學史》初稿完成，分送門人輩為之校閱。

案：四十三年臺先生應邀撰寫《中國文學史》至四十九年前後初稿完成，按朝代分送門人及研究生校閱。時筆者任中文系講師，受命校閱唐代部分。閱及中唐詩人劉禹錫一節，其中生平事蹟注明參考筆者撰作〈劉夢得年譜〉。〈劉譜〉，四十七年七月刊臺大《文史哲學報》第八期。臺先生既參考〈劉譜〉，可知唐代部分寫成不早於四十七、八年。全書初稿完成當在四十九年前後，又其中若干篇章曾先後發表於各期刊雜誌。如〈論兩漢散文的演變〉，四十一年九月刊《大陸雜誌》五卷六期。〈魏晉文學思想述論〉，四十五年十二月刊《文學雜誌》一卷四期。〈關於李白〉，四十七年五月刊《文學雜誌》四卷三期。〈論唐代士風與文學〉，五十四年十一月刊臺大《文史哲學報》十四期。〈從「選詞以配音」與「由樂以定辭」看詞的形成〉五十六年十一月刊《現代文學》三十三期。〈女眞族統治下的漢語文學—諸宮調〉，六十一年六月刊《中外文學》一卷一期。另三篇遺稿：〈唐代詩歌的發展〉、〈唐代自然派詩人—王維、孟浩然〉，八十年六月刊《臺大中文學報》四期。〈庾信的賦〉，八十一年六月刊《臺大中文學報》五期。亦皆文學史稿中論著，合共九篇問世，餘均隨同其他遺稿，收藏於中研院文哲所。八十九年移歸臺大圖書館。

觀已發表九篇文學史稿論文，可知史稿多以專題形式論述，非一般課堂講義可比。其中有一文學史觀貫串全書，即以語（民間文學）、文（古文學）兩大主流串聯各朝代中國文學發展與演變。而兩者時常相互吸收，相互影響，分流而非對立。又此書係應約而寫，稿完成自當依約交稿刊印，其所以遲未交稿出版，究其原因約有二端：一則視著述爲名山事業，要求過高，自感有所不足，寧擱置以待隨時修訂而不願輕易出書。二則由於不願與後輩爭鋒。案五十一、二年臺大中文系某副教授在淡大講授中國文學史，以劉大杰《中國文學發展史》爲藍本，取其架構內容，易語體爲半文言，復取其他研究成果，加以湊合，編爲《講義》。旋又在臺大外文系講授該課程，編講義爲著作，以五十五年十一月搶先出書，並請臺先生爲題署曰「中國文學史」，臺先生史稿出版遂因而消沈，並於五十四年解約。不久，臺先生在臺大中文系講授多年「中國文學史」課程，亦爲某教授取代。臺先生表面似若無其事，私下談話，則甚爲不悅。曾有門弟子至「歇腳盦」晉謁，臺先生出示某著《中國文學史》，見其上有甚多批語，揭示其中許多問題，如襲取他人觀點、創見（包括臺先生史稿論點），不加註明等。惟此批本不知是否留存。

二月九日，行書寫王國維《人間詞話》語贈何佑森。《法書集》（一）（頁一二）著錄。

古今之成大事業大學問者，必經過三種之境界。「昨夜西風凋碧樹，獨上高樓，望盡天涯路」此第一境界也。「衣帶漸寬終不悔，為伊消得人憔悴」，此第二境也。「眾裏尋他千百度，回頭驀見，那人正在燈火闌珊處」，此第三境也。

款識：佑森兄來臺小住，經旬即反香港，書靜安先生語為贈。時庚子元宵前二日，靜農於龍坡里之歇腳庵。

鈐印四方：肖形印。臺靜農。停雲。臺靜農。

案：庚子，民國四十九年，元宵爲國曆二月十一日，前二日即國曆二月九日。

七月四日，臺大文學院院長沈剛伯赴美參加會議，考察歐美教育，校長錢思亮函請臺先生暫兼文學院院長，是月二十九日錢函稱臺代院長請轉文學院各系主任聘函。（遺存資料）

八月，篆刻「我生之初歲在辛丑」印章一方，贈同事友人戴靜山教授。

案：此方印章見《臺大書畫集》（頁一六四）著錄。疑爲戴靜山（君仁）六十歲而刻，以賀其壽辰。據《戴譜》（《戴靜山全集》（三）附錄，頁一），靜山生於民前十一年即清光緒二十七年（一九〇一）辛丑，八月十六日。至今年庚子（一九六〇）滿一甲子，戴靜山年六十歲。此印當是因戴之壽誕而刻以紀念並表賀意。

十月二日，行書致莊慕陵函，八日寄發。《法書集》（二）（頁七八）著錄。

慕公老兄：今日聞孫喻西君言：有友生，新疆人，能以西域清烤牛羊肉，佐料惟胡椒、辣椒、白鹽而已。味絕美。公何時北來，請先馳告麗水精舍諸君，預為張羅也。據云：此等肉遠非淡水河有類炒肉片者可比。六一翁聞之，垂涎否？歇腳庵行者再拜，十月二。此札書於中秋節前三日，乃於節後三日始發，殊可笑也。七日晚又及。

案：據函中所書日期「十月二」及「中秋節前三日」、「節後三日」諸語，可確定時在民國四十九年。「十月二」爲十月二日之省，時爲中秋節前三日，即八月十二日，節後三日始發，應為八月十八日，即國曆十月八日。「此札書」以下二行小字，係十月七日晚補寫。尋檢董作賓《年曆簡譜》，民國四十九年中秋節為國曆十月五日，亦正合函中所稱日期。「麗水精舍」在臺北市麗水街，乃畫家喻仲林畫室書齋名，詳後（五十四年）。

溥心畬六十五歲：參加美國新聞處主辦之「當代中國國畫藝術展覽」，拍攝紀錄片「溥儒博士書畫」。

張大千六十二歲：舉辦巴黎畫展、布魯塞爾畫展、雅典畫展、馬德里畫展。

民國五十年　一九六一　六十歲

是年前後採用蔡元培所撰《德育講義》為大一國文輔助教材。

案：臺大文學院院長沈剛伯有鑑於當時臺大學生普遍欠缺品德倫理認知與教養，建議臺先生「大一國文」採用蔡元培在法國勤儉德育班《講義》，為補充教本。時筆者任中文系副教授，講授「大一國文」，奉命與同事杜其容編輯並作附註。多年後，人事更動，部份系中同事有異見，此補充教材遂廢而不用。

〈唐代詩歌的發展〉主要論述唐詩興盛的原因，及初唐沈宋、四傑、陳子昂等詩人的新風格。文分四節：

一、唐詩興盛的原因：一為皇帝的愛好，次為科舉以聲律取士。三為伎樂興盛，歌伎傳唱樂詩。

二、宮廷詩人及其成就：沈佺期、宋之問、杜審言等沿六朝遺緒，完成律詩的格調，創造新形式。以詩的形象言，華麗精工。審言視沈、宋，實有遜色，然華麗之外自有一種高逸之氣，則沈宋不如審言。

三、四傑的新風格：四傑詩的內容，大都是寓物寫志，抒情寄慨，直承梁陳詩風。辭藻華麗，然音節婉轉，氣象濶大。非梁陳詩人所能及。四傑取徑各自不同，形成獨特風格。賓王長歌浮靡之中具有充沛的生命，如〈帝京〉篇可比擬〈西京賦〉，〈疇昔〉篇，悲涼慷慨，可想見其人。盧照鄰〈長安古意〉篇，悲涼之中而有飄逸之致。王勃〈臨高臺〉篇，於悲慨之中申致其諷刺，風骨凌厲、境界高渾。四傑詩之外，賦與文亦具有同等的價值。

四、漢魏風格的詩人陳子昂：子昂實是有才略的詩人，故所為詩，力追上流，鄙棄齊梁，而以漢魏為依歸。雖云復古，卻不尚摹擬，故自有獨到之處。其代表作卅八首〈感遇詩〉，作於晚年。新舊唐書作者未曾注意其內容，誤以為早年作品。其創作手法，能兼有阮籍詠懷、郭璞遊仙之長，將卅八首雜詩，統名之為感遇，實有意追踵詠懷，其所感所遇亦有意比跡於阮籍。

案：本篇題名〈唐代詩歌的發展〉，而二、三、四各節僅列述初唐六、七位詩人的詩風與特點，而不及盛、中、晚唐詩家作品，與內容不相應，標題似有誤。又本篇爲《中國文學史稿》唐代篇中之一章，惟標題「發展」作「發達」。原藏中研院文哲所，民國八十年六月刊於《臺大中文學報》第四期。

〈唐代自然派的詩人〉寫作不晚於本年。主旨論述王維、孟浩然兩家詩風淵源與特色。自然派詩人受道、釋兩家影響，反映於文學的共同傾向即契心自然，嚮往閒適。王維受陶詩影響，以極少筆墨寫出無盡理趣、莊重閒雅、渾然天成。孟詩淵源於謝靈運山水之作，經營佈置，多是靈運法度。但能入能出，不爲所拘。「氣象清遠」、「采秀內映」，自成面目。

案：本文乃《中國文學史稿》唐代篇第四章〈唐詩極盛時期各派別〉中之一節，標題作〈王維、孟浩然〉。臺先生卒後半年，八十年六月刊於《臺大中文學報》第四期。《史稿》寫作於四十年至五十年年間。本文撰作自亦在其時，茲繫此。

六月二十二日（星期四），陪同故宮古物館館長莊嚴到南港中央研究院見胡適。《胡譜長編》云：

五十年六月二十二日（星期四）：莊嚴、臺靜農來，先生對莊嚴說：「故宮的文物如字、畫、金石保管起來是對的，但帶出來的文獻不能這樣保管的。……應該送給中央研

究院和臺灣大學整理才好。……」。（十冊，頁三六五二）

案：莊、臺民國十年代就學北大時，均先後受業於胡適。莊以民國四十四年在臺中霧峰北溝任故宮古物館館長。五十年六月十八日故宮博物院新館在臺北市士林區外雙溪奠基。莊氏自臺中來主持奠基禮後四日，約同臺先生往見胡氏。

八月，受胡適之託，為刻「胡適的書」四字陽文隸書圖章，刻好後，九日交屈萬里帶到南港給胡適。《胡譜長編》：

五十年八月九日（星期三）上週託臺靜農刻的「胡適的書」的圖章，今天他託屈萬里帶來。先生看了這顆陽文隸書的印章之後很是喜歡，說：「這時候只能用隸書或楷書刻印，你先代我謝了他。」臺靜農還刻了邊款：學生胡頌平贈，臺靜農刻。一九六一年八月在臺北（第十冊，頁三六九二、三六九三）

案：屈萬里先生居南港，時任中央研究院研究員。卅八年起兼任臺大中文系教職，講授詩經、國學導讀等課程。上課期間每星期往返臺北、南港二、三次，與臺先生交誼篤厚，時相聚會飲宴。

十一月，與屈萬里談起胡適前在北大曾有《中國文學史選例》講義，對初學者很有用，建議胡氏交書局印出。五十二年二月方由臺北商務印書館出版。《胡譜長編》：

五十年十一月廿三日，胡頌平下午遇到屈萬里，萬里談起先生以前在北大教「中國文學史」時曾有《中國文學史選例》的講義。……萬里最近和臺靜農談起，大家覺得這份講義給初學文學史的很有用，希望能交書局印出來，胡頌平向先生說他們的意見，立刻將這本講義拿出來，說：「這本書還需要校對一番，新的甲骨文也要加入，讓萬里他們去做一篇跋文再印罷。」（十冊，頁三八一八）

案：文後編者附記：「此書於五十二年二月，由商務印書館出版，有屈萬里和毛子水兩人的跋文。」正當胡氏卒後將近一年。

二十日，獲國史館館長羅家倫贈明倪元璐〈把酒漫成〉七律卷軸贋本。

南窗不作裹足臥，出門萬里隨所之。寶書長劍豈無意，白日高歌應自奇。楊子草玄遭客罵，杜陵痛飲真吾師。百年業事不須問，隨（古地字）看山笻一枝。

附紙羅氏題記云：「十年前余得此幀，既慕倪鴻寶之風骨，復喜其書法之挺健。嗣察間有鉤勒痕，遂認為贋。靜農學長則以為縱贋，亦係從真跡而來，仍具參考價值，況其壁上已懸有雙鉤本，不可無伴。爰舉以贈並附小詩，聊為解嘲，並博慕陵一笑。『贈公贋鼎太荒唐，風範公云幸未亡。在昔臨摹贋勒本，亂真遠溯到鍾王。』羅家倫上　五十年十一月二十日，臺北」（《遺贈書畫》頁七三，又頁一二六、一二七）

案：羅家倫（一八九七－一九六九），字志希，北大中文系畢業，曾任清華、中大校長、駐印度大使。來臺後任國史館館長，五十八年十二月二十五日卒，年七十三歲。五十年羅氏六十五歲，年長臺先生五歲。善詩詞、才華洋溢。著有詩詞集、《新人生觀》等書。

此幅詩軸，臺先生以爲縱是贗品，亦係從眞跡來，仍有價值，因珍藏近三十年。七十九年罹病期間，隨同倪元璐其他書畫共五件，捐贈故宮。（見《遺贈書畫》頁七三；圖版及說明，頁一二六、一二七）

溥心畬六十六歲：《十三經師承略解》由臺灣書店出版，農曆十月下旬赴港。

張大千六十三歲：舉辦日內瓦畫展、聖保羅畫展、巴黎巨幅「荷花」特展。紐約「現代博物館」購藏「荷花」。

莊嚴六十三歲：故宮博物院新館，六月十八日在臺北市士林區外雙溪奠基。故宮與中央博物院文物二五三件送美展覽，冬，以展覽會顧問身分專程赴美。

民國五十一年　一九六二　六十一歲

一月，行草臨晉人索靖書二帖：〈月儀帖殘卷〉、〈出師頌〉。《書藝三集》（頁九、十）、《書畫紀念集》（頁一一〇—一一一）著錄。弘廬收藏。

款識：辛丑年辛亥月。第二四三七六九二日之夜，臨晉人書於歇腳庵。靜農。

鈐印：臺靜農印信。

案：辛丑年爲民國五十年，據董作賓《中國年曆簡譜》，是年農曆有辛卯月（農曆二月、國曆三月）、辛亥月（農曆十二月、國曆五十一年一月）。辛亥月，國曆應爲五十一年一月書寫。二百四十三萬七千六百九十二日之夜，確切日期待考。據董《譜》，黃帝元年爲西元前二六七四年加西元後一九六一年合爲四六三五年，一年三六五日計，總爲一六九一七七五日，再加四年一閏，共約四二三九〇日。統計亦僅一七三四一六七日，與款題日數相差甚多，顯然非從黃元算起。據儒略，是年爲六六七四年（儒略爲法人史加利澤「儒略周日」法計算，始於西元前四七一三年，一月一日正午爲零日，相當癸丑。二日正午爲一日，相當甲寅，見董《譜》）。一年三六五日，總爲二四三六〇一〇日加閏年五〇〇四〇日，總合爲二四八六〇五〇日。較款識日數多八三五八日。雖差不甚遠，亦不相合。究爲如何？有待再考。索靖（二三九—三〇三），字幼安，西晉敦煌人，官至後將軍。惠帝時，追封安樂亭侯，爲東漢書法家張芝姐之孫。善章草，書出於韋誕（魏書法家），傳張芝草書，自譽其書「銀鉤蠆尾」。張懷瓘評爲「雪嶺孤松，冰河危石」。據呂佛庭《中國書畫源流》稱〈月儀帖〉、〈出師頌〉均爲索靖書（頁六〇），並稱其「出師頌涅靜」、「月儀帖蒼古」（頁六一）。近人李萍所編《書法經緯》亦云索靖草書遺跡有〈出師頌〉、〈月儀帖〉（頁一九二）。則此所臨〈頌〉、〈帖〉皆索靖書藝作品。〈出師頌〉，後漢史孝山作，故其下署「史孝山」三字。〈頌〉見《文選》卷四七。李善注引《後漢書》云「王莽末，沛國史岑字孝山，以文章顯。」此書末句「顯之令叩」，「叩」當從文選作「問」。

一月，臨居延漢簡四十字。《書畫紀念集》（頁二五）著錄。臺北何創時書藝基金會收藏。

年伏願子和少公賜書幸得奉聞子和女恙年直居邊侯望甚急年伏願春時子和少公近衣進御酒食

款識：清豐兄校正　辛丑歲暮臨居延簡　靜農。

鈐印：靜農無咎

案：辛丑爲民國五十年，農曆歲暮時當國曆五十一年一月。

二月廿三日，胡適託胡頌平送來打字油印本《康南爾傳》。《胡適談話錄》：

五十一年二月廿三日（星期五）……給胡頌平十二本打字油印本《康南爾傳》，一張便條，上面用紅色原子筆寫的字，校改本送給徐高阮、毛子水、臺靜農、姚從吾、臺大圖書館……（頁三一一）

廿四日（星期六），上午中央研究院院長胡適在南港蔡元培館主持第五屆院士會議，選舉新院士。下午五時出席酒會，六時卅五分以心臟病猝發逝世，年七十二。是晚臺先生得知消息，與毛子水、羅家倫、蔣復璁等從臺北趕到南港蔡元培館弔唁。（參《長編》十冊，頁三作〈齊如山最後一封信〉，刊一九八六年六月香港《大成》一五一期。後改題〈讀《國劇藝術彙考》的感想〉，收入《龍坡雜文》、《散文選》。文中認為《彙考》一書「實是研究平劇的一部空前未有的著作」。內容要點為：

（一）「齊如山先生的新著《國劇藝術彙考》一書，是研究平劇的一部空前未有的著作」，因為「從歷史方面、技巧方面來探討其價值的，只有齊如山先生一人」。（二）「如山先生所用的方法，全靠訪問老腳，然後歸納整理，得一結論。」這種篤實的科學態度，得需「將一點一滴的資料整理出來」，方可成此「五百八十多頁的巨著」。（三）「尤為難得的，如山先生以八十六歲高齡，朝夕從事，鍥而不捨」，終將「國劇藝術的意義之所在」，揭示了出來，概括地說，即是「國劇的性質是歌與舞的表現，與寫實性的話劇正居於相反的地位」。其源實起於宋代雜劇，歷六、七百年之久，其藝術「介乎雅俗之間」。（四）《彙考》「這部體大思精的著作，使當代戲劇史上一大主流，有了充實的紀錄，這位八十六歲老人的貢獻，是值得感謝的。」

夏明釗評述：「文章雖短，卻給人印象頗深：一是《彙考》的空前未有和它的獨特的意義；二是齊先生的學術眼光、科學態度和他的水滴石穿、鍥而不捨的著述精神。」（手

九〇六）

稿）

溥心畬六十七歲：農曆九、十月之交第三次赴港。

張大千六十四歲：夏，在國立歷史博物院舉行大規模「張大千畫展」，展出「青城山四通屏」潑墨山水新作。遊日本橫濱。《張大千書畫集》出版。

莊嚴六十四歲：自美返國，十一月赴日訪問，與黃君璧於東京巧遇張大千、溥心畬並合影留念。

民國五十二年　一九六三　六十二歲

三月廿七日（農曆三月三日，上巳），參加臺中北溝莊慕陵主辦之修禊聚會。〈記「文物維護會」與「圓臺印社」－兼懷莊慕陵先生二三事〉：

慕陵早年在北溝看守古物時，生活異常清苦，但遇到舊曆三月三日，還要追義之山陰故事，臨河修禊。有一年要我與穀孫、張清徽非參加不可。清徽是女性，不免多帶衣物，一大提箱，火車上下，由我服務，累得半死，穀孫卻手捧煙斗一旁發笑。不料，次日大風雨，無法外出。可是約的朋友都來了，慕陵不因未能「曲水流觴」敗興，反覺得聚會之樂。……晚間在招待所席開兩桌，與詩人彭醇士劇談轟飲，又是一番趣味。宴後各人分得白瓷羽觴兩支，這是慕陵設計仿古，請瓷廠特為燒成的。我笑著說：「幸而天雨不能臨河水流觴，不然這羽觴準會沈下去的。」（《龍坡雜文》頁一一七、一一八）

案：文中稱「有一年」與蔣穀孫、張清徽等受邀參加臺中北溝修禊，不詳其爲何時。據《莊譜》，「民國五十二年農曆上巳（三月三日），先生邀集中外文友於北溝村外小溪畔，舉行來臺後首次曲水流觴雅集。參加者有王壯爲、曾紹杰及外國漢學家艾瑞茲、席克曼等二十餘人。此稱首次北溝曲水流觴。」則臺先生所謂「有一年」當指民國五十二年，是年農曆三月三日上巳，爲國曆三月廿七日。

溥心畬六十八歲：農曆年前自港返臺，身體漸感不適。《華林雲葉》手寫本完成，由廣文書局出版。五月診斷為鼻癌。農曆七月廿四日，生日賀客僅來三位，已不能言語。農曆十月三日（國曆十一月十八日）逝世於中心診所，農曆十月十五日，葬於陽明山第一公墓。

張大千六十五歲：六屏巨幅「荷花」在紐約展出。

民國五十三年　一九六四　六十三歲

為孫克寬《詩人與詩》一書作序，收入《龍坡雜文》、《散文選》。旨在説明「知人論世，以求千百年前詩人的精神生活，不是容易的事」，肯定孫著「能給讀者以新的認識」。內容要點為：

（一）「知人論世」本非易事，如顏延年之於陶淵明，竟謂陶公的詩是「文取指達」而已，「兩人同時代，同是詩人，更是朋友，其不能相知如此。」而昭明太子對陶公的瞭解，竟「還在詩評家鍾記室以上。」

（二）又如山巨源與嵇叔夜，同為竹林名士，而由於山對嵇的並不瞭解，致使嵇寫出了「那封絕交書」；可是竹林又一名士向子期，雖同嵇為「養生論」而往復論難，但是子期之知叔夜，卻又非「山公所能及」。

（三）「同時代人之相知，其難如此」，而後人瞭解古人，又並不一定如此，這是因為「古人行事既成陳跡」，所以一切就「要看後人的識見如何了」。今生「博學」而又「飽經憂患」，所以他的文章自能得古人的真實。

案：孫克寬，字今生，序爲應其請而作，時孫氏任東海大學中文系教授。後旅居加拿大逝世。事蹟詳後（六十一年）。

作〈論碑傳文及傳奇文〉，三月一日刊臺北《傳記文學》四卷三期。要旨謂碑傳文、傳奇文同源於史傳文，唐代傳奇作家多具有「史才」亦兼為史家。內容要點為：

至於他（韓愈）的文章影響之大且久，那是唐以後沒有第二個人趕得上的。但他藝術技巧最高的文章，我以為不是屬於思想方面的，而是屬於碑傳文方面的。他所作那麼多篇的碑傳文，使後來的散文家五體投地的佩服，以為變化多方，不可捉摸。試看宋元明清四代的散文家文集，其中的碑傳文，有幾人能不向昌黎集中討些生活。可是他那極具變化的手法，還不是從司馬遷一派的史傳文得來？以欲「為唐一經」的大手筆，結果轉向於碑傳文的製作，而又不能以寫史傳的態度為人寫碑傳，只以「諂諛」為工，這種態度不是與蔡邕完全一樣嗎？（此處引用「諂諛」兩字，是朱晦庵說過的，他說：「今讀其書，則其出於諂諛戲豫放浪而無實者，自不為少。」見《晦庵先生文集》卷七十〈讀書志〉）。

他有一篇戲謔的文章〈毛穎傳〉。李肇《國史補》謂此傳「其文尤高，不下遷史」，《談藪》亦謂此傳「似太史公筆」（俱見《昌黎先生集》引）。這本是他受當時傳奇文的影響而寫的，居然似太史公的史筆者，是什麼原因？這就是由史筆蛻變為沒有歷史的真實性的碑傳文，同時又由史筆蛻變為創造故事性的傳奇文，因為碑傳文與傳奇文實同源而異流。宋朝人不願將小說體的古文與韓愈一派古文，看做同等的價值，乃以志異者為傳奇，載道著為古文，傳奇遂為唐人小說的通稱了。其實，同一來源，同是單筆古文，兩者表現的手法又極相似，只有內容不同而已，韓愈的〈毛穎傳〉所以「不下遷史」者，雖唐人如李肇者也不得不如此說。

按以史傳文的表現方法寫小說，其發生的時代，還早於韓愈一派的古文，儘管創造性的小說被貶抑不受重視，可是事實卻不能否認。如現存傳奇最早的〈古鏡記〉的作者，他是文中子通的弟弟，東皋子績的哥哥，隋大業中為御史，死於唐初武德年間，足見隋末唐初已經有人用古文寫小說了。又有一篇〈補江總白猿傳〉，內容是汙衊歐陽詢的，作者雖不可考，但為唐初人則無疑問。大曆中有沈既濟作〈枕中記〉，這是唐人小說極有名的一篇。既濟於德宗建中二年（七八一）以宰相楊炎薦拜左拾遺史館修撰，時韓愈才十四歲（愈生七六八年）。據此足證韓愈一派的碑傳文實發生於傳奇文之後。傳奇之所以盛於唐代者，不是偶然的，自然有它的社會背景。宋趙彥衛《雲麓漫鈔》卷八云：「唐之舉人，先藉當世顯人以姓名達之主司，然後以所業投獻，逾數日又投，謂之溫卷。如《幽怪錄》、《傳奇》等皆是也。蓋此等文備眾體，可以見史才、詩筆、議論。」陳寅恪先生據此，以為「唐代舉人之以備具眾體之小說之文求於主司，即與以古文詩什投獻者無異。元稹、李紳撰〈鶯鶯傳〉及歌於貞元時，白居易與陳鴻撰〈長恨歌〉及傳於元和時，雖非如趙氏所言是舉人投獻主司之作品，但實為貞元、元和間新興之文體。此種文體之興起與古文運動有密切關係，其優點在便於創造，而其特徵則尤在備眾體也。」（《元白詩箋注稿》第一章）陳先生此說，是基於古文運動的觀點；而我所注意的為傳奇與「史才」的關係，即具有「史才」而寫碑傳文的有韓愈一派的作家，同時寫傳奇文的作家也同樣的具有「史才」。如〈古鏡記〉的作者王度，大業中曾奉詔修國史（見〈古鏡記〉及《唐文粹》）；〈枕中記〉的作者沈既濟，則「博通群籍，史筆尤工」，並「撰《建中實錄》十卷，為時所稱」（見《舊唐書》卷一百四十九〈沈傳師傳〉）；〈長恨歌傳〉

作者陳鴻，曾修「《大統紀》三十卷，七年始成」（《唐文粹》卷九十五）；這幾個人都是傳奇的大作家，而「史才」如此，則傳奇文與史傳文的關係，更可想見了。此外如「能楙窈窕之思」的沈亞之、〈李娃傳〉的作者白行簡、〈鶯鶯傳〉的作者元稹、〈南柯太守傳〉的作者李公佐，都是進士出身，他們雖不見有專門史學著作，而皆具有「史才」，又是必然的事了。

唐代進士科既重視史學，可是唐一代的史學卻不發達，這又是政治的原因了。先是隋文帝開皇十三年詔禁私家撰述國史，至唐猶承其風，而其時文士凜於後魏太武時，崔浩以重修國史坐夷三族的橫禍（四五〇年），有史學修養者自不敢輕於為史學的著作（見《中國史學史》第六章）。這也就是劉知幾所感嘆的：「夫孫盛實錄，取嫉權門，王劭直書，見讎貴族，人之情也，能不畏乎？」（見〈與監修國史蕭至忠等書〉）又《舊唐書》作者於〈于休烈等傳〉後，也深致其感慨：「史官曰：前代以史為學者，率不偶於時，多罹放逐，其故何哉？誠以褒貶是非在於手，賢愚輕重繫乎言，君子道微，俗多忌諱，一言切己，嫉之如讎。所以桓（令狐桓）薦（張薦）坎凜於仕途，沈（既濟）柳（登）不登於顯榮，後之載筆執簡者，可以為之痛心。」（《舊唐書》卷一百四十九）足見當時進士科之重視史學，目的在培養史官，並無獎勵私人修史的意思。因此，有史才的文士以史筆為人寫碑傳文，同時有史才而不受正統思想所羈絆者，乃以史筆創作小說；是由史筆這一淵源，分為兩大支流，一是碑傳文，一是傳奇文；傳奇文重創造不重寫實，碑傳文則重寫實不重創造。但事實並不如此，碑傳文除了碑主的郡望官秩生卒尚可徵信外，其品德行為沒有不被加以藻飾誇張的。蔡邕始以複筆為之，影響所及，延續了六百餘年；繼之者韓愈以單筆為之，延續以至清一代的桐城派，又有一千多年。這一文體，虛而不實，原是粧點死人的工作，而竟延續了一千六、七百年之久，由此又可看出中國社會的性質和風尚了。（原載《傳記文學》四卷三期，此據《什麼是傳記文學》頁二一九—二二七節錄）

案：此文提出碑傳文、傳奇文同源異流之說，實具創見。今研究唐代傳奇小說學者多據以申論。五十六年傳記文學出版社印行《什麼是傳記文學》一書，收錄此文外，八十一年十一月臺北新文豐出版《唐代文學論集》第二輯亦予收錄。惟七十八年臺先生自編審訂《靜農論文集》，未收此文。揣其原因，蓋有二端：一、引前人評說，於韓昌黎有所疵議，或感未妥；二、引述傳奇溫卷之說，或不以爲當。然即此二端，可窺臺先生於學術論文去取之嚴謹。

六月，作書致莊慕陵，稱蔣復璁特囑轉達請任故宮博物院副座。《法書集》（二）（頁七七）著錄。

慕陵道兄惠鑒：清晨慰堂來叩門，時弟猶在夢中，慰堂以為兄尚寓寒齋也，特囑轉達，請兄膺副座，惟尚須管委會常會通過也。另一副座則為舊主委也（何聯奎君）。昨晚宴席，晤蘇瑩輝君，談及慰堂院長事，早已傳出，故毛公先已知之。不涉官場，消息隔絕乃爾。壯為來，贈兄《書法叢談》一部，暫存弟處。草草即請儷安。弟靜農頓首，星期日。

案：據《莊譜》，民國五十三年六月成立國立故宮博物院管理委員會，聘王雲五為主任委員，王世杰等七人爲常委，孔德成、丘念臺等二十七人爲委員，任命蔣復璁爲院長，何聯奎、莊嚴爲副院長。五十四年十一月十二日，故宮博物院外雙溪新館落成，正式啓用。函中所稱「慰堂」係指蔣復璁。蔣任院長消息「早已傳出」，先有人得知，蔣請臺先生轉達聘莊爲副座，尚在正式任命之前不久，殆在五、六月間。

六、七月，老友莊嚴升任故宮博物院副院長，臺先生為刻印三方：(一) 陰文篆「莊嚴」，(二) 陽文篆「慕陵」，(三) 陰文篆隸大印「莊嚴印信」。並見《臺大書畫集》(頁一六二) 著錄

案：莊嚴字慕陵，早年在北大與臺先生相識，爲莫逆之交。莊卅八年來臺，居臺中，四十四年任故宮博物院古物館館長，五十三年初升任故宮博物院副院長，翌年自臺中移居北市士林外雙溪。五十五年八月又應臺先生之聘爲臺大中文系兼任教授，講授「中國書法」課程。此三方印章其第三方，似爲莊升任副院長後所刻，作爲公務印鑑之用。時在五十三年六、七月間。另二方或亦為一時先後所刻。

秋，中研院史語所陳槃院士撰〈故中央研究院士董作賓先生墓碑銘〉，臺先生以隸體為之書寫。

案：董作賓卒於五十二年十一月廿三日，年六十九，墓在南港舊莊中研院右方山丘上。碑立於五十三年九月吉日，臺先生撰寫當在是年秋或稍前。民國十二年北大研究所國學門成立，臺先生與董氏為研究所同學，故碑末題署稱「同學弟臺靜農敬書」（董年長七歲）。碑文共六百八十字，影圖片見馬若白編《萬象甲骨文詩畫集》（民國八十五年五月四版，藝偉靈企業有限公司）。亦見日本版《臺靜農教授書法特集》內頁（一九八一年十月日本近代書道研究所發行），又見《逸興》（頁一二〇、一二一）著錄。

張大千六十六歲：回國訪問，在泰國、德國舉行畫展。

莊嚴六十六歲：升任故宮博物院副院長，七月為王壯為所藏〈玉照山房圖〉作跋。八月四媳陳夏生來歸。十一月次子莊因赴澳洲，任教墨爾本大學。

民國五十四年　一九六五　六十四歲

二月，故友喬大壯前為正忠書扇面人境廬詩，臺先生另畫墨梅並題跋。《書畫紀念集》（頁一七四）著錄。君香室收藏。

木棉花落絮飛初，歌舞岡前夜雨餘。閣道鸞聲都寂寞，市樓蜃氣亦空虛。騎羊漫詡仙人鶴，駈鮮難除海大魚。獨有十三行外柳，重重深護畫樓居。

款識：人境廬詩　正忠先生雅屬　大壯

鈐印：喬大壯

題跋：大壯先生昔年來臺，予與之共事大庠，未及一年即內渡，自沉於蘇州梅村河。先生善書而少流傳，宏勉兄得此，其永寶之。

款識：乙巳春初，靜農。

鈐印：肖形印　澹臺

案：「乙巳」爲民國五十四年，「春初」農曆一月，爲國曆二月。喬大壯以卅六年八月來臺，卅七年二月繼爲臺大中文系主任，五月下旬回滬，旋赴蘇州自沉於梅村河。（見卅七年）。黃遵憲（一八四八—一九〇五），字公度，別署人境廬主人、東海公等，廣東嘉應人。曾任駐日使館參贊、駐美國舊金山總領事、駐英使館參贊、駐新加坡總領事等職，光緒二十三年與梁啓超、譚嗣同等創辦時務學堂、南學會、湖南不纏足會。著有《人境廬詩草》、《日本雜事詩》、《日本國志》。〈羊城感賦六首〉見《人境廬詩草》卷一。

五月，為戴靜山書房寫「藤風書屋」橫披匾以贈。《戴譜》云：

臺先生某日過潮州街，與先生坐齋中語，適窗外藤間有風颯然而至，興觸而稱藤風書屋。

案：戴靜山是年六十五歲，在臺大中文系授經學史、訓詁學，寓臺北市潮州街一九〇號臺大宿舍日式房屋。臺先生居溫州街十八巷六號歇腳盦，兩地相距三、四百公尺。四字行草蒼勁有力，懸於書房北面上方。戴先生卒後（六十七年卒）多年，四字橫披猶存。後戴夫人病卒，潮州街拓寬成大街，屋拆人去，「藤風書屋」匾不知是否仍在。

《中國文學史稿》雖已完成，但尚未交稿，六月二十五日編譯館來函催促。

尊作訂約至今已有十年，未悉究竟撰述情形如何？何時可以交稿？或臺端另有處理之意，務希覆示，以便結案是荷。（遺存資料）

案：《文學史》四十三年十二月簽約（見前），四十九年前後完成初稿。其所以至五十四年尚未交稿，其中緣故已見前述。按編譯館慣例，凡訂約書稿逾期未交，皆以解約，退還預支稿費結案，《中國文學史稿》自亦不例外。解約退款，編譯館應有檔案可查。

十一月某日，在臺北市與莊嚴訪「麗水精舍」。（主人）畫家喻仲林以素冊贈莊，莊留冊於「歇腳盦」。臺先生為書隸體「文人慧業」四字，繪花木果樹小品三十幅，約年底完成。翌年元月，莊獲此畫冊，題封面曰：「靜者逸興」。見《逸興》（頁八－卅九）著錄。

莊兒媳陳夏生收藏，茲依次列作品及題記如下，並酌加案語。

1、**封面題簽《靜者逸興》。題記：「丙午元旦六一翁」**案：丙午爲民國五十五年，「元旦」指農曆，國曆爲一月二十一日。六一翁，莊嚴（尚嚴，字慕陵）號。

2、**扉頁：隸書自左至右橫披「文人慧業」四字。款識：「乙巳初冬某日，與慕老過麗水精舍，仲林以此冊贈慕老，靜農記。」**

案：乙巳，民國五十四年。「初冬」農曆十月，國曆當爲十一月。「麗水精舍」在臺北師大對面麗水街，爲畫家喻仲林居所兼畫室。喻氏工花卉，與臺先生時相過從。臺先生嘗爲刻「麗水精舍畫記」篆文圖章（見《臺大書畫集》頁一六四）。莊以五十三年四月升任故宮博物院副院長，五十四年十一月臺北故宮新館落成啓用，莊自臺中移居北市士林外雙溪後，殆因臺先生之介紹而認識「麗水精舍」主人，主人贈莊以素冊，臺先生爲之書字作畫。據翌年一月莊題簽而推，完成畫冊，應在五十四年十一、二月。

3、**小梅一株。題記云：「一樹一花一世界，來從兵裏拜諸元，靜農舊句」。鈐印一方：「歇腳漢」**

案：「舊句」應指臺先生自作舊詩句。遍檢其所作詩篇，未見此二語。

4、**黃菊、蘭葉。題記云：「九日當採菊，不至口言其行也，但不知當晴不耳，靜者」。鈐印二方「臺靜農」、「歇腳盦」。**

5、水仙。題記云：「歇腳漢戲墨，乙巳十月」。鈐印一方：「歇腳盦」。莊嚴題詩並款識：「君居城郭我山林，長記當年對榻吟，今日無端見圖畫，暮雲春樹思尤深。丙午二月偶閱此冊戲題，移家雙溪忽焉數月，與靜農仍不能常聚，思之悵悵，六一翁嚴」。鈐印：「六一翁」

案：「乙巳」為民國五十四年，十月指農曆，即2所謂「初冬」，當國曆十一月。莊題款識所謂丙午即「乙巳」次年，民國五十五年農曆「二月」即國曆三月，莊遷居臺北外雙溪洞天山堂已有四月之久，距其題畫封面亦有二個月。莊嚴《詩文集》標〈題靜農為余所作畫冊〉下自署「五十五年二月」，年月正相合。

6、蘑菇。題記云：「擬張八哥，靜者」

案：「張八哥」指張大千。大千居士《蔬果冊》頁之二有蕈畫。（《張大千書畫集》第七集，頁六八）蕈即俗稱蘑菇，臺先生所擬與此構圖相似，當出於此。

7、萱草。題南田詩：「步虛聲杳夜如年，霧閣微聞碧玉絃，夜叫九關騎北斗，壺中猶有未開天。」款識：「南田詩，靜者。」

案：南田（惲格，字壽平，南田其號，見後）詩見《甌香館集》卷二〈題稚黃晚唱詩八章〉之二。

8、秋蘭與石。題離騷句：「紉秋蘭以為佩」。款識：「歇腳生」。鈐印一方：「歇腳盦」

9、酒罈菊花。題記云：「慕老下榻歇腳盦，出常三嫂詩扇，益念常三哥，不知何時得晤言也，靜者。」鈐印：「歇腳盦」

案：「常三哥」謂常惠，（一八九四－一九八五）。常惠，字維均，排行三，人稱常三爺，年長莊五歲，年長臺八歲，故莊、臺均以兄長尊之。常北大法文系畢業，在北大研究所國學門與莊、臺同學共事，交往密切（見後）。抗戰軍興，常留北京任職，臺、莊先後入川，復輾轉來臺。臺、莊與常惠近三十年未曾見面，故思念之情，常形之筆墨。

10、葫蘆。題記：「誰知你葫蘆裡賣什麼藥也麼哥！」款識：「歇腳漢」

11、墨荷。莊嚴題記：「洞天山堂清賞　嚴」

案：此幅臺先生未加題辭款識，莊獲得畫冊後補白。「洞天山堂」，莊士林外雙溪書齋名。

12、山水。題記：「歸田最是汾湖好，我亦相期作釣師，漁洋句。青田」

案：「漁洋」即漁洋山人，王士禎（一六三四－一七一一）號。二詩句見《漁洋山人精華錄》。臺先生早年曾使用多種筆名，其中曾用「青曲」二字，係取「靜農」二字偏旁及下字上部。「青田」似初次使用，乃取「曲」字，簡體行書作「田」。

13、山水－倪雲林詩意圖。題詩云：「十月江南未隕霜，青楓欲赤碧梧黃，停橈坐對西山晚，新雁題□小著行。倪迂詩　靜者」

案：倪迂，倪瓚別號。瓚，字元鎮，號雲林，江蘇無錫人。擅長詩文書畫，尤長山水畫，爲「元四家」之一。家豐厚，自建園林，有清閟閣、雲林堂、海嶽書畫軒等建築。家中藏書幾千卷，文物和字畫甚豐，皆藏於清閟閣中。家居四周種植松桂梧桐、春蘭秋菊，環境清雅，爲倪瓚讀書、吟詩、作畫之所。以有種種「清高絕俗」迂癖，故稱「倪迂」。詩末句脫一字，待查。

14、墨荷。題記：「乙巳初冬，靜者於歐腳庵學張八哥，嗚呼，如何可得？」

案：乙巳爲民國五十四年，初冬當國曆十一月中下旬（十一月七日立冬），「張八哥」指大千居士。

15、芭蕉四株。無題記款識

16、木犀。題記：「書稿蒼煙潑麝煤，正逢海上月初胎，木犀香否君休問，上乘禪真在酒盃。寒誤作煙。吳蒼老此詩余極喜之，頃以病痔，不復飲酒，讀此詩益爲惘之。時乙巳十月，海上冬令猶燠，熱不可耐，歐腳生。」

案：「乙巳十月」即14題記所謂「乙巳初冬」。乙巳，五十四年。國曆十一月七日立冬，初冬時在十一月中下旬，與墨荷殆同時所繪之作。

17、潑墨山水。無題記。

18、瓜果。題舊作詩句：「燈前兒女分瓜果，未解流亡又一年。」款識：「避日寇居蜀中秋舊作，靜者」

案：民國廿七年十月八日（農曆中秋），在四川白沙作（戊寅中秋）七絕一首，此爲其後二句（見前）。

19、芙蓉。題南田詩：「奇服吾猶在，秋風寄所思，美人應未遠，悵望涉江時。」

案：南田詩題〈題畫白芙蓉便面〉，見《甌香館集》卷一。

20、古柏。題記：「坐看尺木起風雷。靜者」

21、芍藥。題記：「夢裏尚拈紅芍藥，不識春休。友人舊句　靜者」

22、白菜蘿蔔。題記：「閉門種菜英雄老，乙巳冬　靜者」

23、墨竹。題記：「歇腳生戲墨」

24、葡萄。題記：「此物與天馬同來自西域，漢家盛事也。靜者」

案：漢書稱張騫使西域，始傳入葡萄。或謂《神農本草》已有葡萄，是漢前隴西舊有，至張騫始傳入內地。

25、無量壽佛。題辭：「秋夢醒來，低眉褎手，慧業一燈，淵源接受，貝葉翻經，（鉥）盂洵垢，佛法婆心，康寧福壽」。款識：「寫吳破荷語為六一翁壽。歇腳漢」。

鈐印：「臺靜農」

案：「破荷」吳昌碩號，近代著名書畫家。六一翁，莊嚴號。莊生於清光緒二十五年（一八九九）農曆六月八日，即民前十三年七月四日。五十四年莊六十七歲，畫作於是年冬（十一、二月），六一翁壽辰六十七歲已過，六十八歲未至，此畫蓋預賀其六十八歲壽誕。

26、**蘭花遊魚**。題記：「樂乎不樂，靜者」

27、**牡丹**。題記：「歇腳老夫亦寫此物，未能免俗也。靜者」

28、**柿**。題記：「卅年前與季野入西山磨石口，視素園兄疾，冬初山木淒清，惟此物曄然霜林間，偶一追及，為之惘然，靜者」

案：季野即李霽野。韋素園民國廿一年八月一日病卒，十九年八月八日魯迅日記猶言及韋素園（見前），韋得病住院當在二十年或稍前。臺、李往西山視韋病時在冬初，估計其時日應在廿年十一月間。廿年初冬迄今（五十四年）初冬，前後應爲卅四年。自稱「卅年前」蓋概略言之。

29、**壽桃**。題記：「神僊傳云：高丘公服桃膠得仙，當試為之，能老不死也。乙巳十一月 靜者於龍坡里」

案：乙巳，五十四年，十一月當指農曆，國曆當爲十二月。

30、**古松**。題記：「人松俱老」

案：四字作瘦金體，當爲六一翁所題。

31、茶花。題記：「去冬得此素冊於『麗水精舍』，投置靜農齋中，歲末移家雙溪，冊已琳瑯滿目，取回聽水軒中，不時賞玩，誠山居之清賞」。款識：「五十五年三月嚴」。鈐印：「莊嚴慕陵長壽」

案：據《莊譜》，民國五十四年十一月十二日，故宮博物院新館落成啓用，十二月九日至廿一日，臺中北溝古物全部移存新館，莊時任副院長，其移居外雙溪在十二月，其取得畫冊，已「琳瑯滿目」，可知臺完成此畫冊在是年冬，即不出是年十二月。

32、石榴。題記云：「張騫入西域，得安石榴，是此物非中土舊有也」。款識：「歇腳庵行者」。鈐印：「洞天山堂」

案：安石榴，即石榴別稱：晉張華《博物志》：「張騫使西域還，得安石榴、胡桃、蒲桃。」(見《初學記》卷二八引)。「洞天山堂」，六一翁莊嚴臺北外雙溪寓所名。

著〈論唐代士風與文學〉，十一月刊臺大《文史哲學報》第十四期。要旨為：唐代文士多不重操行，始因承六朝宮體遺風，君王視文士為弄臣；繼則以進士科取士，使文士奔競利祿，或以朋黨相傾軋。文分三節：

(一)唐初文士與宮廷關係：初唐詩人在六朝士風影響下，所作詩歌，既無諷刺，又無情志，除詞藻浮誇，別無所有。李唐帝國由太宗銳意經營以後，天下無事，宮廷上下遂以淫樂為務，六朝宮體詩風，頓時復活起來。（二）進士科與士風：武后即位，以文章代經術，以進士科推倒東晉以來世族門第的積習。此後，繼承君主甄選人才均以進士科為主，社會不復重視明經，士人觀念及社會風氣，亦因之大變。進士既以詞科出身，不出於經術，於是舉動浮華，放蕩不羈，出入青樓以為風氣，至以娼妓生活為文學基礎。文士與娼妓形成極密切關係。又當時科舉有「行卷」風氣，近人論唐代小說之盛行，以為與行卷有關。行卷原為士子敲門磚，而新文體又賴之以產生。（三）文士與朋黨：唐代文士不重操守，追求利祿，勢必依附權貴，甘為羽翼，故唐一代文士皆與朋黨有關係。

案：此文乃臺先生《中國文學史稿》唐代篇第一章，題無「論」字，第一節原題「唐初的風氣」，二、三兩節標題同。內容以社會文化觀點，探討唐代文士與宮廷、朋黨、科舉行卷與風氣的關係，爲唐代文學研究開新路，影響學術界至爲深遠。民國六十八年筆者編選《中國文學史論文選集》，此文選入第三冊唐代部分，以廣流傳參考。

張大千六十七歲：在倫敦舉行畫展。

莊嚴六十七歲：自臺中移居士林外雙溪。十月，四子莊靈考進臺灣電視公司攝影記者。十月，莊申任教於香港大學，十二月次子莊因離澳赴美，任教史丹佛大學。

民國五十五年　一九六六　六十五歲

為莊嚴作畫冊，莊題詩云：

君居城郭我山林，長記當年對榻吟，今日無端見圖畫，暮雲春樹思尤深。（《莊集》頁二〇一，標題〈題靜農為余所作畫冊〉）

案：莊詩題下自署：「五十五年二月」，時莊在臺北市郊外雙溪任故宮博物院副院長，臺先生時居臺北市龍坡里。因有城郭山林之語。是年八月臺先生聘莊兼任臺大中文系教授，講授「中國書法」及「中國書畫評鑑」等課程。（《莊譜》附〈簡譜〉，頁二八三）

是年，參加書畫會，每月聚會一次。成員有孔德成、程滄波、王靜芝等八人。王氏作〈臺靜農先生與我〉一文記其事：

……不久，幾人相聚成立一個書畫會。沒有會名，但每月聚會一次，各出作品。當時此會有臺先生、孔德成先生、程滄波先生和奚南薰、吳平、王北嶽、任博悟和我。這一書畫會一直維持了三年。（《王靜芝散文集》頁三〇一）

案：《配圖傳記》稱書畫會成立於一九六六年，即民國五十五年丙午，次年程滄波依起始兩年「丙午」、「丁未」命名為「丙丁書會」。又成員除前述八人外，另有張清淮，共為九人（頁一一四），與王所記略異，或是王漏略。

是年，為門生梅苑《紅樓夢的重要女性》一書作序，臺先生謙稱「不是研究紅學」，「要我作序……無從構思」。惟仍提示卓見，認為「如果有人將紅樓夢的語言作一番研究，倒不失為研究紅樓夢的另一方向」。

案：梅苑，本名黎苑梅，越南女僑生來臺升學，初進臺大醫學院護理系，二年級轉讀臺大中文系，民國五十三年夏畢業，據本書作者導言（頁五）及內封頁題記稱「向導師臺靜農教授……致謝意」，可知本書爲大學畢業論文，臺先生爲指導教授。又本書後記稱「脫稿於臺大，民國五十三年六月；重撰於臺南，民國五十四年除夕。」知五十三年夏作者卒業時完成初稿，五十四年底重撰，殆準備付印。此書臺灣商務印書館五十六年二月出版，付印當在五十五年。作者請導師作序，亦當在是年。

又案：臺先生早年從事收集民謠工作，研究民俗文學，創作小說亦多以民間小人物爲對象，同情民間疾苦、暴露傳統迷信與社會陋習。大觀園花團錦簇、兒女情愛、形形色色女性人物，似較少措意。因謙稱「無從構思」，但仍指示研究方向。六十四、五年，筆者編《中國文學史論文選集》擬收王國維〈紅樓夢評論〉一文，嘗往歇腳盦請教，臺先生認爲王氏評論深具哲思，甚爲讚賞。

六月，行書寫七言絕句二首。《法書集》（一）（頁一八）著錄。

昔從姑射見神僊，綽約膚如冰雪妍。忽放芙蓉金鏡底，隔帷香滿鳳奩煙。

紅桂開時換紫綃，鈿車聲過赤闌橋。天中更按霓裳曲，臺上齊吹碧玉簫。

款識：丙午六月酷熱，靜者

鈐印：靜農無咎

案：丙午為民國五十五年。六月如指農曆，國曆當為七月。

八月，代理臺大文學院長至明年七月。

案：院長沈剛伯應邀赴西德柏林自由大學講學，院長職務請臺先生代理。

九月廿八日，教師節，接到總統蔣中正具名請帖；於是日中午十二時卅分在臺北中山堂會餐。（遺存資料）

案：每年教師節，蔣總統按慣例發請帖邀宴各大專院校年長資深教授，地點在臺北市中山堂光復廳。發請帖邀宴為每年教師節例行節目，僅留此一帖，殆表示是年曾以代院長身分應邀赴宴。

作〈平廬的篆刻與書法〉，載五十五年十一月臺北藝文印書館初版《董作賓先生逝世三週年紀念集》，收入《龍坡雜文》、《散文選》。內容闡釋董作賓的篆刻與書法藝術，從而表達對故人的緬懷與哀思。

文章開頭一節即肯定董作賓（彥堂）的篆刻和書法的成就「不容忽視」，雖然他主要從事於學術而不是從事於藝術。文章突出兩個重點：（一）從董著《平廬印存》中得知，

「他刻印的興趣，早在兒童的時期就發生了」；《印存》所收，雖只八十八方，「卻表現了許多面目，兼有六國鉨漢印以至吳缶廬的風格；文字則由甲骨文以至大小篆」，入古不泥，時出新意而又與古印鉨精神契合。《印存》雖只薄薄的一冊，但著者「頗為珍惜」。最可惋惜的是《印存》印出後，作者自己卻已作古。（二）他的書法，卻是同他的生命相始終，直至他病重入院才停筆。他的筆跡流傳於人間頗多，於甲骨文字的藝術風格，董彥堂體味尤深，超過了羅振玉；他寢饋其中，「隨心應手，無往而不妙」。文章最後一節「緬想故人」、「為之惘惘」。

夏明釗評述：「這篇散文夾敘夾議，在闡釋董彥堂先生的篆刻與書法藝術過程中，將董的生平、志趣、天才、學養、性情和與作者的友誼融入其中，要言不煩，天衣無縫。」（手稿）

約十二月，行草書日人夏目漱石七言詩條幅。《書藝三集》（頁一一）著錄。

經來世故漫為憂，胸次欲抒不自由，誰道文章千古事，曾思質素友年謀，小才幾度行新境，大悟何時臥故丘，昨日閒庭風雨惡，芭蕉葉上復知秋。

款識：此夏目漱石先生詩也，先生自注云：「黃輿以書見贈，有文章事，前聯故及」。丙午仲冬。靜農書。

鈐印：肖形印　臺靜農印信。

案：丙午爲民國五十五年，仲冬指農曆冬季十一月，十一月一日國曆爲十二月十二日，此條幅或寫於國曆十二月。夏目漱石（一八六七—一九一六）本名夏目金之助，一八八九年首次以「漱石」爲筆名從事創作，取其節操高潔之意，被目爲日本國民作家。

十二月二十一日，羅家倫七十壽辰，為刻特殊形體篆字印章「志希長年」四字以賀。《臺大書畫集》（頁一六一）著錄。

案：羅家倫，字志希，民前十五年（一八九七）十一月廿一日生，五十五年羅家倫七十壽。此方印章疑爲賀壽而刻。五十年十一月羅氏嘗以鉤勒本倪元璐七律卷軸並賦詩一首贈臺先生（見前）。刻此印章賀壽，當有酬謝之意。

歲暮，行書寫舊作〈無題〉兩首寄贈鄭清茂。《法書集》（一）（頁一二、一三）著錄。

款識：清茂弟喜王次回詩，考其生平甚精。因書居蜀所作〈無題〉兩首，寄清茂江戶。丙午歲暮，靜者時在臺灣。

鈐印：臺靜農印信。

案：鄭清茂臺大中文研究所畢業，留學美國，獲博士學位。時旅居日本江戶，著有〈王次回研究〉論文。王次回乃明末詩人，其生平見鄭清茂〈王次回研究〉一文，收入氏著《王次回詩集校注》（臺北：聯經出版事業公司，一九八四）

又行書寫避地蜀中乙酉、丙戌兩年（民國三十四、三十五年）舊作七律〈行腳〉、〈讀遺山詩

有感〉、〈和青峰〉、〈孤憤〉、五律〈孤憤〉五首寄鄭清茂。《法書集》（一）（頁一六、一七）著錄。

款識：錄避地蜀中乙酉、丙戌兩年舊作寄清茂兄江戶。丙午歲暮，靜者。

鈐印：肖形印　靜者

案：丙午為民國五十五年。

又寫夏目漱石詩贈鄭清茂夫婦。《法書集》（一）（頁一三、一四）著錄。

擬將蝶夢誘吟魂，且隔人生在畫村。花影半簾來者靜，風蹤滿地去無痕。小樓烹茗輕煙熟，午院曝書黃雀喧。一榻清機閑日月，詩成默默對清暄。

款識：丙午歲暮書夏目漱石詩，清茂、秋鴻儷賞。靜者。

鈐印：澹臺靜農

張大千六十八歲：巴西、香港畫展。

莊嚴六十八歲：春為追思故友董作賓先生逝世三週年，撰〈不唱山歌去考古〉文刊《中時》副刊。八月起應聘臺大中文系兼任教授，講授「中國書法」、「中國書畫評鑑」等課程。

民國五十六年　一九六七　六十六歲

作〈夜宴圖與韓熙載〉，一月刊臺北《純文學雜誌》第一卷第五期，收入《龍坡雜文》、《散文選》。文章從顧閎中〈夜宴圖〉談起，揭示藝術家韓熙載「以雜揉而自污」的「政治手法」，隱寓作者的藝術難見容於政治的嘆惋。內容要點如下：

（一）（第一節）南唐顧閎中的〈夜宴圖〉「是以韓熙載與其友朋飲宴以及妓女歌舞戲謔為主題的」；顧是南唐的人物畫家，韓「是藝術家、文章高手，更是有志於事功者。」顧何以有這幅畫？且又何以傳之後世？（二）（第二、三節）作者用文字將其友張雪庵的〈夜宴圖記〉第一圖「抄」了下來；目的是「不僅可以見其『私褻』，也可以知其宴飲時男女雜亂的情形。」（三）（第四、五節）從相關史料得知「〈夜宴圖〉是那時上層社會的生活寫真」，並且也表現了五代詞的境界，《花間詞》同〈夜宴圖〉可以互為印證，互相發明，「顧閎中的畫筆與花間詞人的寫作，同具寫實的精神。兩者合而觀之，更可互相映發」。然而畫面上出現的那位和尚，究竟是風月場中人物？還是政治密探？（四）（第六節）以韓熙載放蕩生活為主題的，除了顧閎中，還有一個周文矩，兩人都是「奉命作圖」，且奉的都是同一個人的命令——此人便是李後主李煜。「後主何以對熙載的私生活這樣的注意？竟命兩位畫家伺探作圖？」原來是後主頗疑北人，又要用韓為相，而韓不願為相，不願「為千古笑」，「故以伎樂自污」，演了這齣「羅曼司的政治手法」的把戲，從而躲開了「頗疑北人」的李後主的政治迫害。（五）（第七、八節）韓熙載不僅「最聰明」，並且「不苟且從事」；這從他評價權傾一時的齊丘的碑碣文為「文臭而穢」和寧可退還嚴續的巨額墓金和姿色纖妙之歌伎、亦不願為其父之神道碑撰不實之詞，可以想見。（六）（第九節）以明末大臣王覺斯和清朝大將軍年羹堯為例（王、年都十分欣賞韓熙載），說明理解韓的不是沒有，而能做到像韓的卻是微乎其微；所以「體老莊之微樞，以雜揉而自污，既放誕、又狡獪，亦復可喜，此韓熙載所以『千古無兩，大是奇事』也。」

張淑香〈鱗爪見風雅〉：「……從一幅連環畫而歸結到歷史上奴主之間的利害關係，殺身之禍，其效果有如圖窮匕現，霎時間將夜宴的狂歡作樂化作政治風波的無限危機意識。在狹窄的人間世與政治圈，這夜宴圖遂成爲韓熙載遊刃有餘的智慧的寫眞。」

夏明釗評述：「這篇學術文化隨筆寫得既嚴謹有序、層次井然，又揮灑自如、一波三折、層層逼近，首尾相應。將繪畫、文學、歷史融爲一爐，新意迭出，機鋒畢現。雖是描古人之形狀，實是訴說著者之衷腸：人生實難，活著也需要智慧；藝術之不見容於政治，想是古今同理。」（手稿）

二月，臨王羲之〈十七帖〉，廿三日（上元節）攜往參與書藝界人士雅集，傳觀之後，為江兆申所得，江作〈龍坡書法〉記其事云：

民國五十六年，由金維繫、馬壽華、郭寄嶠諸先生發起，在那年上元節……喜歡書法藝術的人湊齊了一桌，在郭府餐聚。其中，我和靜老、雨盦最熟。飯前靜老敬慎惟勤地取出一卷字來，臨的十七帖，有好幾段，最後一段是章草。款題「羊兒年（丁未）上元前臨義之，靜者」，說是繳月課，寫得極好。當時依次傳閱，最後到我手裡，我和雨盦同看之後，就笑著問靜老：「給我可好」，靜老輕聲說：「喜歡就留著」，這是我收靜老手筆的第一號。

案：五十六年上元節爲國曆二月廿三日、節前臨帖，殆在二月中旬。馬壽華（一八九三—一九七七），字木軒，安徽渦陽人，爲今代書畫家。民國六十六年逝世，年八十五。視臺先生年長九歲，以世誼關係，臺先生敬之爲父執。郭寄嶠官拜上將，曾任國防部長。雨盦，汪中號，時爲師大教授，江兆申五十四年進故宮博物院爲副研究員。〈十七帖〉晉王羲之草書法帖，帖首有「十七日」字，故以爲名。論者謂此帖「體勢雄健，氣象超然」，視爲歷代草書絕品，學書者常用爲範本。

行書寫舊作〈夜起〉詩寄鄭清茂。《法書集》（一）（頁一九）著錄。

大圜如夢自沉沉，冥漠難催夜起心。起向荒原唱山鬼，驟驚一鳥出寒林。

款識：丁未正月書避地蜀中舊作寄清茂江戶寓居。靜者。

鈐印：歇腳盦。靜者。

案：丁未爲民國五十六年。正月爲國曆二月。詩題〈夜起〉見《詩集·白沙草》。

四、五月之交，隸書寫五言聯「琴伴庭前月，衣無世外塵」。《法書集》（一）（頁二二）著錄。

款識：擬完白山人法。丁未春暮，靜農於龍坡里。

案：丁未爲民國五十六年。春暮爲農曆三月，即國曆四月末、五月初。

五月，隸書寫「多謝」、「載得」七言聯贈江兆申。《法書集》（一）（頁二十）著錄。

多謝江東風景好，載得齊梁夕照歸。

款識：丁未立夏後書奉菽原鄉兄發笑。靜者於龍坡里。

鈐印：歇腳盦。靜者。

案：丁未爲民國五十六年。立夏時在國曆五月。菽原，江兆申字，安徽人，誼屬同鄉，故以鄉兄稱之。江早年來臺師事溥心畬，學繪畫，任職故宮博物院，位至副院長。

夏，畫紅梅一幅贈志超、陳燕結褵紀念。《續集》（頁九四）著錄。

款識：志超陳燕兩弟結褵紀念，丁未夏月靜農。

鈐印：臺靜農

案：丁未爲民國五十六年。夏月（四、五、六月）當國曆五―七月。

八月，臺大中文系始招博士班學生。

案：去年臺先生與毛子水、戴君仁教授等聯名提議增設臺大中文系研究所博士班。申請獲准成立，本年度開始招生。有關招生辦法草案，推請毛子水先生執筆撰寫，經校務會議通過，送教育部核定。

十月中旬，畫直幅紅梅贈何佑森夫婦。《名家翰墨》十一期（頁四〇）著錄。

款識：圖右下方題「佑森兄儷賞，丁未九日後，靜農」。另行「十月先開嶺上梅聯陞」鈐印三方：靜農下鈐「臺靜農」、「歇腳盦」。聯陞下鈐「楊氏」。

案：丁未爲民國五十六年。「九日」當指農曆九月九日重陽節。是年重陽節，國曆爲十月十二日。「九日後」當爲十月中旬作此畫。「聯陞」指楊聯陞，字蓮生，美國哈佛大學教授，中央研究院院士，是年秋來臺出席院士會議。何出示此畫請其觀賞品題，農曆重陽後，正當國曆十月，故題有「十月先開嶺上梅」之語。

作〈從「選詞以配音」與「由樂以定辭」看詞的形成〉，十二月刊臺北《現代文學》卌三期，收入《散文選》。本文論詞形成因素，立題以見意。認為詞形成兩大因素：先是選詞以配樂，後為配樂而作詞。此外，民歌、舞曲、外來樂舞亦為促進詞形成之要素，破除歷來所謂「詞為詩餘」的觀點。提要如下：

詞是跟著音樂、歌舞產生。唐元稹〈樂府古題詩序〉所標出「由樂以定詞」與「選詞以配樂」二義，就發展過程看，應是先有「選詞以配樂」繼之「由樂以定詞」，詞與樂府辭皆如此。南朝的清商曲及吳歌曲都是先有詞而後有樂；今觀陳後主的〈玉樹後庭花〉

辭，顯係先有辭而後有樂。到了唐代，變七言絕句為歌曲，自然也變其腔調，雜以泛聲或稱和聲、虛聲，有虛聲才成腔調，腔調未定形之前，虛聲長短也不一致。如《花間集》卷二皇甫松〈采蓮子〉、卷八孫光憲〈竹枝〉，又卷七顧夐〈楊柳枝〉諸例證，便知由整齊的詩改變為長短句的詞的動力是音樂。與「選詞以配樂」相反，就是「由樂以定詞」，即先有樂曲，後有樂詞。樂詞隨樂曲韻律製作，自然形成長短詞句。同時另有幾種因素：即（一）文人據民歌製作歌詞。（二）隋唐兩代舞樂極盛，也是詞調形成因素之一，如〈南歌子〉本是徒歌入樂，入樂以後又配合以舞，因又成舞曲。（三）外國樂舞。隋置七部樂、九部樂，至唐太宗增置為十部樂，這些樂曲中一部份，也就是後來的詞調。今之〈菩薩蠻〉、〈蘇幕遮〉等皆是外國樂曲。由上可知詞的形成，實有多種因素，受民間制作影響為最先。有此認識，才可排除所謂「詞是詩餘」的觀念。詞形成年代，通常以為始於唐末五代，也有上溯到六朝。近人以齊梁間釋寶志的《十二時》為例，與後來的詞無別，以見詞的雛形出現在五世紀的末期，而極盛於晚唐五代。

案：《現代文學》民國四十九年創刊，先後由外文、中文系部分師生編輯刊行。本文爲《中國文學史稿》中宋代篇第三章〈宋詞〉第一節，應編輯求稿而提供刊登，標題與《史稿》無異，惟「配音」《史稿》作「配聲」。「選詞」、「由樂」兩語既出元稹序，上句「配音」或「配聲」當據序作「配樂」。引文中〈後庭花〉下及「先有」下兩辭字似亦當作「詞」。又本篇寫作疑曾參考龍沐勛〈詞體之演進〉一文（民國廿二年四月《詞學季刊》創刊號）。如引元稹樂府序「選詞以配樂」二句，已先見龍著拈出，又破除「詞爲詩餘」觀點，亦見龍著。殆因若干論證看法僅是引申，故未編入自訂之《靜農論文集》。惟此文引發後學者多篇論文寫作：如張夢機〈隋唐燕樂對詞體形成之影響〉（載《詞律探源》七十年十一月）、〈詞體起源的多元性〉（原刊《成楚望先生七秩誕辰論文集》七十年二月），徐信義〈唐宋曲子漸興於隋說〉（原刊同前）等，多受本文影響。

張大千六十九歲：在美畫展、臺北國立歷史博物館主辦張大千近作展，盛況空前。

莊嚴六十九歲：十月為馬衡舊作《中國金石學概要》作跋。同月應《幼獅》月刊之請，撰〈我與石鼓〉一文（刊於該刊廿六卷四期）。

民國五十七年　一九六八　六十七歲

二月廿七日上午，張大千以藝術造詣獲華岡中國文化學院頒贈榮譽博士學位，時院長張其昀邀各界人士觀禮，臺先生與張目寒、莊嚴等百餘人皆受邀出席並參加午宴。（參《年譜》、《全傳》頁四七〇）

三月，隸書擬冬心五言聯「冷香殘雪外，畫譜水僊遲」。《法書集》（一）（頁二二）著錄。

款識：戊申二月擬冬心，靜者。

案：戊申爲民國五十七年。二月即國曆三月。冬心，清畫家金農字。（事蹟詳後）

四月廿七日（農曆四月初一），為大千居士七十壽辰，刻石印二方：「大千長年」、「髯公長樂」賀壽。

前者邊款曰：「歡樂長年，壽比金石，大千八兄七十壽，戊申，弟靜農拜祝。」後者邊款曰：「闢混沌手，得天地心，大千八兄七十壽，戊申，弟靜農。」（《印輯》頁一六）。

案：戊申爲民國五十七年，大千居士壽辰爲農曆四月初一，當國曆四月廿七日。是年一月二十九日大千自巴西來臺，三月初離臺赴東京轉美，距其壽辰不過二個月。此二方祝壽刻石，當在大千離臺前刻妥，當面奉贈。

六月下旬，大千居士在巴西八德園將庋藏二十年倪元璐〈古盤吟〉真蹟，寄贈臺先生。

案：〈古盤吟〉前大千題署「倪文正公古盤吟眞蹟」九字。題後記云「庋藏大風堂逾二十年，頃檢出寄與吾靜農老弟寶翫之。」下署「爰戊申六月十七日五亭湖上」。戊申爲民國五十七年。五亭湖，大千巴西八德園居所。據此，寄贈〈古盤吟眞蹟〉當在五十七年六月下旬。是年一月二十九日（農曆除夕），大千從巴西到臺北，三月初離臺到東京轉機赴美，四月離美返巴西八德園。在臺期間，數與臺先生聚晤飲宴，回巴西兩個月後即寄此珍寶，除交厚外，蓋緣抗戰期間，臺先生居四川白沙，得張大千「贈以倪書雙鉤本及眞蹟，翫其格調生新，爲之心折。」（〈書藝集自序〉）。後臨倪書，自成大家，受到張大千激賞，嘗稱臺先生「三百五十年來寫倪字第一人」（《形象之外》頁一七〇）。割愛珍寶，遠道寄贈，實出於俗言「寶劍贈英雄」之意。倪元璐，字玉汝，號鴻寶，浙江上虞人。明崇禎時爲吏部尙書，李自成陷北京，崇禎自縊。當日，元璐衣冠向闕，南拜母，投環而死。一門殉節共十三人。論者稱其字「蒼潤古雅，氣韻高華」、「忠義之氣流露毫端，去人自遠。」亦即臺先生所謂「格調生新」之意。七十九年臺先生捐贈故宮倪氏書畫五件，此爲最重要一件。本年大千寄贈古盤吟一節，《全傳》，馮作〈大千居士贈寶記〉均未載。

七月，堅辭臺大中文系主任，改為專任教授，由屈萬里繼任系主任。

秋，應王仁鈞之請，行書寫王荊公七絕三首條幅以贈。《書藝三集》著錄。

落日平村一水邊，蕪城掩映衹蒼然，白頭追想當年事，幕府青衫最少年。
投老翻為世網嬰，低佪終恐負平生，何時白石岡頭路，度水穿雲取次行。
萬事黃粱欲熟時，世間談笑漫追隨，雞蟲得失何須算，雕鶚逍遙各自知。
款識：戊申九秋書王荊公詩，應仁鈞清屬。靜農。

鈐印：肖形　靜者　臺靜農印信

案：荊公三詩依次題〈入瓜步望揚州〉、〈中書即事〉、〈萬事〉，俱見荊公詩集卷廿九。戊申爲民國五十七年。九秋謂秋季九十日。仁鈞指王仁鈞，時任淡江大學中文系教授。

為輔大副校長英千里教授刻隸體姓名印章一枚。《臺大書畫集》（頁一六二）著錄。

案：臺大外文系主任英千里教授，五十七年八月出任臺北輔仁大學副校長。此方印章殆其出任輔大副校長後所刻。

張大千七十歲：一月返國度農曆新年。二月獲中國文化大學頒授榮譽博士學位。四月返八德園過七十歲生日。

莊嚴七十歲：二月為香港龍門書局影印清高士奇編《江村書畫目》作序。十月為臺灣中華書局影印福開森所編《歷代著錄畫目》作序。

民國五十八年　一九六九　六十八歲

二月十四日，臨東坡寒食帖，並書黃庭堅跋。《書畫紀念集》（頁一二〇）著錄。

自我來黃州，已過三寒食。年年欲惜春，春去不容惜。今年又苦雨，兩月秋蕭瑟。臥聞海棠花，泥污燕支雪。闇中偷負去，夜半真有力。何殊病少年，病起鬚已白。春江欲入戶，雨勢來不已。小屋如漁舟，濛濛水雲裏。空庖煮寒菜，破灶燒濕葦。那知是寒食，但見烏銜紙。君門深九重，墳墓在萬里。也擬哭塗窮，死灰吹不起。

款識：黃山谷云：「東坡此詩似李太白，猶恐太白有未到處。此書兼顏魯公、揚少師、李西臺筆意，試使東坡復為之，未必及此。」此卷舊藏清宮，兒（原衍黃字）皇帝溥儀攜往東北，迨樹倒猢猻散時，流落至（原誤倒至落）日本，為一湖北老所得，今在臺灣。公雞年正月初八。歐腳庵行者。

鈐印：靜農

案：東坡〈寒食雨〉詩五古二首見《東坡集》卷十二。公雞年為酉年，臺先生寓歐腳鑫凡三遇酉年：即民國四十六年丁酉，五十八年己酉，七十年辛酉。七十六年五月、八月所臨二幅東坡寒食帖，前者稱：「久藏私家，頃爲故宮博物院購得。」後者稱：「髯公寒食帖，今由私家歸諸故宮博物院。」（並見後）據此參款識所云約略推知〈寒食帖〉流傳經過：先是由兒皇帝溥儀自故宮攜往東北滿洲國，迨日本投降，僞滿潰散，〈寒食帖〉流落至日本。後爲一湖北老所得，流傳至臺灣，後又爲髯公（張大千）所得。七十二年四月大千居士逝世，七十六年大千家屬售予故宮。所謂「今由私家歸諸故宮」殆指此而言。民國六十六年大千始回臺定居。其購得〈寒食帖〉應在返臺之後若干時日，臺先生臨此帖款識云：「湖北老所得，今在臺北。」則大千尚未得此帖。所謂「公雞年」應指五十八年己酉。是年正月初八指農曆，國曆爲二月二十四日。款識引山谷所謂「揚少師」指揚凝式（八七三—九五四）。五代書法家，字景度，號虛白，官至太子太保。人稱「揚少師」，所引「未必及此」下，原有「他日東坡或見此書，應笑我於無佛處稱尊也。」十八字（見七十六年），此略。臺先生所臨〈寒食帖〉見於著錄者有四：三幅有年月可考（五十八年一幅、七十六年二幅），另幅橫披（見《書畫紀念集》頁一二〇、一二一）無款識、無年月可考，茲列入疑年（見附錄）。其中「兩秋蕭瑟」句，「兩」下脫月字，上衍兩字，「雨勢來不已」下衍雨字。

五月十七日（農曆四月初二），友人張目寒七十歲壽辰，十九日張大千在巴西八德園作〈黃山前後澥圖〉以賀。臺先生觀圖題詩云：

昔年曾讀黃山志，今日披圖認舊山，想見髯公揮灑處，淋漓筆墨淚痕間。（《龍坡丈室詩稿．龍坡草》〈題大千黃山圖〉）

案：大千一生凡三上黃山（民國十六年、二十年、二十五年），畫黃山圖景，不計其數。其書畫集著錄（《張大千書畫集》共七集，歷史博物院出版），尋常可見者即有：（1）黃山九龍潭（廿四年十月作，《四集》一〇三圖、又《大千世界》一一六圖）。（2）黃海舊游圖（廿四年八月，《藏珍集萃》頁一一〇—一一五）。（3）黃山二老（五十年冬十一月，七集卅一圖）。（4）

黃山前後澥圖（五十八年五月，《名家翰墨》三九期，又《大千世界》九三圖，頁三〇〇—三〇七）。（5）黃山憶遊（蓋鷚松）（六十七年，《一集》四十八圖，頁七四）。（6）黃山絕頂（六十八年秋，《二集》二六圖，頁三四）。（7）黃山始信峰（六十九年夏四月，《二集》九七圖，頁一一四）（8）黃山西澥（六十九年五月，《三集》九一圖，頁一〇六）。（9）黃山雲門雙峰（七十年，《四集》五二圖，頁六五）。（10）黃山圖（黃山文筆峰）（七十年辛酉嘉平月，《四集》八二圖，頁三五七，又《大千世界》一一八圖頁一二五）。（11）黃山文筆生花（七十一年壬戌九月，《五集》六四圖，頁一〇六）。（12）黃山百步雲梯。（七十一年壬戌嘉平月，《五集》七五圖，頁一一九）。據詩首二句推測，疑所觀黃山圖應是全圖，非某一景點。依此，惟（4）黃山前後澥圖，可稱爲黃山全圖。此圖長一四〇三公分，高四四、五公分（據黃天才〈黃山前後澥圖的藝術成就文說明〉），用潑墨技法，大筆揮灑，墨彩淋漓，「祇見墨暈，不見筆跡」。論者謂此圖與〈長江萬里圖〉、〈廬山圖〉並稱爲大千畫作三大巨構。據題記，圖完成於己酉（五十八年）四月初六（國曆五月廿一日），意欲以賀張目寒七十誕辰。目寒誕日農曆四月初二（《詩文集》卷三，頁一三三〈寄目寒六十初度二首詩〉後注），爲國曆五月十七日。大千作畫在目寒生辰之後二日，時大千流落海外，居巴西八德園。畫黃山圖，一則固爲賀壽，一則亦寄故國河山之思。臺先生詩最後一句「淋漓筆墨淚痕間」正道出其中含意。張目寒收到遠自巴西寄來〈黃山圖〉賀禮，當在大千完成此圖相當時日之後。目寒與臺先生爲至交，收到此賀禮，諒必展示，供諸友觀賞，臺先生賦此詩抒感，或在是年六、七月間。十年後大千〈黃山圖〉三題記云：「海天仁兄，延信夫人以予從弟目寒臥病三年，慨然以重金相贈爲藥餌之需，家人銘感，無以爲報，僅以此卷爲獻，以誌高情盛德，非敢云報也，六十八年十二月八日，八十一叟爰翁題記。」鈐印：「摩耶精舍，己未。」末有故宮博物院長秦孝儀題跋。名作所有人轉移，獻與李海天，乃當時藝壇大事，臺先生或亦在場見證，披圖觀賞，詩亦可能六十八年十月後作。

六月十九日，隸書寫漢鏡銘文扇面及梅畫贈陳夏生。《書畫紀念集》（頁一七七）、《逸興》（頁七）著錄。

上大山，見神人。食玉英，飲澧泉。得天道，物自然。駕蛟龍，乘浮雲。宜官秩兮，保子孫兮。

款識：漢鏡銘文似夏生賢姪。己酉端午，靜者。

鈐印：臺□

案：己酉爲民國五十八年。端午相當於國曆六月十九日。「似」疑當作「贈」。陳夏生，莊嚴兒媳，莊靈夫人，時任職故宮博物院，以編中國結著名。

六、七月，隸書寫南田語。《法書集》（一）（頁二九）著錄。

有此山川，無此筆墨。鍾子不存，牙琴嘆息。

款識：己酉仲夏書南田語於龍坡里　青曲

鈐印：臺靜農

案：己酉爲民國五十八年。仲夏，農曆五月，即國曆六、七月之交。南田，惲格號，語見《甌香館集》。青曲，臺先生筆名，書畫中少用。

張大千七十一歲：以敦煌壁畫臨摹本六十二件捐贈國立故宮博物院。遷居美國加州，先後寓「可以居」、「環篳盦」。

莊嚴七十一歲：八月自故宮博物院副院長任內退休，先後任職達四十五年之久。同月，張其昀禮聘為中國文化學院教授，擔任該校藝術研究所所長。《山堂清話》開始於《自由談》月刊連載。

民國五十九年　一九七〇　六十九歲

二月四日（己酉十二月廿八日），作〈槃庵屬題白石老人畫辛夷〉詩一首：

夢斷家山古寺東，辛夷如雪影搖風。湖湘老子屠龍手，走筆能爭造化功。

題下原注：乙酉除夕前一日（《龍坡丈室詩稿．龍坡草》）

案：乙酉，民國卅四年。時陳槃庵任職中央研究院史語所，居四川南溪縣李莊。臺先生在四川江津縣白沙鎮國立女子師範學院任國文系教授。兩地相距雖不甚遠，以當時生活環境與交通情況，兩人未必相見，乙酉當爲己酉之誤。己酉爲民國五十八年，陳在南港中央研究院、臺先生任臺大教授，兩人時相過從，因有遵囑題畫之作。己酉年除夕，國曆五十九年二月五日，前一日爲四日。又案鄭因百先生有〈題陳槃庵所藏齊白石畫辛夷詩〉二首，據編年爲五十九年庚戌六十五歲作（鄭著《清晝堂詩集》卷四，頁七七），臺先生詩與鄭詩應爲一時先後之作，乙酉爲己酉之誤，應可確定。

新年春節先後畫墨梅、紅梅、水仙各一幅贈羅青、碧華夫婦。《逸興》（頁五一—五三）著錄。

1、墨梅。款識：「青哲、碧華新年嘉樂。靜者」。鈐印二方：「靜者」、「定慧」

2、紅梅。題記：「落紅不是無情物，化作春泥猶護花。靜者寫定盦詩意，藉祝羅青、碧華賢伉儷，戌年大吉羊，愧不會畫富貴花也。」鈐印二方：「臺靜農」、肖形印。

3、水仙。款識：「青哲碧華賢伉儷新禧，臺靜農敬賀」。鈐印：「回響」

案：青哲，羅青字，民國四、五十年代供職於臺北農復會，愛好文藝，以寫作新詩著名於時。第二幅題記所云「戌年大吉羊」，應是指五十九年庚戌新年而言。第一幅稱「新年嘉樂」，第三幅題「新禧」知爲一時先後之作。定盦，清龔自珍（一七五二—一八四一）

號，詩句見《龔自珍集》。臺先生梅畫常題此二句（見後）。

二、三月間，應楊崇幹之請，以石門分隸為書〈禮運大同章〉。《續集》（頁四八—五一）著錄。

大道之行也，……是謂大同。十一行，行十字，末行七字。共百零七字。

款識：歲在閹茂孟陬之月，書於臺北市龍坡里之歇腳庵，崇幹同學弟清屬，靜農。

鈐印二方：歇腳盦、澹臺靜農。

案：《爾雅．釋天》：「【太歲】在戌曰閹茂」。五十九年歲次庚戌、七十一年歲次壬戌，皆爲「閹茂」之歲。然五十九年二月嘗爲書陶辭對聯一副。此「閹茂」當指五十九年歲次庚戌而言。又「孟陬」指正月（見王逸《離騷注》）。五十九年農曆正月，當國曆二、三月間（二月六日—三月七日）。楊崇幹，臺大中文系畢業，嘗任教於臺北一女中，愛好書法，尊重禮教，此幅大同章，蓋應楊氏之請而書。

又集陶〈辭〉語，行草書「倚南窗以寄傲」，「臨清流而賦詩」一聯贈楊氏。《續集》（頁七）著錄。

款識：上聯右「崇幹弟清屬」，下聯左「庚戊正月」靜農。

鈐印二方：臺靜農印信、歇腳盦。

案：「戊」應爲「戌」之誤，五十九年歲次庚戌，農曆正月，當國曆二三月。陶淵明

〈歸去來兮辭〉前云：「倚南窗以寄傲，審容膝之易安」。末云：「登東皋以舒嘯，臨清流而賦詩」。各取其上下句，集爲一聯，自然天成。

又行草書張旭詩二首，並以贈楊氏。《續集》（頁四）著錄。

隱隱花飛（飛橋）隔野煙，石磯溪畔問漁船，桃花盡日隨流水，洞在清谿何處邊。

山光物態弄清暉，莫為清陰便擬歸，縱史（使）晴明無雨色，入雲深處亦沾衣。

款識：崇幹同學屬，靜農。

鈐印：臺靜農

案：五十九二三月間以行草書對聯贈楊崇幹（見前）。此亦同時所書。張旭二詩題〈桃花谿〉、〈山行留客〉見《全唐詩》卷一一七。第一首亦見《唐詩三百首》卷八。書中「花飛」乃「飛橋」之誤。「史」，「使」之別體字。臺先生書法中常用之。

七月，應梅志超之請，草書五律一首以贈。《續集》（頁一二）著錄。

秋風楊柳渡，馬首散【秋】聲，萬雉雲連水，三江雨洗兵。樓臺橫戰壘，簫鼓動嚴城，未卜爰居下，波濤夜不驚。秋

款識：志超弟屬書，庚戌七月靜農時在臺灣。

鈐印二方：□、靜農無咎。

案：庚戌爲五十九年，詩出處待考，末小字「秋」蓋當補在「馬首散」下。

又草書惲南田詩五絕一首，一併贈之。《續集》（頁一三）著錄。

墨石若醉立，老樹欲吟風，秋堂雲外【看】，清籟起寒空。看

款識：志超弟屬書，靜農。

鈐印二方：首行右上鈐「不知老之將至」，末行「靜農」下鈐「靜農無咎」。

案：此與前幅贈送對象爲同一人，當是同時書寫。詩第三句脫「看」字，故於末後書看字以示補充。詩爲清初惲南田作，題〈樹石〉。六十五年，亦草書此詩。（見後）

秋，應惕素之請，行書寫晁沖之七言律二首以贈。《書藝三集》（頁一六）著錄。

塵埃自與青雲斷，歲月誰令白髮來。數口無歸同作客，一春多病幾登臺。常閑水上鷗從遠，只老籠中鶴任開。日月避愁無處脫，直須到手不停杯。

少年使酒走京華，縱步應遊蘇小家。看舞霓裳羽衣曲，聽歌玉樹後庭花。門侵楊柳垂珠箔，窗對櫻桃卷碧紗。作客半驚隨逝水，主人星散落天涯。

款識：惕素先生雅教。庚戌九秋，靜農書晁叔用詩。

鈐印：定慧　靜者　歇腳盦

案：庚戌爲五十九年，九秋，謂秋季九十日。晁沖之，字叔用，一字用道，師事陳師道。宋哲宗元祐黨爭時，避居具茨山下，世稱具茨先生。呂本中將之列入《江西詩派圖》二十五人之一，並評其詩「獨專學杜詩」。第一首〈次韻再答紹蘊知府甥和四兄以

道長句並見寄二首〉其二（《具茨先生詩集》卷一二），第二首〈都下追感往昔因成二首〉其一（《具茨先生詩集》卷一三）。

畫橫幅（長一〇〇公分、寬廿五公分）墨菊等三種，七十九年病中題「新秋墨趣」。《墨戲集》（頁五九、六〇）著錄。

款識：此圖成於廿年前，今題識於八十八歲病中。

鈐印三方：右下端上鈐圓印「守斯寧靜，為君大年」，左題識下鈐「靜農無恙」、「龍坡」。

案：據七十九年病中題識鈐印，圖畫成於廿年前，則當在五十九年或稍前，茲繫此年。

作〈《病理卅三年》序〉，刊九月一日《傳記文學》十七卷三期，收入《龍坡雜文》、《散文選》。臺先生自謙此文「只是一個平凡讀者的感想」，卻寫的深入淺出、妙趣橫生，傳達出此書作者的科學精神及其愛國熱忱與淑世思想。內容要點：

葉奕白先生是「一個病理學家」，他的書是一本科學著作，此書「將他半生的研究與教育下一代的事實，熱忱地提供於學術界同道」，給此書作序本非我的能力，但仍願談點自己的「體會」和「感想」：（一）奕白出國留學的廿年，「正是中國人民遭受苦難的時代」；在這樣的時代裏，他本著一個中國知識分子「為民族圖存的良知」，「寧願與發財絕緣」，選學當時的冷門——病理學。奕白學病理，「特別注意那些最基礎的技術，尤其是書本學不到的東西」，這不僅看出他對國情的深刻瞭解，也「可以看出一個有志於自己國家的科學者的遠見與苦心」；一九四三年奕白學成歸國，受聘於戰時的東西醫學院，「是專任教授並負責教務」，直至抗戰勝利，果然取得了不凡的成就，連戰後的接收大員諸公，「也不免唯一的為之驚異」。（二）奕白在他的大著中表達的不少學術觀點，即使對於我們這些非同道的人而言，也是頗多啟迪、極有意義的。他的關於「病理科在一個醫院所負使命有三：教學、服務及研究是也」的觀點和他的這種觀點在他的四十六年來臺大後主持臺大醫學院工作中的實踐；他的「作研究最重要的一件事，必須熟悉有關文獻」、「文獻必須細查，但毋須盡讀」的觀點和他五個月內，周遊世界、參觀訪問了世界上幾十所著名醫學院，並作了詳細的紀錄的情景；他的關於「作研究的人」，「應該有理想，還應該有點狂妄之處」，「還需要一點冒險心」，「才能成功一些與眾不同的研究」的觀點及其經歷：都在在說明了奕白的「才情與膽識」。（三）奕白「那爽利的文筆」、「文學修養極高，讀過好些世界名著」的雜學旁通的治學之道，對「今之學科學的年輕人」，尤有警示的作用。「作為一個中國人，就得有運用中國語文的義務」。——「我祇堅持這點不夠偉大的看法。」

張淑香〈鱗爪見風雅〉：「又如在〈《病理卅年》序〉談到學科學的年輕人，到了外國，便把中文丟掉了，……這種呼籲，幾乎已是苦口婆心了。作者自謙這點看法不夠偉大，但他的堅持，卻是偉大的。因爲在他的堅持背後，唯是只有一片對於自己文化的熱情關注而已。」

夏明釗評述：「這篇有關「病理學」著作的一篇序文，如從學科學理著眼，似非序者「所能作的」；但序者卻巧妙地從另一角度著筆：「體會其寫作的精神與態度」，他的治學和研究的方法，他的成就；這就突顯、擴大了書的意義。」（手稿）

作〈詩人名士剽劫者：讀《世說新語》札記〉，十月一日刊《中國時報》副刊．人間，收入《龍坡雜文》，《散文選》。這年暑假，因天氣奇熱、滿身溼疹，遂讀《世說》以自消遣，竟「發現石崇、戴淵、祖逖三人。皆晉代勝流，可是都搶劫有案」。「比較看來，三人行劫的動機與目的，並不相同，而以石崇最為惡劣。」內容要點如下：

（一）石崇是晉代名士，不特是古之大富豪，且是著名的朝士和詩人，《昭明文選》裡就有他的二篇大作。但奇怪的是「崇身居方鎮大員，居然殺人劫財，幹那強盜的勾當」。而且「石崇百道營生，積財如山」，劫掠只是其致富之一道而已。而且殺人不眨眼，極其殘忍，想像他的金谷園裏，於「樓閣林木之間，必有殺人場、死人坑種種設備，不然，屍體橫陳，血肉模糊，亦大掃金谷園中諸名士的雅興。」（二）戴淵是「晉室忠臣」，因為他身死國難、為叛將王敦所殺。「可是戴淵早年也曾幹過剽劫的事」，但這是他不得志時情事；待他遇見陸機，便改過自新，後為晉室大將，終至戰死。

（三）祖逖「聞雞起舞」的故事盡人皆知，少時即輕財尚義，後又博覽群書、志存恢復，不特為時人所重，且亦名垂青史。但他在為「恢復中原，率領一群暴桀勇士，無以為生時，也曾剽劫富室以自濟。」這「剽劫」乃是祖逖的權宜之計。（四）綜觀「三人行劫的動機與目的，並不相同」。「石崇之殘民自肥『百道營生』」，「最為惡劣」。「戴淵當其少年落拓時，小試手段於江湖，忽然遇到知音，涕泣投劍，英邁之氣令人喜愛」。祖逖則志在恢復中原，情勢所迫，「顧不了許多」，「其恢弘的氣象，多少塵滓都不在他的眼下」。

張淑香〈鱗爪見風雅〉：「……這眞是眞名士的褒貶！只有眞名士，才能抖落塵滓的羈絆，以正直無妄的襟懷，褒其所褒，貶其所貶。……而且在篇末還聲明此爲……消遣。在自我解構之餘，並顯出其如『羽扇綸巾談笑間，強虜灰飛湮滅』的自如閒適的風雅意態。」

夏明釗評述：「此篇可注意者有兩點：第一，著者對歷史人物的評騭，同採取了一種歷史主義的態度，即具體問題、具體分析，實事求是。即從全面本質看問題，從發展上看問題。第二，著者對歷史人物的品評，除了著眼於人性的善意，似更注重社會制度及社會風氣的培養作用。例如著者以石崇爲例，說「雖人性有善惡，也是司馬氏的政風培育出的行為」。還特別舉了何曾父子的寡廉鮮恥的勾當，以證「上行下效」之公理。研究臺氏其人其文，這方面是最須注意的所在。」（手稿）

張大千七十二歲：返臺參加「中國古畫研討會」。

莊嚴七十二歲：十二月次媳夏祖美來歸。

民國六十年　一九七一　七十歲

一月十一日，為蔡元培一〇四歲誕辰，臺先生受邀在南港中研院演講〈智永禪師的書學及其對於後世的影響〉，載中央研究院刊《蔡元培先生誕辰紀念學術演講集》，收入《靜農論文集》。主要論點謂智永是王羲之遠代子孫，而唯一能傳其家法，延續山陰一脈。統一六朝草書、楷書又能「化方為圓」，故其書學影響唐以後一千多年：

智永的事蹟見於唐人著作中的，有開元年間何延之的〈蘭亭記〉與張懷瓘的《書斷》、天寶年間劉餗的《隋唐嘉話》、唐李綽的《尚書故實》。智永是王羲之的遠代子孫，而唯一能傳其「家法」的。但他所受的「家法」，不是得之於王氏，而得之於蕭子雲。當智永在梁時，猶是少年，從蕭子雲學其先人「家法」，果能延續山陰一脈，為唐一代法書的先導。其書之所以能影響唐以後一千多年的原因，由於他統一了六朝的草書，又能以「化方為圓」的楷書示範於後世的關係。〈蘭亭記〉謂智永「凡三十年於閣上，臨得真草千字文，好者八百餘本」。唐以後的書家，極有影響力的，他們都直接臨摹智永的《千字文》。智永之在書學史上的偉績，真算得「不廢江河萬古流」了。說到智永的貢獻，張懷瓘說他「兼能諸體，於草最優」。只是單就藝術而言，若論他的貢獻，也是草書優於楷書。因為智永以前，草書體勢，並不一致。智永利用那一千個不重複的字，寫下了八百本，流傳人間，後來書家當作範本，劃一了草書的筆法，後來書家儘可改變其形體，卻不能變其筆法，由紛紜而歸於統一，釋智永奠定了唐以來千餘年的草法，功不可沒。

案：此文當作於五十九年，時研究院史語所李濟擔任所長，臺先生應李之邀作專題演講。

夏，前在《歌謠周刊》登出之安徽民歌一一三首，由婁子匡編入其主編之《民俗叢書》第廿四種，取名《淮南民歌集》，由臺北東方文化書局印行。

江兆申應雨盦（汪中）之請，書寫陶淵明飲酒詩廿首，並作畫像為一長卷。臺先生觀後為之跋云：

雨盦示以菽原書陶公飲酒詩卷，信筆所至，似未經意者，然其趣，正在有意無意間。觀陶公飲酒像，如晤其人，葛巾猶濕，而公已醺然醉矣！所作雨盦飲酒詩尤奇肆可喜，滑稽突梯，時爾莊（疑作諧）語曰：「天意微茫醉亦工」。是猶陶公責子詩，慈祥戲謔，時忽莊語曰：「天運苟如此，且盡杯中物」。得非古今情事如環，上下千年，無甚異

耶！噫！且把茆蓋頭放下些子煩惱，從雨盦喫酒也麼可！（《紀念文集》頁二九—三〇）。

案：此跋，他書不見載，唯見汪雨盦（中）〈臺靜農先生書藝〉文中引述。汪文記作跋原委並評述其雅趣云：「臺先生文言文字的簡雅雋美，卻很少有人提起。他曾發表一些書畫題跋，都是十分可貴的小品。記得六十年代左右，江菽原兄公務多暇，我纏著他替我寫陶公飲酒詩廿首並作畫像爲一長卷，像畫極爲傳神，醉意宛然，我拿著給靜農先生看，他即跋云……從這一節跋中又足見臺先生之解陶詩，其責子出於戲謔爲慈祥之趣，即杜甫詩：『陶潛避俗翁，未必能達道』，亦只是戲謔。讀書心細，而又饒雅謔，眞使人娓娓不忘。」（同上書頁次）文中所謂江菽原即江兆申，時任故宮博物院研究員，與汪中爲同鄉好友。「六十年代左右」，當是民國六十年前後，茲姑繫六十年。七十五年四月，汪出版《雨盦和陶詩》，江爲之作序，臺作讀後記。（詳七十四年）

五月，老友莊嚴小楷書扇面寄禪白某詩，付其兒媳陳夏生，臺先生為畫紅梅扇面並題記。《臺靜農書畫紀念集》（頁一七六）著錄。

一覺繁華夢，唯留澹泊身。意中微有雪，花外欲無春。冷入孤禪境，清於遺世人。卻從煙水際，獨自養其真。而我賞真趣，孤芳祇自持。澹然於冷處，卓爾見高枝。能使諸塵淨，都緣一白奇。含情笑松柏，但保後凋姿。寒雪一以霽，浮塵了不生。偶從溪上過，忽見竹邊鳴。花冷方能潔，香多不損清。誰堪宣淨理，應感道人情。

款識：久不作小楷，偶寫寄禪白某詩，亦頗不惡。七三老翁書付夏生兒媳存之。辛亥四月，翁嚴。

題記：為夏生姪作畫，意欲求工，反而拙劣，尤以尊翁法書直逼唐賢，令人有珠玉在前之感。歲值辛亥，靜者虛度七十矣。

鈐印：定慧　臺靜農

案：辛亥爲民國六十年。四月當國曆五月，臺先生作梅畫在其後不久。寄禪白某詩，待考。

六月，為張雪門《閒情集》作序，是集六十二年臺北童年書店出版，序收入《回憶臺靜農》。內容推重作者—寧波張雪門先生對教育的獨特貢獻，與其詩所表現出高尚而博大的情懷。序言分三層：

（一）述張雪門先生「以畢生精力」服務「幼稚教育」的「赤子之心」和「胞與之懷」，其獨特貢獻為海內同仁所共識，「咸推先生為巨擘」。（二）敘《閒情集》中百餘首詩篇的成詩時月及其所表達出的詩人的性情、哀樂和高致。（三）敘自己與張雪門的交誼。

八月（農曆新秋七月），應大千之命刻石印一方，文曰：「得心應手」。

款識：大千八兄命製，辛亥新秋。靜農。（《印輯》頁一二〇）

案：辛亥爲民國六十年。農曆新秋，當在八月。五十八年六月初大千來臺，月底返巴西，秋，移居美國加州佳美城「可以居」，六十年六月再遷「環蓽盦」。臺先生奉命製印，疑在五十八年六月大千來臺時，二年後刻竣，寄往「環蓽盦」。

八月中旬，應鄭良樹之請，行書寫《甌香館詩》三首。《法書集》（一）（頁三四）著錄。

麥畦桑火過春蠶，沙渚人家隱翠嵐。紫燕寒潮三月雨，綠楊煙裡是江南。

東下蒲帆帶落霞，北來過訪舊山家。停船話別匆匆去，紈扇留教寫杏花。

煙條露蕚染紅姿，愛我臨風寫一枝。今日贈君千里別，杏花時節倍相思。

款識：辛亥立秋後，寫甌香館詩應良樹仁弟清屬，靜農時在臺北。

鈐印：臺靜農印信　歇腳盦

案：辛亥爲民國六十年。立秋，農曆八月初七至八月初九。「立秋後」知時間必在八月初九以後，姑繫於八月中旬。惲格，名壽平，號南田。著《甌香館集》。第一首爲〈煙柳江村〉二首之一，二、三首題〈杏花扇子〉皆見集卷七。

八、九月，隸書摹〈張遷碑〉扇面。《法書集》（一）（頁三二）著錄。

漢故穀城長蕩陰令張君表頌。張是輔漢卅載，其德爰。既且於君，蓋其纏繽戎鴻緒。

款識：辛亥七月溽熱，摹〈張遷碑〉於龍坡丈室。靜者。

鈐印：臺靜農　靜者

案：辛亥爲民國六十年。七月爲國曆八月下旬，至九月中旬。七十一年五、六月始改齋名爲「龍坡丈室」（詳後），六十年未有此稱，疑辛亥爲癸亥（七十二年）之誤，否則「龍坡丈室」爲誤書。

九月末，行書寫惲格〈題笪侍御洞天圖〉其一、其二及〈送春〉詩共三首。《臺靜農書畫紀念集》（頁八三）著錄。

瑤圃銀臺起墨池，天吳夜語海中移。崑丘誰剪三珠樹，應有雙棲白鶴知。

掀天白浪轉江風，研北仙鄉路可通。見話神山居水底，金銀宮闕有無中。

翠壓紅樓柳絮飛，杜鵑聲裡送春歸。江村一夜桃花雨，吹沒群鷗舊釣磯。

款識：辛亥立秋後，書甌香館詩於臺北龍坡里寄寓，靜農。

鈐印：醉夢　臺靜農印信　歇腳盦

案：辛亥，民國六十年。立秋爲農曆八月初七至初九，即國曆九月廿五至廿七日。「立秋後」知時間當在九月末。〈題笪侍御洞天圖〉、〈送春〉，見《甌香館集》卷八。

十月四日，畫紅梅花一幅，贈丁邦新、陳琪夫婦。《逸興》（頁四一）著錄。

款識：邦新、陳琪兩兄清賞。辛亥中秋後一日，靜農。

鈐印：臺靜農　靜者

案：辛亥爲民國六十年。該年中秋爲國曆十月三日。「中秋後一日」即十月四日。

秋冬，老友張目寒招飲，座中展示大千居士七十歲自畫像，鄭因百先生題六絕句記其事。

詩題云：「目寒招飲座中展示大千居士自畫像，歸後奉題六絕句兼以乞畫」（《清晝堂詩集》卷四，頁七六、七七）

案：五十七年戊寅張大千七十歲有自畫像贈張目寒（臺北故宮編《張大千先生詩文集》卷三），詩題所稱畫像，當指大千居士七十歲所作者。大千題詩云：「阿兄七十新開一，阿弟今朝亦古稀」。目寒小大千一歲。目寒七十歲，大千七十新開一，題詩當在五十八年農曆新年正月。是年六月初大千來臺，月底返巴西，秋移居美國加州佳美城（在舊金山南）稱「可以居」。六十年六月（農曆閏五月）離「可以居」不遠處，購得較大新居命名「環蓽盦」，並即加以擴充改建。鄭詩云：「遙聞有舍稱環蓽，未恨無根似轉蓬」，是知目寒招飲展示畫像、鄭爲題詩，時在六十年六月大千移家環蓽盦之後，當在是年秋冬。此外，大千居士另有七十自畫像並題詩，作於五十七年戊申四月，（《詩文集》卷三，頁一六五）時在巴西八德園。裝裱後各界人士題記者二十多人（《全傳》頁四七二，黃著〈五百年來一大千〉頁二〇八）。目寒獲贈七十自畫像，當與另幅爲一時先後之作。

陳獨秀《小學識字教本》改題《文字新詮》校訂後再版。

案：原本係師大梁實秋教授提供，請專人整理，由臺北中國語文研究中心出版。有梁序，而臺先生過錄陳獨秀〈自序〉，則刪去。蓋因當時環境，有所避忌。六十一、二年間，臺先生賜贈一冊與筆者，附臺先生手抄影本陳之「自序」及〈實庵（獨秀）先生覆陳部長書〉，蓋為存眞，並識寫作原委。

張大千七十三歲：在香港舉行近作展。

莊嚴七十三歲：《山堂清話》十二篇至廿篇陸續載《自由談》月刊。

民國六十一年　一九七二　七十一歲

年初，刻「壬子」石印一枚贈大千居士。

案：六十一年壬子正月初一，國曆為二月十五日。自本年至六十八年己未共刻干支紀年九枚石印贈大千。計六十一年壬子一枚，六十二年癸丑二枚，六十三年甲寅二枚，其一肖虎形，六十四年乙卯一枚，六十五年丙辰二枚，六十八年己未一枚。（見《手寫詩冊．二、金石》）字體精奇，格調生新，大有可觀。

一、二月間《天問新箋》脫稿。五月，臺北藝文印書館專集印行，七十八年收入《靜農論文集》。全文六、七萬餘言，解說不取屈子呵壁之辭，其文意不次，蓋由於錯簡，本篇酌

予更動，以復其原貌。箋注慎取舊說，參稽近著，並利用甲骨文史料，以相發明。序云：

《楚辭．天問》中神話及史事與今之故籍，多有不同：或有源於經傳而間有歧異者，或有異於經傳而與諸子書合者，或有源於《山海經》而間有演變者，或有異於先秦傳述而合於秦漢人說者。蓋楚人所接受之歷史文化，未必悉合於兩周文獻，而解說〈天問〉者，若拘於經傳，反失旨意。王叔師謂〈天問〉為屈子呵壁之辭，楚人哀之，因共論述，故其文意不次云爾。予不謂然，〈天問〉自有文理，其不次序處，由錯簡故。其文體，殆出於民間體制，今西南苗族之開天闢地歌，一問一答，實類乎〈天問〉。今所解說，不敷衍屈子呵壁之事，其不次序處，略更置之，非敢云能復其原，或易於了解耳。始解天問者，有劉向、揚雄。叔師以為濛澒其說，厥義不昭；而師叔章句，自謂稽之舊章，合之經傳，章決句斷，事事可曉。叔師固《楚辭》功臣，然闕義尚多，未能如其所云。後來解〈天問〉者多家，丁儉卿〈天問箋〉最為詳贍，今觀其史料取捨與析述觀念，猶感不足；尤以近世甲骨文史料足與〈天問〉相發明者，儉卿均未及見。今慎摭舊說，參諸近著，不求多聞，但期有當。倘有助於學子研讀乎？辛亥歲暮臺靜農時在臺灣大學

案：辛亥，民國六十年。農曆辛亥歲暮十二月，國曆六十一年一月十六日至二月十四日。二十五年前（民國卅六年）著有〈屈原〈天問篇〉別解〉謂其體製非屈原自創，而係來自民

間（見前）。本篇糾正王逸注十餘處，指出錯簡，考辨史實無徵，廣徵博引，創發精深。如云：淮南子所謂天地未開情形與〈天問〉契合，乃因淮南時代去戰國不遠，而其門客皆南方學者。「九天」、「九重」、「於兔」、「顧兔」皆爲楚語，「崑崙」爲神話之山名。釋「鴟龜曳銜，鮌何聽焉！」二句意在稱美鮌治水之聖智，非前人所謂責其不聽帝命。釋「湯謀易旅」，「湯」讀「蕩」，「兆謀」之意；「易」謂「輕易」。謂少康始謀滅澆，人衆甚少，非謂湯王欲變易夏衆。諸如此類，皆獨特見解，前所未發。

是年春，主編《百種詩話類編》標點，校正完成，付印作序，二年後出版（見六十三年）。**分此書合百種詩話為一編，使冗雜之資料，分別類聚，不僅省翻檢之勞，亦有助於考證。分前後兩編。前編以作家為主，就姓氏筆劃為次序。後編包括詩論、歷代詩評論、體製、作法、品藻、辨正、論文、雜記等八類。序云：**

本編據藝文印書館影印之《歷代詩話》，丁福保之《續歷代詩話》及《清詩話》三書，分別輯出。

《清詩話》中葉燮之《原詩》內外篇，體例完整，非同一般詩話，因未收入本編。此外，益以趙翼之《甌北詩話》，翁方綱之《石洲詩話》計一百又一種，曰《百種詩話類編》者，舉其成數言之。

本編創始於四十八年，參加工作者，有彭毅、歐縝芳、鄭錦全三君，為東亞學術計劃委員會補助集體工作之一。初稿完成後，雖時供研究所同學撰寫論文之參考，以無暇標點，未即付印。至五十六年，由齊益壽君偕同研究所呂興昌、陳萬益、呂正惠、夏長樸、楊秀芳諸同學，從事標點，並加校正，始得付印。參加校閱者，有羅聯添、彭毅、梁榮茂、樂蘅軍、黃啟方、程元敏、方瑜、邵紅、齊益壽諸君，同人為此，皆係利用教學研究餘暇，故時作時輟，至歷十年之久，始成其事。

詩話之作，大多漫無體例，或信筆掇拾，不免蕪雜，因於下編分八類以統攝之。然分類亦大不易，時有可屬之於此又可屬之於彼者，往往幾經斟酌，猶難得其當。又標點出於多人之手，亦頗難一致。惟合百一種詩話為一編，使冗雜之資料，分別類聚，有例可尋，凡諸論述，皆可循序以求，或有輾轉剿襲，亦犁然可辨；是不僅省翻檢之勞，亦有助於考證爾。……

案：序末署「六十一年春，臺靜農序於臺灣大學」。翌年七月臺先生自臺大退休，此爲其退休前所完成巨大工程。本書開始於民國四十八年，先設計類目，再輯錄，後標點、校正、付印、校閱、總訂正，至出版歷時先後十六年。序稱本書編輯工作經費係由東亞學術計劃委員會補助。案：該會係於民國四十六、七年由美國哈佛大學遠東系楊聯陞教授發起成立，商請哈佛燕京學社每年撥款資助臺灣學者從事研究。本書前後編分九大類二十六綱目，編前有凡例十二條、百種詩話簡介，作家子目（列二千三百四百家）編後附錄詩話序跋百十二篇。類目設計精細，體例完善，開創編輯詩話的新模式，可作爲整理古籍資料之典範。又本書雖爲集體工作成果。然工作策劃、發凡起例。督導工作進行，乃至總校閱訂正，皆出於臺先生之心力。自序稱：「分類亦大不易，往往幾經斟酌，猶難得其當」，此可見臺先生主編此書之勞神。

三月，行書寫七絕二首贈仁澤。《臺靜農書畫紀念集》）（頁九四）著錄。

東風吹滿綠楊煙，一樹啼鴉驚起眠。無數踏春春欲去，高樓閒過杏花天。

陳宮一曲憶吳娥，玉輦春殘幾度過。仙掌夜寒沉壁月，珠裙風細舞紅羅。

款識：壬子春仲，書奉仁澤先生雅教，靜農於臺北寄寓。

鈐印：臺靜農印信　醉夢

案：壬子，民國六十一年。春仲爲農曆二月，當國曆三、四月之交，茲繫於三月。

四月，為瓔珞（王國瓔）創作集《雪地裡的春天》作序。本篇書目未列，收入《龍坡雜文》、《散文選》。內容稱讚「淳真寫實的風格和作者悲憫的情懷」；同時也「感喟」當今之世，「有『己飢己溺』那樣懷抱」的青年才俊實在太少。

序文的關鍵詞是「感喟」二字：（一）小說集裡丁湘薇小姐的雙親有著「為人親者一般的觀念」，即「將兒女作為自己的財富與聲光」，致使「懷著理想與抱負的丁湘薇對人生不敢正視」。這「溫室中」的玫瑰，如何適應得了現實外界的「茫茫積雪」，是令人有些擔心的。（二）小說集裡的劉偉博士和他的夫人韓憶萱，是留學生的典型，也是作父母的典型的兒女。但劉偉博士脆弱到「一個浪花還沒有打到頭上，便如喪家之狗」。而韓憶萱在答應了劉的求婚後就心甘情願地「不再讀書」、「作家庭主婦」，之後卻又「負氣離家」，準備繼續讀書。結果呢？作者沒有說；「我想，遲早會回到廚房去的」。既未違背傳統，「都走的是正路」，也是他們的「權利」；但不幸的是：「有『己飢己溺』那樣懷抱者」，而今不是「太少了」麼？

案：瓔珞，王國瓔筆名。臺大中文系畢業，留學美國哈佛大學獲碩士學位，任教於新加坡大學，再進修獲新大博士學位。八十三年回臺大中文系任教授。其父王叔岷教授兼長辭章考據、義理，校讎尤有獨詣。著作等身，爲當代著名學者。王女士幼承家學，又受西方教育，於治學方法、學術研究，能獨闢蹊徑，著有《中國山水詩研究》、《陶淵明論析》、《中國文學史新講》等專書及論文多篇。

五月，《天問新箋》專著出版。寄贈加拿大友人孫克寬教授，不久，孫寄來題詩二首。其中有云：「世論百瀾翻，天壤有真宰，域外得新書，鱗爪窺一派。」詩云：

域內有奇士，沉冥索千秋，古來賢聖人，降志甘僇囚，醭醨固未忍，揚濁或自羞，夜鐙照耿耿，醉墨潑煩憂，魚蟲寧素業，寧復問靈修，淵明山海圖，晦翁楚辭謳。浮沉大宙中，天問問何由。或勝箋伯陽，詭詞託訢鄒。（原注朱子著參同契考異，假名鄒訢）子厚黜南土，沉冤近千載，靈奇不可閟，旨要亦堪戒。焦桐豈賞音，老悖或自晦，世論百瀾翻，天壤有真宰，域外得新書，鱗爪窺一派，持醉悼屈人，一尊夕陽外。（《藺廬詩續》頁六七—六八）

案：《天問新箋》脫稿於六十一年一、二月間（見前），六十一年五月藝文印書館出版，七十八年收入自編《靜農論文集》（臺北聯經出版）。孫氏自繫二詩作年為六十一年壬子，是知此書出版後不久即獲贈。孫克寬，字今生，別號藺廬，民前七年生，少臺先生三歲，卅八年來臺，曾任臺中東海大學中文系教授，六十年退休，赴加拿大定居。著有《元初儒學》、《蒙古漢軍與漢文化》、《寒原道論》、《杜詩欣賞》、《詩人與詩》、《劉後村研究》等論著。又長於賦詩，有《藺廬詩存》（五十一年出版）、《藺廬詩續》（六十六年九月自印）行世。臺先生與孫氏在臺時相互過從，相知頗深，五十三年嘗為其《詩人與詩》一書作序。（見前）

著〈女真族統治下的漢語文學—諸宮調〉，六月載《中外文學》一卷一期，收入《靜農論文集》。主要論點，認為金代文學，不是詩詞散文而是諸宮調，其體製上承唐宋詞曲，融會創新，為北曲支派，彈詞祖先。文分三節：

（一）金人漢化，北劇轉盛：金人原是落後女真族，一旦征服中原，不得不加強漢化。接受中國經子文學藝術等。至於樂府歌曲，亦皆漢風。中原舊有雜劇，再發展為諸宮調。足見金人漢化後，北劇轉為興盛。

（二）諸宮調的體製：前人以為此體製創始於北宋，自唐代民間歌曲發現以後，不得不謂是遠紹唐民間歌曲的一脈。其特徵是說故事與唱曲合而為一，融會創新，成為北曲支派，彈詞祖先。

（三）今存的《劉知遠》與《董解元西廂記》：《董西廂》最為完整。董殆是民間詞人，又精於教坊樂曲者，故能用〈會真記〉故事，寫成偉大詩篇。《劉知遠》寫作較《董西廂》為早，押韻類宋詞不類元曲，文辭樸拙，非《董西廂》熟練風華可比。《劉知遠》雖出於講史，卻有濃厚泥土氣息，表現農民意識，反映農業社會種種人物。《董西廂》表現傳統士大夫思想，兩性愛慕固衝破禮法藩籬，而其婚姻尚基於門第功名上。

案：《中外文學》民國六十一年由臺大外文系若干教授發起創辦，一卷一期為創刊號。四十三年臺先生嘗應邀撰寫《中國文學史》（見前）。五十年前後，初稿大致完成，惟未成書問世。此文為中國文學史稿第七篇第一章。應外文系同仁邀稿，乃就初稿潤飾，付之刊載。

六月下旬，畫梅竹團扇一幅，贈陳夏生。《逸興》（頁四二）著錄。

款識：壬子端午後寫，為夏生姪清玩。靜農。

案：壬子，民國六十一年，端午爲國曆六月十五日。「端午後」當在六月十五日之後，茲姑定於六月下旬。

鈐印：臺□

十一月二日，為老友常惠刻白文印章「為君長年」。見《書藝集》、《墨戲集》著錄。

案：常惠，字維鈞，一字爲君。七十三年有隸書對聯，書以寄懷。（見七九年莊申文）

是年，將所藏別下齋校本惲格《甌香館集》交臺北學海出版社景印，十一月出版。

案：此集前後未見臺先生印記。共十二卷，一至十卷古今體詩，十一十二兩卷爲畫跋，卷末詩跋補遺暨附錄（贈詩、評論）。惲格一名壽平，字正叔，號南田，江蘇武進人。明崇禎六年癸酉（一六三三）生，清康熙二十九年庚午（一六九〇）卒，年五十八。南田少與父遁跡沙門，明亡，不應科舉，惟攻古文詞。工山水、花卉、書法，世稱南田三絕。詩超逸清艷，顧亭林評其「落筆如子山詞賦，蕭瑟江關，若人所謂文字外，別有一物主之。」（以上據《甌香館集》卷首序、傳、附錄各家評論）。臺先生雅愛南田詩，常取其詩以書寫。據《書藝集》統計，共有行草八幅，（《靜農書藝集》頁三〇、五九、六二、八〇，四幅；《續集》頁十三，一幅；《三集》【何創時基金會出版】頁四一、四三、七四，三幅）均係書寫南田詩。

是年冬，張大千在美國舊金山佳美城環蓽盦寓所撫擬倪元璐石交圖，寄贈臺先生。

後記云：「文正〈石交圖〉亦寒齋舊物，遺在蘇州，不知何時流之海外，今在普林斯敦大學，當為覓一影本奉寄。此圖出自機杼，未能撫擬原作。老境矇瞶，不復影響，深可慨嘆。六十一年冬至後三日，靜農囑補圖，即乞教正爰播」。又記云：「吾弟宜將湘管齋著錄一則，書之卷尾，越日大千居士又記。」

據此可知：（一）元璐石交圖原為張大千藏品，流落海外，為美國普林斯敦大學收藏。（二）大千擬尋一影本寄臺先生。（三）大千應臺先生之請，模作石交圖寄贈。七十九年臺先生囑將此圖隨同倪元璐其他書畫五件捐贈故宮。（見《遺贈書畫展覽》頁七〇、七一）

張大千七十四歲：舊金山舉行「四十年回顧展」，展出民國十七年至五十九年間的作品。

民國六十二年　一九七三　七十二歲

〈記張雪老〉文，作於張雪門「去世已及週年」時。本篇書目未列，收入《龍坡雜文》、《散文選》。主要記雪門畢生以「宗教家傳道的精神」從事幼稚教育。要點如下：

（一）與雪門先生的交往始末：兩人初識於北平，其時張雪門「剛進中年」，正師從高仁山、陶行知兩先生研究教育；抗戰起來後，「彼此相失了十餘年之久」；「想不到三十五年十月我來到臺灣」時，得悉雪門先生已先我而至，及至晤面，彼此都驚異，「我驚異的是他鬢髮都白了」；自此後時有往還，直到自己也老了，懶於走動時方止，而他的「終日兀坐在窗前寂寞的神態，依然在我心目中」。（二）張雪老「專業於幼稚教育」，是一位學問、理想和實踐三者都「當之無愧」的教育家；「尤使我感動的」，是他因目疾退休後猶指導弟子，半身不遂、一目已眇的情況下，還寫出幾本書。那「日以數十字計」的苦戰精神，「真是宗教家傳道的精神」。（三）「雪老任事精細幹練，對人則極其寬厚」，除了「喜飲酒」，便是喜讀古人詩、也愛作詩，有《閒情集》百餘首印行，晚年生活頗為孤寂。

案：臺先生早年在北京認識張雪門，雪門初在北京辦香山慈幼院及幼稚師範學校，抗戰時期流離西南，繼辦幼稚教育。戰後來臺北，在北投創辦育幼院，極具規模。退休後築石室於北投大屯山下，名其廳曰「誰來堂」。此文後署「一九七三年」，時「雪老去世已及週年」，知其卒在六十一年（一九七二）。年八十二歲。生平事蹟詳前（見卅八年）。

二月三日夜晚（元旦之夕），應孔達生之命，為畫寒梅、水仙合一圖，謙稱不足以貌神仙眷屬。《墨戲集》（頁四二）著錄。

款識：癸丑元旦之夕，達生上公電告得寒梅一枝水僊數花，命為圖之。草莽鄙夫不足以貌神仙眷屬，不勝惶悚，靜者於龍坡里。

鈐印三方：右下鈐「靜者」、「臺靜農印」。左下鈐「少年子弟江湖老」。

案：癸丑為民國六十二年。元旦之夕指農曆正月初一夜晚，為國曆二月三日。達生，孔德成（一九二〇—）字，孔子第七十七代裔孫，尊稱衍聖公。曾任故宮博物院管理委員會主委。爲臺大中文系兼任教授，講授「銅器銘文」、「三禮」等課程數十年。中文系前輩教授多稱爲「孔聖人」。與沈剛伯、夏德儀、屈萬里、臺先生等常聚會宴飲，被戲稱爲「酒霸」。九十五年十一月十五日，臺大六十周年校慶，以學術、教學成就，獲頒臺大名譽博士學位。

行書寫七言詩。《法書集》（一）（頁十七）著錄。

朔風吹葉雁門秋，萬里煙塵昏戍樓。征馬長嘶青海北，胡笳夜聽隴山頭。

款識：癸丑靜者

鈐印：一食清齋　臺靜農　歇腳盦

案：癸丑爲民國六十二年。

今年為永和第廿七癸丑，農曆三月三日（國曆四月五日），莊尚嚴在臺北外雙溪故宮博物院後山，集士女兒童四五十人，舉行修禊，傳為一時盛事，臺先生與臺大中文系教授多人受邀參與。致楊蓮生函云：

永和第廿七癸丑，草山華岡詩學研究所頗有修禊詩刊諸報尾，此山主風雅騷人獻技之修禊也。莊尚嚴兄在流水音（故宮博物院後山溪石，有日人昔年「流觴」刻石）破鈔五仟元製木觴、治肴酒，集士女兒童四五十人，紗帽山人不與焉，此好事者之修禊也。吾兄與叔華

女史循義之故事於番邦，雅興不淺，是海外寓公之修禊也。……（《臺靜農先生八十壽慶論文集》附錄）

案：民國六十二年癸丑，三月己巳朔，三日（辛未）當國曆四月五日。三日雖非巳日，按習俗慣例，仍以三月三日爲修禊日，致楊函未言是否參與，然修禊嘉名錄有臺先生與毛子水、孔德成等親筆簽名。（嘉名錄曾展覽，筆者親見）。又《莊尙嚴年譜》載，民國六十二年四月外雙溪癸丑流觴雅集，受邀與會者有臺靜農、孔德成、夏德儀等六十餘人，可知臺先生受邀躬逢其盛。循故事修禊，在臺難得一見，當時臺北各報備載其事，藝壇傳爲佳話。莊氏撰有〈民國癸丑士林流水音修禊〉文（刊《臺北自由談》二十四卷五期，收入《故宮書法莊嚴》頁三八六），詳述其盛況。王羲之蘭亭修禊，「永和癸丑」爲東晉穆帝永和九年（三五三），迄民國六十二年癸丑（一九七三）爲第二十七癸丑，時隔一千六百二十年。時陽明山華岡中國文化學院（後改爲大學），附設中華詩學研究所，發行中華詩學雜誌，張其昀爲院長，易大德任詩學所長。華岡鄰近紗帽山，故以「山主」、「紗帽山人」戲稱其院長與詩學諸君子。楊聯陞〈友聲集總序〉題記云：「癸丑遊歐，在倫敦曾與凌叔華女史（陳源教授夫人）合寫『蘭亭修禊恨無人』山水橫幅，以爲紀念。」（見壽慶《論文集》附錄）。所謂「海外寓公之修禊」即指此。

四月，撰〈祓除與王羲之蘭亭〉，大要謂祓除乃源於周代之巫祭，王羲之〈蘭亭集序〉不

入《文選》，乃由於「翰藻」不足，非宋人所謂詞意衍複，老莊思想不合。文分四節，前有小序。

今年歲在癸丑，三月一日並為巳日，王羲之修禊於永和九年癸丑（三五三），三月甲寅朔，四日丁巳，至今已一千六（原文誤為五）百年，廿七癸丑，又值上巳。

一、祓除（修禊）祭——巫術之一種。周禮春官：「女巫掌歲時祓除釁浴」。鄭注：「歲時祓除，如今三月上巳，如水上之類，釁浴，謂以香薰草藥沐浴。」此種祓除、巫術之祭，周初與春秋時即已行之，這種巫祭與民間的風俗有關聯。試以鄭風溱洧為例，韓詩說：「鄭國之俗，三月上巳之日於兩水上，招魂、續魄、祓除不祥。」以為民間風俗祭，並有招魂續魄之說，此種風俗顯然與巫術有關。二、三月上巳祓除：上巳祓除漢初已經流行，至後漢則成官定節日。沈約宋書云：「魏以後，但用三日，不復用巳也。」三月上巳未必年年有，而臨水祓除卻是年年舉行，因此不拘於必逢上巳始舉行修禊，也是極自然的事。三、王羲之蘭亭修禊：蘭亭序之作雖是記修禊之事，但此序融會老莊思想，抒寫人生，其思想之深刻，感情之深摯，是為當時受老莊思想的文學作品的代表。昭明文選沒有採錄此序，宋王得臣以為「天朗氣清」於義為病，「管絃絲竹」衍而複。按兩說皆未必是，文選編撰主旨，即「事出於沉思，義歸乎翰藻」。蘭亭序「沉思」則有之，「翰藻」則不足。由此可知羲之序不入文選的原因。四、王羲之蘭亭記之書法：

蘭亭記唐開元時何延之撰。內容記蘭亭序真跡為義之七世孫智永收藏。唐太宗命蕭翼僞裝竊取，後用以殉葬。所記雖不盡可信，卻有事實依據，與同時人劉餗隋唐嘉話比較，似同而又不完全相同，殆由於傳聞來源有別。

案：本文未曾發表，臺先生卒後，連同其他遺稿初送中研院文哲所收藏。（見《遺稿》頁一七七－一八九）民國八十一年六月稍加整理付印，連同原稿刊於臺大中文學報第五期。六十二年農曆三月已巳朔，故云三月一日並爲巳日，是癸丑上朔至永和九年癸丑，應爲一千六百二十年。稿本不僅六誤爲五，下並遺落「二十」兩字。又第四節標題殆一時誤書，據內容觀察當作〈何延之蘭亭記小考〉。修禊依故例，於農曆三月三日（國曆四月五日）舉行，與會者事後多有詩文刊諸報端，或交付主持人莊尚嚴，莊作〈民國第二癸丑士林流水音修禊記事〉一文附載王壯爲、劉延濤、張佛千、孔德成等詩文作品，歌詠其事。臺先生此文當是應景之作，撰寫時日當在四月五日修禊之後。其所以未刊載，殆不願隨俗湊趣，亦或自覺內容未甚愜意。

六月，隸書臨楊淮表。《法書集》（一）（頁四十）**著錄。施淑藏。**

故司隸校尉楊君，厥諱淮，字伯祁，舉孝廉，尚書侍郎，上蔡雒陽令，將軍長史，任城金城河東山陽太守，御史中丞。三為尚書，尚書令，司隸校尉，將作大匠，河東南尹。伯祁從弟，諱弼，字穎伯，舉孝廉，西長。

款識：癸丑仲夏，沉陰欲雨，稍涼爽，摹〈楊淮表〉於子槃簃。靜者

鈐印：臺靜農

案：癸丑爲民國六十二年。仲夏農曆五月，爲國曆六月。子槃簃，殆是收藏者施淑齋名。

又隸書對聯「酒為歡伯」、「詩雜僊心」。《法書集》（一）（頁四一）著錄。施淑藏。

款識：淑女弟存之。靜農於臺北。

案：不記年月疑與楊淮表同時。

六十年六月，大千居士在美國加州購置「環蓽盦」別墅，二年後臺先生刻「環蓽盦」石印一方贈大千。

頂款：大千八兄置別墅於加州，曰：「環蓽盦」。製此以獻，並乞教之。癸丑靜農（《印輯》頁一一二）

案：癸丑爲民國六十二年，六十年六月大千居士在加州舊金山購置別墅「環蓽盦」。臺先生刻石印致贈，在其購置後二年。

六月二十九日，在文學院會議室舉行茶會歡送毛子水、沈剛伯、戴靜山（君仁）、臺靜農四教授退休，並攝影留念，時系主任屈萬里。（筆者留存照片）。

七月二十二日，臨鄧石如隸書東漢崔瑗〈座右銘〉中九句四十五字。《書畫紀念集》（頁二六）著錄。

無道人之短，無說己之長。施人慎勿念，受施慎勿忘。世譽不足慕，唯人為紀綱。隱心而後動，謗議庸何傷。無使名過實。

款識：癸丑六月廿三，得雨，稍解炎熱，臨完白山人。靜者

鈐印三方：定慧。者回折了草鞋錢。臺靜農。

案：癸丑為民國六十二年。六月廿三日為國曆七月二十二日。「無道人之短」一文，乃東漢人崔瑗所作〈座右銘〉。全文共二十句，每句五言，共百字。崔瑗，《後漢書》卷五二有傳。鄧石如（一七四三－一八〇五），號完白山人，安徽休寧人，清篆刻家、書法家，精四體書，篆書樸茂古厚，自成面目，為清代篆刻流派之一，影響後世甚大，有「鄧派」、「皖派」之稱。著述有《篆書十五種》、《完白山人篆刻偶存》等。隸書今傳有〈禮器碑〉、〈歸去嘆〉等多種。臺先生《書藝集》序云：「初學隸書華山碑及鄧石如」，可知完白山人隸書為龍坡體隸書淵源之一。

八月八日，書畫碑帖收藏鑑定名家蔣穀孫逝世，二十八日臺先生將近年應其囑所作書畫題記七則，另附二則彙為一編，作題記，名曰〈題顯堂所藏書畫錄〉，十二月載臺灣《中國書目季刊》七卷三期，七十八年收入《靜農論文集》。書畫共九件：即（一）李西涯致仕詩卷，（二）祝允明草書卷，（三）黃道周草書卷，（四）倪元璐黃道周小簡卷，（五）姚惜抱雜書冊，（六）黃癭瓢花卉冊，（七）龔定庵書寐詞卷，（八）顏魯公送裴將軍

詩，（九）峴（篇前標目誤跋）翁跋沈鈞初本劉熊碑。小序云：

烏程蔣穀孫君以精鑑書畫碑帖版本名海內，二十餘年來，尊酒談藝，時相過從，其所收藏為余所喜者，則假以賞翫。今年八月八日以肺癌過世，絕學如君者，已不可再得。君名祖詒，字穀孫，號顯堂，又號峴翁，生於清光緒壬寅年。君少受學於王靜安先生。尊翁孟蘋先生，收藏書畫古籍至富，即士所稱密韻樓者。今輯錄近年應穀孫屬寫之題記七則，而以顏魯公送裴將軍詩跋、與峴翁跋沈均初本劉熊碑附之。區區文字，本不足存，聊記交遊，更傷泡影爾。六十二年八月二十八日，靜農記於臺北市龍坡里歇腳庵。

案：蔣祖詒字穀孫，以字行。民國六十年前後臺大中文系嘗聘其為兼任教授，講授書畫碑帖鑑定課程。其哲嗣孝瑀任臺大歷史系教授，嘗留學英倫，習西洋史，臺大退休後移居美國，曾返臺擔任蔣經國基金會秘書多年，承家業，收藏書畫碑帖甚多。據傳嘗受父囑貽贈明賢詩翰六冊百二十幅與臺先生。經整理裝裱，粲然可觀。七十八年臺先生囑將六冊詩翰連同倪元璐書畫五件捐贈故宮。臺先生卒後六年，詩翰部分由中研院莊申教授加以標點釋文，由故宮出版（詳後）。

秋，墨梅一幅贈筆者。

款識：癸丑秋，靜農

鈐印三枚：右上二枚：「臺靜農」、「□」。左下方一枚「歇腳盦」。

案：癸丑爲民國六十二年，是年八月臺先生自臺大中文系退休。

八、九月，受聘為士林外雙溪東吳大學中文研究所研究教授。時校長端木愷。（遺存資料）

案：此節年月不詳。是年八月自臺大退休受聘爲東吳研究所教授，當與輔大發聘同時，約在八、九月。

九月一日，受聘為輔仁大學中國文學研究所講座教授，時輔大校長于斌具函發聘。中文所所長為王靜芝教授。王作〈臺靜農先生與我〉一文云：

臺先生七十歲後，由臺大退休，那時我主持輔大中文研究所，就由輔大聘請臺先生為講座教授。每週四節（開兩種課，每課二節，致送專任待遇），我說：「臺先生不必來校上課，讓學生到您府上上課就好了。」但臺先生卻不肯，臺先生說：「不要，我還要藉此活動活動身體，運動運動。」就這樣，臺先生每週去輔仁兩次，一連好幾年。一直到一次患病動了手術，手術後才改在家中上課。又一直到前年，臺先生說，不願太累，才停止上課。臺先生那年八十有七，不僅壽高，而且可見體質強健，精力過人。（《王靜芝散文集》頁三〇二—三〇三）

案：聘書原件見「遺存資料」。臺先生六十二年九月受聘時年七十二歲，八十七歲停聘，時爲七十七年，前後凡十五年。講授課程爲「治學方法」、「楚辭研究」等。指導博碩士生論文畢業獲學位者甚多。王靜芝（一九一六—二〇〇二），北京輔大中文系畢業，小臺先生十四歲。抗日戰爭末期，臺先生任四川白沙女師院國文系主任時，始與之相識。（約卅四年八月—卅五年四月，見王作〈臺靜農先生與我〉文，《王靜芝散文集》頁三〇一），來臺後，王任教輔大，以愛好書畫常往歇腳盦請益，五十五年臺先生參加臺北書畫會，殆受王之邀約（見前）。王長於寫作，新舊文學均有造詣。著有《國學導讀》、《國學論文集》，新文學著有小說、散文、電視廣播劇多種。又擅書畫，嘗舉行書畫展。臺先生作〈詩畫〉一文介紹，稱其畫有「詩意」。王作〈臺靜農先生與我〉、〈率然不羈性情中人〉二文，頌揚臺先生書法「蒼潤遒勁……筆勢翻動，創意盎然，韻味逸雅」，「所畫梅蘭，筆墨生動，極盡雅致。」（見《王靜芝散文集》頁三〇二）可謂精到之言。

天津李霽野來函。九月七日作書回覆云：

霽野：接來書知你們生活甚好，非常欣慰。讀你之舊作，就有閒適達觀之樂，可喜也。我在臺大教了二十八年書。退休後，尚須另謀生計。現在兩私立學校研究所任課，所幸鐘點不多，待遇還好。惟孤棲不免抑塞。學問亦無成就，偶寫小考據文，雖不多，亦足成冊，有人願為輯印，殊無興趣，曾印有《楚辭天問新箋》一冊，只此而已。偶寫字（本曾學畫，舊喜畫梅，亦不多作），只是自娛。不參加任何集會展覽，以是不免開罪於人。亦有人討去招搖賣錢，無聊之至。一生孤直自愛，猶遭小人環伺，往往如此，已見慣矣。惟幸身體尚健，猶沒（當是復之誤）嗜酒。懶於運動，一切聽其自然。但於姐（於當作于，指其夫人于韻閑）身體頗衰憊，時遇（原誤愚）老人病如高血壓、動脈硬化之類。曾得狄芳女士儷影，猶不覺老。常三哥有詩來，想年已八十，以其素性恬靜，當得大年也。草草即詢好。九月七日靜農（原載八十二年十一月九日《聯合報》副刊，六函之五，收入《回憶臺靜農》）

案：臺先生卅五年十月來臺大任教，至六十二年八月自臺大退休，前後爲二十八年。退休後即受聘輔仁、東吳中文所之聘爲講座教授。謂「寫字只是自娛」、「有人討去招搖賣錢」、「遭小人環伺」各節，當是事實，惟究竟何所指，有待查考。「於姐」指其夫人「于韻閑」，「於」當爲「于」之別字。常三哥指常惠，長臺先生八歲，一九八五年卒，年九十二（見後）。

十月二十五日（農曆重九後），函覆美國楊聯陞教授，並寄歇腳偈十八語。

偈語小序：蓮生尊兄寄示所作迷金偈，辭詭而多諷，不佞亦戲湊十八語，時才退休，名曰歇腳偈如何？

書云：獲手書，藉悉起居佳善，為慰。大作迷金偈，辭意並美，真賢者之多能也。弟勉為效顰，聊博一笑。

案：偈語後署「癸丑重九後，靜者書臺北龍坡里之歇腳盦」。函末署「十月廿五日」。癸丑爲民國六十二年。十月廿五日正當是年重九後。又是年八月臺先生自臺大中文系教職退休，退休意即歇腳，故題以名偈。據序、函知楊氏先有迷金偈及書函寄臺先生，因有此作。蓮生，楊聯陞（一九一四—一九九〇）字，在美國麻州康橋哈佛大學任歷史系教授多年，今年六十六歲自哈佛退休。楊氏早年畢業於北京清華大學，嘗受業於陳寅恪，選爲中央研究院院士，多次往返臺灣，與臺先生有詩酒之會。民國四、五十年代，楊氏促進臺灣文史學術研究，甚有貢獻。嘗發起成立東亞學術計劃委員會，商請哈佛燕京社每年撥款資助學者從事研究。民國四十八年臺先生主持「百種詩話類編」工作，曾獲該會經費補助（案《詩話類編》三冊，六十三年五月藝文出版）。迷金偈及函俱見《臺靜農先生八十壽慶論文集》（聯經出版）附錄。偈語十八句又見《龍坡丈室詩鈔·龍坡艸》。

張大千七十五歲：國立歷史博物館收藏其捐贈畫作一〇八幅，由教育部頒贈紀念狀。

莊嚴七十五歲：四月於臺北市士林故宮旁流水音，舉辦民國第二癸丑流觴雅集。

民國六十三年　一九七四　七十三歲

春，畫梅蘭圖，莊嚴題「雙清」，載《名家翰墨》十一期（頁十一）。

款識：甲寅年春戲題靜農近作　嚴

鈐印：左下角鈐「歇腳盦」，「嚴」下鈐「慕陵」。

案：甲寅爲民國六十三年，嚴指莊嚴，字「慕陵」。云近作知與莊題字相隔不遠，當亦在本年春。

隸書寫五言對聯「觀水悟天趣，臨觴懷古人」贈逸鴻。《書藝三集》（頁十七）著錄。

款識：甲寅春月。書奉逸鴻先生教正。靜農於龍坡里寄寓。

鈐印：歇腳盦　靜者　臺靜農

案：甲寅為民國六十三年。高逸鴻，臺灣師範大學藝術系教授。

隸書寫張佛千撰嵌名聯「羅帶同心碧鱗比目，青玉合璧華藻揚芬」、「碧水清芬蓮花並蒂，青春儔侶羅帶同心」，賀羅青、碧華夫婦嘉禮。《法書集》（一）（頁四四、四五）著錄。

款識：羅青先生、碧華女士結褵嘉禮之喜。張佛千撰、臺靜農書同賀。

鈐印：張佛千　臺靜農

案：《法書集》注明時為一九七四年（民國六十三年）。張佛千，製聯名家，尤以撰嵌名聯著名於世，早年從事軍旅文牘工作，來臺後為臺北各報副刊寫專欄，國學根底深厚，古文、語體，皆典雅精鍊，著有《一燈小記》等書。

一月間，墨菊一幅贈陳燕女士。《續集》（頁九二）著錄。

款識：卷葹女弟存念　癸丑歲暮靜農時在臺北。

鈐印二方：畫幅右下角鈐「者回折了草鞋錢」，左款識下鈐「靜者」。

案：癸丑爲民國六十二年，農曆歲暮（十二月或下旬）當國曆六十三年一月間。（六十二年十二月廿四日至六十三年一月二十三日）。卷葹指卷葹廬主陳燕女士，六十六年嘗爲書橫披「卷葹廬」三字。（見後）

墨梅一幅贈陳燕。《續集》（頁九五）著錄。

款識：靜者寫梅卷葹女弟存之

鈐印：靜者

案：卷葹女弟指陳燕（見前）。此畫疑與六十三年一月所繪「墨菊」一時先後之作。

又畫葡萄一幅贈陳燕女士。《續集》（頁九三）著錄。

款識：陳燕女弟念之靜農

鈐印：靜者

案：此幅疑與「墨菊」一時先後之作，姑繫此。

元月十七日晚，臨漢文後元六年（西元前一五八）篆隸石刻十五字。《續集》（頁九）著錄。

趙廿二年八月丙寅群臣上酬此石北

款識：此漢文後元六年石刻，為漢石最早者。一九七四年元月十七日，傍晚燈下臨記。

鈐印：靜農無咎　者回折了草鞋錢

案：臺先生書法多用干支紀年，其下月日皆指農曆，此用西曆紀年，其下月日當爲國曆。此幅字體篆隸合一，出處待考。

又臨漢隸天鳳三年萊子侯刻石三十四字。《續集》（頁八）著錄。

始建國天鳳三年二月十三日萊子侯為支人為使偖子食等用百余人後子孫毋壞敗。

款識：萊子侯刻石，落封字，靜農。

鈐印：靜農無咎　者回折了草鞋錢

案：六十三年元月書漢文後元石刻（見前）。此不著書寫年月，觀其鈐印二幅相同，疑同時先後所書，姑繫此。萊子侯石刻拓本見《中國隸書名帖精華》（頁三一七），亦見呂佛庭《中國書畫源流》著錄。天鳳，新莽年號，三年當西元十六年。原刻三十五字，此書「爲支人爲」下，落封字，又「毋」，原刻作「毋」。呂氏釋文「食」作「良」，又謂「偖疑儲字之省，余即餘字，嘉慶丁丑□秋見於鄒縣臥虎山，今入孟廟。」案清仁宗嘉慶共二十四年，有丁巳（二年，一七九七）、丁卯（十二年，一八〇七）、丁未（廿二年，一八一七），乙丑（十年，一八〇五），「丁丑」當是誤書。

作〈李玄伯先生的古史研究〉文，收入《龍坡雜文》、《散文選》。內容介紹李玄伯先生研究古史的兩種方法和他的兩部史學著作的精義。要點如下：

（一）玄伯先生是一位中西史學極有修養的學者，博學弘通，而沒有泥古或趨新的偏見。（二）玄伯先生的《中國古代社會新研初稿》一書「甚得史學界所激賞，吾師陳援庵先生並許為必傳之作。」該書是由兩篇論文組成的，一是〈希臘羅馬古代社會研究序〉，二是〈中國古代圖騰社會及政權的逐漸集中〉；前者中特別說明了著者研究史學的兩種基本方法─「一種是社會學方法，一種是比較古史學方法」，並據此提出中西史學研究有「十點足以作比較研究的」，「皆極為精確，發前人所未發，皆吾人聞所未聞」。後者是「專門討論中國圖騰制度及其蛻變」。蔡元培先生「重視此書」，在他為《新研初稿》寫的序中，「曾舉出書中最精當的五點」，並認為書中「新穎的發現，明通的考訂，足以袪疑惑者尚多」。（三）玄伯先生來臺後，對《新研初稿》作了「改訂補充」，成《中國古代社會史》；不僅所書更形完備，且於考古等多種學科多所印證；其「導夫先路」的意義，是不言自明的。

二月，畫梅花團扇，贈陳夏生。《逸興》（頁四三）著錄。

款識：夏生女姪清賞　甲寅正月靜農

鈐印：定慧　臺靜農

案：甲寅，民國六十三年。正月，國曆二月。

四月，畫墨梅，老幹枝少花稀，題詞句云：「背人偷折最高枝，清香滿袖，猶記畫堂西。」《墨戲集》（頁廿九）、《書藝三集》（頁一八）著錄。

款識：甲寅四月試此紙，尚中使。靜者

鈐印：靜農無恙　歐腳盦

案：甲寅爲六十三年。兩集所錄梅畫作品，注明年代者以此幅爲最早。

五月，主編《百種詩話類編》由臺北藝文印書館出版，分上中下三冊，共二二〇〇頁。

案：此書六十一年春完稿作序。（見前）

夏，行楷書袁宏《三國名臣序贊》於扇面，《書藝三集》（頁九八）著錄。

英英文若，靈鑒洞照。應變知微，頤奇賞要。日月在躬，隱之彌曜。文明映心，贊之愈妙。滄海橫流，玉石俱碎。達人兼善，廢己存愛。謀解時紛，功濟宇內。始救生靈，終明風概。

堂堂孔明，基宇宏邈。器同生靈，獨稟先覺。標榜風流，遠明管樂。初九龍盤，雅志彌確。百六道喪，干戈迭用。苟非命世，孰掃雰翳！宗子思寧，薄言解控。釋褐中林，郁為時棟。

元歎穆遠，神和形檢。如彼白珪，質無塵玷。立上以恆，匡上以漸。清不增潔，濁不加染。

款識：虎年長夏，寫文彥伯文若、孔明、元歎三贊，以遣鬱結。歐腳盦居者。

鈐印：靜農

案：所書者爲晉代袁宏〈三國名臣序贊〉（節錄）。庚寅（卅九年）、壬寅（五十一年）、甲寅（六十三年）、丙寅（七十五年），皆虎年。七十一年夏，改齋名爲「龍坡丈室」，此猶題「歇腳盦」，知爲卅九、五一、六三，三虎年書寫。茲姑繫六十三年。

六月，行書寫李白七絕十一首四屏軸，贈明量。《書畫紀念集》（頁一〇二、一〇三）著錄。葉啟忠收藏。

燕南壯士吳門豪，筑中置鉛魚隱刀。感君恩重許君命，太山一擲輕鴻毛。
桂殿長愁不記春，黃金四壁起秋塵。夜懸明鏡青天上，獨照長門宮裡人。
越王句踐破吳歸，義士還家盡錦衣。宮女如花滿春殿，只今惟有鷓鴣飛。
故人西辭黃鶴樓，煙花三月下揚州，孤帆遠影碧空盡，惟見長江天際流。
誰家玉笛暗飛聲，散入春風滿洛城，此夜曲中聞折柳，何人不起故園情。
峨嵋山下半輪秋，影入平羌江水流。夜發清溪向三峽，思君不見下渝州。
海潮南去過潯陽，牛渚由來險馬當。橫江欲渡風波惡，一水牽愁萬里長。
橫江館前津吏迎，向餘東指海雲生。郎今欲渡緣何事，如此風波不可行。
莫道君王行路難，六龍西幸萬人歡。地轉錦江成渭水，天迴玉壘作長安。
朝辭白帝彩雲間，千里江陵一日還。兩岸猿聲啼不住，輕舟已過萬重山。
霜落荊門江樹空，布帆無恙掛秋風。此行不為鱸魚膾，自愛名山入剡中。
款識：明量兄清屬　甲寅後四月書太白詩於臺北龍坡里

鈐印：定慧　臺靜農印信　歐腳盦　靜者白首攻之

案：甲寅，民國六十三年。「後四月」指「閏四月」，為國曆六月。十一首依次題為〈結襪子〉、〈長門怨〉（二首之二）、〈越中覽古〉、〈黃鶴樓送孟浩然之廣陵〉、〈春夜洛城聞笛〉、〈峨嵋山月歌〉、〈橫江詞〉（六首之二、四）、〈上皇西巡南京歌〉（十首之四）、〈早發白帝城〉、〈秋下荊門〉，分別見《全唐詩》卷一六三、一八四、一八一、一七四、一八四、一六七、一六六、一六六、一六七、一八一、一八一。

七月，作〈書「宋人畫南唐耿先生煉雪圖」之所見〉，六十四年一月一日載《中外文學》三卷八期，收入《龍坡雜文》、《散文選》。文中認為：「將清虛的境界，變作北里之倡風，是當時名公巨卿淫樂生活的寫照，又是無辜女子的脂粉地獄之變相」；表現作者人道主義的關懷。要點有三：

（一）「此畫好壞不是我要討論的，我所屬意的是女冠耿先生其人其事及其有關的事」。原來南唐李璟（元宗）時，確有耿先生其人，她是江表將校耿謙之女，美麗明慧，明於道術，李璟召之入宮不以侍女納之，處之別室，號曰「先生」。耿先生鳥爪玉貌，宛然神仙，有煉雪成銀的神話，頗得李璟賞愛。耿先生嗜酒，於男女大慾亦同常人，她同李璟之情愛事似是實有，李璟有詞云：「青鳥不傳雲外信，丁香空結雨中愁」，或是對她而言罷，但無旁證，姑妄言之。後來耿懷有身孕，臨產之際，風雷大作，身孕自消。更有奇者，這位耿先生竟拐了太后私奔，「結果道士被殺，道觀被焚，而主謀耿先生猶逍遙於江淮間，看來李璟對她或尚有所眷戀。」關於耿先生的結局，一說病死，一說不知其所終。綜上所述，「這位女冠，既是皇帝的嬪御，又是皇太后的密友，其以色情惑亂宮闈，事實昭然。」（二）「本文所注意的是，燒丹一事與女性的關係。」《抱朴子》中的〈金丹〉篇有丹成之後、玉女來侍之說；白居易詩裡有「綢繆夫婦體，狎獵魚龍姿」，則是燒丹過程中的情狀；兩者均可見燒丹離不了女性。煉丹是為了長生，既能長生不老又有玉女來侍，「這大好的構想，自易於被上自皇帝下至士大夫所嚮往了。」有史為證，「唐代道教盛行，服丹藥的事是很風行的」；唐太宗服過，憲宗因服金丹致性情失常暴亡，其後文宗亦好此道，以體會民間疾苦著稱的白居易和頗有識見的韓愈也深受吸引，韓還為此送了性命。所以耿先生的能出入李璟宮廷，自是情理中事，因為南唐先主就是迷信方術的。連搞「土地改革」的賢臣潘佑亦不能免。故煉雪圖之類的荒誕事竟成為繪畫上的新題材，便無足怪了。（三）但女冠行跡反映於繪畫上者，畢竟不如反映於詩歌上的多。李商隱與女冠有艷情；崇拜賈島的李洞就有一首贈送女冠的艷詩；《花間集》中的〈女冠子〉就有十九首之多，作者都是一時的顯貴。

張淑香〈鱗爪見風雅〉：「這篇文章打通了繪畫、歷史、道教、文學等各種知識的疆界，一路迤邐而下，竟然歸結到如此清新可喜的論調。……這種極力顛覆男權中心意識的論點，眞足以使女性主義批評者引爲知己。」

夏明釗評述：「這篇學術文化隨筆除了表達著者的深厚人道主義情懷，還表現人性的複雜和脆弱，對唐太宗、韓愈、白居易和潘佑的批判即足以證知。」（手稿）

七月某日，酒宴後行草書橫披晉向秀〈思舊賦序〉，後八年，即七十一年十月廿三日（重陽前二日），臺大中文系張清徽教授「以慧眼捷足得之」，遂於篇末加畫墨梅小品一幅，並題記以贈。《書藝集》（頁四二、四三）、《臺大書畫集》（頁二七）著錄。張氏收藏。

標題〈思舊賦〉自「余與嵇康呂安居止接近」至「感而音歎，故作賦云」十四行共一〇三字。

款識：甲寅六月酒宴後，書向子期〈思舊賦序〉，試古松墨於龍坡里，靜者。

鈐印三方：首行右下鈐「天行健者」。末行「靜者」下鈐「靜農無恙」、「半山草堂」。

墨梅小品後款識：清徽兄以慧眼捷足得之，壬戌重陽前二日靜農記於龍坡。

鈐印四方：墨梅右鈐「為君長壽」，左鈐「靜者」。款識下鈐「臺靜農」，左鈐「明士」

案：甲寅爲民國六十三年。六月當是農曆，國曆爲七月。壬戌爲七十一年，重陽前二日當國曆十月廿三日。七十一年十月五日至十一日臺先生應臺北市歷史博物館之邀，舉辦首次書法展，作品共五十餘幅。書畫家江兆申說服臺先生爲之訂潤格（詳後）。七十九年張敬（清徽）追悼臺先生作〈傷逝〉文云：「老師不會理財，事實上也無財可理，但他的窮日子過得很瀟灑，給人寫字從未訂潤格，直等到八十歲時開書法展才勉強劃個錢數，也頗有見利忘義的人，收去轉手牟利的事。我拿那幅向秀的〈思舊賦序〉的橫披請他題個款，他硬要退錢，好央求半天他才放過作罷，還在卷尾添了一枝梅花。」（《紀念文集》頁七一）。十一月廿三日張攜字請題款，正在臺先生書法展之後不久。是知張清徽此幅書法乃是從五十餘幅展品中，購買而得。此有違臺先生「以藝會友，非關交易」原則，故「硬要退錢」，經央求而罷。七十一年臺先生八十一歲，張文稱八十，略有差錯。又七十年再書此賦序。（見後）

八月（新秋），行草書寒玉堂詩聯：「山靜鶴聽松子落，庭空燕逐柳花飛」。《續集》（頁六）著錄。

款識：甲寅新秋靜農

鈐印：者回折了草鞋錢　澹臺靜農

案：甲寅爲民國六十三年，新秋約當八月。臺先生自臺大退休後一年。聯語見《寒玉堂詩集．寒玉堂詩聯》（頁一四九、二四六號）。

九月七日，致天津李霽野函，收入《回憶臺靜農》，函中謂：已從臺大退休，在兩私立大

學中文研究所任課，出版《楚辭天問新箋》一冊，又稱「偶寫字」、「一生孤直自愛，猶遭小人環伺」，「惟幸身體尚健」。

案：李霽野卅五年來臺任編譯館編審並兼任臺大外文系教授，是年十月臺先生來臺大中文系任教是兩人再度聚晤。卅七年夏，李返大陸後，迄今廿六年未通信息。自是年始通書簡，至七十九年四月，臺先生共致李六函（六十三年九月七日。七十五年一月、十月。七十七年十月，七十八年十二月，七十九年四月，詳後）及六十六年致贈梅畫小品（見後）。此函所謂《楚辭天問新箋》乃兩年前出版之作，六十二年臺先生自臺大退休，旋受聘爲輔仁、東吳講座教授，甚受禮敬，似未受挫折。所謂「遭小人環伺」，不知何所指，姑存以備考。李時居天津，十餘年間曾與臺先生通信息，七十九年五月、七月李兩度來函通訊問疾。（見後）

十一月，楷書臨爨龍顏碑。《法書集》（一）（頁四三）著錄。

優遊南境，恩沾華裔。撫伺方岳，勝殘去敦。悠哉明后，德重道融。綢繆七經，騫騫匪躬。鳳翔京邑，曾閔比蹤。如何不弔，遇此繁霜。良木摧枯，光暉潛藏。在三感慕，孝友哀傷。

款識：甲寅冬初靜者

鈐印：靜農無咎

案：甲寅爲民國六十三年，冬初農曆十月之初，即國曆十一月中下旬。

張大千七十六歲：國立歷史博物館與日本日華民族文化協會，在東京合辦張大千畫展。

莊嚴七十六歲：一月在國立歷史博物館發表演講，二月舉行「忘年書展」。

民國六十四年 一九七五 七十四歲

作《何子祥這個人》，收入《龍坡雜文》、《散文選》。介紹何子祥和臺灣國語運動，肯定何的貢獻；同時介紹何的為人和性格以及早年傾心革命和寫作散文的成績。大要如下：

（一）「何子祥兄來臺灣推行國語也三十年了」，他把中老年都奉獻給國語運動的「苦行僧的精神」，令人佩服。回想子祥當年來臺灣負責國語運動，可以說是主動請纓於危難之際；三十年來的艱難辛酸終於使這一運動凱歌高奏；但子祥「功成而身不能退」，「《國語日報》遂成為他和他的道友作不完的工作。」（二）子祥和易、寬厚，長於容忍，但「是非黑白，他是不苟同的。」有朋友說他的「道貌像老太婆，我說像苦媳婦，仔細一想，都對。」「刻畫在老太婆臉上的，是成家立業的辛勞，刻在苦媳婦臉上的，是忍受委屈而擔起一家生活的辛酸。」（三）「子祥早年傾心革命，投筆北伐，掛了彩，至今身上彈痕猶在。」早年的子祥，又以寫散文知名，其作品「深婉老練，詼詭而辛酸，從不搔首弄姿，媚人或自炫。」子祥喝酒猛喝，結果常醉，「我則一面欣賞他豪飲，一面暗笑：為發一發悶氣，多灌些老酒也好。」

夏明釗評述：「這是一篇記人散文，記的是『何子祥這個人』。但並不面面俱到，而是突出他對臺灣國語運動的貢獻。卻又寫的血肉豐滿：著眼小事、注重細節、並以早年業績陪襯。」（手稿）

回想五、六十年前離鄉下淮河，乘舟遠行事，作〈少年行〉一詩云：

孤舟夜泊長淮岸，怒雨奔濤亦壯懷。此是少年初羈旅，白頭猶自在天涯。

案：臺先生故鄉葉家集在安徽省西霍邱縣城之南，史河東岸。縣城北為淮河。民國七年夏，十七歲自家鄉明強小學卒業後，初次離鄉去漢口進中學，殆從史河入淮，再由某處轉長江西上漢口（見前）。此詩回憶往事，與〈念家山〉、〈憶北平故居〉諸詩，均係思鄉懷舊，或為同年一時先後之作。

作《佛教故實與中國小說》，一月載香港大學《東方文化》十三卷一期，收入《靜農論文集》。本文四萬餘字，五章十七節。論證佛教地獄觀念，龍的故實以及密宗成就劍法對唐人傳奇小說的影響。各章節大要如下：

一、佛教地獄說反映於中國小說的情形

（一）地獄經之譯入中土：西域人沙門康巨於漢靈帝中平四年（西元一八七）在洛陽譯《問地獄經》。與康巨已同時或稍早幾年有安息國太子安世高，入中國後譯有《地獄報應經》、《十八地獄經》是可證佛教地獄說在西元二世紀之末已流入中國。至南朝廣泛流行。從此佛教地獄說在中國人心中生根，因而自然影響中國文字藝術。

（二）地獄的結構：地獄有大小之別，地獄主身分也因之不同，如同人間監獄結構。據佛典紀錄，有(1)十八地獄說：閻羅王為地獄主，其下有十八小王，每一小王國掌一種酷刑，此說漢靈帝時傳入。(2)三十地獄說：此說傳入較遲，南朝始盛行。

（三）中國地獄觀念與佛教地獄不同：中國在戰國（西元前二、三世紀）時，有「幽都」之說，但與佛教地獄說性質有別。蓋前者以人類為仇敵，後者以賞罰區別人類善惡。明末顧炎武以為地獄說本於宋玉〈招魂〉，是將「幽都」與「地獄」混為一談。佛教地獄說雖普遍於魏晉南朝，但魏晉文士《列異》、《搜神》卻未接受地獄說。南朝佛教徒文士雖有許多描寫地獄諸相，尚未有將外國閻羅王搬過來。北朝佛教傳佈之廣勝於南朝，楊衒之《洛陽伽藍記》其中有所謂「崇真寺比丘惠凝死十七日還活，經閻羅王檢閱，以錯名放免。」可推定「地獄」及「閻羅王」的出現要先於南朝。

（四）地獄變相、目連變文、太宗入冥：從六朝至唐有修養的文人，都不願接受外來地獄說，唐文學傳奇到中晚唐始有以地獄為題材。唐代民間流行俗講文卻有以地獄為主題。唐代第一流畫家也以地獄群相為題材，畫地獄變者有張孝師、吳道玄，而吳道玄最為知名。現存敦煌變文有四篇將地獄說演繹為小說。其中〈大目連乾冥間救母變文〉是以〈佛說盂蘭經〉為底本演繹而成。故事謂目連母親因欺誑死墮阿鼻地獄，目連入獄引母懺悔念戒，解除罪孽。〈唐太宗入冥記〉以民間傳說為母題演繹為變文小說，其內容故事與張鷟《朝野僉載》所記略同。張鷟為唐高宗調露進士，是知太宗入冥傳說，初唐時流傳民間，變文〈入冥記〉寫作時間晚於《僉載》，可能在中晚唐變文盛行時。

（五）運用地獄題材的傳奇小說：唐傳奇以地府為題材，今能見到較早的作品，只有牛僧孺《玄怪錄》中的〈崔紹〉。儘管採用佛教陰司為題材，卻略去地獄的慘酷，予以人間化、理性化。陰司大王溫和而不猛厲。其後有李復言作《續玄怪錄》其中〈杜子春〉篇；運用佛家所構想的地獄酷刑，作為令人恐懼的對象。以酷刑加諸求仙者，閻王視之為妖民，透露仙釋兩家不相容的事實。與牛僧孺〈崔紹〉所表明「寫經脫罪」者，大不相同。由李復言這篇作品看，晚唐佛教地獄說已大為流行。

（六）結論：⑴六朝志怪之風最盛行時代，地獄觀念一般文士沒有接受的原因，不外佛教地獄之慘酷超乎人類理性與想像，不容孔子的「仁」，老氏的「悲」，與佛家「慈悲」也有抵迕。⑵唐代後期傳奇作者，雖運用地獄說，但是有限度運用，假借此種題材，幫助自己創作的表現。

二、佛書中龍的故實對於唐人傳奇的影響

（一）中國古史上的龍：中國古人對於龍的觀念，只將牠看做高貴的靈物，別無奇異，若單純的從此發展下去，文學方面不可能有許多瑰麗的故事產生。佛經中的龍，是釋迦佛的弟子之列，生活、威力、靈異，不特同於人類，並超乎人類。這是中國文學取為題材的原因，所以中國文學中的龍是外來的，不是舊有的。

（二）佛書中龍的地位：龍在佛書中為佛大護法，又是佛弟子。天竺的龍隨佛典以入中土，加以中土早有龍的觀念。中外龍族聯宗，龍的世界擴大，生活更加奇麗，文人傳奇取作題材，將人性與靈物融合為一，充實中土的文學。

（三）唐傳奇以龍女為題材的〈柳毅傳〉：唐貞元元和年間李朝威以龍女為題材寫出〈柳毅傳〉，內容描述柳毅與龍女婚配的故事，小說間架係取自四百年前佛典《唐河僧祇律》。

（四）龍宮珠寶常為中土小說的題材：中國文人所寫寶珠的故事，幾乎都是外來的。其傳入中國，由於佛書傳入中土關係。在文人的筆下，將佛書上的故實，混合以外國商人的交易，以神秘的情節寫出，這是中國文人的構想。

（五）神龍交戰的〈靈應傳〉：本篇直承〈柳毅傳〉影響與發展。內容以龍神九娘子拒絕朝那龍子逼婚而引起一場大戰為主幹，是中國與印度神話合流的產品。文體華靡，為唐末人所作。

（六）傳奇中的神龍行雨：中國民間知龍能行雨，實由佛教傳入中國以後。中國神話並無此說。以此為題材寫出最精采的傳奇，莫過於中唐李復言所作《續玄怪錄》的李靖。李靖行雨，雨水貯在瓶中，名為龍瓶。雨器龍瓶亦出佛書，非中土所有。

（七）龍的故事融會於中土文學作品中。印度龍的故事，唐代傳奇作家取作題材，寫出奇麗作品，如〈柳毅傳〉，不特影響當代，且影響後世的戲劇。印度佛書中樸直的故事，經中土文人之手並以想像與藻飾，融會人類生活情趣，遂成為不朽文學作品。此在中土文學中增加新的題材，在佛教卻失去輸入意義。〈柳毅傳〉、〈靈應傳〉、〈李靖〉諸篇，沒有一篇具有佛教思想。在佛家看來，不免有「買櫝還珠」之感，而中土文人借外來素材，自由雕塑，以藝術為依歸，毫無約束，可謂善於運用。以此證明民族間文化與吸收，未必是直線而是曲線。

三、唐人傳奇中劍俠出於密宗成就劍法

中國劍俠小說，始於晚唐裴鉶《傳奇》．〈聶隱娘〉。其故事神奇精采，配合當時藩鎮之爭，使讀者在荒誕氣氛中有親切之感。故事母題，今代學者沈曾植指係出於密宗成就劍法。密宗經典，多有記載，聖劍成就者具大神通，騰空自在，無處不可到。小說家受其啟發，創造新境界。聶隱娘篇中運用佛書故實，不外以奇幻劍術與隱身術為間架，而充以時代性的現實生活或個人寄託，快恩仇於一劍，寓真實於虛幻。與佛書所謂具大神通得無上享受，截然不同。

四、通俗小說中的托塔天王即佛書中的毗沙門天王

《封神演義》中的托塔天王故事：托塔天王李靖及其子哪吒在中國語體小說中為威猛的神。他們父子都是佛的護法神，作者以之為題材加以敷衍，遂成為民間習知故事。佛教大護法，北方毗沙門天王即《封神演義》與《西遊記》中的托塔天王。毗沙門天王姓李名靖，其有漢化姓名要在五代以後。毗沙門是梵語，易以漢語，使民間讀者不感陌生。哪吒之名未漢化，也許作者將他塑成亦神亦怪的性格。

五、通俗小說中的大鵬金翔鳥即佛經中的金翅鳥

清錢彩所撰金豐增訂《說岳全傳》八十回，第一、二兩回神話，實出於佛書。岳飛乃如來護法神祇，名大鵬金翅明王投胎轉世，秦檜為虬龍投胎，金翅鳥見虬龍，啄牠一嘴，種下冤冤相報的惡果。主題表現忠與奸、善與惡，亦即岳飛與秦檜不能並存，作者將中土的大鵬與印度金翅鳥合而為一。印度故實深入民間作品，使人不覺其為外來思想。

案：本篇除「傳奇劍俠出於密宗成就劍法」一節，係取自近代沈曾植說法外，其餘有關地獄、龍女、神龍行雨等，皆逕引佛書作論證，自出新見，為研究唐傳奇小說開拓新途徑。

春，有〈種桃十年始花〉詩一首云：

十年種樹著花遲，一見花開雪涕思。欲盡千花投碧海，碧（波）翻紅浪鑄新辭。

題下注：「乙卯春」（《龍坡丈室詩稿．龍坡草》）

案：乙卯為民國六十四年。「種桃十年始花」，種植當在五十五年。臺先生另有兩首詠桃花詩：一為廿四年所作〈無題〉詩中有「小桃風片雨如絲」、「燈火搖搖欲淚時」之句（見前）。另首為七十三年春所作〈桃花開〉一詩，其中云「小窗寂寂孤禪坐，忽見桃花朵朵開。」（見後）。前者借桃花風片表達淒然欲淚心境，後者則表現老年心情並深寓禪機（見後）。此首論者或以為乃表達「一片綿遠而深摯的鄉思」。（葉嘉瑩《臺靜農詩集》序言・頁一六)。

為鄭因百先生《桐陰清晝堂詩存》題署。

案:《詩存》以分隸字題署,六十四年七月臺北藝文印書館出版,線裝本,共四卷,附編〈讀詞絕句三十首〉。《詩存》鄭跋於六十四年春,臺先生題署當約略同時。十三年後,七十七年鄭先生將歷年所作合爲《清晝堂詩集》十二卷(其前四卷即《詩存》併入)出版,臺先生再爲題署(詳後)。

作〈唐明皇青城山敕與南嶽告文〉,三月載《書目季刊》八卷四期,收入《靜農論文集》。內容大旨謂明皇青城山敕,搨本流傳不廣,書法「筆力遒茂,出入二王。」南嶽告文,通名投龍簡,非投入深淵,而是藏諸道觀。道士投龍告文與春秋巫祝「濟河沉玉」實一脈相傳。大要如下:

按宋穆《方輿勝覽》,常道觀建置於隋代,至唐開元年間為僧所奪,因唐明皇常道觀敕,得復舊觀。刻石在今四川灌縣青城山天師洞。清人石刻撰著最多,而述及此敕者,亦僅有洪頤瑄之《平津讀碑記》,瞿中溶之《古泉山館金石文論殘稿》等,以知此敕搨本流傳不廣。瞿中溶云:「此碑筆力遒茂,出入二王,不愧太宗、高宗家學。」敕碑陰刻張敬忠覆明皇表奏,搨本更不易得。《灌縣志・藝文志》云:「甘道榮書」。據明皇敕旁所書,道榮為常道觀主,其隸書頗秀整,有漢〈華山碑〉筆意。道榮殆當時道流之工隸書者，所書碑陰及符瑞碑兩石今應尚在，惜未能流傳於世。南嶽告文據陸增祥云：「銅質堅好，純綠似瓜皮。道光間出衡山縣土中，為易大令所得，今藏長沙唐蔭際盛方伯處。」案此類告文，通名〈投龍簡〉。此簡紀年戊寅，為開元二十六年。是年明皇「令道士孫智涼齎信簡以聞」，年已五十四。居大君之位，求長生如秦皇、漢武輩。然人間無不死之藥，不得已則求之於神靈。此種投龍告文，並非投諸深淵，而是藏諸道觀。道士方術之投龍告文，似與巫術有關。巫術與方術，未有直接淵源。《左傳》襄公十八年記晉侯（平公）伐齊，濟河沉玉，乃當時巫祝之事，與後來道士方術之投龍告文，實一脈相傳，由巫術而方術，乃自然發展。

三月出所藏明遺老傅青主詩稿影本一冊，交臺北學海出版社影印。署名《傅青主自書詩稿真蹟》。

案：詩稿師大汪中教授題署，六十四年三月出版，共五十四面，線裝本。詩稿前為「明遺老傅青主遺像」，後為清人狄學耕題跋，詩稿首面詩題下，有臺先生印蛻三方，末三面有印蛻五方。此可見臺先生於詩稿之珍視。題跋末署「壬申正月溧陽狄學耕誌」，知詩稿原為清代溧陽狄氏所藏。狄跋稱青主「詩畫皆奇絕，不落尋常窠臼。」「字法超宕，有辟易萬人之慨。」青主有《霜紅龕集》四十卷傳世。張舜徽《清人文集別錄》、《霜紅龕集》下，敘其事蹟云：「陽曲傅山……字青主，號嗇廬，或別署曰：公之佗、亦曰石道人，明季諸生。初有志於用世，明亡後，始以黃冠自放，居土室以養母。康熙十七年，舉博學鴻詞，未就試而歸，顧炎武常稱其人蕭然物外，自得天機。蓋其晚年意存避世，倘徉山水間，故人皆推其高節焉。於學無所不通，書畫醫術，尤極精能，貫穿二部，旁涉二藏，在清初儒林中，最爲博雅。」（節錄，頁五）。臺先生所藏傅之《詩稿》，《霜紅龕集》未收。

思念舊侶，五月初（夏初）作〈念家山〉詩云：

每過雲鴻思舊侶，且隨蟻聚度生涯。丹心白髮蕭條甚，板屋楹書未是家。

題下原注：「乙卯夏初」（《龍坡丈室詩稿．龍坡草》）

案：乙卯爲民國六十四年。夏初當國曆五月初旬。此詩嘗書之以贈王叔岷（見六十八年）、施淑女（見七十三年）等。臺先生嘗書漢古詩云：「仰視浮雲馳，奄忽互相踰，風波一失所，各在天一涯。」自注：「思我良朋，書此寄懷」。臺先生在白沙女師院同事李霽野、魏建功、柴德賡、方重禹等均在故都。所謂「舊侶」、「良朋」當指此輩故舊。《龍坡雜文》自序云：「身爲北方人，於海上氣候往往感到不適宜，有時煩躁不能自已，曾有詩云：『丹心白髮蕭條甚，板屋楹書未是家』。」寓居臺大宿舍―歇腳盦爲日式木屋，故云「板屋」。自卅五年十二月進住，迄今卅年，一則思鄉懷舊，一則亦藉以消遣「煩躁」。

六月九日，抄寫自作詩篇四十四題、四十五首，交付女弟子臺大中文系林文月教授。

後記云：「余未嘗學詩，中年偶以五七言寫胸中煩冤，不推敲格律，更不示人。今抄付文月女弟存之，亦無量劫中一泡影爾。一千九百七十五年坐雨　靜農於臺北龍坡里之歇腳盦。」

案：詩共四十四題、四十五首。除首五題六首作於入川前，末〈寄秋弟〉以下四首，作於來臺後，餘三十五首皆作於四川白沙，故後題稱之〈白沙草〉，景印本見《名家翰墨》月刊十一期（一九九〇香港出版），此後於七十三年、七十八年分別手抄詩稿，但均不完備（詳後）。林文月，臺大中文系所畢業。歷任臺大中文系所講師、副教授、教授，研究魏晉南北朝文學，著有《澄輝集》、《中古文學論叢》等學術論著，亦擅寫作、翻譯，出版專書多種，其夫郭豫倫師大藝術系畢業。夫婦均與臺先生來往密切。七十三年嘗共編《靜農書藝集》（見後）。

六月間，憶北平十剎海邊故居，有〈憶北平故居〉詩云：

十刹海邊憶故居，春風駘蕩碧千絲。南來也種垂垂柳，不見花飛惘惘思。

題下注：「乙卯六月」（《龍坡丈室詩稿．龍坡草》）

案：乙卯爲民國六十四年。與五月所作〈念家山〉皆一時先後懷舊之作。前者懷人，後者懷土。臺先生好書王粲〈登樓賦〉，屢屢書之遣悶，如今年十一月十二日書〈登樓賦〉款識云：「書仲宣賦遣悶」可證（詳下）。蓋賦中有「雖信美而非吾土兮，曾何足以少留。」「非吾土」而羈留海島臺灣三十年，其煩悶視仲宣殆有過之。又臺先生早年至北京後，初與莊嚴皆租住於馬神廟附近西老胡同一號前院，莊租西廂房兩間，臺先生與另一友人租正房三間。（《龍坡雜文》、《六一之一錄序》頁一九一），後移居地安門西皇城根七九號（《詩集》附錄〈行狀〉頁六八、七〇，案臺先生民國十三年八月底結婚，其移居當在十三年結婚後），其地鄰近十剎海。十剎海，水名，建於明代，爲北京著名風景區。清富察敦崇《燕京歲時紀》云：「十剎海，俗呼河沿，在地安門外迤西……往勝橋以東，昔成親王府，今醇親王府者，謂之後海，即所謂十剎海者是也。……」詩所謂「十剎海邊憶故居」，「故居」當即指地安門皇城根七九號。臺先生北京友人常惠子韞石爲文〈記莊常兩家〉云：「十剎海是在『東四、西單、鼓樓前』三大門市之一近旁的一個小湖，穿過它有一條疏柳長堤，堤西是綠油油的水稻，堤東是滿湖的荷花，盛夏聽蟬，雨夜聽蛙，完全是一派田園風光。」（見《故宮書法莊嚴》頁三七四），則十剎海除長堤垂柳外，堤東西尚有水稻、荷花。

七月，臺北藝文印書館嚴一萍收〈晉王羲之三帖〉、〈隋賢劫經〉、〈唐賀知章孝經〉、〈唐漢書〉等寫本墨跡共十四種為一編（四冊）。其封面、內頁臺先生各以行隸題署名曰：《晉唐真賞十四種》。

案：此編四冊線裝，民國六十四年七月出版，前後無序跋題記，不知其來源、眞僞。嚴一萍，民國四十年代創立藝文印書館，翻印古籍，亦出版新著，嚴氏研究甲骨文，與臺先生時相過從，與臺大中文系教授亦多有交往。

秋，行書題署溥心畬《寒玉堂畫論》。

案：溥氏五十二年逝世。十二年後，六十四年十月學海出版社刊印其《畫論》。書前有書法家王壯爲題記，署：「乙卯中秋前日」。王記後有寒玉堂弟子蕭一葦題記，署「民國六十四年八月三十日」。乙卯爲民國六十四年。臺先生題署封面與二人題記時日當相差不遠，亦在是秋。

張大千七十七歲，在美國環蓽盦畫荷一幅，寄贈臺先生，作〈為靜農畫荷〉題識云：

爰病亦經年，目寒病至神智不清，天胡遇吾輩之酷耶！吾弟亦飲酒過多，究非養生之旨。寫此數筆，遠以奉貽，於以知予十指顫掣，今日人非昔日人矣。六十四年乙卯大千張爰。（《張大千詩文集》卷七，頁一六七）。

案：張大千是年二月十日離美國環蓽盦居所，飛抵臺灣。三月中旬離臺返美，張在臺灣僅一月，赴榮總檢查身體。文稱「遠以奉貽」自是回美後所寄。是年畫荷作品有墨荷圖、朱荷屏、荷花圖、紅荷圖等（見《全傳》頁五三一），貽臺先生者有題識，當為另外之作。

冬，隸書臨史晨碑四十四字。《書畫紀念集》（頁三四）、《書藝三集》（頁一九）著錄。

臣伏念孔子乾坤所挺，西狩獲麟，為漢制作，故經援神契曰：玄立制命帝卯行。又尚書考靈耀曰：立生倉際，觸期稽杜為赤制，故作春文命，綴紀撰書，脩定禮義。

款識：臨史晨碑，略用道州法。乙卯冬靜者

鈐印：靜農無恙

案：乙卯爲民國六十四年，《書畫紀念集》款識釋文「乙卯」誤爲「已卯」。〈史晨碑〉亦稱〈史晨前後碑〉，前碑爲〈魯相史晨祀孔子奏銘〉，後碑爲〈史晨饗孔廟碑〉。東漢碑刻，隸書共十七行，每行卅六字，總六一二字，建於東漢靈帝建寧二年（一六九）。碑文記魯相史晨到任後，祀孔宅，祭孔廟事。論者謂此碑書體端正謹嚴，遒麗凝煉，刻工精細。臺先生所臨爲前碑四十四字，其中「北生」誤書「立生」，「故作春」下脫秋字。《中國隸書名帖精華》頁二七三—二七五錄前碑百八十四字。

十一月，畫直幅梅花，疏華白色枝幹。圖右圖左各題東坡句、晦庵詩。《墨戲集》（頁三三）著錄。

湖面初驚片片飛，尊前吹折最繁枝，何人會得東風意，怕見黃梅細雨時。

款識：乙卯初冬題以東坡句，靜者。

鈐印二方：臺靜農　靜者

姑射僊人冰雪容，塵心已共彩雲空。年年一笑相逢處，長在愁煙苦霧中。

款識：此朱晦庵詩，聖哲亦有此感邪！靜者。

鈐印：臺靜農

案：乙卯爲民國六十四年，冬初，約當國曆十一月。東坡詩見《東坡全集前集卷一八．再和楊公濟梅花十絕》第八首。「黃梅細雨」集作「梅黃雨細」。晦庵詩見《朱文公集》。

畫墨梅，老榦疏蕚，四五花朵飄落中。題以龔定盦詩句云：「落紅不是無情物，化作春泥猶護花」。《墨戲集》（頁三二）著錄。

款識：定盦句　農

鈐印：臺靜農

案：龔自珍（一七九二－一八四一），字爾玉又字璱人，號定盦，清浙江仁和（杭州）人，段玉裁外孫。才氣橫越，不就繩墨，倜儻不群，兀傲自喜，持論每與世忤。數應禮部試，不第。年三十八始成進士。爲禮部主事棄官歸，道光廿一年卒，年五十。自珍爲文，上法諸子，奧博縱橫，洗淨明清文士拘守古文八大家之積習，識議新穎，足以開拓心胸。又精熟西北輿地，所作西域、蒙古諸文，詳盡明晰。光緒時刻有《定盦文集》、《續集》、《補編》共十二卷。（參《清人文集別錄》卷十六，頁四三六、四三七）。近代整理爲《龔自珍全集》十一輯（臺北河洛出版社，民國六十四年版）。此梅畫所題兩句，見其〈己亥（道光十九年一八三九）雜詩〉七絕第五首：「浩蕩離愁白日斜，吟鞭東指即天涯，落紅不是無情物，化作春泥更護花。」（《全集》第十輯，頁五〇九）「更」作「猶」殆一時筆誤。又兩句爲定盦詩中名句，昔年畫家豐子愷亦取以題畫。據吳昌綬編《定盦年譜》，道光十九年，定盦四十八歲官京師禮部，以父闇齋年逾七旬，乃乞養歸里，四月二十三日出都，以一車載文集百卷以行，不以貧自餒。自珍故里在杭州，理當南下，詩云「東指」蓋謂首途東向再輾轉南下而言。

十一月十二日，陰雨苦寒，行書寫橫披王粲〈登樓賦〉遣悶，後持贈筆者。未著錄。筆者收藏。

題：王仲宣登樓賦。

款識：乙卯十一月十二日陰雨苦寒，書仲宣賦遣悶，歇腳盦行者。

鈐印：臺靜農　者回折了草鞋錢

案：乙卯爲民國六十四年。十一月十二日書寫，贈送筆者在其書寫若干時日之後，年月不能確定，未落款署名。亦未提供景印。見著錄者另有二幅同是行書橫披〈登樓賦〉：一爲同年仲冬贈林文月教授（見後），一爲七十六年上元節贈沈秋雄教授。王粲（一七七—二一七），字仲宣，三國魏山陽人，博學多識，文思敏捷，爲建安七子之一。漢獻帝初，避亂南依荊州劉表十五年，抑鬱不得志。表死，荊州爲曹操所得，仲宣歸曹，累官至侍中。建安廿一年從征吳，翌年正月病卒途中，年四十一。《三國志魏志》卷二一有傳。賦中有「遭紛濁而遷逝兮，漫紀逾以迄今」之語，賦殆作於建安七、八年（二〇二、二〇三），賦亦見《昭明文選》。賦十三、四字句（有兮字）、共二十四句；四字句，四句，總共三百二十八字。此廿九行於「平原遠而極目兮」脫「遠」字。「白日忽其將匿兮」衍「兮」字。一脫一衍，字數不變。賦云：「雖信美而非吾土兮，曾何足以少留」、「悲舊鄉之壅隔兮，涕橫墜而弗禁」、「人情同於懷土兮，豈窮達而異心。惟日月之逾邁兮，俟河清其未極。」可見仲宣感懷身世，不勝故土之思。臺先生來臺居歇腳庵三十年，於仲宣深有同感，故屢屢書之以抒懷遣悶。

十二月，橫披書王粲〈登樓賦〉贈臺大中文系林文月教授。《書藝集》（頁三六）、《書法藝術》（頁一六二）著錄。

「登茲樓以四望兮」至「悵盤桓以反惻（側）」計二十九行，三二八字，與前同。首題：「登樓賦」與前稍異。

款識：文月大家存之。乙卯仲冬書仲宣賦於歇腳盦靜者。

鈐印四方：首行右方鈐「靜者白首攻之」。款識下三方「臺靜農」、「靜者」、「歇腳盦」。

案：乙卯爲民國六十四年，農曆仲冬，國曆約十二月，此與十一月書以贈筆者，蓋同年一時先後之作。書中「以曲阻之長洲」，「阻」當作「沮」。「向風而開襟」，「向」下漏「北」字。「天慘慘畏井渫之莫食」衍「天慘慘」三字。「步棲遲以徒倚兮」，「徒」當作「徙」。「悵盤桓以反惻」，「惻」當作「側」。

隸書摹裴岑〈紀功碑〉。《書畫紀念集》（頁三六）著錄。國立歷史博物館收藏。

惟漢永和四年八月，敦煌太守雲中裴岑將郡兵三千人，誅呼衍王等，斬馘部眾，克敵全師，除西域之災，蠲四郡之害，邊境艾安，振威到此，立海祠以表萬世。

款識：摹裴岑〈紀功碑〉於臺北龍坡里之歇腳庵，乙卯仲冬，靜農。

鈐印：一食清齋　臺靜農　靜者

案：乙卯爲民國六十四年，仲冬，國曆十二月。七十六年、七十七年亦臨摹此碑；惟「碑」作「頌」。「四年」作「二年」。

張大千七十七歲：參加國立歷史博物館「中西名家畫展」、「張大千早期作品展」。

莊嚴七十七歲：參加第二屆「忘年書展」。

民國六十五年　一九七六　七十五歲

一月二十五日，大千居士偕夫人自美來臺。攜〈九歌圖〉手卷囑臺先生為之題記。二月五日（立春）題記完成，稱「造妙入微，想松雪見之，亦當失色。」

大千先生辛巳歲西去敦煌，摩挲鳴沙石窟者三載。歸蜀之明年，小隱青城山經營此圖，期年而成。昔李龍眠為〈九歌圖〉，趙松雪撫之。……大千此圖獨契靈翼，造妙入微，想松雪見之，亦當失色。……幽篁逸韻，皓質長愁；平原猛士，毅魄為雄。信如東坡論吳道子出新意於澹度之中，寄妙理於豪放之外者。頃大千扶病歸國，舉如椽卷子示靜農曰：「予老且病目，將不復為此筆墨……今不因行李之勞而攜至之者，必屬弟為記之。」白首交親，為之感喟！……（見傅申著《張大千的世界》頁一五二—一五三引。又《書藝三集》頁六四著錄。）

案：篇末款識「大千八兄命題，丙辰立春。」丙辰，民國六十五年。立春，國曆約為二月五日。據《大千年譜》，是年一月大千自美來臺，居臺北市仁愛路雲和大廈。翌年十月在臺北近郊覓地建屋，準備定居。題記云：「辛巳歲大千居士西去敦煌」，時在民國卅年（一九四一），留三載歸蜀，明年隱青城山經營〈九歌圖〉，時在卅三年，期年而成，當在卅四年。據《全傳》（頁一八六—二三二），大千以民國卅年五月初自成都赴敦煌，迄卅二年十一月返抵成都為時計二年七個月，題記稱「三載」蓋指前後三年而言。

又據《全傳》（頁二五〇－二六八），大千以卅三年六月赴灌縣青城山住上清宮，十一月從青城山返成都。卅四年十一月抗戰勝利，自成都飛抵北平。大千小隱青城，前後約五、六個月。題記云「小隱青城經營〈九歌圖〉，期年而成，」則完成當在卅四年十一月前。《全傳》以爲卅五年作《九歌圖卷》，恐未是。又《九歌圖卷》自卅五年丙戌冬十月至十二月作。卷末題記者有龐元濟、葉恭綽、謝無量、陳夔龍、姚虞琴、李宣龔、徐鐵耜、冒廣生、李小山等九人（傳著《張大千的世界》頁一五二－一五四）。據《全傳》（頁二七一－二八一），卅五年三月下旬大千自北平飛抵重慶，四月赴成都，九月三十日自四川飛上海，十月四日上海張大千畫展開幕，十二月底飛抵北平。是知九人題記均是年冬在上海畫展期間寫作。之後有壬辰（四十一年）二月香港曾克耑、乙卯（六十四年）秋臺北郎靜山各爲作題記。今年立春（二月）及三月，臺先生與張群（張群題記末署「六十五年丙辰三月」）先後題記，爲〈九歌圖〉壓卷之作。

四月二日，興至偶書隸體聯文「英雄混跡疑無賴」、「風雨高歌覺有神」。《特集》（頁二二）、《續集》（頁一八）著錄。

款識：**上聯左：「丙辰上巳，興至偶書」。下聯左：「靜農於臺北龍坡」。**

鈐印三方：**上聯右下鈐□（不清待辨）。下聯龍坡下鈐「靜農無咎」、□（不清待辨）。**

案：丙辰爲民國六十五年，舊以農曆每月上旬巳日爲上巳。一般習用三月初三日爲上巳。是年三月壬午朔，癸巳爲十二日，上旬無巳日。此所謂上巳當爲一般習用農曆三月初三日，合國曆四月二日。聯文出處待考。

五日，行草寫條幅七絕一首。《書畫紀念集》（頁六三）著錄。

莽莽乾坤醉未醒，停杯岸幘數殘星。笙歌轉眼繁華度，都向蓮花漏裏聽。

款識：丙辰清明坐雨，歇腳盦靜農

鈐印三方：老夫學莊列者　靜農無咎　歇腳盦

案：丙辰，民國六十五年。清明，四月五日。詩出處待考。

上旬（清明後），草書寫惲南田〈樹石〉五絕一首。《書藝集》（頁八〇）著錄。

墨石如醉立，老樹欲吟秋。風堂雲外看，清籟起寒空。

款識：丙辰清明後書南田詩，靜者

鈐印：首行右上鈐「一食清齋」。末行款識下鈐「澹臺靜農」。

案：丙辰，民國六十五年，清明後約在國曆四月上旬。詩題〈樹石〉見惲南田《甌香館集》卷二。又此詩嘗書之以贈梅志超：見《續集》（頁一三）著錄。

二十九日（農曆四月初一）為大千居士七十八歲壽辰，刻「以介眉壽」、「以優延年」壽山石印二方以賀。

前者邊款云：「丙辰四月擬吾八兄之作，並以為壽，弟靜農。」（《大風堂印輯》頁一二六）

後者邊款云：「丙辰四月朔日為吾大千八兄七十晉八壽，弟靜農拜篆。」（《大風堂印輯》頁一三八）

案：丙辰，民國六十五年。農曆四月朔日當國曆四月廿九日。二方皆大千壽誕前，四月刻。是年正月大千居士自美來臺定居，先寓臺北市仁愛路雲和大廈，六十七年九月遷臺北市外雙溪「摩耶精舍」。又臺先生刻石印贈大千賀壽、賀遷居等，共九方。除五十七、六十、六十二、六十五各年刻石共六方有年月記載外，其餘三方皆無日期可考，玆併附此。

（一）青田石，印文「三千大千」（梵文天城體）。邊款：「略擬元印筆意，靜農。」（《印輯》頁九六）

（二）壽山石，印文「未了愁緣」。邊款：「大千八兄命製，靜農擬漢金文筆意。」（《印輯》頁一三八）

（三）雞血石，印文「還我讀書眼」。頂款：「大千八兄命篆，靜農。」（《印輯》頁一四〇）

九、十月間（閏八月），摹張顛草書，寫道教詩一首。《書藝集》（頁六一）著錄。

北闕臨丹水，南宮生絳雲。龍泥印玉簡，大火鍊真文。上元風（雨）散，中天哥（歌）吹分。虛駕千尋上，空香萬里聞。

款識：丙辰後八月摹張顛於龍坡里　靜農

鈐印三方：首行右旁上鈐「醉夢」。末行款識下鈐「臺□」、「靜農無恙」

案：丙辰爲民國六十五年，「後八月」指閏八月。當國曆九、十月（九月廿四日—十月廿二日）間。詩爲北周庾信〈步虛詞〉十首之一，見《樂府詩集》卷七十八〈雜曲歌辭十八〉。張顛指唐書法家張旭（六五八—七四七），字伯高，蘇州吳人，嘗任常熟尉，官至金吾長史，人稱張長史，精楷書，草書最爲知名。論者稱其草書，起伏跌宕，連綿回繞，別具一格。唐韓愈推崇張旭，謂：「張旭善草書，不治他伎，喜怒窘窮，憂悲愉佚，怨恨思慕，酣醉無聊不平，有動於心，必於草書發之……故旭之書，變動猶鬼神，不可端倪。」（〈送高閑上人序〉）相傳張旭常在大醉後，狂呼疾走，然後下筆。或以頭濡墨而書，醒後自觀，以爲神助，故世稱「張顛」，張旭開創狂草書法流派。中唐時懷素繼承並發展其草法，而以狂草得名，影響後世甚大。張旭草書、李白詩歌與裴旻劍舞，時稱「三絕」。書跡傳世有正書碑刻〈郎官石記〉、墨跡〈草書古詩四帖〉等（參《書法辭典》頁一三九），存詩六首，見《全唐詩》卷一一七。

十月，臺北河洛圖書公司出版《中華歷史文物》（上、下冊），以行草為題封面。

案：河洛圖書公司負責人爲許仁圖，許氏臺大哲學系畢業，民國六十年代經營圖書出版事業頗有成績，七、八年後，以經營不佳宣告倒閉。出版小說《鐘聲二十一響》並自拍

電影、自導自演。臺先生嘗為其書作序。（見後）

八日，撰喬大壯印蛻序。

案：序末題記「丙辰後中秋」。丙辰，民國六十五年，是年農曆八月閏，「後中秋」時當十月八日。序云：「丁亥夏，大壯先生渡海來臺，余始與先生共事臺灣大學。」丁亥為民國三十六年。喬大壯，號波外，著有《波外樂章》、《波外詩稿》，抗戰勝利後執教於南京中央大學，卅六年八月應臺大中文系聘來臺，翌年五月返滬，七月赴蘇州自沉於梅村河。臺先生卅年後有「記波外翁」一文，記其事蹟、為人（文繫三十七年）。喬氏善詩詞，亦善篆刻。六十五年十二月其友人曾紹杰彙其篆刻五百餘方為一集，印行於世。以臺先生與喬為故交且有同好之雅，因請為序。「居府掾非其志，主講大庠，又未能盡其學，終至阮醉屈沉，以詩詞篆刻傳，亦可悲矣！」筆者八十八年始編《臺先生學術藝文年譜》，檢讀此文，有感於今之學子皆已不知喬大壯其人其事，詞章篆刻或將埋沒，因出所藏《波外樂章》、《詩稿》，益以篆刻彙為一編，交學海出版社印行。一則藉以彰顯其人，再則亦藉使學者得知臺大中文系早年有此一詞章家來任講席（案：後因故未能出版）。

十二月十五日（農曆十月三十日），為前臺大文學院長沈剛伯八十誕辰。臺先生作〈書道由唐入宋的樞紐人物楊凝式〉論文為壽，載《沈剛伯臺先生八秩榮慶論文集》（六十五年臺北聯經出版公司），七十八年收入《靜農論文集》。內容論述五代書家楊凝式書法，逞興揮

灑，自出新意，影響北宋蘇東坡、黃山谷及南宋陸放翁。文分六節：（一）楊凝式生平，（二）黃山谷的批評，（三）楊凝式書對於東坡山谷的影響，（四）楊凝式書多在寺觀壁上，（五）楊凝式書蹟流傳至今者，（六）結語。摘要如下：

凝式字景度，別號虛白，癸巳人，癸巳乃其生年，即唐懿宗咸通十四年（八七三）。卒於周世宗顯德元年（九五四），年八十二。五代的大書家，北宋諸賢如蘇東坡、黃山谷、王介甫以及南宋的陸放翁，均曾受其影響。山谷論書，於凝式尤所傾服。凝式的行跡，也一如其書，算得五代時少有的一人。山谷論書以為最不能有塵埃氣，一有此便失之於庸俗，曾云：「余嘗論右軍父子翰墨中逸氣，破壞於歐、虞、褚、薛，及徐浩訊沈傳師，幾於掃地；惟顏尚書、楊少師尚有彷彿。」山谷之所以傾心於凝式者，因為凝式書出於魯公而能變，魯公又是上接二王者。東坡於凝式書法也極其推崇，他的看法，可說同山谷一樣。凝式的書蹟當時多書在寺觀壁上，紙帛流傳後世的不多。自來法書流傳，或豐碑、或摩崖、或竹帛，獨凝式書多在寺觀壁上；土壁易毀，非不知之，但逞興一時，且以自娛，似未嘗作傳世之想者。凝式的殘紙剩墨流傳於今日者，亦有三數事，顧真贋難明，不免令人迷惑。今存凝式真跡最可信的僅盧鴻「草堂十志圖」跋，全文七十七字，米元章《書史》謂其「天真爛漫，縱逸類顏魯公〈爭座位帖〉」，劉融齋《書概》謂其「機括（栝，原文誤）本出於顏，而加以不衫不履，遂自成家。」吾人可於此七十餘字體會得之。凝式身仕五代，周旋於豺狼狐鼠間，而其書逞興揮灑，自出新意，所以能影響北宋第一等人物，成就其書史上援唐入宋的關鍵人物。

案：沈剛伯，民前十五年（清光緒廿二年、一八九六），農曆十月三十日（國曆十二月十五日）生，民國六十六年（一九七七）七月卅一日卒，年八十二。湖北宜昌縣人。武昌高等師範畢業，公費考取留學英國倫敦大學。回國後任教重慶、南京中央大學，卅七年來臺就任臺灣大學文學院長，五十八年卸任院長，專任歷史系教授，六十二年退休。沈氏史學名家，博通中外，著論文及時論文章百餘篇。編為《沈剛伯先生文集》上、下冊（中央日報出版，民國七十一年十月）。沈與臺先生在臺大文學院共事、任教二十多年，交往密切，時有文酒之會。沈卒後五年，民國七十年在南投縣溪頭臺大實驗林區內築「沈剛伯先生紀念亭」，是年八月，臺先生為作〈剛伯亭獻辭〉並書寫勒石。辭中稱沈氏「襟懷磊落，氣度恢弘，貞不絕俗，介不忤物，秉清操以自持，處濁世而不淄。」彰顯沈氏人德，至為切實。

沈先生誕辰日。文學院同仁及沈氏門生等設宴賀壽。宴會由中研院史語所屈萬里所長主持。會後數日，沈作〈感時詠懷兼謝諸友〉詩一首，分贈出席者。

我生逢季世，時局若蜩螗。八旬積年歲，三度歷滄桑。欃槍掃大地，巨變撼遐方。道器多非舊，言行漸改常。竊國師操莽，食人率虎狼。天地殆將閉，蘭芝亦不芳。乘桴避秦吏，接與嘆楚狂。亢龍猶有悔，屈蠖且深藏。時來直諒友，示我以周行。更傳遠方訊，謂我當自強。無庸愁老廢，參苴可試嘗。不用憂矇翳，割治便無妨，相將慰寂寞，設筵羅酒漿。相與增光寵，特刊集文章。流俗輕舊物，盛年愛時妝。諸君獨厚我，體諒入微茫。此情無由報，此意永難忘。短歌聊致謝，藉祝壽而康。

案：末署「XX先生吟正」、「沈剛伯拜上，六十五年」。

十二月（仲冬），**作〈明代《十竹齋畫譜》序〉，原稿影印見《輯存遺稿》**（頁二〇四），**收入《回憶臺靜農》。內容大要謂此畫譜乃小說傳奇書之圖繪彩色套版，極不易得，為嗣堯先生所藏，付諸影印，足見「我先民之工藝智慧」。文僅百一十六字，抄錄如下：**

我國版畫殆創始於唐代，觀敦煌發現之佛會圖及沙門天王像；其雕刻已熟練可喜。宋代刻書之風大盛，版畫亦因之而發達；至明代更蔚然成風，施之於小說傳奇書者，圖繪雕刻並極精美。明季則有彩色套版，能使畫家筆墨表現無遺。若《十竹齋畫譜》乃其最著者。顧此書極不易得，嗣堯先生舉其所藏，付之影印，以知當照相術猶未發明時，我先民之工藝智慧為何如耶。

丙辰仲冬靜農識於臺北歇腳盦

案：丙辰為六十五年，仲冬，國曆約在十二月中下旬至翌年元月上旬。畫譜係明末崇禎年間（一六二八—一六四四），安徽休寧人胡正言所印彩色版畫。胡氏居南京時以餖版、拱花套印技法，開創生紙、濕紙，一版多色，色彩仿眞等四項印畫技術，以居室命爲「十竹齋畫譜」刊行。開我國套色版畫先河，世稱「徽派版畫」。嗣堯，六十五年在臺將所藏此版畫付印。畫譜臺北國家圖書館亦藏有善本，七十六年由中華文化復興委員會重新刊印，一套四大冊，翻印技術極佳。

歲暮，將歷年講授楚辭考索所得百餘事，裒輯成帙，題為〈讀騷析疑〉，翌年（六十六年）三月載《東吳文史學報》第二期，收入《靜農論文集》。文分三部份：離騷第一考索，得四十九條；〈九歌〉第二考索，得十三條；九章第三考索，得四十條。權衡眾注，引證增補，精義紛陳，新見迭出，有此一篇，讀騷可以無疑。小序云：

詮釋《楚辭》之著，自班師叔朱晦庵後，撰者甚多。近世學者探討尤勤，更多精湛之說。然爬梳未盡，往往而有。余昔年為諸生講授，遇有疑義，必反覆考索，以期合於文理。或有廣徵博引，曲折可通而未必切於文理者不敢從。茲就屈辭二十四篇，得九十餘事，裒輯成帙，曰：〈讀騷析疑〉。〈天問篇〉已別成書，不與焉。六十五年歲暮，臺靜農識於臺北歇腳庵。

案：臺先生從民國卅八、九年起在臺大中文系開講「楚辭」課程凡二十餘年，另又在東吳大學、輔仁大學中文系所講授此課程。歷年辨析疑義，積累所得，成此巨著。所辨共百零二條，與序文所云：「九十餘事」略有誤差。六十二年臺先生自臺大中文系退休，旋受聘東吳、輔仁中文系所講座教授，在東吳研究所曾講授「楚辭專題」。〈析疑〉全文刊東吳文史學報，即因在東吳任教之故。全文四萬餘字，徵引廣博，創發實多。「離騷」二字解題八百餘字，徵引新舊詮釋及典籍，達二十種。辨「屈原生年，寧可存疑，不能誤信王逸之說」。釋「夫爲靈脩之故」，「故」訓「意」爲楚語。釋「夕餐秋菊之落英」爲「自喻芳潔」。以「落」爲「始」，非作者本意。釋「懷椒糈而要之」，「要」讀「就」，造往之意。釋「邅吾道夫崑崙兮」，「崑崙」乃用《山海經》神話之「崑崙」，作爲登天故實，以寓其抑塞。諸如此類，皆前所未發，一新耳目。

是年，為美國哈佛大學退休教授楊聯陞（蓮生）刻印章四枚以賀其七十壽。

案：四枚印章爲方形「蓮生長壽」、「逢場作戲」，圓形羊頭圖像及直長形「蓮生大士」，見《臺大書畫集》（頁一六二）著錄。蓮生，楊聯陞字，六十二年（一九七三）自哈佛大學退休，年六十六歲。（見前）依中土算法，虛歲應爲六十七，六十五年爲七十歲。其生年應爲民國前五年即光緒卅三年丁未（一九〇七），丁未爲羊年，故刻羊頭形印章以識其生肖，並賀七十歲之「蓮生長壽」。「逢場作戲」印章字體、大小與賀壽印章相同，疑爲同時所刻。六十二年臺、楊互以偈語、書函往還調侃，語多戲謔，（見前）「逢場作戲」印章殆因此而刻。「大士」儒家稱德行高尚之人，佛教乃菩薩通稱。印章稱「蓮生大士」含稱頌之意，殆亦同爲賀壽之作。

來臺後至六十五年止，為學界友人朋輩姓名字號篆刻見圖錄及記載者凡五十一方。最早者為溥心畬刻四方，時約在卅九年，最晚者為六十五年為大千居士刻壽山石二方。

案：臺先生稱：十七年在北京參加莊慕陵所創立「圓臺印社」，「社員不過五人……至於我，陸續的也奏刀了四十來年，終不成氣候，也就『洗手』了。」（〈記文物維護會與圓臺印社〉，《龍坡雜文》頁一二七）自十七年至六十七年爲五十年。六十五年爲大千所刻二方，殆爲友人刻印最晚者，大略與「四十來年……洗手」之語相合。

又案：臺先生歷年刻印難計其數，除自刻自用四十三方外，爲應學界朋輩之請，刻印致贈者共五十一方。其中見錄於《臺大書畫集》（見七十六年）者四十方，見《大風堂印輯》者九方，合爲四十九方。除去張大千「環蓽盦」一方重出，實爲四十八方。另三方爲溥心畬雕刻者，未見圖錄，僅見於記載（見卅九年）。爲張大千刻印九方乃係最多者。次爲胡適五方（「胡適」、「胡適校書記」、「胡適手校」、「胡適之書」、「胡適的書」）。又次爲溥心畬（「義熙甲子」、「逸民之懷」、「溥儒」、「溥心畬」見卅九年），楊聯陞（羊圖像、「蓮生大士」、「蓮生長壽」、「逢場作戲」見六十五年）各四方。再次爲莊嚴三方（「莊嚴」、「慕陵」、「莊嚴印信」）。毛子水（「毛準」、「大患爲有書」），金勤伯（「金業」、「勤伯寫生」），陳受頤（「陳塾後人」、「陳印受頤」），華嚴（「華嚴」、「華嚴」）各二方。其餘錢思亮、羅家倫（「志希長年」）、董作賓、孔德成、英千里、戴君仁（「我生之初歲在辛丑」）、陳世驤、梁美眞、蔣穀孫（「蔣穀孫審定眞迹」）、范壽康（「范壽康印」）、葉曙、徐淑漣、陳省身（「陳省身印」）、洪耀勳（「洪耀勳印」）等國內外學者專家等十四人各一方。另五方：「後樂堂主人」、「臨湖」、「觀勝」、「麗水精舍畫記」、「生齋臺灣行篋記」亦皆爲友人雕刻，對象爲誰，有待查考。就字體言，其中有漢金文一方，梵文天城體一方，餘多爲篆文，刻印年代註明及約略可推考者有張大千、胡適、溥心畬、楊聯陞、戴君仁等（均分別列入本編各年下）。

張大千七十八歲：國立歷史博物館出版《張大千歸國畫展》、《張大千作品選集》。

莊嚴七十八歲：接受東吳大學中文系學生專訪，請益書法，後撰成〈教授與學習中國書法的問答〉。

民國六十六年　一九七七　七十六歲

一月十一日，臨祝枝山狂草手卷七絕三首。《書畫紀念集》（頁四五—四八）著錄。莊靈收藏。

雨壁喬柯露炫簷，綠蔭深處枕書眠。繁花十日風吹散，猶有殘英落砌鮮。寒香移種自瑤臺，寂寂疏疏映雪開。為北蕋宮明月夜，霓裳淡擁玉真來。寒香消盡落空江，瘦歌依然上夜窗。一自丹青摹寫後，鄰家玉篴不成腔。

款識：丙辰十一月廿二日，過幻住居，餉以名釀。醉後，慕老示祝枝山卷子，戲臨，罪過罪過！靜者。

鈐印：澹臺靜農

案：丙辰，爲民國六十五年至六十六年初，十一月廿二日爲民國六十六年一月十一日。慕老謂莊嚴，幻住居，其子莊靈寓齋名。祝允明（一四六〇—一五二六），明長洲人，字希哲，生而枝指，故自號枝山，又號枝指生。五歲能作徑尺字，九歲能詩，稍長，博覽群籍。爲文多奇氣，精書法，小楷學鍾王，草書學懷素、黃庭堅，妙集衆長，通古創新，自成一家，與唐寅、文徵明、徐禎卿並稱「吳中四子」。傳世書法有《六體書詩賦卷》，草書《杜甫詩卷》、《古詩十九首》等。

一、二月，畫梅花一幅贈陳夏生。《逸興》（頁四四）著錄。

款識：夏生女姪發笑。靜農寫意，丙辰歲暮。

鈐印：澹臺靜農

案：丙辰，民國六十五年。歲暮農曆十二月，國曆應在翌年一、二月間（六十六年一月十九日—二月十七日）。

友人俞大綱以心臟病突發逝世，追悼之日作輓聯云：

平生具溫李清才，豈期撒手推枰，徽音絕響。

曠代數喬張逸韻，奈何嘔心摛藻，曲部興哀。

案：俞大綱筆名寥音，七十六年作〈懷詩人寥音〉一文，刊五月一日臺北中國時報副刊，收入《龍坡雜文》（頁一二五—一二九）。文末云：「茲將十年前追悼之日，我寫的輓聯附鈔於後。」云云，是知，俞大綱逝世於六十六年。俞氏詩詞集名《寥音閣集》，其兄大維作集序云：「余弟大綱因心臟病突發去世，遺稿零散，偶檢得其手寫寥音閣詩稿及請人代抄和庚子秋詞稿，即付景印。」據此知大綱逝世之年即景印《寥音閣集》問世。此集為九思出版社發行，初版於六十六年七月一日，依此推計，大綱去世當在六十六年上半年。

五至七月間（夏月），行草書南朝雋語七言十二句，贈梅志超、陳燕夫婦。《續集》（頁二）著錄。

沙棠作船桂為楫……月沒參橫掩羅帳。

款識：丁巳夏月書南朝雋語奉志超、陳燕兩弟儷賞。靜農時寓臺北。

鈐印二方：首行右下鈐「歇腳盦」。末行款識下鈐「臺靜農印信」。

案：丁巳，民國六十六年。夏月，國曆五至七月。陳燕，臺大中文系畢業，嘗任臺北一女中教師，後任教於高雄中山大學中文系，多才藝，演唱京劇，甚得臺先生賞識。

行草書大字橫披「蕃蘼廬」。《續集》（頁四〇—四一）著錄。

款識：志超、陳燕雨弟清屬，靜農

鈐印：靜農無咎

案：六十六年農曆夏月嘗書南朝七言詩以贈，此幅或爲同時所書。

六至七月間，見大千居士一幅桃畫，賞其葉有草隸筆趣。

大千題畫桃云：「丁巳夏五，友人經武陵山場，以蜜桃見遺，乘興寫此，靜農老弟劇賞其葉，以為有草隸筆趣，毋乃阿私耶，因題以求正。」（《大千詩文集》卷七，題跋，頁一七〇）。

案：丁巳，民國六十六年。夏五指農曆五月，當國曆六月十七日至七月十五日。

七月，行草寫王安石五言長詩條幅。《書藝三集》（頁二）著錄。

自我失逢原，觸事輒愁思。……安能久竊食，終負故人期。

款識：嚴幾道先生言此詩，誠摯極矣，讀之令人氣厚。丁巳大暑前，酷熱，燈下書此。
靜農

鈐印：臺靜農　靜者

案：丁巳，民國六十六年。大暑約當國曆七月二十三日。嚴復（一八五四－一九二一），字幾道，清末民初著名思想家，翻譯《天演論》，以物競天擇說鼓勵國人奮發圖強，被譽爲「中國西學第一人」。有《嚴幾道詩文鈔》、《愈樊堂詩集》等著作。詩爲王安石作，題〈思王逢原〉，見《王安石詩全集》。

作〈遼東行〉，載七月十六日《聯合報》副刊，收入《龍坡雜文》、《散文選》。文章主旨在抨擊隋煬帝、唐太宗侵略戰爭，控訴此種不義之戰帶給人民無盡災難。內容分為三層次：

（一）（第一節）交代作者得此搨本和僅存「征遼」等三十七字題記的經過，並以「一將功成萬骨枯」詩句提挈全文主旨，而且自然又直接地點出了「征遼」主謀唐太宗和以此「成功」的薛仁貴。（二）（第二、三、四節）將唐太宗有關征遼的詩作了對比；指出唐太宗的幾首詩「都不算好」，全唐詩編者對他的稱譽「頗難令人心折」，而王建的三首詩卻是對戰爭有著「深切的體會」。和搨本題記中的「劉樊氏的祈求，悲苦並無二致的」。（三）（第五、六節）由唐上溯至隋，遠在隋文帝楊堅時，遼東、高麗、即與中國交惡，隋煬帝窮兵黷武遠征高麗，則是其亡國的重大原因。又將隋煬帝有關征遼的二首詩同《海山記》中的〈挽舟者歌〉做了比較，指出前者是同樣的「看不出好在哪裡」，而後者「真是一首有血淚的作品」，而且「也答覆了本造像人劉樊氏的期待。」

張淑香〈鱗爪見風雅：談臺靜農先生的《龍坡雜文》〉：「如此從兩種態度—民婦劉樊氏與帝王—來呈現遼東之戰，戰爭的荒謬與悲慘，不言而喻。接著文章又由歷史進入文學……再度將統治階層和下層人民對遼東之戰的不同反應作一比較。……從人道主義的精神為一個卑微的唐代婦女呼冤，讓她塵封的聲音透過這個搨片，響徹歷史的長廊而激盪一千多年後的人心」。

夏明釗評述：「這篇文章之所以別致：第一，以一搨片中的題記作為線索，貫串全文，欲擒故縱，若即若離，而處處緊扣中心：非大手筆不能為也。第二：運用比照手法：將唐太宗的詩與王建詩做比較，將隋煬帝的詩與〈挽舟者歌〉做比較；將帝王之業與民間之苦做比較：立體地表現了著者的人格—犀利的眼光和仁愛的襟懷。第三，文章的別致還表現在它的現實意義：『經過八年之久被侵略的戰爭之後，看到這一造像人的祈求，心中真有說不出的感觸。』日寇的侵華戰爭，不僅給中國人民帶來無盡的災苦，也給日本人民帶來恥辱、鮮血和淚水，以史為鑒，良有以也。點到為止，而寄託遙深，非文章高手，能如是乎？」（手稿）

廿三日（農曆六月初八），**畫墨梅〈老幹奇葩〉為莊嚴祝壽。有民國六十六年、七十五年款識。《逸興》**（頁四六—四七）**著錄。**

款識：丁巳六月初八日，寫老榦奇葩為慕陵吾兄八秩壽。靜農於臺北市悅賓樓。

又題記：此慕陵八十壽宴，於酒樓醉筆。昔年北京常維鈞兄寄言，慕陵與靜農能相守島上，殊慰衰年枯寂。今維鈞、慕陵並先後下世，靜農今八十五矣，視此片紙尊前笑樂，恍然如昨，為之愴懷。丙寅歲暮，靜農記於龍坡丈室。

鈐印五方：靜農無恙、明士、澹臺、靜農、肖形印。

案：丁巳爲民國六十六年，該年農曆六月八日爲國曆七月廿三日。題記「丙寅」爲民國七十五年。又莊氏光緒廿五年（一八九九）農曆六月八日生，至今年應爲七十九歲，稱「八秩」、「八十壽」皆依習俗而言其整數。莊卒於六十九年（一九八〇）年八十二歲。七十五年臺作題記，莊已卒六年，冥壽爲八十八。

卅一日，前臺大文學院長沈剛伯先生逝世，年八十二。

自喜年衰身未衰，九月前後某日，行走臺北市長安路（東路或西路）竟無端跌跤，賦詩寄老友莊慕陵乞杖，莊送藤杖一枝，作〈西江月〉詞以答。臺先生詩題〈向莊慕陵乞杖〉云：

自喜衰年猶未衰，時復小飲弄孫嬰，無端跌卻長安道，要與先生乞杖行。

附：〈莊慕陵調寄西江月答乞杖〉：

莫嘆平生落落，且喜不老遲遲，與君各記少年時，須信人生如寄。藤杖一枝投送，深杯百盞休辭，拍手歡唱寄來辭，我已為君詩醉。（《龍坡丈室詩稿．龍坡草》）

案：莊慕陵，莊嚴字，其《適齋詩草》〈西江月〉題下自注「簡答臺靜農來書，六十六年十月十一日」。（見《故宮、書法、莊嚴》頁二〇八）「來書」似當作「來詩」。據題注年月逆推，其與臺先生跌跤賦詩乞杖，爲時相隔當不太久，茲姑定於是年九月前後作。詩所謂「長安道」殆指臺北市長安東、西路，或於九月前後某日因事而至其地。臺先生有三孫：長孫大鈞、次孫大翔、么孫大釗。么孫生於七十年，臺先生年七十八歲（詳後）。本年（六十六年）賦詩所謂「弄孫嬰」當指嬰兒長孫大鈞。又莊慕陵卒於六十九年三月十二日（《故宮、書法、莊嚴》年譜簡編，頁三八八）。或謂七十五年臺先生遊美，不愼跌跤，返臺後曾摔倒，以爲〈乞杖詩〉作於是年。莊注及莊之卒年，可證其誤。

秋，著〈鄭羲碑與鄭道昭諸石刻〉一文以紀念董作賓逝世十四周年，並以行書題署《紀念刊》封面。

案：董作賓民國五十二年十一月廿三日去世（見前），至六十六年十一月爲十四周年。紀念刊內頁有「丁巳秋靜農題」六字，丁巳爲六十六年，是年秋題署，論文完成付梓，亦當在是秋或稍後。紀念刊遲至翌年三月由臺北藝文印書館出版。論文收入《靜農論文集》。

十一月，筆者著《韓愈研究》一書由學生書局出版，約年底攜書至歇腳盦，面呈求正。坐定稍頃，稟告：「未成熟而出書，甚感不安，師輩如先生等均有甚多論文而不輕易出版，未能效法，實於心有愧。」臺先生稱：「時代不同，出書無妨，不必在意。」並賜告其先師陳援庵治學風格，謂「陳先生每著一文，必擱半年，先請不同行學者閱讀，再請一、二內行人訂正，復再三斟酌、修改，後方問世。」一言猶在耳，銘記在心，無時或忘，亦隨機勸勉後學，效法前輩學者治學之嚴謹。

畫梅花小品，題宋人詩句：「孤燈竹屋清霜夜，夢到梅花即見君」。交付旅美長女純懿轉寄天津老友李霽野，十二月李收到。

李霽野〈從童顏到鶴髮〉云：「同靜農一別就是四十多個春秋。……一九七〇年前後，我們只間接通信……一九七七年十二月我又得到靜農的女兒純懿從美國轉寄來……他所畫的梅花。……梅花小品上題了宋人兩句詩……目睹梅花，低吟詩句，在朦朧淚光中，我們似乎重逢了。」（《紀念文集》頁六二、六三，原載一九九〇年十一月十、十一日《中國時報．副刊》）

案：所題乃宋人劉梅〈立秋〉七絕後半詩句。其前兩句云「秋水娟娟隔美人，江東日暮幾重雲。」一見《宋人絕句千首》卷六。嚴長明《用晦錄》引此詩「清霜」作「霜清」。李霽野以一九七七年（民國六十六年）十二月獲得梅花小品，臺先生作畫殆在此前不久。純懿，臺先生長女，時旅居美國麻州康橋，常來臺省親，此畫當是在其返美時，交付攜往美國轉寄。此畫一九八一年（民國七十年）十月，日本出版《臺靜農書法特集》印於封面，此當為就原畫攝影留下畫片，因得以出現於特集，亦見《續集》頁九六。又七年後，七十三年（一九八四）仲秋，嘗書對聯一副，寄懷良友（見後）。又三年，七十六年（一九八七）復有一副梅花小品，亦題宋人詩句，惟稍易數字作「紙窗竹屋清霜夜，畫到梅花便是君」，亦為懷思故舊之作。（《墨戲集》頁三〇，見後）雖未指名姓，良友故舊當包括李霽野、魏建功等人。李霽野（一九〇四－一九九七）一生與臺先生關係密切，情誼深厚。抗日戰爭以前兩人共同參與各種文學活動，七七事變後李留北平任教輔大，臺先生入川居江津白沙。民國卅年有詩寄北平李霽野，卅三年三月李入川至白沙任教於女師院，離別七年方與臺先生相聚（見前）。戰後，民國卅五年，李來臺任編譯館編纂兼臺灣大學外文系教授，是年十月臺先生任臺大中文系教授，二人再度相聚。卅七年夏，李離臺返大陸，從此二人未再見面。至七十九年（一九九〇）十一月臺先生病逝，二人離別四十二年，故李文有「同靜農一別就是四十多個春秋」之語。李返大陸後歷任天津南開大學教授、天津市文化局長、文聯等職，著有《回憶魯迅先生》等書。一九九七年卒，年九十四歲，小臺先生兩歲，壽長五年。

又案：是年寄李霽野畫梅及題詩，後由李提供有關機構刻碑嵌於河北薊縣長城牆壁上。（彙名家書畫作品刻碑，建成碑牆，作爲觀光景點。）詳一九九〇年（七十九年）八月李霽野函。

十二月，行書寫「畫橋」、「綠杉」八言對聯贈沈秋雄。《書藝三集》（頁二〇）著錄。

畫橋碧陰明滿絕底。綠杉野屋好風相從。

款識：秋雄先生清囑。丁巳冬仲。靜農於臺北龍坡里。

鈐印：靜農無咎　歇腳盦

案：丁巳，民國六十六年。冬仲即「仲冬」，約當農曆十一月，該年農曆十一月一日爲國曆十二月十一日。

是年畫紅梅一幅。《逸興》（頁四八）著錄。

題字：背人偷折最高枝，清香滿袖，猶記畫堂西。

款識：蛇年靜者於歇腳盦

鈐印：酒後

案：蛇年爲丁巳年，民國六十六年。

作〈《明清名人法書》簡介〉，刊臺北聯經出版公司經銷之日本二玄社版《明清名人法書》別卷，收入《回憶臺靜農》。介紹「袁氏止於至善齋藏《明清名人法書》」「極為難得」的價值。要點有三：

《明清名人法書》所收共計約百人，皆通儒名臣文學藝術之士，其價值極為難得：一、法書所收者，皆非其詩文集中所能見到者。二、所書不僅為書者之精品，各有其風致。且各有其特異處，足見凡傳世之作，皆非信筆而成。三、亦足供後人多方面研究資料，其價值實居於學術藝術之間。

張大千七十九歲：選在臺北市士林外雙溪籌建「摩耶精舍」，作回國定居之所。在臺中舉行近作展。

莊嚴七十九歲：參加書法訪問團，赴韓國。編撰《中國書法》一冊，由復興書局印行。十月二十三日，為蔡元培先生書墓表。

民國六十七年　一九七八　七十七歲

一月，畫墨梅橫披。《逸興》（頁一〇四）著錄。

款識：蛇年戲寫　靜農

鈐印：臺靜農

案：蛇年爲丁巳，民國六十六年。年尾，農曆十二月，國曆當在六十七年一月間。

應施淑之請，行書寫龔定盦詩。《法書集》（頁五五）著錄。

九州生氣恃風雷，萬馬齊瘖究可哀。我勸天公重抖擻，不拘一格降人才。

款識：淑女弟屬書定盦詩　蛇年歲暮靜農

鈐印：定慧　臺靜農　靜者

案：蛇年，民國六十六年。農曆歲暮，國曆當在六十七年元月間。龔自珍（一七九二－一八四二），又名易簡、鞏祚，字伯定，號定盦等。浙江仁和（今杭州市）人。詩題〈己亥雜詩・過鎮江〉見《龔自珍全集》。

為筆者所編《中國文學史論文選集》，用行、篆二種字體題署。

案：筆者自民國六十五年開始在臺大夜間部中文系講授「中國文學史」課程。鑒於所見一般《中國文學史》多泛泛之論，未能深入探討，因選錄近代學者所著自先秦至清代有關中國文學史論文九十七篇，本年元月編爲四冊，交由臺灣學生書局出版。此書選用臺先生有關論文四篇，並承蒙指示選劉思培〈論文雜記〉編入選集，冠於書前，作爲全編總論。書歷二年編成後，請臺先生題署封面，得行、篆二種字體，行書用作封面，篆體印於內封頁。《選集》問世後，頗受學界重視，曾再三出版。七十三年秋，繼選三十篇，薈爲《續編》，仍用臺先生前署字體，翌年學生書局出版。

作〈《白話史記》序〉，刊翌年三月聯經出版公司初版《白話史記》，收入《龍坡雜文》、《散文選》。序文闡明《史記》今譯的「必要」和「古書今譯」的「刻不容緩」。要點如下：

（一）司馬遷的《史記》，「是先秦所有典籍無可相比的巨著」，「但因其文字古質」，現在「有能力讀此書的更少了」。（二）如能「將史記譯為今日通行的白話文」，當然是再好沒有，但又談何容易；而今竟以臺灣各大學文史教授六十餘人的集體力量、以兩年的時間完成之，不能不被視作是其策劃者許仁圖君和河洛圖書出版社的識見與膽量。（三）古書今譯不自今日始，佛教經典的翻譯、聖經的多種譯文即是有力的證據；即是太史公對《尚書》的引用又何嘗不是如此？要使中國歷史文化不專屬於少數學人的知識，古書今譯不僅最為切要，而且也是刻不容緩。

案：序末原注：「一九七八年一月於臺北龍坡里」，知爲出版前一年作。序文中，臺先生提出一個重要的學術觀點，即古書今譯之必要性與緊迫性。對此觀點持不同看法者，學界大有人在，其主要理由便是「以爲這樣會失去原文的意味。」對此，臺先生已據理加以糾正。

一、二月間，行草書鍾山遺老〈學圃歌贈鄧孝成〉。《特集》（頁八八）、《續集》（頁一四）著錄。

我為東湖樵，子學南山圃。相逢大道旁，雪涕問勞苦。我逢東青樹，再拜不敢斧。子有東陵瓜，屢潰秋淙雨。生事尚飢寒，吟詩作蒿堵。

款識：鍾山遺老〈學圃歌〉贈鄧孝威，兀傲可喜。丁巳歲杪，靜者書於臺北流寓。

鈐印二方：靜者　臺靜農

案：丁巳，民國六十六年，歲杪農曆十二月，當國曆六十七年一、二月間（一月九日至二月八日）。鍾山遺老及其作品待考。

二、三月，行草書唐人詩二首，贈臺北華正書局經理郭昌偉。《續集》（頁三）著錄。

琵琶起舞換新聲，總是關山離別情。撩亂邊愁聽不盡，高高秋月照長城。

秦時明月漢時關，萬里長征人不還。但使龍城飛將在，不教胡馬度陰山。

款識：戊午正月書唐人詩，昌偉先生雅囑，靜農於臺北龍坡里。

鈐印二方：靜者。臺靜農。

案：戊午爲民國六十七年，正月應是農曆，當國曆二、三月間（二月七日至三月五日）。二首皆唐王昌齡（開元十五年（七二九）進士）樂府詩。前者爲〈從軍行〉七首之二，後者爲〈出塞〉二首之一，並見《全唐詩》卷一四三，後者亦見《唐詩三百首》卷八。「人不還」，「不」當作「未」。郭昌偉，北京人，在臺北市羅斯福路三段經營華正書局，數十年來刊印古籍、出版新著，於古今書法作品，刊印尤多，可謂有功於學術發展。郭氏生長於故都，耳濡目染，氣質有異於一般書商。善畫山水，頗得臺先生欣賞，與學界人士多有交往並爲出版著作。臺先生《靜農書藝集》、《靜農書藝續集》等皆由華正書局印行。

著〈鄭羲碑與鄭道昭諸刻石〉，三月載《董作賓臺先生紀念刊》，收入《靜農論文集》。文分四節：一、鄭羲上、下碑。二、鄭道昭詩刻。三、鄭道昭的道家生活。四、結語。大要如下：

一、鄭羲，字幼麟，滎陽開封人。子道昭，字僖伯。羲死於魏孝文帝太和十六年，其後鄭道昭為光州刺史時，既刻羲碑於天柱山險絕處，又刻之於雲峰山。上碑在天柱山之陽，今流傳者，即刻於雲峰山之下碑。上碑簡而下碑繁，兩碑皆由門生故吏奉獻，後漢以來立碑風氣皆如此。鄭羲在當時只是容容自利的官僚，品德頗不堪，鄭道昭及其子孫顯係出於述祖的心理，欲藉名山好石，垂諸不朽，以洗刷其先人的醜諡。二、《魏書》道昭本傳云：「道昭好為詩賦，凡數千篇。」今雲峰山太基山鄭詩有五篇（論經書詩、觀海詩、飛仙室詩、仙壇詩、東堪石室銘），道昭詩賦集久佚，竟賴摩崖以存。三、鄭道昭是具有儒釋兩家思想的人物，既崇儒敦學，又崇道奉神仙。史傳僅記其崇儒的一面，而其道士生活則見於刻石。當其為光州刺史時，所作「登雲峰山觀海童詩」即大有飄飄然欲仙之意。於是指雲峰山某處為山門，某處為左闕，某處為右闕，皆有題記。四、據陸增祥《八瓊室金石補正》卷十四著錄，有關鄭道昭一人的刻石甚多，康有為《廣藝舟雙楫》以為雲峰山諸石皆道昭所書，其實大有可疑，我以為鄭義的上、下碑及所有題刻，必是道昭門下書家且不止一人所書，是以碑為故吏等所立，必另有寫者。

三月，隸書臨孟璇碑二四四字，贈明量。《書畫紀念集》（頁四五—四八）著錄。

款識：孟璇碑在雲南昭通南白泥井，光緒廿七年九月出土，移置城內鳳池書院。戊午二月始臨之於臺北龍坡，即奉明量兄存之。靜農

鈐印：澹臺靜農

案：戊午，民國六十七年。農曆二月為國曆三月。

以行書寫張大千〈大風堂名跡再版序〉。《書藝三集》（頁七三）著錄。

案：〈大風堂名跡序〉（初版）末署：「中華民國四十三年甲午九月，蜀人張大千爰，

時客三巴之摩詰城。」（《詩文集》頁一一三）再版序，首稱「甲子秋，余避地三巴之摩詰城，忽忽已二十餘年。」末署：「【民國】六十七年戊午三月，八十叟爰摩耶精舍。」（《詩文集》頁一三〇）四十三年初版至六十七年再版，相隔二十四年，故稱「忽忽已二十餘年」，「甲子」應是「甲午」之誤。臺先生寫再版序，末附記云：「原序文紀年爲四十三甲午九月」，此亦可證甲子係誤寫。是時大千居士移居巴西聖保羅市附近七十五里牟吉鎮（San Paulo Mogi），音譯改爲三巴摩詰。大千居士於六十七年三月作再版序，臺先生見序書寫，當在是年《大風堂名跡》再版後不久。

下旬，隸書寫梁任公集詞十一言聯。《法書集》（頁五六）著錄。

燕子不歸幾日行雲何處去，海棠依舊去年春恨卻來時。

款識：飲冰先生集詞：謝勉仲〈浪淘沙〉，六一〈蝶戀花〉，漱玉〈如夢令〉，小山〈臨江僊〉。戊午春分後坐雨。靜農於龍坡。

鈐印：歇腳盦　臺靜農

案：梁啓超號任公，自署飲冰室主人。戊午爲民國六十七年。春分，爲國曆三月二十至二十二日，「春分後」，當爲三月下旬。謝懋，字勉仲，洛師（在今河南省）人，以樂府知名，卒於南宋孝宗淳熙年間。有《靜寄樂府》詞七十五篇，〈浪淘沙〉有「燕子不歸花有恨，小院春寒」句。歐陽修，字永叔，晚號六一居士，北宋吉州廬陵人（今江西吉安縣），為北宋古文之宗師，著有《歐陽文忠公集》，其詞集〈蝶戀花〉有「幾日行雲何處去」句（一說為馮延巳所作）。李清照，號易安居士，濟南人，生於北宋神宗元豐年間，南宋高宗紹興年間卒，有《漱玉集》，〈如夢令〉有「試問捲簾人，卻道海棠依舊」句。晏幾道，字叔原，號小山，晏殊子，有《小山詞》，〈臨江僊〉有「去年春恨卻來時，落花人獨立，微雨燕雙飛」句。

著〈大千居士畫學〉刊六十七年五月一日臺北《藝海雜誌》三卷一期，收入《回憶臺靜農》。內容以廣闊的中國畫史作背景，論述張大千的藝術道路、風格及其「前無古人，下開百代」的貢獻。文分三節：

（一）縱論中國畫史：「我國繪事始盛於三唐，拓宇於兩宋」，「元四家」僅「映其餘暉」，「明世諸賢，創新意少」，「清之四王」，「都乏天趣」。——「明清之際」，唯「石濤、八大諸賢」乃「一世之雄」，餘則成頹風。（二）張大千的藝術道路：「大千居士始以石濤風格，力挽頹風」，又「力爭上游」，「法備眾體」，「集宋元大成」；以「宋元法度」，「未能畫大千之雄圖」，乃復「西去敦煌」，「親歷觀摩」「六朝隋唐勝跡」。故能成就其並世無兩「曠古之風格」，「足比尼山之學」，「有如日月經天」。（三）張大千的藝術創作、藝術風格及其偉大貢獻：「大千近年潑墨諸作，瑰偉奇異，尤前無古人，下開百代，舉世震駭，群倫懾服。」其風格「奇詭倜儻，變化無常」，「萬類畢羅，荒唐恣縱」，「寄興高遠」，似「與造物者游」。

夏明釗評述：「總觀全文，著者對張大千繪畫藝術的評價是極高的：比之爲孔子、比之爲日月、『畫史鉅子』中『實無第二人』。著者對『大千居士畫學』的原則概括有三：一是『集其大成』、『法備衆體』。二是其在繼承中有創造，如『潑墨法』。三是其師法造化的變化與神奇。以一篇短文研究和概括一代畫壇巨擘，汪洋恣縱、『萬類畢羅』的畫學，即使是學有所成的專家，也是望而卻步的事。臺氏卻能舉重若輕，其原因大概是：臺氏本人對中國畫史十分熟悉，且有非凡的識見，所以才能如數家珍、一語破的。臺氏與大千居士的交誼非同一般，既了解他的畫，也了解他的人，了解他的心性。臺氏還是一位氣魄雄大的人，同時也是一位大手筆，所以才能用春秋簡潔的筆法，以雄視千古的氣魄和眼光，寫出這等與大千畫相互輝映的文字來，令人讀了精神爲之一爽。結尾一句『老子其猶龍乎？』—更是神來一筆，不僅是一個絕妙的總結，亦見出其對友人的善意的調侃和祝頌。」（手稿）

案：此與隸書大千居士八秩壽序意旨文字大同小異，當爲壽序之稿本。

五月七日（農曆四月初一日），為張大千居士八十壽辰，臺先生撰壽序以賀，題曰〈大千居士吾兄八秩壽序弟靜農拜撰〉。《書藝集》（頁八四—一〇二）著錄。序稱其畫學造詣「整齊百家，集其大成，歷觀畫史，殆無第二人」。

……王摩詰以雅好自然之詩人，藻繪山川，寄情玄遠，遂開山水畫之宗風。兩宋承之，奇葩異彩，紛披藝苑，後人映其餘暉，猶能自燭者元四家是矣。明世諸賢，法古功深，創新意少。清之四王，刻意工巧，都乏天趣。……吾兄大千居士始以石公風格，力挽頹風，大筆如椽，元氣淋漓，景響及於域外。然後力追前古，摩詰而下，荊關董巨，莫不尋其源流，收諸腕底。又西去敦煌，浸饋於鳴沙石室三載，六朝隋唐勝跡，昔賢夢想未及者，盡得親歷而觀摩之。……世論吾兄起衰之功為五百年所僅見。余則以為整齊百家，集其大成，歷觀畫史，殆無第二人。故能手闢鴻濛，以與造物者游。籠天地於形內，挫萬物於筆端，詼詭瓌異，變化萬方，猗歟聖矣！（《靜農書藝集》）

案：序文，華山隸體書寫，六百零二字，見《書藝集》，嘗刊香港《大成》雜誌五十五期（一九七八年六月一日出版），臺先生自編《龍坡雜文》未收。行文散句雜駢偶，雅健閎深，不特呈現大千居士畫藝獨特成就，亦見中國歷代繪畫之演變，實爲一精要畫學史。

大千居士時正臥病在床，聽秘書唸此序，謙稱：「我實在慚愧得很，平日畫的都是別人要我畫的，其實那些畫都不是我內心真正想畫的。」（馮幼衡《形象之外》頁二一六，《全傳》頁五二二引同）。

案：臺先生早年隸書學〈華山碑〉、鄭石如，晚學石門摩崖。嘗書一聯云：「書學〈石門頌〉，圖觀《山海經》」。然爲人書寫碑誌，多用華山分隸，從民國五十三年董作賓墓碑，迄此壽序，暨其後剛伯亭獻辭（七十年）、李濟之碑（七十八年），皆取華山筆法，蓋其體整齊莊嚴，較合於金石，摩崖分隸恢弘放逸，適宜於清賞，故臺先生閒居臨摹或應求贈送者，以書摩崖分隸爲多。

又畫繁枝墨梅贈為賀禮，大千欣然，比為冬心之作，臺先生〈傷逝〉云：

每當他（大千）的生日，不論好壞，總畫一小幅送他，藉此表達一點心意，他也欣然。最後的一次生日，畫了一幅繁枝，求簡不得，只有多打圈圈了，他說「這是冬心啊！」他總是這樣鼓勵我。（《龍坡雜文》頁一二二）

案：「最後一次生日」是指大千居士八十歲五月七日壽誕。江兆申〈冰清玉潔〉文亦記其事：「張大千八十歲生日時，臺靜農先生送了一小幅墨筆梅花作賀禮，繁枝密朵，渾樸孤高，大千先生非常珍視此畫，掛在畫室的正壁，他對我說：『靜農墨梅，只有冬心最堪比擬。』」（《墨戲集》頁十）。冬心，金農號。金農（一六八七－一七六四），清錢塘人，字壽門，又號稽留山民。工詩善畫，畫以梅花及佛像爲最工，有《金冬心先生集》十四卷，別編有《冬心先生題畫記》（臺北學海出版社八十九影印本），其中〈畫梅題記〉有云：「畫梅需有風格，風格宜瘦，不在肥耳。」又稱「石門僧畫梅……密萼繁枝，孤詣獨絕。」「汪巢林畫繁枝，高西唐畫疏枝，皆是世上不食人間煙火。」是冬心固主張畫梅風格宜瘦不在肥，其實於繁、疏皆有所取。臺先生學冬心畫梅，亦各取其繁疏，不偏一端。此幅賀禮及其後題贈幺孫墨梅，大千稱曰：「此冬心也」（見七十九年），皆繁枝密萼，孤詣獨絕之作。

又〈贈大千兄口號〉詩，頌揚其繪畫成就：破鴻濛，起衰廢。

不煉金丹不坐禪，婆娑（原誤挲）老子地行仙，祇將禿管破鴻濛，振廢起衰五百年。

（《龍坡丈室詩鈔．龍坡草》）

案：「破鴻濛」論者謂當作「鴻濛破」，方合平仄。是年五月七日爲大千八十壽誕，臺先生以隸體書壽序以賀。（見前）其中所謂「起衰之功爲五百年所僅見……整齊百家集其大成，歷觀畫史殆無第二人，故能手闢鴻濛，以與造物者游。」與此詩後二句頌揚之語，幾無二致，頗疑此詩雖不以賀壽爲題，實亦有賀壽之意。詩、序殆同年一時先後之作，茲次賀序之後。

九月（秋仲），行草書李賀七絕詩三首。《特集》（頁三〇）、《續集》（頁八六）著錄。

長卿牢落悲空舍，曼倩詼諧取自容。見買若耶溪水劍，明朝歸去事猿公。

尋章摘句老雕蟲，曉月擋簾掛玉弓。不見年年遼海上，文章何處哭秋風？

斫取青光寫楚辭，膩香春粉黑離離。無情有恨何人見，露壓煙啼千萬枝。

款識：戊午秋仲書李長吉詩於臺北龍坡。靜農

鈐印三方：首行右上一方不清待辨。末行下鈐「淮南」、「靜農無恙」。

案：戊午，民國六十七年。秋仲，農曆八月，當國曆九月。李賀（七九〇—八一六），字長吉。七十年中秋前行草書李長吉詠僊人詩（見後）。此三詩之一、二首爲〈南園〉十三首之七、六首（見李賀詩集卷一），第三首爲題〈昌谷北園新筍〉（見同集卷二）。

九月，大千居士在臺北市士林外雙溪構築「摩耶精舍」落成，遷入新居。其在臺親友紛往慶賀，臺先生奉命為書「摩耶精舍」四字行書橫披匾額，懸於門楣。（《張大千研究》附三〈張大千年表〉）。

案：四字由右至左，後署「髯公命題，戊午秋仲靜農」。戊午爲民國六十七年。農曆「秋仲」，國曆應爲九月。大千遷居精舍，《全傳》作八月（下冊，頁五五二）、黃天才《五百年來一大千》作七月（頁四九），恐未是。臺先生四字行書，神光奕奕。約民國七十一、二年某日，筆者晉謁臺先生於「龍坡丈室」，談及書寫「摩耶精舍」事，臺先生謂四字「很神」，寫三次，第三次寫成，居士見之說：「這張好！」，遂定。四字影頁見本編前。原載《張大千臺先生手寫詩冊》。（七十七年臺北故宮出版）

秋，為臺大歷史系王德毅教授編《中國歷代名人年譜總目》行書題署封面。

案：王序於民國六十七年十一月十五日。序末云「臺師靜農教授……爲拙編賜題書名」，題署時日當在此前—本年秋。是書臺北華世出版社出版，八十八年元月增訂再版，由臺北新文豐出版社刊印，題署仍舊。

以篆字題《屈萬里七秩榮慶論文集》，十月臺北聯經出版。

案：《論文集》左下方行書署「戊午秋仲臺靜農題」，戊午爲民國六十七年。農曆「秋仲」應在九月。屈氏清光緒丁未三十三年（一九〇七）農曆九月十五日生（國曆十月廿一日）（見論文集附編劉兆佑〈屈萬里先生著述年表〉）。六十五年（一九七六）農曆九月十五日（國曆十月廿七日）爲其七十歲誕辰。《論文集》弁言稱：「六十七年農曆九月十五日」爲其七秩誕辰，與實際相差兩年。其所以推遲二年慶壽，殆由於六十五年屈罹重疾，慶壽有所不便，至六十七年七十二歲病稍癒，補行七秩之慶。六十七年農曆九月十五日，國曆爲十月十六日，翌年二月十六日，屈卒於臺大醫院，年七十三。

十月深秋，作〈佳人〉詩：

秋深驚落木，風定有餘哀。人壽非金石，佳人來不來！（《龍坡丈室詩鈔．龍坡草》）

案：此爲六十八年六月書以贈王叔岷先生詩第六首。首句言「秋深」知不得晚於六十七年秋。

大千女心沛于歸，書函以賀：

大千八兄賜鑒：欣聞月之良辰，沛姪于歸，以樂令之清嚴，知衛郎之蘊藉，百兩喧闐，三星耀天，未獲登堂，實深慚悚。此時向平未了，漫游已遍十洲。他日義之升床，真訣應傳一脈。弟交同骨肉，瑞彩同分，未展微儀，聊櫨寸箋。專此敬叩

儷福　弟靜農再拜

案：大千子女按其家譜排行爲心字輩。留在大陸有女名心慶、心瑞、心裕等，此「沛姪」當爲心字輩名心沛，爲四夫人徐雯波所出。據《大千年譜》參《全傳》，徐氏，成都人，一九二七年生，民國卅六年，廿一歲與大千（四十九歲）結婚（《全傳》以爲一九四八年民國卅七年八月新婚，恐未確）。卅八年國府撤退大陸，十二月上旬，大千攜畫軸、夫人徐氏抱幼女自成都來臺，旋赴香港。卅九年一月大千偕妻女赴印度，十一月夫人將臨產，回港，十二月生子名心印。由是以觀，徐夫人女心沛當生於卅七年或稍前。卅八年來臺約二、三歲。之後，大千赴巴西寓八德園，轉美居環蓽盦。民國六十六年五月大千率夫人、子女等離美，返臺定居。翌年八月遷居臺北士林外雙溪新建寓所「摩耶精舍」，直至七十二年（一九八三）四月二日八十五歲去世。據臺先函所謂「未獲登堂，實深慚悚」、「瑞采同分，未展微儀」諸語推考，疑大千嫁女在其回臺「摩耶精舍」落成以後，茲姑定六十七年冬，臺先生賀函作於張女出閣之後不久，張女時年將近卅歲。

秋冬，莊慕陵囑題卅多年前，其居華嚴洞時戴笠畫像，因作五律一首應命，詩題曰〈慕陵老兄，命題其居華陽（嚴）洞時畫像。華嚴洞在貴州安順縣，抗戰中慕陵守故宮文物於此，山上時見虎跡〉。

雲封華陽洞，寂寞守藏史，天寒飢虎嘯，月落千山死，時復動微吟，無那非與是，斗酒

謀諸婦，且了無生時。

附註：《莊子．至樂》：察其始而本無生，非徒無生也而本無形。王維詩：觀世得無生。（《龍坡丈室詩稿．龍坡草》）

案：慕陵，莊嚴字。在《故宮．書法．莊嚴》書中—《適齋詩草》部分有〈四十六歲初度有作即題戴笠圖後〉五律二首，其前序云：「廿六年抗日戰起，余由南京護運文物西去長沙，歲餘抵貴陽，翌年遷安順，以後遂定居是邦。至三十三年冬，日軍入黔，又倉皇入蜀。旅居黔省五載，時有所作，惜原稿均置南京笥中，未及攜出。只自題峨士為作戴笠圖兩詩寫於像上，因得抄錄於此。」又同書封面及內頁皆有莊慕陵戴笠畫像。內頁畫像下題款：「甲申之春三月為慕陵……畫像，抑志樓主峨士寫」。據此知慕陵命題畫像為甲申年，民國卅三年三月峨士所繪畫像。莊氏六十九年三月十二日去世，年八十二歲。其囑題畫像不得晚於六十七、八年。竊疑時在六十六年秋冬，臺先生作〈向莊慕陵乞杖〉詩後不久。茲假定為六十七年，則去繪畫像時隔卅四年。又慕陵以二十九年護送古物自貴州貴陽遷安順，居華嚴洞前後五載，作有〈自城中歸往華嚴洞舊居〉、〈讀書山華嚴洞即事〉等作。（見集頁一九一、一九二）。「華嚴」，臺先生詩題、詩句並誤作「華陽」。據莊慕陵四子莊靈稱：華嚴洞未有虎，言「虎嘯」乃卅三年遷居四川巴縣飛仙岩以後事，臺先生詩題、詩句云「虎跡」、「虎嘯」亦未得實，蓋將兩者混而為一而誤。(《詩集》頁六一，注四)。

十二月九日，臺大中文系兼任教授戴君仁(靜山)逝世，年七十八歲。廿二日，臺大中文系治喪會假臺北市第一殯儀館舉行公祭，臺先生撰輓聯並書：

三十年風雨過從，方期晚歲得閒鯤島，長為吟嘯侶；千百輩菁莪作育，更有鴻文淑世，梅園可繼古人書。(《戴先生逝世誄文輓幛彙集》)

案：臺先生年少戴先生一歲。臺先生卅五年來臺大任教中文系，戴先生卅六年八月來臺，翌年八月就任臺大中文系教授，與臺先生共事。自卅七年至六十七年爲三十年，因有「三十年風雨過從」之語。

公祭後，葬之於陽明山墓園。

喬大壯逝世三十週年，追思故友，十二月為文〈記波外翁〉事蹟。

案：喬大壯卅七年七月二日夜在蘇州投梅村河自沉，迄今爲三十週年。臺先生追思故友，因憶卅年前舊事撰成此文。歷敘喬大壯籍貫、年壽、出身、家庭狀況、學養經歷、爲人性格、藝文造詣，似有意爲之立傳。其中記喬之形貌「身短，頭大，疏疏的長鬚」，常聽到的口頭語：「是的，是的」，甚得史遷筆法風神。此文收入《龍坡雜文》，未僅署撰作年月「六十七年十二月」，至於刊於何處，年表不載，書目未列，有待查考。

是年，葉公超捐墨搨與故宮，副院長江兆申負責點收，發覺其中若干搨片文字語意不明，

乃請教於「靜老」，臺先生認為此為漢代死囚墓石，即所謂「髡黔」之意，江著〈龍坡書法〉云：

民國六十七年，葉公超先生捐了一批墨搨給故宮，其中有殘石搨片百餘張，上刻「某某死」、「年月日某某死此下」等等。是從來沒有見過的東西……去請教靜老……他說：「這是漢朝囚犯在牢獄中死後跟著下土的墓石，所以叫做『髡黔』。民國初年在洛陽北邙山一帶發現了一批，墨搨全教羅雪堂給買去了。……這批東西很難得啊！」回來翻檢，果然是羅振玉（雪堂）的舊物。……（《故宮月刊》八卷十一期，頁二二）

案：葉公超時為政務委員兼故宮博物院管理委員會委員。江兆申五十四年由葉公超等薦舉進故宮為副研究員，六十七年任副院長。葉氏捐贈，殆由江兆申接收。臺先生早年在北京（約十四年—廿五年）與魯迅均好收集石刻拓片。對歷代石拓流傳情形及各種拓本內容知之甚詳。又抗戰期間在四川白沙任職編譯館，曾涉獵漢代典籍，收集有關漢代社會史料（見前），故江氏持墨拓就教，臺先生一見便知其為何物。

行草書溫庭筠七絕詩四首。《特集》（頁二八）、《續集》（頁八三）著錄。

江海相逢客恨多，秋風葉下洞庭波。酒酣夜別淮陰市，月照高樓一曲歌。

冰簟銀床夢不成，碧天如水夜雲輕。雁聲遠過瀟湘去，十二樓中月自明。

細雨濛濛入絳紗，湖亭寒食孟珠家。南朝漫自稱流品，宮體何曾為杏花。

槿籬芳援近樵家，壟麥青青一徑斜。寂寞遊人寒食後，夜來風雨送梨花。

款識：戊午書溫庭筠詩於北龍坡。靜農。

鈐印三方：首行右上一方不清待辨。末行下鈐「淮南」、「臺靜農」。

案：戊午爲民國六十七年。溫庭筠（八〇一－八六六），本名岐，字飛卿，并州人。宰相彥博裔孫，工辭章，與李商隱齊名，號「溫李」。數舉進士不第，思神速，爲人做詩文，八叉手成八韻，號「溫八叉」。嘗爲方山尉，仕終國子助教。著名花間詞人。亦善詩，有詩三三九首。今傳有清顧嗣立《溫飛卿詩集箋注》九卷。此四首依次題〈贈少年〉、〈瑤瑟怨〉（並見詩集卷五）、〈春日雨〉（卷九）、〈鄠社郊居〉（卷五）。

張大千八十歲：八月「摩耶精舍」落成，遷入新居。十一月在漢城舉行畫作特別展。

莊嚴八十歲：七月再度參加書法訪問團，赴韓國。八月五日慶賀八十歲，國立歷史博物館在國家畫廊舉辦「莊氏一門藝文展」。

民國六十八年　一九七九　七十八歲

春霪雨，有感賦詩：

一春難得晴三日，帶雨拖泥蹀躞行，已分此心投碧海，又驚杜宇自聲聲。（《龍坡丈室詩稿．龍坡草》題〈春雨〉）

案：六十八年春王叔岷先生自星洲來臺居留四十日，六月離臺返星。臺先生書自作詩六首贈行（詳後）。詩無標題，依序為〈念家山〉、〈憶北平故居〉、〈少年行〉、〈春雨〉、〈學生登阿里山歸戲作〉、〈佳人〉。題記云：「錄呈近作小詩，藉知年來意緒」，據此，六首似是六十七至六十八年所作。前三首懷舊思鄉，均註明為六十四年作品（見前）。後三首，未註明年月，但可確定不得晚於六十八年六月以前，玆姑繫於此。

作詩題〈學生登阿里山歸戲示〉。

阿里峰回雲日寒，群兒爭喜到天關，何如泰嶽觀天下，滄海微茫丘垤間。（《龍坡丈室詩稿．龍坡草》）

案：此詩為書寫贈王叔岷先生詩六首之五。應是六十八年春，與〈春雨〉詩一時先後之作。臺先生六十二年八月自臺大教職退休後，受聘為輔大、東吳研究所講座教授。題稱「學生」殆是輔大或東吳研究生，旅遊阿里山歸來，報告觀感，臺先生以為阿里峰巒雖迴環可賞，但不如泰嶽之壯偉，似寓有故國之思。

書杜甫〈秋興〉八首長卷贈北京啟功。啟有〈龍坡翁書杜陵秋興八首長卷題後〉詩云：

杜陵鄉思繫孤舟，秋菊何時插滿頭，識得中華天地大，海壖一寸亦神州。（《啟功叢稿．詩詞卷》頁一九八）

案：此詩《啟功叢稿》次於一九九〇年後、一九九一年前，知為一九九〇年作。臺先生秋興八首長卷，當作於一九九〇年前。一九七九年臺先生有臨東坡黃州寒食詩二首贈啟功。秋興長卷疑亦是年或稍前所書，惟未詳為何字體。啟氏收藏二種，書藝集皆未著錄。

春過臺北青年公園，回想三十年前蕭明華遇害事，賦詩悼念：

荒木交陰怪鳥喧，行人指說是公園，忽驚三十年前事，秋雨秋風壯士魂。（《龍坡丈室詩稿．龍坡草》題〈過青年公園有悼〉）

案：詩題下注云：「日據馬場町刑場」，意謂今之青年公園為臺灣日據時代之馬場町，乃死刑犯行刑之地。據臺北市府府志記載及詢問今臺北市公園處楊某處長（九十二年七月二十日）。筆者並實地考察（九十二年）所得結果，確定青年公園並非日據時代馬場町刑場，而是日據時代南機場及練兵場。馬場町在其附近，約隔數百公尺，有跑馬場及刑場。卅八年國民政府遷臺後，南機場改為高爾夫球場，六十年代再改為青年公園。馬場町刑場，國府遷臺初期，仍用為行刑之地，雖與青年公園相隔不遠，但亦有相當距離，後築河堤隔開，馬場町在河堤外，刑場亦廢去不用。刑場今為高丘，立有紀念碑，有文記其自日據以來，用廢經過，臺先生詩以為青年公園即刑場殆據傳聞而誤。詩末所謂「壯士魂」，據臺益堅稱乃暗指蕭明華女士（參《詩集》頁五四，注一）。抗戰期間，蕭係四川白沙女師院學生，曾受業於臺先生及魏建功，來臺後與其夫于非任教於臺北師範學院，夫婦以匪諜嫌疑遭監視，于逃回大陸，蕭則遭逮捕，槍決於馬場町刑場。時約在民國卅八年，詩稱「忽驚三十年前事」，可推知詩作於六十八年。據筆者所知，鄭騫（因百）先生因溫洲街居所改建爲國宅，六十六年賃居於臺北市和平東路龍淵里，後因租期問題，房東不肯通融，被逼再遷租住於青年公園附近一棟公寓樓下。是年秋，溫洲街國宅完成，始遷回。臺先生殆於六十八年春節往訪鄭先生，因有機緣經過青年公園，回想三十年前往事而作此詩。

行書寫連雅堂〈過故居詩〉贈羅青夫婦。《法書集》（一）（頁五八）著錄。

海上燕雲涕淚多，劫灰零亂感如何。馬兵營外蕭蕭柳，夢雨斜陽不忍過。

款識：雅堂先生過故居詩，詩人羅青儷賞。馬兒年尾，靜者於臺北龍坡。

鈐印：臺靜農

案：據款識知作於馬年歲暮，即農曆六十七年戊午十二月，國曆當在六十八年一月。連橫（一八七八—一九三六）臺灣臺南人，字武公，號雅堂，又號劍花。曾任職《臺灣日報》、《臺南新報》「漢文部」，民國後入清史館。畢生致力於保存臺灣文獻。著有《臺灣通史》、《臺灣語典》、《臺灣詩乘》、《劍花室詩集》、《文集》等。

隸書集孔廟禮器碑七言聯贈陳夏生。《法書集》（一）（頁五七）、《書畫紀念集》（頁一

三九）著錄。陳夏生收藏。

熹獲秦觚稽古銘，舊傳周鼓為文石。

款識：偶書孔廟禮器碑集字，頗自熹。夏生姪視之，以為何如？戊午季冬，靜者於臺北龍坡。

鈐印三方：壯不稱臣老抱孫　靜農無咎　歇腳盦

案：戊午，民國六十七年。季冬，農曆十二月。國曆當爲民國六十八年一月。

一月間（戊午歲暮），行草書李義山七絕三首，《書藝集》（頁一二六）著錄。

荷葉生時春（水）恨生，荷葉枯時秋恨成。深知身在情長在，悵望江頭江水聲。

東南日出照高樓，樓上離人唱石州。總把春山掃眉黛，不知供得幾多愁。

永定河邊一行柳，依依長發故園春。東來西去人情薄，不為清陰減路塵。

款識：戊午歲暮，靜者。

鈐印：靜農無恙

案：戊午爲民國六十七年，歲暮農曆十二月一日（丙寅朔）至卅日，當國曆十二月卅日至六十八年一月廿九日。三詩應爲六十八年一月間書寫。皆李義山作品，依次標題〈暮秋獨游曲江〉（李詩卷中）、〈代贈〉二首之二（卷上）、〈關門柳〉（卷中）。第一首春下衍水字。

一、二月間，訪摩耶精舍觀大千新作〈春水游魚圖〉，題詩云：

妾食從容水一漚，萍風荇帶自悠游。此中大有相忘意，不犯驚波誤釣鉤。（《龍坡丈室詩稿・龍坡草》〈題大千游魚〉）

案：大千畫游魚圖，見《大千畫集》者：有（1）游魚圖（七集五十九圖，六十二年），（2）落花游魚（一集廿九圖，六十七年），（3）春水游魚（一集八十八圖，六十七年嘉平月），（4）清池游魚（二集六十一圖，六十八年春二月），（5）魚戲圖（閒看游魚戲落花，三集卅九圖，六十八年）。五幅游魚圖除（1）作於巴西八德園外，餘皆作於臺北外雙溪摩耶精舍。其中六十二年與六十七年所作兩幅構圖不同，而題詩用韻相同，措辭小異。前者題詩云：「踥藻吹萍結輩多，偶逢投食亂如梭，一生不識江河大，奈爾溝池撥刺何。」後者詩首句「結輩」作「逐隊」，末句「溝池撥刺」作「陂塘跳擲」。臺先生詩和其韻而作，難斷其爲何首。惟六十二年兩人相隔萬里，臺先生恐未必有機緣觀圖賦詩。六十七年張大千已回臺北定居於摩耶精舍，臺先生不時造訪，談詩論藝。觀題詩應是六十七、八年事。圖稱〈春水游魚〉殆《書畫集》編者所加。大千詩後題記云：「戊午嘉平月摩耶精舍涉事，八十叟爰。」戊午爲六十七年，嘉平月，十二月初一至卅日，當國曆六十七年十二月卅日至六十八年一月廿九日。臺先生觀圖賦詩當在六十八年一、二月，游魚圖完成後不久。

二月，應臺灣教育廳長劉真之命，作〈溥儒日月潭教師會館碑跋〉云：

心畬先生……欣然記其湖山建築之美。其文工麗，有徐庾風法，書則初唐遺韻。書後親奉白如曰：「此勿庸使侍史鈐印記，若彼輩知會向君索潤筆也。……」（節錄。影本文見《故宮月刊》一九六期，〈溥心畬傳〉頁一四二）

案：溥氏碑末署：「歲在壬寅春正月穀旦」。壬寅為民國五十一年。翌年溥氏逝世，臺先生題跋末署「己未元月」，己未為民國六十八年，上距溥氏之卒十六年。故跋尾有云：「歲月如流，先生逝世至今十六年矣」。劉真，字白如，民國三十八年至五十一間任師大校長暨臺灣教育廳長。溥碑今藏臺灣歷史博物館，文後有款無章，臺先生作跋言其緣故。溥所謂「侍史」指其夫人李墨雲。王家誠《溥心畬傳》云：「心畬晚年，印章幾乎全數控制在墨雲手中，沒有她蓋章，書畫不能脫手，有了圖章，可以收取心畬贈與學生及友人書畫的用印金。」（《故宮月刊》一九六期，頁一四三）溥為免李墨雲索潤金，故書成後親交與劉氏，臺先生跋文透露此秘，為藝壇增一趣事。

十六日，中央研究院院士、臺大中文系屈萬里教授逝世，年七十三歲。三月十日，在臺北市第一殯儀館景行廳舉行公祭，臺先生撰輓聯云：

神山飄邈，靈藥難求，卌載念交情，黌舍空悲失舊侶；經術弘深，儒林雅望，九原餘憾事，禮堂猶未定遺編。（《屈翼鵬先生哀思錄》頁一六八）

案：屈氏民國三十八年春應臺大傅斯年校長聘，任中文系副教授，四十二年升教授。講授「詩經」、「尚書」、「國學導讀」等課程。臺先生自卅七年任臺大中文系主任，至五十七年七月卸職，推請屈氏接任系務。二人相交三十年，聚會飲宴、談論笑謔，情誼篤厚。「卅載念交情，黌舍空悲失舊侶」，足見對故舊去世之沉哀。

三月，行草書葛長庚七絕詩。《書藝集》（頁七二）著錄。

僊翁夜來叩林壑，約我明朝過南岳。石壇對坐話松風，鶴唳一聲山明月。

款識：葛長庚詩，羊年二月靜者書於臺北龍坡。

鈐印：澹臺靜農

案：羊年己未爲民國六十八年，二月當國曆三月。葛長庚即宋人白玉蟾之原姓名，其詩出處待考。清金農（冬心）稱其善畫梅，梅枝類荊棘。棄家游海上，號海瓊子，詩亦清絕。（參《東心先生畫梅題記》）

四月，為應流先生行書寫宋人詩三首。《法書集》（頁五九）著錄。

銀漢無聲露欲垂，玉蟾初上欲圓時。清尊素瑟宜先賞，明日陰晴未可知。

人言落日是天涯，望極天涯不見家。已恨碧山相阻隔，碧山還被暮雲遮。

半記不記夢覺後，似愁無愁情倦時。擁衿側臥未欲起，簾外落花撩亂飛。

款識：己未春暮書宋人詩為應流先生清屬　靜農

鈐印：龍坡　臺靜農印　歇腳盦

案：已未爲民國六十八年。春暮，農曆三月，當國曆四月。

五月攜大千畫作「瓌玉寫照」至「摩耶精舍」請題，大千為題云：

戲為瓌玉寫照，殊不甚似。為目寒拾去，目寒又以貽靜農。靜農攜過摩耶精舍。目寒病久矣，予與靜農亦老境衰瑟，而靜農尚能飲酒健步，為可喜也。已未初夏。（《張大千詩文集卷七題跋》，頁一八四，又《全傳》頁五六二，王家鍼《張大千傳》五九《故宮月刊》二七〇期，頁一二二並引之）。

案：已未爲民國六十八年。初夏爲國曆五月。是年七月十六日午夜大千另有《題瓜茄圖》云：「憶作此畫時，已是四十五年前矣。時侍筆硯者爲李瓌玉，瓌玉，吳人也，舊寓瓮山湖，亂後不知所之。」（《張大千詩文集卷七題跋》頁一八七）。四十五年前爲民國二十三年，時大千寓北平頤和園聽鸛舘，李瓌玉時寓頤和園昆明湖，即所謂「瓮山湖」，爲大千侍筆硯女子。大千嘗畫李瓌玉爲「背插金釵圖」並題詩，以贈北平軍分會委員長何應欽將軍。（參《張大千傳》同前，頁一二二—一二三）張目寒所得「瓌玉寫照」轉贈臺先生者，乃另一幅畫像。張大千以民國六十五年正月回臺，暫寓臺北市仁愛路雲和大廈。買地建屋，準備定居。六十八年八月，新屋摩耶精舍落成，九月遷居。「瓌玉寫照」殆六十五年大千回臺後所畫。目寒卒於六十九年二月（見後），「爲目寒拾去」，目寒尚未病發，時或在六十五、六年。六十六年五月臺先生攜畫請題，云「目寒病久矣」。目寒發病（中風）殆在六十六、七年，其轉贈「瓌玉寫照」推測大約在其發病前後不久。

二十三日（己未端午前一周），隸書臨後漢〈衡方碑〉長卷一五九行，每行四字（末行二字）共六三四字，視清代古鑑閣藏本七九二字，少百餘字。《書藝三集》（頁二二五—三三四）、《書畫紀念集》著錄。

款識：己未端午前一周，臨〈衡方碑〉一通，龍坡靜者。

鈐印：臺靜農

古鑑閣藏本秦文錦題識云：「漢衡興祖碑渾厚精腴，且多奇古之趣。……碑中別體及借用字極多，經各家詮釋詳明，無俟贅述，惟第二十行第二字，自宋洪氏以來，均釋為『及』字，即讀碑精細如翁正三亦附和之。不知實『疚』字也。疚，病也。『憂疚退身』猶言『憂病而乞退也。』若認為『及』字不但字義牽強，文意亦晦澀矣。……甲子冬……秦文錦自題並識。」（見臺北學海出版社《漢衡方碑集聯》搨本）

案：衡方，字興祖，後漢桓、靈時代人。己未爲民國六十八年，端午節前一周約國曆五月二十三日，是日當是完成書寫之日。清秦文錦評此碑字體「渾厚精腴」，臺先生所書則瘦硬勁拔，與原跡甚不相同，款識所謂「臨」殆臨其文法，非臨其字體也。又秦氏謂「憂疚退身」四字，乃碑辭語。臺先生所書「疚」字仍作「及」，蓋所據非古鑑閣藏本，故未注意秦氏題識。

五月三十日，行楷寫沈秋雄集唐宋詞句十一言對聯。《書藝三集》（頁二二）著錄。

秋色連波，雁背夕陽紅欲暮。柔茵藉地，春來江水綠如藍。

款識：秋雄弟集詞：范仲淹〈蘇幕遮〉、周邦彥〈玉樓春〉、晁補之〈摸魚兒〉、白居易〈憶江南〉。己未端午，臺靜農書於臺北龍坡。

鈐印：臺靜農　靜者

案：己未爲民國六十八年，端午節五月五日，當該年國曆五月三十日。

又隸書寫沈秋雄集《六一詞》句十二言對聯。《書藝三集》（頁二三）著錄。

深院鎖黃昏，亂紅飛過秋千去。綠煙低柳徑，雙燕歸來細雨中。

款識：秋雄弟集《六一詞》、生查子〈蝶戀花〉、應天長〈采桑子〉。己未端午，臺靜農書於臺北龍坡。

鈐印：臺靜農　靜者

案：己未爲民國六十八年，端午節五月五日，當該年國曆五月三十日。《六一詞》，北宋歐陽修詞集名。

六月間（芒種後），隸書寫陶弘景〈答謝中書書〉，自「山川之美」至「自康樂以來」五十九字，末句「復有」以下七字，以小字行草書寫。《特集》（頁一七）、《續集》（頁一九）著錄。

山川之美，古來共談。高峰入雲，清流見底。兩岸石壁，五色交輝；青林翠竹，四時俱備。曉霧將歇，猿鳥亂鳴。夕日欲頹，沈鱗競躍。實欲界之仙都，自康樂以來，復（未）有能與其奇者。

款識：己未芒種後悶熱，靜農書於臺北龍坡。

鈐印二方不清，待辨。

案：己未，民國六十八年。芒種，一年廿四節氣中，第九節氣，時在農曆五月，國曆六月間。「實」下本有一「是」字，「復」下漏「未」字。此幅爲梁陶弘景（四五二—五三六）〈答謝中書書〉。弘景，字通明，丹陽秣陵（今江蘇江寧縣）人，好道術，愛山水，梁時隱居句曲山，梁武帝常前往諮詢朝廷大事，人稱之爲「山中宰相」。詩文善描繪山川景物，有《陶隱居集》輯本一卷傳世。謝中書名微（或作徵），字元度，嘗爲中書鴻臚，故稱謝中書。

六月初，為戴靜山先生作《梅園詩存》序，稱「詩境沖和閒靜，其蓄積之深且厚，粹然儒者之詩也」。

吾友戴靜山先生，昔年手寫梅園詩存百四十餘篇……皆渡海以來所作。詩境沖和閒靜一如其人，趙秋谷云：「詩人貴知學，尤貴知道。」讀靜山詩，則知其蓄積之深且厚，粹然儒者之詩也。今靜山既歸道山，志鴻夫人整理遺稿，得詩六十餘篇，乃其生前自定，將補入詩存者。此外又得若干篇，編為補遺。三十年流寓海上，教學養生之餘，寄憂勤於蕭散，其有不能已於言者盡在是矣。……己未端午後，弟臺靜農謹序於臺北龍坡。

（《戴靜山全集》三，《梅園詩存》）

案：戴君仁先生，字靜山，民國六十七年十二月九日逝世。己未爲民國六十八年。端午爲國曆五月卅日，端午後作序，當在六月初。此序《龍坡雜文》未收。

九日，王叔岷教授離臺返星洲南洋大學。行前，臺先生錄前作歐腳偈語一篇，詩六首行書寫為橫卷，末附墨梅，題記以贈。題記云：

與岷兄別來十二年矣，頃得小聚，又將離去，錄呈近作小詩，藉知年來意緒，靜農於臺北龍坡。

案：王氏《南園雜詠》記詩事五首序云：「離臺灣已十二年，己未暮春由星洲返臺……淹留四十日。……偶亦涉及吟詠，即此所錄，前四首絕句是也。回星洲後……復占悵望小詩一併記之，己未五月十五日（一九七九年六月九日）於南洋大學四餘齋。」王氏民國五十七年離臺，赴吉隆坡任教，六十一年元月十九日離職赴星洲，自五十七年至六十八年己未暮春返臺北，前後相隔十二年，留四十日回星洲當在農曆五月十日（國曆六月四日）前後。臺先生題記云：「別來十二年，又將離去，錄呈近作小詩。」時當在六十八年己未農曆五月初，國曆爲五月下旬或六月初。所謂「近作小詩」共六首，未標題。第一首爲「每過雲鴻思舊侶」詩，標題〈念家山〉，「己卯夏初」作（見《名家翰墨》十一期）。己卯爲民國六十四年。其次「十刹海邊憶故居」詩，題〈憶北平故居〉（《紀念文集》頁一一八）。其三「孤舟夜泊長淮岸」詩，題〈少年行〉（同前）。第四、五、六首「一春難得晴三日」標題〈春雨〉、「阿里峰迴雲日寒」標題〈學生登阿里山歸戲作〉。「秋深驚落木」標題〈佳人〉。云「近作」當在六十八年稍前作，又詩前錄寫〈歇腳偈〉十八語，爲應和哈佛大學楊聯陞（蓮生）教授〈迷金偈〉一文而作。（見前）原偈後記署：「癸丑重九」，癸丑爲六十二年。於此稱「癸酉仲秋蓮生兄寄示所作迷金偈」云云，「癸酉」乃「癸丑」之誤，贈作見《書藝續集》（頁卌一—卌五）。

八月，行書節寫曹植〈洛神賦〉卷。謝稚柳行草書封面。《法書集》（一）（頁六〇、六二）著錄。

款識：己未新秋，節錄〈洛神賦〉為木泉兄清賞。臺靜農於臺北龍坡。

鈐印：臺靜農　龍坡

案：謝稚柳行草題〈臺靜農書洛神賦卷〉八字於封面，另楊善深又繪洛神於謝書後。己未爲民國六十八年。新秋農曆七月，當國曆八月。

八、九月行書寫蘇軾前後〈赤壁賦〉贈迴堂（應流）。前賦見《法書集》（一）（頁七八—

七九）著錄；後賦見《書畫紀念集》（頁五七—六〇）著錄。

前賦款識：東坡之賦赤壁，超然意遠，讀之有天際真人之感。茲為迴堂先生書之，即希雅教。臺靜農於臺北。

鈐印二方：臺靜農　歇腳盦

後賦款識：己未秋七月，既為迴堂書東坡〈前賦〉，復書〈後賦〉，以奉教正，臺靜農於臺北龍坡。

鈐印三方：龍坡　臺靜農　歇腳盦

案：後賦款識「己未」，爲民國六十八年。是年六月閏，「秋七月」當國曆八月廿三日至九月二十日。據此知是年八、九月間先後書前、後〈赤壁賦〉贈迴堂。迴堂，應流號。其人待考。前賦有丙寅（七十五年，一九八六）李可染題「臺靜農書前赤壁賦」八字於其首。後有江兆申補圖，末有丁卯（七十六年，一九八七）冬謝稚柳、及戊辰（七十七年，一九八八）春徐邦春二人跋。謝跋言及江補圖及「應流先生出示」此賦云云。後賦亦有赤壁圖，圖右題款識云：「丁卯暮冬於笛音凝蜜室下李義弘書。」鈐印二方：「李義弘」、「在川」。在川，義弘字，翌年三、四月臺先生書五言聯以贈。（見後）據是可知丁卯（七十六年，一九七七）暮冬（十二月）後賦，李義弘爲之補圖，後爲澄懷館收藏。又丁卯（七十六年）五月（國曆六月），臺先生再書後賦，爲旅居溫哥華周澄收藏。（見後）

九月廿九日，行草書清嚴可均題明遺民董若雨詩。《特集》（頁一八）、《書藝集》（頁三四）、《書畫紀念集》（頁八五）著錄。

風景河山劫後灰，小庵豐草破書堆，只應淨掃興亡恨，安穩蒲團入定來。

款識：己未八月九日，嚴可均題董若雨《漏霜苕帚集》遺詩，龍坡靜者。

鈐印三方：首行右旁鈐「淮南」。款識左旁鈐「龍坡」、「靜者」。

案：干支年及月日。書於詩末行下，應是書字日期。己未為民國六十八年。「八月九日」應為農曆，國曆為九月廿九日。嚴可均（清高宗乾隆廿七年，一七六二—宣宗道光廿三年，一八四三），字景文，號鐵橋，浙江烏程人。嘉慶五年（一八〇〇）舉人，嘗官建德縣教諭。旋引疾歸，專意撰述，勤於校刊輯佚，嘗輯《上古三代秦漢三國六朝文》，俾與六朝文相接，著有《鐵橋浸稿》十三卷（首二卷為古今體詩）、（《清人文集別錄》頁三一四—三一五）。董若雨，名說，烏程人（明光宗泰昌元年，一六二〇—清康熙二十五年，一六八六），明遺民，著有《漏霜苕帚遺詩》，生平事蹟待考。《碑傳總表》（頁三五二）據《南潯志》錄其名字、生卒年。嚴、董時代相隔七八十年，嚴與之同鄉，得讀其遺詩，而題此作。詩寫亡國之恨，蒼涼悲壯。臺先生書寫此詩，正當中美斷交之後不久（六十八年元月二十日美承認中共），時臺島人心慌亂不安，多以為局勢岌岌可危，紛紛外逃，或移民美、加等國。臺先生殆身處此時，引發興亡之感，書此遺懷。

作〈《張大千巴西荒廢之八德園攝影集》序〉，刊一九七九年十月一日香港《大成》第七十一期，收入《回憶臺靜農》。內容主要記述張大千巴西八德園營建之經過及「如何寄情丘壑間」的藝術與人生的旨趣。序分四層：

（一）作序緣起：《攝影集》係王之一所作，「王君請序於居士，居士轉以屬余，余不能辭，以知居士不忍執筆故」。（二）張大千居士經營巴西八德園經過：居士於「己丑庚寅之際」「長離故國」，於巴西買得「一靜適地」，不辭繁難，「治園如作畫」，三十年始成，果然「水木清華，奇松怪石」；「園之雄渾絢麗處，或奇峭清逸處，莫不如其畫然」。（三）居士「遊憩於此園者二十年」：「居士磅礴其間，寫巨荷，寫山水」，或「席帽短衣」、勞作其間；每有「子猿潛來」，或是「宿霧未收」，居士「此時真物我兩忘也」。（四）居士痛失八德園：因巴西政府議開河渠，「園當其沖」，「居士三十年心血」，遂付洪流；吾人亦「以不能留華夏弘規於異域為可惜耳」。

夏明釗評述：「臺先生是書畫家，張大千又是他的老朋友；雖未親見八德園，『惟每侍居士燕閒，亦略知居士建此園始末』，這都是寫作此序的基本條件。序無論記事、寫景或寫人，皆言簡意賅、得其神妙；雖無〈滕王閣序〉之華美，卻頗有柳宗元、歐陽修之從容、曼妙而老練的風格。」（手稿）

十月，著〈北平輔仁舊事〉，刊翌年五月廿四日《聯合報》副刊，收入《龍坡雜文》、

《散文選》。時值輔大五十週年紀念，遂「回憶當時諸先生」，一則稱贊其對教育與學術之貢獻，一則為其相繼作古而嘆惋、傷感。大要如下：

本篇開頭三節主要介紹輔仁大學的創辦緣起、校址和名稱的由來及首任校長是陳援庵先生等事情；接著按系科回憶和記述「當時諸先生」。國文系主任余嘉錫博學嚴謹，不苟言笑，有《余嘉錫論學雜著》行世；史學系主任張星烺因病「不到四十歲，鬚髮皆白」，印有《中西交通史料彙編》一書。史學系鄧之誠以《古董瑣記》一書知名，「是書引據甚博，不失為雜學高手」。此外尚有《中國三千年史》等幾部著作。以書為性命的「東莞倫明」，是國內專力收藏清人著作的，「光頭蔽衣，極不修邊幅」，卻「頗多姨太太」。史學世家柯昌泗先生「記聞浩博，天資極高」，但「此君喜歡作官」。朱師轍先生「謙恭和易，乾瘦短小，說話滿口鄉音」，始終參與《清史稿》的撰述。輔大設美術系是「創舉」，系主任是溥伒，滿清皇族，且有貝子爵位，是「全能的畫家」。該系教篆刻書法的陸和九先生，「收藏拓片多而能鑑別」，「自言是蒙古皇族」。數學系教授常福元先生，「圓臉長鬚，肥短身材，步履從容，而和藹可親」；天文學家善講親身經歷的「恐怖」故事，又「善說笑話」。這幾位先生各有特異，被不拘一格的輔仁大學聘任教席，「是從大學範圍以外羅致來的」。「舊京」當年許多人材；「靠著微薄的薪俸以維持其生活，而將治學研究作為生命的寄託，理亂不聞，自得其樂，一旦被羅致到大學來，皆能有所貢獻。」又接著回憶輔大當年的「舊事」：由當時輔大編譯部憶及沈兼士先生主編的《廣韻聲系》。由「特別講座」憶及首次講座由「周作人先生講『中國新文學的源流』」。由輔大中文系的書籍憶及陳援庵校長按張之洞《書目答問》為範圍，收集書籍的主張。由南京教育部的來員視察憶及當年輔大行政工作的精練；由當年的輔大經費憶及英千里的道德才華和坎坷遭遇；「天性忠厚正直」，是輔大當局「最有力的助理」，卻從不居功自炫。曾獲得羅馬教廷的爵位，因參加地下抗日被捕而「受盡酷刑」，「然後長期監獄生活」，「歷經折磨」，「居臺灣二十餘年，室家遠離，心情孤寂，身體更加衰弱，以致促其天年」。文章最後一節寫自己與輔大的關係：因援庵師的薦引，「十八年入輔大為講師，二十年七月改副教授兼秘書」，九一八事變後返里離開輔大，於臺大退休後，又接到輔大聘書—回到了輔大。「今值輔大五十週年紀念」，憶此點滴，卻感慨良多。

張淑香〈鱗爪見風雅—談臺靜農先生的《龍坡雜文》〉：「這些奇特人物，充滿了吸引人的傳奇色彩。其背後實標識著一種無限開放寬容的精神，對學有專攻的學者完全以英雄論英雄，絕不拘泥於種種俗規陋見與小節。筆法恢詭跌蕩，實隱藏著許多今昔的感嘆，對教育與文化的深切關懷。」

夏明釗評述：「中國知識份子中致力於學術、文化和教育而自甘淡泊的那種傳統人文精神；英千里先生的那種卓特不凡的才幹、光風霽月的人格和他的命運多舛的遭際，在臺先生的筆下鮮活的呈現，久而彌新，令人難忘。」（手稿）

案：據本文第二節「十八年秋，輔仁大學成立」語，及末署「一九七九年（六十八年）十月」，恰合所謂「今值輔大五十週年紀念」。

十一月，畫直幅梅蘭圖枝繁花茂。《墨戲集》（頁卅八）著錄。

款識：靜者寫意，己未初冬於臺北龍坡。

鈐印四方：右上鈐「壁觀」。左款識下鈐「龍坡」、「臺靜農」。左邊最下端鈐「為君長年」。

案：己未為六十八年。農曆初冬，國曆為十一月。據此圖梅蘭之配及鈐印「爲君長年」觀察，似是爲賀壽而作。今年臺先生及其夫人于韻閑女士均爲七十八歲。是否爲賀其夫人七十八歲壽辰而作，有待細考。

中旬，行書寫阮籍〈詠懷詩〉卷六首。《法書集》（一）（頁六四、六五）著錄。鄭良樹收藏

款識：己未九月杪，坐雨書阮公〈詠懷〉於龍坡。靜者。

鈐印二方：龍坡　臺靜農印信

案：己未爲民國六十八年。農曆九月杪約在國曆十一月中旬。阮籍（二一〇－二六三），字嗣宗，阮瑀之子，陳留尉氏（今河南尉氏）人。曾因步兵營善釀，貯酒三百斛，乃求爲步兵校尉，世稱阮步兵。阮籍「竹林七賢」之一，與嵇康齊名。〈詠懷詩〉共八十二首，所書乃其中六首。

十一、十二月之交，行書寫惲格〈題畫詩〉七絕二首，以應大松囑託。《書畫紀念集》（頁七八）著錄。

東風吹滿綠楊煙，一樹啼鴉驚起眠。無數踏春春欲盡，高樓閒過杏花天。

為寫春風第一枝，錦帷日映弄晴絲。沉香亭北瑤臺下，猶憶清平最妙辭。

款識：己未冬初，書惲南田題畫詩，應大松先生清屬。靜農於臺北龍坡里。

鈐印：臺靜農印信　歐腳龕

案：己未，民國六十八年。冬初，農曆十月，爲國曆十一、十二月之交。詩第一首題〈署中杏花樓上得句〉，見《甌香館集》卷八；第二首題〈牡丹〉，見《甌香館集．補遺詩》。

作〈《六一之一錄》序〉，刊本年十二月十六日《聯合報》副刊，收入《龍坡雜文》、《散文選》。序文談老友莊慕陵的書藝道路及其書學體系，並揭示其才情、心性及書藝成就。要點如下：

（一）著者回憶說，他同莊的結交，是因為他們的共同朋友常惠。對莊的最初印象是：

「清瘦白皙，西裝懷錶，個子不高，走路頗疾，看似紈袴，卻不輕薄，年少而有長厚氣」。（二）莊初習書藝，是「天天早晨先練字，再作別的事」；每天都「臨薛稷的信行禪師碑」，「由薛入褚」，走著正規的學習書藝之途；而他之所以選擇褚書，實是受了兩位前輩—黃樹棻和趙世駿—的影響。後來他偶爾臨摹宋徽宗即「大有興會」的原因，正如陶宗儀《書史會要》所云「徽宗行草正書，筆勢勁逸，初學薛稷……」—兩人都取著同一的途徑；但莊成功的最大因素，「還是才性」：「看他懸筆高，下筆狠，行筆疾，大有輕騎快劍，一往無前之慨，這一境界卻不是人人所能達到的。」（三）莊的臨摹趙松雪，也是偶然，時值抗戰，慕陵寫趙以消遣，如此潛心三月，「竟能與松雪行神無間」；這「同他以薛法度寫瘦金，皆有證道的意義，因為兩人的楷書都原本初唐」。（四）慕陵是一個不知道「滿足」的人，其趣味廣泛，所以他又研習好大王碑；「此碑未到手前，慕陵為之寢食不安，既到手後，又為之騷動許多日」；每有求觀之友朋來，且須招待，「家人不免煩苦，而慕陵大樂」；後「偶作榜書，居然有大王雄風」。（五）「慕陵近來頗喜唐邕寫經碑及水牛山刻石，皆北齊人楷書而富古趣者」；「他以為習初唐諸公書久，易流為館閣體，如能配合以寫經碑的筆意與結構，則嚴謹之中雜以古趣」，即可展現一種「新境界」。（六）說明此書名：「六一乃慕陵六十一歲時仿歐陽修六一之義，亦以六一為名，惟其所謂六一者乃每日必定靜坐、打拳、散步、寫字、飲酒與其本人為六數，而其書藝則為六之一也。」

秋、冬，臺先生出示與二女所藏溥心畬山水畫三幅於鄭因百先生，鄭稱為精品，題詩六首，其中有「無愧稱三絕，端能集眾長」之語。

案：臺先生所藏者無標題。其女純懿、純行所藏分別爲〈雲影林光圖〉、〈秋山無盡圖〉。後者鄭詩附註云：「縱僅逾寸，橫達數尺」（《清晝堂詩集》卷五，頁一二八－一三〇）。臺先生撰〈溥心畬詩畫遺集序〉：「昔在北都與心畬從兄雪齋先生同事於輔仁大學，又因吾友啓苑北兄之介，訪之於恭王府。來臺後則時有文酒之會，談藝之樂。」案：雪齋名伒，心畬從兄。溥氏有〈題從兄雪齋秋江釣艇圖〉及〈壬午秋懷雪齋從兄〉二詩（並見《寒玉堂詩集》）。雪齋在北京有松風草堂，常招集書畫家談藝作畫。啓苑北，即啓功，與溥心畬誼屬姻親（其祖母爲溥心畬母之妹），民國十八年八月臺先生任北京輔仁大學國文系講師，二十年八月升任副教授兼校長秘書。二十一年十二月因故離職。臺先生在輔大與溥雪齋同事，又因啓功之介認識溥心畬，推其時間約在民國二十一年（見前）。溥心畬民國卅八年來臺，五十二年逝世。在臺十餘年與臺先生「時有文酒之會，談藝之樂。」彼此交誼深厚，此三幅精品自是貽贈臺先生及其女者，惟未能確定在何年，今據鄭氏自編繫年，二首爲六十八年己未作。是年夏，鄭始遷入溫洲街新居，題詩第一首有句云：「我南君巷北，垂老復爲鄰」，附註：「靜農居溫洲街北段，余居南段」，知觀畫題詩時在今年秋冬。

冬，長夜難寐，作〈夜〉詩云：

無明大夜難成寐，狐鼠穿籬折屋行，魑魅魍魎都見慣，老夫定定到天明。（《龍坡丈室詩稿．龍坡草》）

案：此詩似有寓意，作年不詳，姑繫此。

有感於時事，作〈腐鼠〉詩，有「不信人間有道窮」之句。

腐鼠功名侏儒淚，蝸蠻歲月大王雄，老夫一例觀興廢，不信人間有道窮。（《龍坡丈室詩稿．龍坡草》）

案：「腐鼠」喻輕賤之物，典出《莊子．秋水篇》，李商隱〈安定城樓〉詩有：「不知腐鼠成滋味，猜意鵷雛竟未休」之句（《李義山詩集》卷五）。蝸蠻意謂細事兩相爭，稱蝸角之爭，亦稱蠻觸之爭，典出《莊子．則陽》篇云：「有國於蝸之左角者曰觸氏，有國於蝸之右角者曰蠻氏，時相與爭地而戰，伏屍數萬，逐北旬有五日而後反。」白居易〈禽蟲十二章詩之七〉：「蟭螟殺敵蚊巢上，蠻觸交爭蝸角中，應似諸天觀下界，一微塵內鬥英雄。」（《白氏長慶集》卷七一）此詩首二句似取義於義山、居易。詩不著作年，未知因何而有「腐鼠功名」、「蝸角相爭」之嘆，茲姑繫此。

作〈題大千畫像〉詩云：

當年磊落振奇人，老去朱顏識道真，畫史伊誰起衰廢，眼中龍象髯絕倫。（《龍坡丈室詩稿．龍坡草》）

案：黃天才〈張大千自寫塵埃貌〉一文稱，一九七八（民國六十七）年，張大千八十歲在臺北有自畫像贈黃氏。黃時任中央日報記者，自日本東京來臺，回東京後，翌年春，黃攜畫像到臺北，請八十歲以上藝文耆宿爲之題詠。「得到高齡九十……張群（岳軍）先生題了象贊，……其餘還有四位，是八十七歲的丁治磐，八十三歲的陳定山，八十二歲的黃君璧，和八十歲的臺靜農。當時大千先生聞知此事，非常高興。」（黃著《五百年一大千》頁二〇八－二〇九）據此知臺先生此詩是應黃之請爲大千自畫像而作。張群題象贊時在六十八年夏，陳題詩稱「大千居士吾老弟，今年大壽八十一」（同上）亦作於六十八年，臺先生題詩當與張、陳所作同一年，不當晚至七十年，臺先生八十歲方爲題詠。六十八年，臺先生七十八歲，言八十歲，殆沿舊習，舉成數而言。

張大千八十一歲：一月參加香港「中國文化協會」舉辦「中國現代畫壇三傑（張、溥、黃）作品展」。

莊嚴八十一歲：罹直腸癌，身體日衰；然仍奮書四字聯「白鬚一把，赤血滿腔」。

民國六十九年　一九八〇　七十九歲

墨梅一幅。《特集》（封底內頁）、《續集》（頁九七）著錄。

款識：靜者寫於歇腳盦

鈐印二方：龍坡　靜者

案：七十年十月印行《特集》。此幅既見於《特集》著錄。繪畫時日不得至晚於七十年初，茲繫六十九年。

行草書七絕詩二首。《特集》（頁八）、《續集》（頁八四）著錄。

南陵水面漫悠悠，風緊雲輕欲變秋。正是客心孤迥處，誰家紅袖憑江樓。

綠暗紅稀出鳳城，暮雲宮闕古今情。行人莫聽宮前水，流盡年光是此聲。

款識：靜農

鈐印：靜農無咎　歇腳盦

案：此幅不詳年月，然見於七十年出版之《特集》，書寫當在此前，茲姑繫六十九年。前首詩題〈南陵道中〉，爲杜牧任職宣州期間所作（見《全唐詩》卷五二四）；後首詩題〈暮春滻水送別〉，韓琮作（見《全唐詩》卷五六五）。

行書寫七言聯。《書畫紀念集》（頁一六〇）著錄。施中庸收藏。

欲從月地參初佛，自據書城作寓公。

款識：庚申望。靜農書於臺北。

鈐印：淮南　臺靜農　龍坡丈室

案：庚申爲民國六十九年。望指月之十五日，上似脫月份，又七十一年夏，始改「歇腳盦」爲「龍坡丈室」，此鈐印疑有誤。

行草書五古一首十二句。《特集》（頁二九）、《續集》（頁四七）著錄。

海上游三島，淮南預八公，坐知千里外，跳向一壺中，縮地朝珠闕，行天使玉童，飲人聊割酒，送客乍分風。天老能行氣，吾師不養生，謝君徒雀躍，無可問鴻濛。

款識：靜農。

鈐印三方：首行右上鈐「歇腳盦」。「靜農」下鈐「靜農無咎」、「靜者白首攻之」。

案：此幅不詳年月，然見於七十年出版之《特集》，疑亦六十九年書。詩出處待考。

行草書王安石七絕詩一首。《特集》（頁一〇）、《續集》（頁八一）著錄。

隱隱西南月一鉤，春風落日澹如秋。房【櫳】掩半（半掩）無人語，鼓角聲中始欲愁。

款識：靜者

鈐印：首行右鈐「觀海者難為水」。末行「靜者」下鈐「臺靜農」。

案：此見《特集》，知爲七十年以前書，茲姑繫六十九年。詩爲王安石作，題〈送和甫至龍安暮歸〉，見《王安石全集．詩集》卷三十（頁一九五）。詩第三句落櫳字，倒二字，當作「房櫳半掩無人語」。

行草書南宋劉克莊〈過江西道中詩〉。《特集》（頁一三）、《書藝集》（頁五八）著錄。

派裡人人有集開，兢師山谷友誠齋。只饒白下騎驢叟，不敢勾牽入社來。

款識：此劉克莊〈過江西道中詩〉，不知爾時標榜江西詩派者視之如何？靜者。

鈐印三方：首行右旁上鈐「老夫學莊列者」，下鈐「靜農白首攻之」。款識下鈐「澹臺靜農」。

案：《特集》編成於七十年十月，此幅既見於《特集》，書寫當在此前，茲姑繫六十九年。劉克莊（一一八七－一二六九），字潛夫，自號後村居士，江湖派詩人，有《後村居士詩集》。

行書寫「歲寒草堂」匾額。《法書集》（一）（頁七二、七三）著錄。

款識：臺靜農

鈐印：臺靜農

案：匾額自右至左，為誰而書，待考。年代註明一九八〇。

行書寒玉堂聯語：「龍飛龜掣銅盤字，虎躍蛟騰石鼓文」。《特集》（頁四）、《續集》（頁二一）著錄。後又書此聯，見（六十九年九月）。

款識：上聯左「寒玉堂聯語」，下聯右「靜農書於臺北龍坡」。

鈐印三方：上聯右鈐「觀海者難為水」。下聯鈐「臺靜農」。另一方不清待辨。

案：此幅不記年月。然《特集》出版於七十年，既著錄於《特集》，書寫當在七十年以前，茲姑繫六十九年。聯語見《寒玉堂詩集．詩聯》（頁一三一，編號三六）。

師顏魯公筆意行草書唐詩人戎昱七絕一首。《特集》（頁一二）、《續集》（頁九〇）著錄。

漢將歸來虜塞空，旌旗初下玉關東。高蹄戰馬三千匹，落日平原秋草中。

款識：略師魯公筆意於臺北龍坡。靜者。

鈐印二方：靜農無咎。一方不清待辨。

案：此幅不著年月，然既著錄於七十年十月出版之《特集》，其書寫不得晚於六十九年或七十年初，茲姑繫六十九年。魯公，顏眞卿（七〇九—七八五）封號。眞卿字清臣，京兆萬年人，開元中進士擢第，曾爲平原太守，世稱「顏平原」。安史叛變，戡亂有功，官至吏部尚書、太子太師，封魯郡開國公。書法初學褚遂良，後得張旭筆法，又吸收南北朝以來各書家風格。論者謂其正楷端莊雄偉，行書遒勁舒和，開創「顏體」新風格，與柳公權並稱「顏柳」。書跡傳世有〈自書告身〉、〈祭侄文稿〉等。此首爲樂府詩，題〈塞下曲〉（下一作上）見《全唐詩》卷二七〇，又見《樂府詩集》卷九二，〈樂府雜題〉三。作者戎昱，荊南人，登進士第（一說未第）。代宗大曆年間歷佐江陵、湖南、桂林幕，衛柏玉鎮荊南，辟爲從事，有《戎昱集》五卷，《全唐詩》編爲一卷。《唐才子傳》卷三有〈戎昱傳〉（傅璇琮校箋），於戎昱事蹟有所考證可參看。

書石門摩崖集字聯：「漢陽嘉殘石」、「秦嶧山遺文」。《特集》（頁二三）、《續集》（頁卅六）著錄。

款識：上聯右「石門摩崖集字」，下聯左「靜農於臺北龍坡」。

鈐印二方：「臺靜農」。一方不清待辨。

案：此幅與「西北」、「春秋」一聯（《特集》頁二三）、（《續集》頁一五）當同年一時先後之作，出處見七十二年。

書石門摩崖集字聯：「南北成安平域」、「春秋書大有年」。《特集》（頁二二）、《續集》（頁一五）著錄。

款識：上聯右「石門摩崖集字」，下聯左「靜農書於臺北龍坡」。

鈐印《特集》三方：上聯右下鈐「觀海者難為水」，下聯左上鈐「靜農無咎」、「歇腳盦」。《續集》增二方，上聯左上鈐「不知老之將至」，下聯右下鈐「靜農無咎」。

案《特集》編成於七十年十月，此幅既見於《特集》，當書於六十九年前後。《續集》書法多取自《特集》，此幅《續集》鈐印多二方，當是七十年《特集》出版後增補者。

聯文出處見七十二年。

一月，為曾永義作〈《說俗文學》序〉，見六十九年四月聯經出版公司初版《說俗文學》，收入《龍坡雜文》、《散文選》。序文概略敘述中國近五十年來對民間文學漸趨重視和研究情況，認為兩千年來的中國文學「原是『雅』、『俗』兩大主流並進」，「而『雅』則又孕育於『俗』」。主要內容：

（一）「民間文學與古典文學有血緣關係」，「但民間文學之被重視，才是近半世紀的事」；對民間文學的研究之難，首先是資料的蒐集與整理，近五十年來的此項研究足資佐證，如顧頡剛關於〈孟姜女〉的研究、又如「敦煌變文」的研究，再如對在敦煌發現的有關唐代民間詞曲的研究等等。（二）「我們的文學，兩千年來原是『雅』、『俗』兩大主流並進」，「而『雅』則又孕育於『俗』的」。（三）《說俗文學》「大都運用了頗為豐富的資料，然後加以分析的」；對中研院史語所收藏的百餘種俗文學資料的初步分類的整理，「給研究民間文學者極大的方便」。（四）《說俗文學》的研究「有新觀念」，「運用的方法既新而正確」，如〈與人家國〉和〈從西施說到梁祝〉。

案：臺先生對民間文學興趣，由來已久，曾在二十年代中期回鄉搜集民間歌謠約二千多首，便是一例。曾永義研究民間文學、戲曲，時任臺大中文系教授。

二十一日，為臺北遠景版《地之子》作〈後記〉。

……先是香港劉以鬯從舊刊物輯得十二篇，在《明報月刊》作文介紹……接著柯慶明轉達白先勇的意思，希望印出來。……幾天後，遠景出版社發行人沈登恩竟將小說拿來，要我先看看，說先在《現代文學》上發表，然後印成單行本。

此十二篇中的前十篇，是在北平寫的，並曾編成集子名作《地之子》的，早就絕版了。後二篇〈大時代的小故事〉及〈電報〉是抗戰中重慶友人編雜誌逼出來的，其十篇中的九篇都是以我的故鄉為題材的，還保留些鄉土的語言。這次讀過後，使我有隔世感的鄉土情分。……最近無意中翻舊的東方雜誌，居然發現廿一卷十四期我用「青曲」筆名寫的〈負傷的鳥〉，昔年編小說集也沒有收進去，早經棄置了。我寫此篇於一九二三年，是我最早的一篇，因此也就附在這集子的後面。……臺靜農於臺北龍坡里九鄰，六十九年一月二十一日

案：民國十九年十一月印行短篇小說集《地之子》共十四篇（見前），除〈我的鄰居〉、〈白薔薇〉二篇外，其餘十二篇，均係劉以鬯輯自北京《莽原》半月刊。後記稱「十二中的前十篇」、「在北平寫的」、「曾編成集子名作《地之子》」似有誤。此集乃輯錄《地之子》十四篇中十二篇另加三篇而成，非《地之子》原篇目。此集六十九年五月初版，七十九年十月三版，臺北遠景出版公司印行。

二月下旬，老友監察委員張目寒逝世，年八十一歲。代張大千撰輓聯，辭意與張大千自作

者略同，未用。三月五日張大千來函云：

靜農老弟足下：目寒歿後，忽忽已十餘日，無時不在悲痛中，更無心緒作小詩哭之。昨日午睡夢見之，如在青城上清宮，猛驚悟，良知是夢。因喚內子同往一臨弔之，不意弟已先在，相對淒然，遂忘適間已書之聯奉告。頃者夢醒，內子乃告吾，弟於出門時，付與代撰輓聯，復增一慟，結語皆用人天二字，聯中辭意亦同。弟知目寒知爰與目寒同深，心靈於此相通也。爰所書者錄乞閱，如可用則不更書弟所代撰，千乞見告。三月五日午夜爰頓首。（樂恕人《張大千詩文集》）

案：是年張大千八十二歲，臺先生七十九歲。大千僅年長三歲，以老弟稱之，可見二人相交之密切。代撰聯，未用，當已佚失。張聯云：「春草池塘，生生世世爲兄弟；連床燈火，風風雨雨隔人天」（《張大千詩文集》）。

年初，友人北京大學中文系教授魏建功心臟病發逝世，二、三月聞悉，賦詩悼念：

每思不死終相聚，故國河山日月新，碧海燕雲空悵望，勞生總總已成塵。（《龍坡丈室詩鈔・龍坡草》）

案：詩題〈聞魏建功逝世〉，題下原注：「庚申正月」。庚申爲六十九年（一九八〇）。正月殆指農曆正月初一至卅日，當國曆二月十六日至三月十七日，詩當爲二、三月作。魏建功民前十一年（一九〇一）生，今年卒，年八十歲，江蘇海安縣人：民國十四年北大中文系畢業後在北大任教職。民國十一年九月臺先生進北大就學至十六年，與魏相識定交蓋在此時期。抗戰期間，民國廿九年建功至白沙女師院任教，卅四年抗戰勝利，魏來臺任國語推行委員會主任委員，臺先生因魏之薦，得於卅五年十月來臺大中文系任教，卅六年四月魏受聘為臺大中文系特約教授，創辦國語專修班，嘗經手從上海來薰閣訂購四部叢刊一套三千餘冊（見前）。卅八年後歷任北大中文系教授、系主任、副校長等職。著有《古音系研究》、《十韻匯編》等書。李猷〈臺先生遺詩〉評釋：「碧海謂臺灣，燕雲謂故都，朋友與舊遊之地，思念情殷，不覺賦此。」

作〈有感〉詩云：

時因炳燭消長夜，寂寞清尊醒醉間，一語語君君記取，老夫心事猶如環。（《龍坡丈室詩鈔．龍坡草》）

案：此詩不記年月，惟次於庚申正月〈聞魏建功逝世〉詩之後，殆亦同年作。李猷〈臺先生遺詩〉評釋：「此詩首兩句，臺先生自寫其晚年生活情況。往日過談時，總述其每晚必酒，以排心中鬱抑。然其學問好，涵養深，待人接物，靄然春風，人不知其心事也。末句用環字韻，環者，糾結縈繞、不可解之意，意亦可悲已。」此詩自言其夜飲遣悶，醒醉之間，心事難解如環。然亦有因酒癮發作而飲，嘗引清人詩云：「酒懷難遣是黃昏」。晚年有一段時期，習慣於午後五、六點鐘持盃獨酌，遇有訪客則共飲閒談軼事、趣聞（筆者曾遇到二、三次），常以炒花生米下酒，戲稱喝「花酒」。臺先生善飲，但言談舉止，從不及亂，朋輩友人以其酒品極高，或尊之為「酒聖」。

春，行書寫惲南田七絕詩二首：〈牡丹〉、〈飲顓菴太史拙修堂感舊四首〉其三。《書畫紀念集》（頁八二）著錄。弘廬收藏。

五花驄馬七香車，去看春風第一花。十里紅塵三月暮，朱闌翠幕是誰家？

客路悲秋白髮新，虛堂燈火話窮塵。醉中忽記傷心事，不忍當筵問主人。

款識：庚申春，書南田詩。靜農於龍坡。

鈐印：觀海者難為水。臺靜農。歇腳盦。

案：庚申，民國六十九年。二詩見《甌香館集》卷七。

三、四月間，集石門摩崖字，寫五言聯贈在川。《書畫紀念集》（頁一四六）著錄。李義弘收藏。

隸書隆漢石，高文尊楚辭。

款識：石門摩崖集字書，為在川先生雅屬。庚申春仲。靜農於龍坡。

鈐印：一食清齋　臺靜農　歇腳盦

案：庚申為民國六十九年。春仲，農曆二月，國曆三、四月間。五言聯乃《石門頌集》字，見清末秦文錦編集《漢石門頌集聯搨本》。在川，李義弘字。

暮春之初，書石門隸書聯文：「老子五千言道德」、「大令十三行法書」。《特集》（頁二五）、《續集》（頁一七）著錄。

款識：歲在庚申暮春之初。靜農於臺北龍坡。

鈐印三方：上聯右上鈐「觀海者難為水」。下聯左下鈐「靜農無咎」、「歇腳盦」。

案：庚申，民國六十九年。暮春之初，爲農曆三月初，國曆約三、四月間。大令指王獻之（三四四—三八六），字子敬。王羲之第七子，官至中書令，人稱王大令，工書，兼精諸體，尤以行草擅名。傳世書跡，以行書〈鴨頭丸帖〉、小楷〈洛陽賦十三行〉等最爲著名。或謂「十三行……即曹植〈洛神賦〉中一段，自『嬉』字起至『飛』字止，共計十三行，故又稱〈洛神賦十三行〉。」（《書法辭典》頁七）。據《文選》卷一九，曹子建（植）〈洛神賦〉自「攻遨以嬉」起至「若將飛而未翔」止，共百五十八字。大令楷書十三行，即此段文字。「嬉」字、「飛」字下當增句字，作「自『嬉』字句起，至『飛』字句止」，聯文出處待考。

四月五日後，行草書王維〈積雨輞川莊作〉贈張光裕夫婦。《法書集》（一）（頁七六）著錄。

款識：書王摩詰詩為光裕、瑞雲兩弟儷賞。庚申清明後，靜農於臺北龍坡。

鈐印三方：肖形印。靜者。臺靜農。

案：庚申爲民國六十九年。清明後即國曆四月五日後，〈積雨輞川莊作〉，亦見《特集》（頁一五）、《續集》（頁一〇）。（詳後）。

上旬（清明後），行草書寒玉堂聯語：「柳絮春波魚自樂，杏花微雨燕雙飛」。《特集》（頁六）、《續集》（頁三八）、《法書集》（一）（頁六八）著錄。

款識：庚申清明後書於臺北龍坡。

鈐印三方：上聯右鈐□待辨識。下聯左鈐「臺靜農」、「歇腳盦」。

案：庚申，民國六十九年。清明後當國曆四月上旬。聯語見《寒玉堂詩集．詩聯》（頁一四八，編號二四二）。

又行草書惲南田〈題竹石〉、〈桃林紫燕〉七絕二首。《特集》（頁十二）、《續集》（頁三九）著錄。

奇石蒼苔點墨痕，毫端濕翠灑秋空，長竿戲辨玲瓏影，半在靈丘煙霧中。

何處青青楊葉開，春風不入舊樓臺，桃花九陌無車馬，紫燕還從社日來。

款識：甌香館詩，庚申清明後靜農。

鈐印三方：首行右上鈐，待辨識。末行款識下鈐「臺靜農」、「歇腳盦」。

案：庚申，民國六十九年。清明後當國曆四月上旬。惲南田有《甌香館集》（見六十二年），二詩見卷七，第一首「墨痕」當從集作「墨濃」，此誤書。又「戲辨」集作

「細辨」此亦誤書。

下旬，行書寫七言聯語：「酒闌興發更張燭，簾垂茶熟臥看書」。《法書集》（一）（頁六九）著錄。

款識：庚申穀雨後，臺靜農於臺北龍坡。

鈐印三方：淮南。臺靜農印信。靜者手執。

案：庚申，民國六十九年。穀雨時在國曆四月十九至二十一日，穀雨後當爲四月下旬。

作〈《郁昌經先生書畫集》序〉，刊一九八〇年五月一日香港《大成》第七十八期，收入《回憶臺靜農》。序文著重述及郁昌經「治學之餘，篤嗜藝事」並「卓然有成就」的習藝道路。內容要點：

（一）介紹《書畫集》的印書緣起，是郁的子女為「君於病榻」而編印此書，孰料書未印就而「君竟長往」。（二）郁「以化學任教於臺灣大學十餘年，不幸積勞成疾，終至不起」。（三）郁公餘習藝，並卓然有成的道路和秘訣是：「刻苦練習」、「融會貫通」、「先書法而後繪事」。

六月中旬，書石門隸體聯文：「清谿匊水皆禪味」、「大戶分曹鬥酒兵」。《特集》（頁二七）、《書藝集》（頁五〇）著錄。

款識：庚申端午前。臺靜農書於臺北龍坡。

鈐印三方：上聯右上鈐「觀海者難為水」。下聯左鈐「靜農無咎」、「觀海者難為水」。

案：庚申，民國六十九年。端午前，國曆約六月中旬。聯文出處待考。

稍後，應大千居士之邀，赴摩耶精舍觀賞白蓮花，歸後行書寫寒玉堂聯文：「黃鶯隔葉啼春水」、「紫燕穿籬送落花」。《特集》（頁七）、《書藝集》（頁一七）著錄。

款識：上聯左小字行書：「庚申端午後，摩耶精舍白蓮開矣」。下聯左小字行草「靜農於臺北龍坡」。

鈐印三方：上聯右上鈐「觀海者難為水」。下聯左下鈐「靜農無咎」、「歐腳盦」。

案：庚申，民國六十九年，端午後當在六月。「摩耶精舍」大千居士寓所名，在臺北市士林外雙溪，六十七年九月構築完成，臺先生爲書匾額（見前）。六十九年六月端午後臺先生殆應邀前往摩耶精舍觀賞白蓮花，回歐腳盦後書此聯文以記其事。聯出《寒玉堂詩集．詩聯》（頁一四三）。

六月，臺北遠景出版社刊印《臺靜農短篇小說集》，共十五篇。書前收錄二篇評論，即一九七九年劉以鬯〈臺靜農的短篇小說〉及其後樂蘅軍〈無言的悲情—讀臺靜農短篇小說中悲運故事〉。概要如後：

劉以鬯評論：「臺靜農常常描述痛苦人生，使小說具有激動情緒的力量……也充滿悲傷的感情與陰暗的色彩。……在風格上受魯迅的影響，應該可以肯定。魯迅喜歡用數字作小說人物的名字，……臺靜農小說裡的人物也有不少以數目字爲名字的……不但沒有繁複的線索，而且能夠選擇適當的場景與具有代表性的人物，然後從小人物的小事件中，深刻地表現沒落社會的生活面。臺靜農對這些愚昧無知的小人物寄予的同情，常在小說中成爲抨擊黑暗現實的一種力量，他所寫的多數是人與命運的鬥爭。……儘管臺靜農『不太樂於』『靜靜地寫出』『人間的酸辛和悽楚』；……是個『先不想寫小說，後不願寫小說的人』。……自歉『沒有生花之筆』，臺靜農卻寫了一些優秀的短篇小說。他的短篇結構嚴密，極少浮文贅詞，題旨明確……不僅長於選擇題材，而且具有講故事的本領。……」

樂蘅軍評論：「臺先生在他故事裡表現的主要風格，是小說體裁中較少而且也較難造寫的一種沖淡簡約，而復有幾許沉鬱的意境。……小說中的情緒，其實是頗有一種溫和的節制。……自爲溫厚淡簡，似有微情深致，靄然於語言之外的。……透過作品所要喚起的情緒，是哀矜勝過於憤怒。所要提示的思想，是體驗勝過於批判。在重刊十五篇作品中，我們常可以看到始而不念終至於悲憫的這種筆意的轉變。……在題材上，……大致看出臺先生小說的主要趨向，是寫生活在鄉村小縣鎮中一些愚夫愚婦可哀憫的遭際。……臺先生小說的背景，應當就是一個典型性和代表性的古舊中國人居處的地方。……所呈現的人生事故，也就是一個具普遍性和典型性的人生事故。……幾乎是那無處不存在的黯淡角落裡，一個中國式傳統生活，和她卑微馴順的子民們的人生寫照。……作者靜觀這些角色常有一種不能自外於蒼生的天眞同情。……縱覽臺先生這許多悲運故事，其實他很少以追究和批判的意趣來談人生的。……悲運故事『無』言的意境……可以涵括著以下幾層：其一，悲苦之甚，超過了言說。其二，悲苦命運是無理可說。其三，悲苦是無可慰解，亦無所代價的。其四，悲苦是只有親受而無由讓他人來參說的。其五，悲苦是只有負荷而不事抗辯的。其六，悲苦是本然如是，而不待言詮的。其七，受苦者的卑微晦暗，似乎是不足言道的。其八，悲苦的意義，也是體現勝過語言的，這種種的無言，自然地展示出一個令人深致憐憫的悲情世界。……總之，人間萬狀，生存之苦辛，寫於筆端的有限，付之於渺冥者不盡。這是臺先生表現故事所給予讀者的一個大體印象。……」

作〈看了董陽孜書法後的感想〉，刊六十九年六月十八日《中國時報·人間》，原題上有「陽剛之美」四字，收入《龍坡雜文》、《散文選》。文中認為書法藝術貴在創新，書法同繪畫相輔相成、「兩者並無二致」。主要內容：

文章從陳老蓮的一則遺事談起，認為我們傳統的藝術教育觀念是極其有害的，因為它只「鼓勵臨摹」、不主創新、大類「邯鄲學步」的故事，而「陽孜是以青年而從事於書道藝術的，她沒有傳統觀念的拘束」，「從顏魯公入手」又「極盡變化的能事」，頗具「陽剛之美」。「陽孜本身是學藝術的，有繪畫天才」，而偏走向書法，實因書畫合流，「兩者並無二致」；這從她的「運筆如椽，力破整齊，水墨飛白，相映成趣，書邪畫邪？渾然莫辨」的書法藝術可以想見、可得印證。

夏明釗評述：「我頗驚訝於臺先生常能在千字短文中提出並證成一些較爲新鮮甚至是獨造的理論見解。考其故，除了表達（包括表達結構）而外，主要的有二點：一是他對問題的洞察力，如本篇談藝術創新，卻主張從突破「傳統的藝術教育觀念」著手，不僅是抓住了要害、而且是振聾發聵的。二是他堅持聯繫典型的事例，正因『感想』全由『陽孜所作』出發，所以才說服力強。」（手稿）。

應許仁圖之請，為其小說《鐘聲二十一響》作序，刊六十九年七月八日《中國時報·人間》，改題作〈鐘聲一響，一鳴驚人〉，收入《龍坡雜文》、《散文選》。序文肯定小說創作原則「寫你所熟悉的人物與故事」。主要內容：

「二十一響」是「臺大校鐘之數」；《鐘聲二十一響》中所寫的正是作者許仁圖「在臺大生活所接觸的人物故事」。小說中的「人物的突出性」和小說文筆的「流利輕快而不油滑」是其優點，寫自己「熟悉的人物與故事」更應是作家遵循的原則。「只要真實而不虛妄的，都是有意義的」。序文對小說也有所批評：小說中的人物，「其意態即有代表性也不大」，「我」是「一個也沒有遇到過」；「說知識可以改變人的質性」，是需「存疑」的；以今日而論，「有了知識，更助長其狡獪」的人似乎更多。

案：後天獲得無力「改變」人的先天「質性」，許是臺先生人生哲思的一個重要觀點；也該是序文裡的精采之處。許仁圖臺大哲學系畢業，經營河洛出版社，出版甚多學術論著及古代典籍，於學術頗有貢獻。後籌拍電影，自寫自編、自導自演，出品後，虧損甚巨，一蹶不振，書局亦結束營業。

作〈《早期三十年的教學生活》讀後〉，刊六十九年八月一日《傳記文學》卅七卷二期，收入《龍坡雜文》、《散文選》。文謂因讀楊亮功書中涉及的幾個歷史名人而起的聯想與補記，從而表達對這幾位老北大人物的「神往」之情，同時也顯現那一時代的「保守與進步相激盪最為劇烈」的一鱗半爪。主要內容：

作者於文末說：「讀了亮功先生所記北大的人物，為之神往，因就所知所聞，述之如此。」作者結合楊著所記的幾個「北大的人物」，「都是現代學術史上有影響的人物」：（一）劉申叔（師培）是楊亮功的老師，當時在北大講授「中古文學史」和「漢魏六朝專家研究」。「他一片天真，寄性命於簡冊，往往不自覺得墜落陷坑。他的夫人何震，又從旁牽引，使他不能自拔」。「申叔由革命黨人而端方幕府，而袁世凱的六君子之一，甚受時人譴責與惋惜的」。他顯然不能和「安心助桀為虐者並論」；他入北大，據說是陳獨秀向蔡元培推薦的結果。「至於獨秀，則始終關注申叔的生活的」。（二）黃季剛（侃）也是楊亮功的老師，當時北大「中文系新舊對立，主要表現為文言白話之爭」。而「攻擊白話文最烈的」則是黃季剛，他是章太炎的學生，他的作風也同他老師一樣，不僅拒受袁世凱勳章，且作詩嘲謔之。他對申叔極為佩服，申叔死，黃著有祭文，至為「沉慟」。（三）陳獨秀於抗戰中避居四川江津縣，「專力撰寫《小學識字教本》」，雖患高血壓症，「猶能深思著述，完全由精神支持」；陳獨秀於民國三十年逝世於江津縣的鶴山坪，沈尹默先生曾做詩悼之，中有「鶴坪樹老鶴不歸」云。（四）嚴幾道在亮功先生的著作中亦有記述，謂「嚴曾任安徽高等學堂監督，而且是被趕走的。」據《嚴幾道年譜》，他在安慶時年已五十四、五，「譯述文章，有大名於海內」，又與合肥吳摯甫先生「互相傾服」；在嚴任職安徽期間，「蕪湖皖江中學卻大放異彩」。一群青年學者而且是革命黨，如劉申叔、章行嚴、陳獨秀，都集於此校，聽說「曼殊和尚還來湊過熱鬧」；這局面雖短，卻是黑暗裡的一線光明，「風聲所樹，甚有影響。」

張淑香〈鱗爪見風雅〉：「……談到章太炎與黃季剛的特立獨行，……對行徑大不相同的劉師培也有特別的看法，……足見臺先生對人性的明察秋毫，不以一死標準量度天下人。……在寬容之中不失本身的耿介與清直。」

夏明釗評述：「『讀後』寫法多種多樣，感想與評論是其中常見的；此篇卻以聯想和補記的形式出之，別開生面。」（手稿）。

為莊伯和作〈《藝術見聞錄》序〉，刊六十九年八月七日《聯合報》副刊，改題〈中國人物造型美〉，收入《龍坡雜文》、《散文選》。此文主旨在通過對中國人物畫、圖案畫和雕塑三者的歷史演變，說明中國文化的民族遺產原是豐厚的，應予「發揚」，而「可悲的，我們不特未曾發揚，反而墮落。」要點如下：

（一）伯和近來常見於報刊上的關於中國「古今美術」的文字，雖是打雜，卻甚於專題，令人感到「作一個中國人的驕傲」！原來我們的「文化積累」，竟是如此之「厚」。（二）我們的文化積累「在今日世界上要首屈一指的」。只是我們「未曾發揚，也不曾保守，反而墮落」。例如我們的人物畫，「早在戰國時代便形成了寫實的風格」，於兩漢時呈顯著「蓬勃」，表現著「人物精神的活力的美，這是最高的藝術」。佛教東來後，宗教畫代替了「寫實的人物畫」，到了「大唐帝國，宗教畫也因之極盛」，吳道子即為宗教畫的大師之一，至於「另一面的寫實人物」，「都有一種凝重寬厚的氣象，都是生命力極強的」，反映了「大唐的新氣象」；「宋代，開始衰落，終至萎縮」，僅有一幅寫實的〈清明上河圖〉在表現「都市社會」方面，「前無古人」。再如中國的圖案畫，「早在商周時代已經達到高度的藝術了」，「紀元後隨著青銅器而沒落了」，而今是「好像只知抄襲西方」，是更其「不景氣」了。又如雕刻，「早在殷商時代就有了很好的基礎」，「直至兩周更加精美」，單是今所發掘的秦始皇時代的「戰馬猛士」「已足以震撼世界了」，此外龍門的造像、莫高的石窟等，皆堪為第一流的雕塑，但唐以後卻衰微了，而延續至今的民間宗教像和建築裝飾物，「以流為庸俗」。（三）看了《藝術見聞錄》，覺得「民族文化應該如長江大河」；永是不息的前行，而不能「凝滯不前」，應發揚，而不能保守，更不能墮落。

夏明釗評述：「魯迅說過，只有民族的，才是世界的。只有發揚民族的文化遺產，才能對世界文化有所貢獻。」（手稿）。

八月（秋前），擬孫過庭筆法，草書「義之往都」以下四十一字。《特集》（頁一〇）、《續集》（頁九一）著錄。

義之往都，臨行題壁，子敬密拭除之。縱書易之其處，私為不惡，義之還，見乃嘆曰：吾去時真大醉，乃內慚。

款識：庚申秋前，擬孫過庭法，略變其筆意。

鈐印二方：不清待辨

案：庚申，民國六十九年。秋前約國曆八月上旬。孫過庭（約六四八—七〇三以前），字虔禮，武后時官右衛胄曹參軍，擅長草書，工於用筆，作有《書譜》，墨跡有〈草書千字文〉等。

八月（初秋），行草書臨古法帖五則。《書藝三集》（頁三七）、《書畫紀念集》（頁一一二、一一三）著錄。

丙戌夏孟，雨霽時和，作詩二首，誦左傳廿七葉，同九舅碧雲披觀書史，時嚴瑩感先生過我茅舍，以良紙求書，為之摹古覽字，學遊陟以擬回筆端也。

元子小改相次發二五舊大云，何頓多日不醒，憂煎無復，聊賴未知。今復云愁心悶氣，早遣元子遠報，前恐須錢，因便省上二千，若未得祿貸，充赴急用也，指此不至。

遂良頓首，得六月八日報書，聞途中侍奉安佳為慰。道州近還至東畿，氣體小不寧，承與醫療，已即平復，彌深感慰。遂良自南遷以來，每思白首之年，孤奉國恩，觸室成悲，何言可喻！因高崔二侄歸白此，褚遂良再行。

真卿一行，昨自江淮，日移百里，本期奉見，以慰遠別。瘦於道路，且止數昔，但深攀仰耳。

筠和南至節過念，哀慕深至，情不可任，寒凝，道體何如？想比清豫。弟子羸劣，每恐聊弊，何理眷清動腳，此日來敘遣白王筠和南。

款識：庚申七月初秋，酷熱不可堪。

鈐印二方：臺靜農　龍坡丈室

案：庚申，民國六十九年。七月初秋約國曆八月。七十一年夏始改「歇腳盦」爲「龍坡丈室」。此年不當有此稱，鈐印疑有誤。

又行草書王維〈積雨輞川莊作〉。《特集》（頁九）著錄。

積雨空林煙火遲，蒸藜炊黍餉東菑。漠漠水田飛白鷺，陰陰夏木囀黃鸝。山中習靜觀朝槿，松下清齋折露葵。野老與人爭席罷，海鷗何事更相疑。

款識：庚申新秋，書王摩詰〈積雨輞川莊之作〉。靜農。

鈐印：臺靜農　者回折了草鞋錢

案：庚申，民國六十九年。新秋約當八月。款識標題「莊」下衍「之」字，《王維集》、《全唐詩》、《唐詩三百首》均無「之」字。

行草又書王維同題詩。《特集》（頁一五）、《續集》（頁一〇）著錄。

款識：靜農

鈐印二方：首行右上鈐「一食清齋」。末款識「靜農」下鈐「臺靜農」。

案：此幅大字三行，末行「清齋」下「折露葵」至「更相疑」十七字，字體較小，分二行書寫。不著年時，無標題，疑與前幅一時先後所書。此幅款識簡略，或先書此幅，不愜意，再書另幅。

行草書聯文「秋風古道題詩瘦」、「落日平原縱馬高」。《特集》（頁五）、《續集》（頁

十六）著錄。

款識：庚申新秋，靜農於臺北龍坡。

鈐印三方：上聯右鈐□不清。下聯右款識下鈐「靜農無咎」。又鈐□不清，待辨。

案：庚申爲民國六十九年。新秋約當八月。大千居士有贈陳鐵珊對聯二幅。其一云：「落日平原縱馬」，「秋風古道題詩」（《張大千詩文集》卷五《聯文》頁八）。此幅據之，上下對調，末各增一字，似青出於藍，成爲佳作。

臨漢銅器銘文分隸自「陽泉使者」至「傳舍啬夫兑」四十八字及篆法「乘輿」以下二十三字。《特集》（頁三）、《續集》（頁二〇）著錄。

陽泉使者舍薰廬，一有股及蓋，並重四斤。一五年。六安十三年正月乙未。內史屬賢造。洛陽付守長則丞善。掾勝。傳舍啬夫兑。

乘輿御水銅鍾容一石，重四斤半。建平四年十一月長市造。

款識：右漢銅器銘文，前者八分，與石門摩崖近似；後者篆法，以方勁勝。庚申新秋，靜農於臺北。

鈐印二方：臺靜農印信　歇腳盦

案：庚申，民國六十九年。新秋約當八月。二種銘文，不同字體，應是兩種銅器。後者建平爲前漢哀帝年號，四年爲西元前三年。前者「六安十三年」，未知何時。二銘出處待考。

下旬（七夕後），行草書杜牧七律一首。《特集》（頁三一）、《書藝集》（頁七〇）著錄。

天漢東穿白玉京，日華浮動翠光生。橋邊遊女珮環委，波底上陽金碧明。月鎖名園孤鶴唳，川酣秋夢鑿龍聲。連昌繡嶺行宮在，玉輦何時父老迎。

款識：庚申七夕後，靜農於臺北。

鈐印三方：首行右鈐「觀海者難為水」。末行款識下鈐「臺靜農」、「歇腳盦」。

案：庚申為民國六十九年。七夕當國曆八月廿五日。其後一、二日為八月廿六、七日。

詩爲杜牧〈洛陽長句二首〉之二，見《全唐詩》卷五二一。

八、九月，讀吳梅村詩，以石門摩崖隸體書其中兩句：「石鼎支茶灶」、「匡床挂瘿瓢」。《書藝集》（頁一一）著錄。

款識：上聯右旁小字行書「庚申清秋讀吳梅村詩，書其兩語」，下聯左中小字行書「靜農於臺北龍坡」。

鈐印：淮南　臺靜農

案：庚申六十九年。清秋約在八九月。梅村，吳偉業（一六〇九－一六七一）號，明太倉人，崇禎四年進士，官至翰林院編修，明亡家居，康熙時出任國子監祭酒，長於詩，有《梅村集》，詩十八卷，詩餘二卷，此所引二語見《梅村詩集》。

致函王叔岷先生，於其治學辛勞，有所勸戒，王作〈答靜農兄〉一詩云：

莊周固可慕，楊朱更可師，靜農傳尺素，勸我當如斯。並言歲月悠，胡以自苦為，吾友信達人，行樂能及時。卅載好詩書，嗟我誠自苦，著述雖等身，於世竟何補。真情與真知，難與流俗伍，靜夜月窺窗，素琴喜獨撫。（王著《南園雜詠》）

案：據《雜詠》序，知是集爲六十一年（一九七二）至六十九年（一九八〇）所作，是時王任教新加坡大學，居南園慕廬。六十八年暮春王先生返臺北留四十日，詩函往返，當在王返星之後，殆在六十八、九年秋。

九月，行書寫寒玉堂七言聯語：「龍飛龜掣銅盤字，虎躍蛟騰石鼓文」。《法書集》（一）（頁七四）著錄。黃苗子收藏。

款識：寒玉堂製聯文。庚申秋仲靜農於臺北。

鈐印三方：靜者白首攻之　臺靜農印信　歇腳盦

案：庚申，民國六十九年。秋仲，農曆八月，即國曆九月。另書此聯，見前。

又行書寫黃節詩七言律、絕各一首。《書畫紀念集》（頁九五）著錄。澄懷館收藏。

曼衍魚龍過此宵，靜觀縮手詎無聊。春寒被酒難成醉，樂事逢辰直甚囂。暝想黃農終竟沒，坐聞琴瑟再三調。看渠長夜漫漫裏，倘是喧騰勝寂寥。

潑墨揮毫別有神，北碑南帖辨尤真。幽梅近憶梅源路，獨以書名屬此人。

款識：蒹葭樓詩。庚申仲秋書於臺北龍坡。靜農。

鈐印三方：「定慧」。「臺靜農印信」。「歇腳盦」。

案：庚申，民國六十九年。仲秋，農曆八月，即國曆九月。黃節（一八七三—一九三五），廣東順德人。蒹葭樓，其書齋名。早年師事簡朝亮。曾辦《政藝通報》、《國粹學報》等。一九一七年起任北京大學教授。一九二八年一度出任廣東教育廳長，旋辭職，復任教於北大。一九二九年兼任清華大學研究院導師。一九三五年病逝。著有《黃史》、《詩旨纂辭》、《詩學》、《詩律》、《曹子建詩注》、《謝康樂詩注》、《鮑參軍詩注》等。生前曾自編《蒹葭樓詩》二卷，存詩四百二十多首。此二首題：〈元宵觀劇作〉、〈為胡夔文題戴鷹阿山水畫冊十二首〉之八，見《蒹葭樓詩》卷一。

廿一、二日（中秋前），擬歐陽詢行書〈張翰帖〉九十八字。《特集》（頁一九）、《續集》（頁四五）著錄。

張翰，字季鷹，吳郡人，有清才，善屬文，而縱任不拘，時人號之為江東步兵。後諳同郡顧榮曰：「天下紛紜，禍難未已，夫有四海之名者，求退良難。吾本山林間人，無望於時，子善以明防前，以智慮後。」榮執其手愴然。因見秋風起，乃思吳中蓴菜鱸魚，遂命駕而歸。

款識：歐陽詢書張季鷹事，戲擬之。庚申中秋前，靜農於臺北龍坡。

鈐印：靜農無恙　歇腳盦

案：庚申，民國六十九年。中秋爲國曆九月廿三日。其前殆在廿一、二日。歐陽詢（五五七－六四一），字信體，潭州臨湘（今湖南長沙）人，歷任太子率更令、弘文館學士，封渤海縣男。精書法，初學王羲之及北朝劉岷書，後變其體，勁險刻厲，平正中見險絕，自成獨特風格，時稱「率更體」又稱「歐體」。碑刻有正書〈九成宮醴泉銘〉，行書墨跡有〈張翰帖〉、〈卜商帖〉等。此幅所擬即〈張翰帖〉，拓印本見《中國行書名帖精華》（頁卌一－卌四）共計九十九字，此幅所擬與拓本墨跡略有差異。「無望於時」，「無」下拓本衍「防」字。「子善以明防前」，拓本無「防」字，當係漏書，蓋「以明防前」與下「以智慮後」對文。「榮執其手愴然」，拓本無「手」字，亦漏書。「愴然」下，拓本有□字，不清。「命駕而歸」下，拓本有「一」字，下似有脫文。

又行草書橫披義山詩七絕五首。《特集》（頁一六）、《續集》（頁四二、四三）著錄。

竹塢無塵水檻清，相思迢遞隔重城。秋陰不散霜飛晚，留得殘荷聽雨聲。

六曲連環接翠帷，高樓（酒）半夜酒醒時。掩燈遮霧密如此，雨落月明俱不知。

十二樓前再拜辭，靈風正滿碧桃枝。壺中若是有天地，又向壺中傷別離。

遠書歸夢兩悠悠，只有空床敵素秋。階下青苔與紅樹，雨中寥落月中愁。

嵩雲秦樹久離居，雙鯉迢迢一紙箋。休問梁園舊賓客，茂陵秋【雨】病相如。

款識：庚申中秋前書義山詩，靜農。

鈐印：靜農無恙　歇腳盦

案：庚申，民國六十九年。中秋，國曆九月廿三日。其前殆在廿一、二日。第二首次句衍「酒」字。最後一首末句「茂陵秋」下漏「雨」字。五首詩題依次爲：〈宿駱氏亭寄懷崔雍崔袞〉、〈屏風〉、〈贈白道者〉、〈端居〉、〈寄令狐郎中〉。

稍後，又行書寫楊萬里〈竹枝歌〉三首。《書畫紀念集》（頁一〇一）著錄。

船頭更鼓恰三槌，底事荒鷄早箇啼。戲學當年關度客，且圖一笑過前溪。

月子彎彎照九州，幾家歡樂幾家愁。愁殺人來關月事，得休休去且休休。

幸自通宵晚更晴，何勞細雨送殘更。知儂笠漏芒鞋破，須遣拖泥帶水人。

款識：楊誠齋竹枝歌。庚申中秋後，書於臺北龍坡，靜農。

鈐印：歇腳盦　臺靜農印信　歇腳盦

案：庚申，民國六十九年。中秋國曆九月廿三日，故繫於此日之後。楊萬里，宋吉水人，字廷秀，紹興進士，調零陵丞。孝宗時召國子監博士，後以寶文閣待制致仕，進寶謨閣學士。寧宗朝韓侂胄用事，築南園，屬萬里爲之記，許以掖垣，萬里曰：「官可棄，記不可作。」及家居，侂胄專譖日甚，萬里憂憤成疾。會族子言侂胄用兵事，萬里痛哭失聲，呼紙書其罪狀，又書十四言別妻子，擲筆而逝，年八十三，謚文節。光宗嘗為書「誠齋」二字，學者稱「誠齋先生」。有《誠齋易傳》、《誠齋集》、《誠齋詩話》。〈竹枝歌〉見《誠齋集》卷二八。

廿四、五日（中秋後），行草書宋人小詩七絕三首。《特集》（頁二二）、《續集》（頁四六）著錄。

愛山不買城中地，畏客長撐屋後船。荷葉無多秋事晚，又隨鷗鷺過殘年。

來時秋雨滿江樓，歸日春風度客舟。回首荊南天一角，月明吹笛下揚州。

紫山青嶂畫如家，負日銜煙帶晚霞。今古乾坤秋一幅，幾番歸鳥與栖鴉。

款識：宋人小詩，庚申中秋後坐雨，靜農於臺北龍坡。

鈐印三方：首行右鈐「靜農□□」。末行下鈐「臺靜農印信」。「歇腳盦」。

案：庚申，民國六十九年。中秋當國曆九月廿三日。其後約在廿四、五日。第一首詩題〈西湖晚秋〉南宋葉靖逸作。後二首，出處待考。

又行草書李太白〈秋下荊門〉詩。《特集》（頁三〇）、《續集》（頁八七）著錄。

霜落荊門煙樹空，布颿無恙挂秋風。此行不為鱸魚膾，自愛名山入剡中。

款識：庚申中秋後，書太白詩於臺北龍坡。

鈐印：臺靜農　靜農無咎

案：庚申，民國六十九年。中秋當國曆九月廿三日。其後書此詩殆在廿四、五日。詩見

《李白全集》卷廿二。「煙樹」集作「江樹」、「膾」集作「鱠」、「颿」集作「帆」，字通。

是秋，隸書題《戴靜山全集》，又以行楷為題其中論著《中國文字構造論》、《閻毛古文尚書公案》、《春秋辨例》（全集第一集），《梅園論學續集》（第二冊），《梅園論學三集》、《梅園論學雜著》（第三冊），另以隸體及行書題《梅園詩存續編》、《補編》及《梅園外編》。

案：《戴靜山全集》共三冊，收論著十種。其中《談易》、《梅園論學集》、《梅園詩存》三種，係戴先生生前自署。《全集》以是年九月出版，臺先生題署當在此前不久，茲定是年秋。

九、十月間（仲秋），行草書白石道人詩七絕五首。《特集》（頁二〇）、《續集》（頁四四）著錄。

笠澤茫茫雁影微，玉峰重疊護雲衣。長橋寂寞春寒夜，只有詩人一舸歸。
三生定自陸天隨，又向吳淞作客歸。已拚新年舟上過，倩人和雪浣清衣。
老去無心聽管弦，病來杯酒不相便。人生難得秋前雨，乞我虛堂自在眠。
荷衣披披一浦涼，青蘆奕奕夜吟商。平生最識江湖味，聽得秋聲憶故鄉。
青花綠葉上疏籬，別有長條竹尾垂。老覺淡妝差有味，滿身秋露立多時。

款識：庚申仲秋書白石道人詩，靜農。

鈐印：臺靜農印信　歇腳盦

案：庚申，民國六十九年。農曆仲秋八月，當國曆九月九日至十月八日。姜夔（一一五五－一二二一），字堯章，鄱陽人，號白石道人，詞家，亦負詩名，早年學江西詩派，後又受晚唐詩影響，論者稱其詩字句精心刻意，然不失自然。前有《白石道人詩集》，今有夏承燾校輯《白石詩詞集》。此一、二首爲題〈除夜自石湖歸苕溪〉十首中第七、五兩首。第三首爲題〈平甫見招不欲往〉二首之一。第四首爲題〈湖上寓居雜詠〉十四首第一首。第五首題〈武康丞宅同朴翁詠牽牛〉。（俱見《白石詩詞集·詩集》卷下）。所書有二誤字、一異文。第二首「定自」、第四首「荷衣」夏校本作「定是」、「荷葉」當從之。第二首「浣清衣」「浣」夏校本作「洗」。

十一、二月，隸書寫六言聯：「花好月圓人壽，時和世泰年豐」。《法書集》（一）（頁七二）著錄。

款識：庚申冬月　靜農

案：庚申，民國六十九年。冬月約國曆十一、二月。

又行草書義山七絕二首。《特集》（頁八）、《續集》（頁八五）著錄。

從來繫日乏長繩，水去雲回恨不勝。欲就麻姑買滄海，一杯春露冷於冰。

瑤池阿母綺窗開，黃竹歌聲動地哀。八駿日行三萬里，穆王何事不重來？
款識：庚申冬書義山詩，靜農。
鈐印：無
案：庚申，民國六十九年。冬月約國曆十一至翌年一月間，此姑繫十一、二月。二詩題〈謁山〉（論者或謂題有殘缺，下脫落「神祠」兩字）《李詩集卷中》、〈瑤池〉《李詩集》卷上。
此幅不見鈐印，殆一時遺忘。
十二月，應沈秋雄之請，隸書寫陶潛〈扇上畫贊〉四聯屏。《書藝三集》（頁三五、三六）著錄。
四體不勤，五穀不分，超超丈人，日夕在耘。遼遼沮溺，耦耕自欣，入鳥不駭，雜獸斯群。至矣於陵，養氣浩然，蔑被結駟，甘此灌園。苕苕丙公，望崖輒歸；匪驕匪吝，前路威夷。
款識：庚申年尾，書淵明畫贊，為秋雄兄清屬，靜農。
案：庚申，民國六十九年。年尾，十二月。陶潛〈扇上畫贊〉見《陶淵明集》卷六。被，《集》作彼。沈秋雄任教於國立臺灣師範大學。
冬，行草書寫賈至七絕二首。《書藝集》（頁八三）、《書畫紀念集》（頁七四）著錄。
楓岸紛紛落葉多，洞庭秋水晚來波。乘興輕舟無近遠，白雲明月吊湘娥。

江上相逢皆舊遊，湘山永望不堪愁。明月秋風洞庭水，孤鴻落葉一扁舟。

款識：庚申冬月。靜農。

鈐印：淮南。臺靜農印信。歇腳盦。

案：庚申，民國六十九年。冬月十一、二月。賈至，字幼鄰，洛陽人，父曾，開元初掌制誥，至擢明經第，爲單父尉，拜起居舍人、知制誥。父子繼美，帝常稱之。肅宗擢爲中書舍人。坐小法，貶岳州司馬。寶應初，召復故宮，除尚書左丞。大曆初，封信都縣伯，遷京兆尹、右散騎常侍。卒謚曰文。集十卷。今編詩一卷，詩題爲〈初至巴陵與李十二白、裴九同泛洞庭湖三首〉之一、二，見《全唐詩》卷二三五。

行草書李太白〈行路難〉三首之一。《特集》（頁一三）、《書藝集》（頁六三）、《續集》（頁一一）著錄。

金尊清酒斗十千，玉盤珍羞直萬錢。停杯投箸不能食，拔劍四顧心茫然。欲渡黃【河】冰塞天（川），將登太行雪暗川（滿山）。閑來垂釣坐溪上，忽復乘舟夢日邊。行路難，行路難，多歧【路】，今安在。長風破浪會有時，直挂雲帆濟滄海。

款識：靜者。

鈐印三方：首行右上鈐「淮南」。末行下鈐「臺靜農印信」。「歇腳盦」。

案：此幅不書作者詩題，亦不著年時。然著錄於七十年（一九八一）十月印行之《特集》

（見後），則此書寫不得至晚於六十九年底或七十年初，茲姑繫六十九年。考《太白集》卷三有〈行路難〉三首，此其第一首。書中有誤漏字：「欲渡黃」下漏「河」字，「冰塞天」，「天」當作「川」，「雪暗川」當作「雪滿山」或「雪滿天」，「多歧」下漏「路」字。

張大千八十二歲：出版《張大千書畫集》一、二集。舉辦「張大千書畫展」。

莊嚴八十二歲：三月十二日以直腸癌逝世於臺北榮民總醫院。

民國七十年　一九八一　八十歲

是年春（二月），刻「辛酉年」石印一枚。邊題：「開歲八十矣，戲製此印，以驗老夫腕力」，自認為：「不錯，手勁還可以」。（參林文月〈臺先生寫字〉，《翰墨》十一期，頁四二，收入《紀念文集》）。

案：「辛酉」年為民國七十年，臺先生年八十歲。是年正月初一為國曆二月五日。此枚石印未見著錄。七十二年又刻「癸亥」石印一枚（見後）。七十三年九秋（十月），年八十三，行書寫巨幅鮑明遠飛白書，頗自豪，云：「想不到有此腕力」（見後）。

以書法寫墨梅，題王荊公詩。《墨戲集》（頁四一）著錄。

春來花纔發，多應不耐寒，北人初未識，渾作杏花看。

款識：有人喜余以書法寫梅，謂有別趣也。題王荊公小詩。農。

鈐印四方：右上鈐「淮南」，左下鈐「龍坡」，「農」下鈐「臺靜農」、「酒後」。

案：荊公詩題〈紅梅〉（見《王安石全集．詩集》卷二六、頁一七一），「耐」集作「奈」。此畫梅枝斜掛，鐵筆金戈，曲折遒勁，可謂「百煉鋼化爲繞指柔」，墨梅中少見。此幅不記干支時節，姑繫七十年。

又以書法寫墨梅，倒掛橫斜、枝蕚稀疏。《墨戲集》（頁四三）著錄。

款識：靜者寫

鈐印：龍坡

案：此幅亦以書法寫梅，與前幅相近（見前）。均鈐「龍坡」印，疑爲一時先後之作。

畫墨梅，花枝橫斜蕭散，題詞句云：「想珮環月下歸來，化作此花幽獨」。《墨戲集》（頁五一）著錄。

款識：靜者

鈐印三方：右鈐「定慧」，左上鈐「臺靜農印信」，下端鈐「歇腳盦」。

案：所題乃南宋詞人姜夔（號白石道人）（一一五五—一二二一）〈疏影〉詞句（見《宋詞三百首箋注》頁二六四）、《白石詩詞集．歌曲卷四》頁一二八），《箋注本》及《詩詞集》，「月下」均作「月夜」。後者夏承燾校輯云：「《絕妙好詞》作『下』」。則此題詞所據爲

《絕妙好詞》本，臺先生嘗行草書白石道人七絕詩五首（見六十九年）。此幅不記年時，唯鈐「歇腳盦」印，知不得晚於七十一年夏，茲姑繫七十年。

畫直幅黑石、墨竹，有鈐印、無款識。《墨戲集》（頁五〇）著錄。

鈐印三方：右下鈐「停雲」，左下鈐「龍坡」、「臺靜農」。

案：此無年月可考，鈐印居處，不鈐齋名，疑齋名將改未改時作，茲姑繫七十年。

畫墨竹、秋菊合一圖。《墨戲集》（頁五七）著錄。

款識：靜者寫於歇腳盦。

鈐印二方：右下端鈐「歇腳盦」。左款識旁鈐「靜者」。

案：七十一年夏改「歇腳盦」為「龍坡丈室」。據款識、鈐印知此幅作品為是年夏以前作，茲繫七十年。

寫墨梅二株，枝少花疏。《墨戲集》（頁五六）著錄。

款識：靜者寫寒花

鈐印：臺靜農

案：此幅構圖簡單，不紀年時，茲繫七十年。

橫幅斜曲枝榦墨梅，一九九四年北京啟功撰題七絕一首。《墨戲集》（頁六二）著錄。

傲雪凌霜絕世姿，孤山人仰向南枝，分明五十□前影，望斷重來杖履遲。

款識：啟功敬題

鈐印：臺靜農　停雲　啟功題識二方：啟功制印　元白

案：啟功題詩與另幅一九九四年冬日撰題七絕押韻相同，句意亦類似，當一時先後所題。此詩啟功自作，第三句缺一字。《啟功叢稿．詩詞卷》未錄此詩。此圖不著年月，亦未鈐齋名，茲繫七十年。

直幅墨菊二枝，花稀葉茂。未題識。《墨戲集》（頁六二）著錄。

鈐印二方：右鈐「臺靜農」。左下鈐「歇腳盦」。

案：七十一年夏改齋名爲「龍坡丈室」，此猶鈐舊齋名，是作不得晚於七十一年夏，茲繫七十年。

直幅瘦梅，枝幹彎曲，花蕊稀疏。八十四年四月江兆申賦詩題其左。《墨戲集》（頁六八）著錄。

明珠纈蕊珊瑚枝，素魄分光向短籬，何用縞衣籠瘦鶴，烹茶滌雪靜忘機。

款識：乙亥暮春江兆申敬題

鈐印五方：圖右鈐「淮南」。左下鈐「臺靜農」、「龍坡」。款識左下鈐「江兆申印」、「物外真假」。

案：乙亥爲八十四年。暮春當國曆四月。江兆申曾任臺北故宮博物院副院長，早年來臺師事溥心畬學畫山水，後自成一家，亦能詩，畫壇頗負盛名。

直幅梅蘭合圖，八十四年四月江兆申題詩其右。《墨戲集》（頁六七）著錄。

合興蒲翁共饗堂，一盆冰玉水仙王，先生罷酒揮椽筆，細寫閒庭小篆香。

款識：靜老遺墨江兆申敬題。

鈐印：左下鈐「臺靜農」、「龍坡」。

案：江題詩不署年時，應與其前、後所題乙亥暮春同時，亦在八十四年四月。

墨色葡萄藤，葉繁實茂。八十四年四月江兆申為題七絕詩。《墨戲集》（頁七十）著錄。

春藤轉幹顛張筆，老葉騰空醉素書，探驪九淵隨手得，天風海雨欲相呼。

款識：乙亥春日菽原江兆申觀後題。

鈐印五方：右下端鈐「歇腳盦」。圖左中鈐「臺靜農」、「停雲」。款識下鈐「江印兆申」、「物外真假」。

案：乙亥爲八十四年。春日殆指暮春，當在國曆四月。與前幅一時先後之作。臺印鈐「歇腳盦」可推知作畫不得晚於七十一年夏，茲繫七十年。

墨畫葡萄。八十四年四月江兆申題稱「紫玉」，並云：「學漢韓叔節孔廟禮器碑字，拜識靜農墨畫葡萄」。《墨戲集》（頁七三）、《書畫紀念集》（頁一九八）著錄。

款識：乙亥江兆申書

鈐印五方：圖右上鈐「淮南」。圖左下鈐「臺靜農」、「龍坡」。圖右下款識左鈐「江印兆申」、「物外真假」。

案：乙亥爲八十四年，與另三幅當同爲四月題。韓叔節名敕。〈孔廟禮器廟〉全稱〈漢魯相韓敕造孔廟禮器碑〉，亦稱〈韓明府修孔廟碑〉，東漢永壽二年（一五六）九月五日立。論者謂此碑隸書結體端莊凝煉，典雅遒美，瘦勁挺秀，被尊爲「漢人隸書第一」，歷來爲學者所重。此幅葡萄墨畫，江氏以爲學禮器碑字體，是否得當，有待識者鑑定。

此幅作畫年月不著，未鈐齋名，僅鈐里居，疑七十年「歐腳盦」名稱將改未改時作。

墨色梅畫，從左至右披散，枝萼繁茂。八十四年二月汪中教授題以高啟詩句云：「春愁寂寞天應老，夜色朦朧月亦香」，並稱「風流標格正與此相合耳」。《墨戲集》（頁七一）著錄。

款識：乙亥春正汪中並識

鈐印四方：左墨梅下端鈐「臺靜農」，右下端鈐「歐腳盦」。款識左鈐「汪中」。「名中字履安」。

案：據「乙亥春正」知與其他數幅皆題於八十四年二月。高青丘名啓（一三三六－一三七四），字季迪，吳縣人。自號青丘子。有《高青丘集》傳世。據鈐印「歐腳盦」知作畫不得晚於七十一年夏，茲姑繫七十年。

直幅瘦梅小竹圖。八十四年二月汪中題以宋人詞云：「竹外疏花，香冷入瑤席」。《墨戲集》（頁七二）著錄。

款識：龍坡丈人殆取意於此，汪中拜識。

鈐印：桐城汪中。同庚之林。

案：汪氏題識不記年月，當與其他數幅同時，亦八十四年二月書寫。此圖無文字鈐印，難定其作畫年月，茲姑繫七十年。

直幅紅梅，枝萼稀疏。八十四年二月臺師大汪中教授題詞云：「昭君不慣胡沙遠，但暗憶江南江北。美人名士正花魂也，此為龍坡丈人精品。」《墨戲集》（頁六四）著錄。

款識：乙亥正月雨盦

鈐印四方：圖右鈐「淮南」。左下鈐「臺靜農」。款識左鈐「汪中」、「名中字履安」。

案：乙亥爲八十四年。正月指農曆，國曆爲二月（二月卅日－二月廿九日）。題詞「昭君」兩句爲南宋詞人姜夔〈疏影〉詞中語。其下「想珮環月夜（下）歸來」兩句，臺先生嘗取以題墨梅（見《墨戲集》頁五一，七十年）。汪中。字履安，號雨盦，師大國文系教授，亦兼任臺大中文系教授，與臺先生比鄰而居，忘年之交，常有詩酒之會（見七十九年）。此幅「精品」不記年月，茲姑繫七十年。

墨梅二株，一自左倒掛橫斜，一由右橫斜上揚，皆小枝疏華細蕊。汪中教授題彊村詞云：「綠萼花來方畹晚，消得閒情詩卷」。《墨戲集》（頁六五）著錄。

款識：彊村詞題龍坡丈寫意，雨盦汪中拜題。

鈐印：汪中之印。愚公。

案：彊村，朱祖謀（一八五七—一九三一）號，祖謀一名孝臧，字古微，又號漚尹，清末民初詞人，輯有《宋詞三百首》，著有《語業》、《詞莂》等，彙刊為《彊村遺書》行於世。此幅未有臺先生款識、印記，構圖亦甚特別。論者謂臺先生以書法寫梅，別有意趣（見《集》頁四一），此亦可為代表。作畫年月不詳，茲姑繫七十年。汪氏題識不記年月，當與其他數幅同時，亦八十四年二月間書寫。

左上右下兩叢紅梅，繁萼多枝。未有款識、鈐印。汪中教授為之題龍坡詩句云：「春魂渺渺歸何處，萬寂殘紅一笑中」。《墨戲集》（頁六六）著錄。

款識：龍坡丈人少時夢中詩句，乙亥汪中謹題。

鈐印：「桐城汪中」。「同庚之林」。

案：乙亥為八十四年，與另二幅當為一時先後所題。「春魂」二句乃民國十年臺先生二十歲時夢中得句，七十年，八十歲時足成七絕一首。（見後）

疏萼曲枝墨梅。八十四年汪雨盦為之題識。《墨戲集》（頁六七）著錄。

「翠尊易泣，紅萼無言耿相憶」。白石又云：「淮南皓月冷千山，冥冥歸去無人管。」皆為此作寫照，龍坡丈人持尊之情可念也。

款識：乙亥雨盦謹識

鈐印四方：右鈐「淮南」。左下端鈐「臺靜農」。款識左鈐「汪中」、「中字履安」。

案：乙亥為八十四年。雨盦，汪中號，與前另三幅偕同為是年二月先後。「翠尊」兩句為白石（姜夔）〈暗香〉詞中語（見《白石詩詞集．歌曲》卷四，頁一二八）。「淮南」兩句為〈踏莎行〉詞中語。（見同集卷二、頁一〇二）亦見《宋詞三百首》（頁二六四、二四八）。

畫老榦橫斜墨梅，枝萼稀疏。八十三年冬北京啟功撰題七絕於其後。《墨戲集》（頁六三）著錄。

獨標孤瘦雪霜姿，照水凌寒玉一枝。今日皖公山下路，望殘仙躅再來遲。

款識：甲戌冬日拜觀龍坡臺先生遺墨，淒然拈句敬書於後，啟功。

鈐印三方：右鈐「臺靜農」。左鈐「啟功制印」、「元白」。

案：甲戌為八十三年。冬日約為國曆十一、二月。作畫年月無可考，茲姑繫七十年。題詩見《啟功叢稿．詩詞卷》（頁二二〇）標〈題臺靜農先生遺筆墨梅小幀〉。《靜農墨戲集》八十四年（一九九五）九月出版，臺先生家屬為籌印此集，八十三年（一九九四）冬專程赴北京敦請啟功為題封面，並請題兩幅遺筆墨梅。啟功（一九一二－），字元白，二十一年在北京初識臺先生，早年在匯文中學就讀時，嘗受業於臺大中文系鄭因百（騫）教授。中日戰後，嘗任教於北京師範大學。擅詩詞，善書法，精於書畫碑帖考訂，熟悉歷代文史掌故。著有《啟功叢稿・題跋卷》及《啟功叢稿・詩詞卷》。六十八年臺先生書杜甫〈秋興〉八首長卷贈啟功，啟有詩題長卷後（見前）。

墨菊一枝四萼，左旁一瓶一杯，無題記。《墨戲集》（頁七五）著錄。

款識：靜者戲筆

鈐印：歇腳盦

案：據鈐印，當繪於七十一年夏以前，茲姑繫七十年。瓶杯線條簡單，神似漫畫家豐子愷筆法。

墨畫芭蕉梅花，無題記。《墨戲集》（頁七四）著錄。

鈐印：歇腳盦。

案：據鈐印，當爲七十一年夏以前所畫，茲姑繫七十年。

擬金農老榦疏枝梅畫，並錄其題詩。《墨戲集》（頁二七）著錄。

東鄰滿座管絃鬧，西舍終朝車馬喧。只有老夫貪午睡，梅花開候（後）不開門。

款識：擬稽留山民寫梅，並錄其詩，靜農。

鈐印二方：靜者。龍坡。

案：稽留山民，亦金農號。題詩見《畫梅題記》（《冬心先生題畫記》頁三八）其前題記：「晨起用杜道士小龍精墨爲梅兄寫照」。「候」原作「後」，此誤書。鈐印不鈐齋名，疑七十一年夏以前「歇腳盦」將改未改時所畫之作，茲姑繫七十年。

仿項孔彰畫瘦梅圖，並錄其題詩。《墨戲集》（頁三九）著錄。

日出水湖散水花，野梅官柳漸欹斜，西郊欲就詩人飲，黃四娘東子美家。

款識：仿項孔彰並錄其詩。靜者。

鈐印三方：右下二方：「靜者」，一方待辨。左下鈐「龍坡」。

案：孔彰，項均字，與羅聘（遯）皆金農弟子。金稱其詩「得予幽微五字之工」（《冬心先生題畫記．畫梅題記》頁四一），又稱其「爲詩簡秀清妙」。（同前頁五〇）稱其梅畫「小心作瘦枝，盡蕭散之能」（同前頁四二），「梅格戍削中有古意，有時爲予作暗香疏影之態，以應四方求索者。」（《冬心臺先生題畫記．自寫眞題記》頁五〇、五一）均題詩出自東坡〈次韻楊公濟奉梅花詩十首〉之五。（見《蘇東坡全集．前集》卷一八頁二五五）此幅不記年月，觀其署名、鈐印，姑繫七十年。

畫梅石圖，行草題放翁六言詩。《墨戲集》（頁三七）著錄。

廣（陵）平作梅花賦，少陵無海棠詩，正自一時偶然（爾），俗人平地生疑。

款識：放翁詩。陵字衍，爾誤然，老農醉了。靜者於臺灣。

鈐印二方：靜農。歇腳盦。

案：放翁，陸游（一一二五－一二一〇）號，詩見〈六言雜興〉九首之六（《陸放翁全集．劍南詩稿》卷五七，頁八一〇）臺先生嘗書惲南田五絕〈樹石〉詩（見《書藝集》頁八〇，六十五年書寫。又《續集》頁一三）其首云：「墨石如醉立，老樹欲吟風」，此幅構圖，中爲一高一低，兩直立墨石，兩旁各爲一叢墨梅。墨石有如老翁「醉立」。其畫此圖，似與南田詩有關。又此圖不記年時，據鈐印「歇腳盦」，知不得晚於七十一年夏，茲姑繫七十年。

畫雙榦疏萼墨菊圖。《墨戲集》（頁二一）著錄。

款識：龍坡靜者。

鈐印二方：靜者。定慧。

案：此幅不記年時，未鈐齋名印，茲姑繫七十年。

行草節錄書惲南田〈湖上草堂送友〉歌。《書藝集》（頁五九）著錄。

江水去悠悠，吳山雲正愁，脫此鷫鸘裘，且醉吳姬春酒樓，玉壺青絲酌馬乳，吹簫獨按漁陽鼓，遊子不返顧，揮鞭直向長干路，風嫋嫋，草萋萋，我望白門西江上，桃花沒馬蹄。

款識：節錄南田湖上草堂送友歌，靜農。

鈐印四方：首行右上鈐「淮南」。下鈐「靜者□□」。末行款識下鈐「臺□」、「靜農無恙」。

案：此書法不著年月，亦未書寫或鈐印齋名，然《特集》未錄，疑非書於六十九年以前。七十一年夏改齋名為「龍坡丈室」，未書新齋名，疑書七十一年夏以前，茲姑繫七十年。南田，惲格（壽平）號（見六十一年）。此歌原題〈湖上草堂送友因寄家書〉無歌字，共三十三句，百八十九字。此節錄其末段十二句，六十六字，見《甌香館集》卷三。

行草書梁任公七律〈庚戌感懷〉。《書藝集》（頁五七）著錄。

風雨吾廬舊哺歌，故人天末意如何，急難風義今人少，傷世文章恨古多。力盡當年從爛石，淚還天上莫成河，由來力命相回蕩，山鬼何從覓薜蘿。

款識：梁任公庚戌感懷，靜農。

鈐印二方：首行右上鈐「觀海者難為水」。款識下鈐「澹臺靜農」。

案：此書法不著年、月、款識、印記，亦無齋名，疑齋名將改未改時書寫，茲姑繫七十年。梁啓超（一八七三—一九二九），字卓如，號任公。詩見《飲冰室全集》。

行草書杜牧七律一首。《書藝集》（頁五）著錄。

滕閣中春綺席開，柘枝蠻鼓殷晴雷。垂樓萬幕青雲合，破浪千帆陣馬來。未掘雙龍牛門氣，高懸一榻棟樑材。連巴控越知何有？珠翠沉檀處處堆。

款識：靜農

鈐印二方：首行左鈐「者回折了草鞋錢」。末行下鈐「澹臺靜農」。

案：此幅《特集》未錄（六十九年編），當非書於六十九年以前。未鈐齋名印記，疑七十年至七十一年夏，將改未改齋名時書寫，茲姑繫七十年。此詩杜牧作，題〈懷鐘陵舊友四首〉其二，見《全唐詩》卷五二三。

醉後，行草書王介甫詩三首。《書藝集》（頁三）著錄。

欲望淮南更白頭，杖黎（藜）蕭颯倚滄洲。可憐新月為誰好，無數晚山相對愁。

玉斧修成寶月團，月邊仍有女乘鸞。青冥風雲（露）非人世，鬢亂釵橫特地寒。

飛來山上千尋塔，聞說雞鳴見日升（昇）。不畏浮雲遮望眼，自緣身在最高層。

款識：酒後弄筆寫王介甫詩，字有訛誤。靜農。

鈐印二方：首行右旁鈐「定慧」。款識下鈐「靜農無咎」、「歇腳盦」。

案：此幅不著年月，然《特集》未錄（六十九年編），似非六十九年以前書寫。七十一年五、六月改稱「歇腳盦」為「龍坡丈室」，此猶鈐印「歇腳盦」，知非七十一年夏以後書，茲姑繫七十年。詩中誤書二處：第一首「黎」當作「藜」，第二首「風雲」當作「風露」，第三首「升」原作「昇」。介甫，王安石字。三首依序題〈北望〉、〈題畫扇〉、〈登飛來峰〉，見《王安石詩集》卷三三、二七、三四。

一月下旬，行草書義山七絕三首。《特集》（頁二八）、《續集》（頁八二）著錄。

蓮華峰下鎖雕梁，此去瑤池地共長。好為麻姑到東海，勸栽黃竹莫栽桑。
竹塢無塵水檻清，相思迢遞隔重城。秋陰不散霜飛晚，留得殘（枯）荷聽雨聲。
嵩雲秦樹久離居，雙鯉迢迢一紙書。休問梁園舊賓客，茂陵風（秋）雨病相如。
款識：庚申年尾書義山詩於臺北龍坡，靜農。
鈐印三方：首行右上一方，靜農下二方，皆不清，待辨。
案：庚申年尾為六十九年十二月下旬，約國曆七十年一月下旬（農曆六十九年十二月當國曆七十年一月六日至二月四日）。三詩依次題〈華山題王母祠〉、〈宿駱氏亭寄懷崔雍崔袞〉、〈寄令狐郎中〉（並見《李詩集》卷上）。第二首「殘荷」集作「枯荷」，第三首「風雨」集作「秋雨」。此前六十八年一月書義山詩七絕三首，六十九年九月書義山詩七絕五首，同年冬又書二首（並見前）。三、四年間，書義山七絕詩共十三首。（其中有若干重複書寫者，如本年所書三首，其二、三兩首，即六十九年九月所書第一、五首）。凡此，似可見於義山絕句小詩有深好。

一、二月間，行草書杜牧七絕詩一首。《特集》（頁六九）、《續集》（頁八九）著錄。
松寺曾同一鶴棲，夜深臺殿有（月）高低。何人為倚東樓住（柱），正是千山雪浪（漲）溪。
款識：庚申歲暮書唐人詩，靜農於龍坡。

鈐印三方：首行右上鈐「淮南」。末行下鈐「靜農無咎」、「歐腳盦」。

案：庚申，六十九年。農曆歲暮（十二月），當國曆七十年一、二月間（一月六日至二月四日）。詩〈寄題宣州開元寺〉，見《全唐詩》卷五二四。「有高低」集作「月高低」，「東樓住」集作「東樓柱」，「浪溪」集作「漲溪」。

二月十九日後，行書寫南田〈懷王石谷〉詩三首，以贈干城。《書藝三集》（頁四一）、《書畫紀念集》（頁九七）著錄。何創時書藝基金會收藏。

東望停雲結暮愁，千林黃葉劍門秋。最憐霜月懷人夜，鴻雁聲中獨倚樓。

客窗殘【夢曉】寒摧，花下逢君笑口開。誰道夢中難得路，故人還是夢中來。

山水空留太古情（琴），人生能得幾知音。半園已去西廬杳，剩得南田是素心。

款識：惲南田〈懷王石谷詩〉，書奉干城先生雅教，辛酉上元後，臺靜農。

鈐印三方：龍坡。淮南。臺靜農印信。

案：辛酉，七十年。上元當國曆二月十九日。詩共五首，此為其一、二、四三首，詩前序云：「甲子秋，將遊虎林，作此簡寄與石谷先生。相別一載矣！去虞山百餘里，音問懸隔，嗟我懷人，有如飢渴。秋窗夢寐，惝怳晤言，覓句奉寄」，見《甌香館集》卷八。第一首首句「客窗殘」下落「夢曉」二字。第三首「太古情」集作「太古琴」，此誤書。

廿四日，行草書放翁絕句二首。《書藝集》（頁七三）著錄。

橫林渺渺夜生煙，野水茫茫遠拍天。菱唱一聲驚夢斷，始知【身】在釣魚船。

河漢橫斜斗柄低，啼聲（鴉）掠水未成棲。怪生淒爽侵肌骨，船繫秦皇酒甕西。

款識：放翁〈乙丑夏秋之交小舟早夜往來湖中戲作〉，辛酉正月五日，靜農書於臺北龍坡。

鈐印三方：首行右上鈐「辛酉年」。末行下鈐「靜農無咎」、「靜者白首攻之」。

案：辛酉，七十年。正月五日當國曆二月廿四日。陸游（一一二五—一二〇九），字務觀，號放翁。詩題〈湖中戲作〉原題作〈湖中戲成〉，下有「絕句十二首」五字，此所書乃其第一、二首。見《劍南詩稿》卷六二，《陸放翁全集》（頁八七九）。又詩題「乙丑」為南宋寧宗開禧元年（一二〇五），放翁時年八十一。書中有脫誤字，第一首「始知」下脫「身」字。第二首「啼聲」，「聲」為「鴉」之誤。

三月間，行書寫七律詩一首。《書藝集》（頁二）著錄。

漢文皇帝有高臺，此日登臨曙色開。三晉雲山皆北向，二陵風雨自東來。關門令尹誰能識，河上仙翁去不回。且欲近尋彭澤宰，陶然共醉菊花杯。

款識：辛酉春仲，靜農。

鈐印：靜農無咎、靜者白首攻之。

案：辛酉為民國七十年，春仲，農曆二月，當國曆三月。詩為唐崔曙作，題〈九日登望仙臺呈劉明府〉，《國秀集》「呈」作「仍呈」，「明府」下有容字。《全唐詩》卷三（標點本）錄其詩一卷十五首，卷十二據《文鏡秘府論》錄其失題詩二首四句。《補編》卷六又錄其佚詩二首。《唐詩三百首》選崔詩一首，即此題。崔曙，字文明，宋州人，一說廣平人，開元廿三年（七三五）進士狀頭，嘗為河內尉，後隱嵩山。

二十日（春分）前，偶作墨梅一幅。《墨戲集》（頁五四）著錄。

款識：龍坡靜者，辛酉春分前燈下偶作。

鈐印三方：右款識左旁鈐「靜者」、「靜農無恙」，左下鈐「為君長壽」。

案：辛酉，民國七十年。春分，當國曆三月二十日。

廿三日，憶及二十歲夢中得句，足成七絕一首。女弟子方瑜奉讀後，作和詩三首。臺先生詩前小序云：

余方二十歲時，夢中得詩兩句，書示同學，皆不解其意。今八十歲，忽憶及此，戲足成之。一九八一年三月廿三日。（《龍坡文室詩稿．龍坡草》）

春魂渺渺歸何處，萬寂殘紅一笑中，此是少年夢囈語，天花撩亂許從容。

案：民國七年秋，臺先生十七歲考入湖北漢口中學。十一年春，二十一歲離開漢口至南京再到北京，二十歲夢中得句，正當民國十年在漢口中學就學時。隔六十年至八十歲，忽然憶及而足成此詩，似古今罕有。詩後附方瑜和詩三首，甚富哲思與禪意，可謂青出於藍，無怪《龍坡詩稿》鈔爲附錄以資映照，茲錄第三首如下：「重來鷗鳥喜相逢，滿紙雲煙酒氣濃。世味如禪參已透，三生同聽一樓鐘。」

四月，臨篆書「莽量」（王莽〈嘉量銘〉）扇面，二十句八十一字。贈師大教授汪雨盦。《書藝集》（頁卅一）、《書畫紀念集》（頁二八）著錄。

款識：辛酉三月臨「莽量」為雨盦兄清賞，靜農。

鈐印三方：模糊不清，待辨識。

案：辛酉爲民國七十年。農曆三月，當爲國曆四月。「莽量」即王莽〈嘉量銘〉，雨盦，師大教授汪中號。

作〈隨園故事鈔〉，刊七十七年四月二十一日、五月十五日、二十日、六月五日《聯合報》副刊，收入《龍坡雜文》、《散文集》。本文通過《批本隨園詩話》的故事及對這些故事的考訂與詮釋，描寫著者袁枚（子才）的音容才性及其獨抒「性靈」的文學主張和文學實踐。故事鈔共十則，前六則寫於民國六十九年梅雨季節，後四則成於次年梅雨季節；「梅雨苦人，藉以消遣」。內容大要如下：

一、袁子才的風貌：批者謂「時年六十餘，康健如少壯，面麻而長，微鬚已半白，身高五尺餘」；「批者所描述的與我所見到的畫像，時相彷彿，當然麻面不見於畫像上」，

「袁子才的風度是美的」。

二、隨園：「子才二十四歲成進士，入翰林，外放縣令，至三十三歲就摔了紗帽」，「他辭官的原因，是不堪那種官僚生活」。「他辭官這一年秋，買下了小倉山的隨園」，此園原是隋姓的園子，「因改隋為隨」。因「此間風物之美」，子才頗滿意；但詩話的批者卻據其見聞，說子才的家人對隨園卻並不滿意。「子才居於隨園，近五十年」，隨園前後經歷的滄桑，頗可玩味。此園在康熙時，曾「翕然盛一時」，「三十年後子才發現此園時，則『園傾且頹，施其室為酒肆』了」。接著是子才經營隨園的五十年。子才死於一七九七年，死後六十年，「隨園房屋已『折毀殆盡』」。清咸豐三年，太平軍攻下南京，「隨園不保」。太平天國亡後、清廷再度入主南京，而戰後的隨園則是「寸椽片瓦無存」了。

三、隨園與大觀園：《隨園詩話》曾云：「（紅樓夢）中有所謂大觀園者，即余之隨園也。」詩話的批者說，他曾於乾隆年間見有「抄本紅樓夢一書」，此書本事，有人云「指明珠家，或云指傅恆家」，似以後說近是。批者這看法「亦頗牽強」；不過我們據此得知，乾隆年間有關紅樓夢的本事，「尚有傅恆家的傳說」。

四、袁子才與劉墉：乾隆三十四年己丑，子才五十四歲，劉墉為江寧太守。批本對這個劉墉（崇如）很是鄙視，說他心地不純，雖「思勉為君子」，卻是一個假道學，是「真小人之尤也」。批者對劉墉人品的這種看法，像是甚加醜詆，其實卻非誣枉，這從他對袁子才的態度可以得到確證。批本說「劉駝子」在「官江寧太守日，屢屢欲逐子才，賴尹文端之力而止，然其中詆毀子才，已不遺餘力」，這是事實。子才在詩話中追述此事，雖「頗為模糊」，但在他給朋友水軒的一封信中，卻是講的較為明白的：「枚小住滁陽，係奉相公面諭，作行雲舒卷之機，何敢有違」，「從這信中可以看出子才確因劉墉之逐，不得不離去隨園而往滁陽暫避。從中斡旋者即批本所說的尹文端，亦即信中的相公」。子才一面聽從尹的斡旋，離開隨園，暫往滁州；一面又「賦別隨園四律」。而且廣求和者，「藉將無端被逐，宣揚出去」，以進行「控訴與反擊」。這「四首詩寫的極好，寓憤慨於婉約，使讀者自然的感到那位『假道學』的橫行霸道」。第一首就寫他被迫出走，漂泊流離，「還有白髮老母相隨」，恐禁不起顛沛流離。另三首，是說他如何經營隨園，如何住了二十年，現在卻是不能住下去，不免下淚。「想當時讀到他這四首詩的人和作者，一定都會感到不平」，「而劉太守讀了，或有些尷尬，此案也只有不了了之」。子才直至「晚年猶不能忘被嫉、被逐之事」，在一封信中大罵的「真小人」、「偽君子」，其實指的就是劉駝子。

五、袁子才與王夢樓：詩話卷二裡曾介紹過王夢樓，並透露了兩人的密切關係：「王夢樓太守，精於音律，家中歌姬：輕雲、寶雲，皆余所取名也」。批本裡也有關於王的記載，與詩話所述吻合「王夢樓的書法與詩，都自成風貌，奇者他的生活也自成一格，他是茹素事佛的居士，而蓄伎樂」。「隨園居士的生活則不然，不懂音聲，不事伎樂，只知納妾，好色自喜」。兩人的生活雖有這不同處，卻也有共同處，即「袁王兩人的生活都是豪侈的」，「兩人風流逸韻，都是被當時文士所仰慕的」。只是王的思想信仰，「真『不可測』」，「像夢樓那樣虔誠的佛教徒，居然酷好聲伎如此」，「這就是我所說的他的生活別具一格」。

六、批者對詩話中人物的按語：一則按語的大意是，子才詩話中談及的「與鄭文端、傅文忠論交」，是為了嚇騙人、自重聲氣，所以鄭板橋、趙雲松「作文賤之」。鄭的這類文章，「未之見」，趙的〈戲控袁簡齋太史於巴拙堂太守〉一文，「原是朋友戲謔文章」，「賤之」是實在談不上的。通觀子才詩話，惟「見他光明愛才的心」，哪有什麼「藉顯貴以『嚇騙江浙酸丁寒士』」的嫌疑呢？批者的另一則按語是有關畢秋帆的。「批者因詩話中選了畢秋帆母氏的詩，也不以為然」，便罵子才為「富貴人家作犬馬」，又罵他是「斯文走狗」，這真是「京城『大爺』脾氣，往往是這樣口不擇言」。其實畢氏的「《續通鑑》二百二十卷，是有魄力的大著作」，思想也較開明，「校勘《墨子》」便是一例。通觀子才之為人，「剛進中年，便抽身於官僚生活，固屬高人一等」。「他結交公卿，公卿也結交他，彼此是對等的。他利用公卿的聲勢與餽贈，公卿也利用他這位大詩人以自標身價」。

七、詩話之編撰與刻出：「批者罵子才詩話為『斯文走狗』，確乎過分，但詩話採詩太濫，也是事實。」子才之所以編撰詩話，「是由於愛好詩」，同時也「可藉此抒自己的見解」。選詩之所太濫，與「攀附者多」固然有關，但與子才的「無可無不可」也有關。其實「他採詩不是沒有標準的」，他是主性靈的，反對主格調的，「惟過分的主『性靈』，則不免失之『清淺』，隨園詩話之所以有影響者在此，而為人所詬病者也在此。」關於詩話的刻印，子才自己曾提及兩位「助刻資者」：畢秋帆和孫慰祖。詩話的批者卻說，「助刻資者」其實很多，子才已發了大財。「子才所以特別提出畢、孫兩人者，應是此兩人出錢最多的原因」。「至於獻金求入選，也是難免的事。當時且有甚於此者」的。批者曾舉出法時帆其人其事，「這確是可鄙的事」；可是子才的詩話卻並非如此，「隨園詩話自有其價值的」。

八、古剌水：子才在詩話里曾對「古剌水」做了一點小考證。批者於此做了補充說，所謂的古剌水，「即花露水之流」，為「西洋貢物」。「他說這種香水來自西洋，是沒有疑問的」，但古剌究是何國？「據中國文獻所記，不屬西洋而在中國西南邊疆」，至於究在何地、是否產香水？或是批者所說屬實，亦未可知，均得「等專家回答了」。

九、滿文翻譯《金瓶梅》：子才見過當朝名臣徐元夢，曾於詩話卷五描其形象為「時年九十餘，短身赤鼻，面少鬚髯」。批本說，「翻譯《金瓶梅》」，即出徐手，「其滿漢文為本朝第一」。據有關史料得知，「徐元夢當時雖居顯位，猶兼領翻譯之事」。「徐元夢確是精通滿漢文的高手」。「我們知道，三國演義早被清人翻譯成滿文，且當作古兵法讀，卻未聞《金瓶梅》一書也譯為滿文，且出於名臣徐元夢之手」；徐譯此書，想「或係為宮廷及八旗貴胄的需要」，因為譯《金瓶梅》之難、不亞於譯十三經，他是個大忙人，不會「為翻譯而翻譯，耗其精神與時間的」。子才說他見徐時，徐年九十餘，「誤」！「元夢死年八十七」，中進士時，「年十九」。

十、袁子才死後是非：「桐城派古文大師姚鼐與子才世交」，「且以前輩事之」。袁死後，姚為作墓誌銘，竟招致物議，姚不以為然，說「其文采風流有可取」處。只是一詩人，子才死後為什麼還「使人猶有餘恨」？「不外由於他提倡『性靈』，自由抒寫不受『格調』論的桎梏，令當時紗帽詩人為之失色。至其『文采風流』，又令假道學們既忌妒又羨慕。當其生前既無能為敵，一旦死去，便群起而攻之。」清道光年間的蔣子瀟，曾在他的《遊藝錄》中論及袁，說他才敵萬人、「胸次超曠」、「性靈洋溢」，尤其是他「獨倡性靈之說」影響最大，「江南北靡然從之」。所以袁雖有短處，也要看到他的「真本領」，「蔣氏此論大概在隨園死後四十年來，算得死後定論。」

夏明釗評說：「這篇隨筆式散文寫得亦莊亦諧，妙趣橫生，而且思想精深，涵義雋永，不特可以觀照歷史，亦可以稽核人生。尤其是評騭人物的標準和品荐人物的方法，對吾輩實大有啓迪。袁枚是一位大詩人，《隨園詩話》是一部大著作，但袁枚及其詩話，歷來爭議頗多；臺氏能從「批本」出發，結合詩話和其他史料，旁徵博引、條分縷析、去蕪存菁、去僞存眞。袁枚是一位特具詩人氣質和才情的人。《隨園詩話》雖採詩太濫卻有其自身的價値。袁枚的獨抒「性靈」的文學主張乃是他對歷史的獨到貢獻，也是袁子才和他的《詩話》招致許多保守主義者及主「格調」者攻擊的根源。一切從事實出發、從歷史出發、從個人的獨有性出發，而不是從成見出發，『毀譽之不足憑，今古一轍』：才能撥雲霧而見青天，才能還歷史人物以本來的面目。」（手稿）

五月，梅雨時節，行草書寫七絕詩三首。《書藝集》（頁七八）著錄。

白荷花照水娟娟，絲柳千條壞檻前。午過微陰行客倦，呂翁祠畔聽秋蟬。

記得橋西舊酒樓，樓中夜夜唱涼州，棗花簾外初圓月，一度銷魂便白頭。

小窗燈影【照】無眠，簾漏聲聲欲曙天。更比落紅還可惜，倚闌人不似當年。

款識：辛酉梅子黃時雨，靜農於龍坡。

鈐印三方：首行右上鈐「辛酉年」。款識末鈐「龍坡」、「臺靜農」。

案：辛酉爲民國七十年，「黃梅雨」時節，農曆四月間，當國曆五月。「小窗燈影」下漏「照」字。詩出處及作者待考。

臺北學海出版社刊行《古今名聯故事》，以行書題封面。

案：編者汪宗魯，安徽桐城人，師大教授汪中族祖。有辛酉三月劉大希序，七十年四月七日汪中後記，臺先生題署當在出版前一、二月。

夏，行草寫康有為〈論書絕句〉二首。《書畫紀念集》（頁七〇）著錄。澄懷館收藏。

鐵石縱橫體勢奇，相斯筆法孰傳之。漢經以後音塵絕，惟有龍顏第一碑。

餐霞神采絕人煙，古今誰可稱書仙。石門崖下摩遺碣，跨鶴驂鸞欲上天。

款識：辛酉夏，書南海論書詩，臺靜農。

鈐印：者回折了草鞋錢　澹臺靜農

案：辛酉為民國七十年。康有為（一八五八－一九二七），字廣廈，號長素，又號更生，廣東南海人。光緒二十一年，與梁啓超入京會試，適當馬關條約簽訂，遂聯合各省進京舉人，發起「公車上書」，要求拒絕簽約，遷都抗戰，變法圖強。在京創辦《萬國公報》與強學會。光緒二十四年，光緒帝宣佈變法。「百日維新」失敗，遂出走，漫游香港、日本、加拿大、印度等世界各國及地區，組織保皇會，從事政治活動與著述。堅持保皇立憲，反對民主革命。一九一三年因母喪回國，一九二七年病逝。著有《康南海先生詩集》、《康南海文集》、《新學僞經考》、《孔子改制考》、《大同書》、《廣藝舟雙楫》。〈論書絕句十五首〉，見《廣藝舟雙楫》，此為其中四、五兩首。

又行草寫同前二首（見頁六九），款識作：「康南海論書詩，靜農於歇腳盦」。鈐印三方：「一食清齋」、「靜農白首攻之」、「澹臺靜農」。據鈐印「歇腳盦」知非書於七十一年夏以後，殆與另幅一時先後所書。付與歷史博物館收藏。

六月，作〈溥心畬山水長卷．遠岫浮煙圖卷〉題記，稱其精神筆墨足與馬（遠）、夏（圭）抗衡。

昔年心畬先生始將所作山水人物公諸於世，時北都藝文士皆相驚失色……未曾見有如是之峻奇雄肆者，於焉以為北宗衰落者數百年，特先生出而振之。……渡海來臺，絕交遊、居陋巷，惟以丹青自娛，尺幅寸縑皆為海內外人所珍寶。若此遠岫浮煙巨蹟，未嘗示人，而其筆墨大足與馬夏抗衡，其國寶也。……

案：末署「辛酉六月，臺靜農識於臺北市龍坡里。」辛酉為民國七十年。溥心畬民國卅八年來臺，任師大藝術系教授，五十二年逝世，年六十八歲。〈山水長卷〉包括「遠岫浮煙」及「江山翠靄」圖卷兩種，八十年十一月臺灣商務印書館出版。此文《龍坡雜文》、《臺靜農文集》皆未收。

作〈記王荊公詩集李壁箋注的版本〉，六月載《輔仁學誌》十期，收入《靜農論文集》。要點是：依據清吳騫、繆荃孫所見宋殘本李壁注，認為元刊本李壁注，經宋劉辰翁刪節，非李注原面目。大要如下：

《宋史》本傳錄壁生平撰述多種，獨遺漏所箋《荊公詩》五十卷，《宋史．藝文志》既失載，藏書家少有著錄，刻本亦少見。乾隆年間華山馬氏得元大德刻本，有劉辰翁的評點，海鹽張宗松為重刊行世，特刪去評點，意欲存本箋的原來面目。《四庫》著錄的，即宗松刻本。當代版本學者張元濟，是宗松的六世孫，曾收得其先人的刻本，擬重行印出。適傳傅增湘在蘇州為他買到元刻本，即有劉辰翁評點的，因勸之將此元刻本付之影印。事實上，今所流傳的《李壁箋注》是劉辰翁的節本。據繆荃孫〈注王荊文公詩殘本跋〉所云，「辰翁於李箋，實大有損傷。李壁是史學世家博極群書者，其於荊公詩微旨，自能有所發明，劉辰翁只取其詞意解釋而棄其精義，不免失之於陋」。是書乾隆年間發現時，「因《宋史．藝文志》失載，海內以為奇書」，近世張元濟影印後始大流行。張宗松乾隆六年刻本，在序中說「李氏之注王詩猶施氏之注蘇詩」，一語道破李注的價值。他認為劉注品藻未當，想恢復李注原來面目，可惜他雖刪去劉辰翁的評點，仍不是李注本來的面目，足見他在當時並沒有見到宋版。吳騫見到半部殘宋本，繆荃孫所見過的除十七卷外，另有嚴悔庵所藏的十三卷，並記明卷數。看來清一代李箋《荊公詩》，並沒有完整的五十卷發現，所以昔年元刊發現，海內以為奇書。

案：所記《王荊公詩李壁箋注》，劉辰翁評點，爲國立中央圖書館所藏元大德五年（一三〇一）王常刊本。與張宗松、元濟所見元刊本係同一來源。《李壁箋注》五十卷本，有清一代未見。《四庫全書》據張宗松本校錄，提要云：「原本流傳絕少，故近代藏書家俱不著錄。海鹽張宗松得元人刻本，始爲校刊，集中古今體詩以世行臨川集校之，增多七十二首，其所佚者附錄卷末。」所謂「校刊」，乃指張氏刪劉辰翁評點，恢復李注原貌，而未知李注遭劉辰翁刪節，仍非李注原面目。蓋四庫館臣亦未見宋殘本《李壁注》，無從比較而知。沈欽韓據宗松本作〈王荊公詩集補注四卷〉，自謂「俯仰揖讓於其間，庶幾冥契作者之心」。臺先生文末結論稱：「研究荊公詩，劉辰翁節本外，沈氏注也非常重要」。値得注意參考。

行書寫袁中郎懷李卓吾詩語：「老子本將龍作性，楚人原以鳳為歌」。臺大經濟系華嚴教授見之，曰：「應歸我有」。遂題以贈之，《書藝集》（頁一四）著錄。

款識：上聯右小字行書「袁中郎懷李卓吾語」。下聯右小字行書「華嚴女兄見之曰：『我楚人也，此聯應歸我有』，靜農不敢自珍矣！」，左小字行書「靜農於臺北龍坡」。

鈐印三方：上聯左鈐「觀海者難為水」。下聯「龍坡」下鈐「靜農無咎」、「歇腳盦」。

案：臺先生以七十一年六月「歇腳盦」易名爲「龍坡丈室」。此聯猶鈐印「歇腳盦」，知爲七十一年六月以前書寫，茲繫七十年。華嚴，臺大經濟系教授，嘗任國科會人文社會處長。袁宏道（一五六八－一六一〇），字中郎，懷李卓吾詩見《袁中郎集》。

書石門隸書五言聯：「梵理右丞畫」，「清標大令書」。《書藝集》（頁五二）著錄。

款識：靜農於臺北龍坡。

鈐印三方：上聯右鈐「者回折了草鞋錢」。下聯左鈐「靜農無咎」、「歇腳盦」。

案：此聯未見《特集》，疑非六十九年以前書，鈐印齋名未改，知非七十一年夏以後書，茲繫七十年。

書石門摩崖隸書寫穫堂集陶詩聯：「結髮念善事」，「中腸縱道情」。《書藝集》（頁五二）著錄。

款識：上聯右「穫堂集陶公語」，下聯左「靜農於臺北龍坡」。

鈐印三方：上聯右鈐「觀海者難為水」。下聯左鈐「靜農無咎」、「靜農白首攻之」。

案：穫堂待考。上聯見陶靖節詩集卷二〈怨詩楚調示龐主簿〉。下聯未見陶集，考同卷〈遊斜川〉詩有：「中觴縱遙情，忘彼千載憂」。「腸」、「道」應是「觴」、「遙」之誤，然不知是穫堂誤記，抑臺先生誤書。七十一年夏月間臺先生「歇腳盦」改爲「龍坡丈室」（見後），此聯落款不題「歇腳盦」而題「臺北龍坡」，疑七十年前後書齋已有意改名「龍坡丈室」而未書匾懸掛，暫以「龍坡」代之。

行草書李賀〈秦王飲酒〉樂府詩十五句。《書藝集》（頁六五）著錄。

「秦王騎虎遊八極，劍光照空天自碧。……龍頭瀉酒邀星酒（酒星）」至「仙人燭【樹】蠟煙輕，古琴醉眼淚泓泓。」

款識：靜農。

鈐印三方：首行右上鈐「觀海者難為水」。下鈐「者回折了草鞋錢」。末行靜農下鈐「澹臺靜農」。

案：此幅不書作者、標題，不鈐齋名，疑齋名將改未改時書寫，茲繫七十年。所書為李賀（七九〇—八一六）〈秦王飲酒〉樂府詩，見《李賀詩集》卷二。書中「酒星」誤倒為「星酒」，「仙人燭」下漏「樹」字。

用龍鬚筆行草書橫披向秀（子期）〈思舊賦序〉。《書藝集》（頁六六）著錄。

自「余與嵇康呂安居止接近」至「故作賦云」共十五行，一〇四字。

款識：龍鬚筆書向子期思舊賦序。靜農。

鈐印二方：首行右下鈐「龍坡靜者」。末行下鈐「臺靜農」。

案：此幅不書，不鈐齋名，疑「歇腳盦」將改未改「龍坡丈室」時書寫，或在七十年前後，茲繫七十年。六十三年嘗書向賦序（見《書藝集》頁四二），七十一年為張敬教授所得（見前，六十三年）。此幅亦有脫誤字。「其人俱有不羈之才」，「俱」原作「並」。「嵇博技藝」，「博」下漏「綜」字。「臨當顧就命」衍「顧」字。

行草書橫披南田〈古意〉五言一首十四句。《書藝集》（頁二九、三〇）、《書畫紀念集》（頁二七）著錄。

北地有藏碑，懸讖出淵水。云誰司葢藏，鬼斧不得毀，其文既值（偵）錯，其言（其）復何指，柳葉辨虫書，煌煌告人紀，天神笑下士（土），魯國無男子，呂尚方鼓刀，投綸未知止，關中何寂寞，技劍亦云已。

款識：南田〈古意〉云為「戊申六月紀事」之作，靜農。

鈐印二方：「靜農無恙」。「為君長年」。

案：此幅不記年月，亦無齋名印記，疑齋名將改未改時書寫，或在七十年至七十一年夏，茲繫七十年。款識「南田」明遺民書畫家惲格（一六三三－一六九〇）號。有《甌香館集》（見六十一年），〈古意〉詩十六首，此所書爲第十四首，見集卷二。「戊申六月紀事」原注於〈古意〉詩題下，「六月」下原注有「十九夜」三字。「戊申」爲清康熙七年（一六六八），南田時年三十六歲。云「紀事」不知所記何事，有待查考。臺先生頗喜好南田詩畫，行草書寫其詩，計八幅。此其一。又詩中有誤衍字。「既值」當作「既偵」。「其言」下衍「其」字。「下士」原作「下土」。

書石門隸體聯文「天地堪懷古」、「江山獨賦詩」，贈師大國文系教授汪中。《書藝集》（頁八）、《故宮月刊》九五期（頁二〇）著錄。

款識：上聯左行書「雨盦兄雅教」，下聯左下署「龍坡靜者」。

鈐印：臺靜農。靜農白首攻之。

案：「天地」、「江山」爲溥心畬寒玉堂聯文，見《寒玉堂詩集》。雨盦，師大國文系教授汪中號，寓臺北市溫州街，與臺先生同鄉同里，臺先生臨石門隸書，約始於六十二年前後，此聯不書年月，茲繫七十年。

行草書寒玉堂聯文：「每懷清興談風月」、「自有高懷滿水雲」。《書藝集》（頁卅七）、《書畫紀念集》（頁二六）著錄。

款識：上聯右「寒玉堂聯文」。下聯左「臺靜農於龍坡」。

鈐印三方：上聯右鈐「笑把陏麋雜酒礶」。下聯左二方鈐「臺靜農印信」、「龍坡」。

案：此聯未書寫或鈐印齋名，應爲七十年或其前後書寫，聯見《寒玉堂詩集·七言詩聯十》（頁一二九）。

行書寫《梁任公集》宋人詞句：「燕子來時更能消幾番風雨」、「夕陽無語最可惜一片江山」贈林文月教授。《書藝集》（頁四五）著錄。

款識：上聯右「梁任公集宋人詞句」。下聯右「文月女弟存之」。左「靜農於龍坡」。

鈐印四方：上聯右旁下鈐龍形圖象。下聯左旁款識下鈐「臺靜農」、「龍坡」。右旁下方鈐圖象。

案：此聯未書寫亦未鈐齋名，疑七十年或其前後，齋名將改未改時所書，茲姑定七十年。

用漢人簡札書法。寫對聯：「誰知大隱者」、「迺為不羈人」。《書藝集》（頁五五）著

錄。

款識：上聯右「用漢人簡札書法，誰字即漢人簡筆字，後人頗少用此寫法」。下聯左「靜農於臺北龍坡」。

鈐印三方：上聯左鈐「歇腳盦」。下聯左鈐印一方，不清待辨。一方鈐「臺靜農」。

案：此聯不見《特集》知不書於六十九年以前。齋名仍鈐「歇腳盦」，知非七十一年夏以後所書，茲姑繫七十年。

石門摩崖隸書五言賀壽聯：「願持山作壽」、「常與鶴為群」。《書藝集》（頁五四）著錄。

款識：龍坡靜者。

鈐印三方：上聯右「為君長年」。下聯左「臺□」、「靜農無恙」。

案：此聯亦齋名將改未改時書，茲繫七十年，理由同前。又七十六年正月元宵節嘗書此聯云：「唐人詩句」（見後）。

行草書橫披東坡《望湖樓醉書》七絕三首。《書藝集》（頁廿二）、《書畫紀念集》（頁一○○）著錄。

黑雲翻墨未遮山，白雨跳珠亂入船。卷地風來忽吹散，望湖【樓】下水如天。

放生魚鱉逐人來，無主荷花到處開。水枕能令山俯仰，風船解與月徘徊。

烏菱白芡不論錢，亂繫青菰裹綠盤。忽憶嘗新會靈觀，滯留江海得加餐。

款識：東坡望湖樓醉書，靜農。

鈐印二方：首行右旁鈐：「醉夢」。款識鈐：「臺靜農」。

案：此幅行草，款識簡略，既不著年時，亦未書寫或鈐印齋名，疑「歇腳盦」將改而未改「龍坡丈室」時書寫，殆在七十年至七十一年夏之間，茲姑繫七十年。東坡詩原題〈六月二十七日望湖樓醉書五絕〉（見《蘇軾詩集》卷七，頁三三九—四一一），此書其前三首。「六月二十七日」時在宋神宗熙寧五年（一〇七二）。湖指西湖，此五絕比喻新鮮貼切，其前二首錢鍾書選入《宋詩選注》。

行草書辛棄疾詞〈鷓鴣天・鵝湖歸病起作〉下闋。《書藝集》（頁七六）著錄。

書咄咄，且休休，一丘一壑也風流。不知筋力衰多少，但覺新來懶上樓。

款識：靜者

鈐印二方：者回折了草鞋錢。澹臺靜農。

案：此幅未見七十年十月出版之《特集》，疑不書於七十年以前。又未書、未鈐「龍坡丈室」齋名，疑非七十一年夏以後書。書寫時日或在七十至七十一年間，茲繫七十年。辛棄疾（一一四〇—一二〇七），南宋詞人，字幼安，號稼軒，歷城（今山東濟南）人。

草書橫披寫謝翱、鄭思肖七絕三首。《書藝集》（頁廿一）、《書畫紀念集》（頁九九）著

錄。

山中道士服朝霞，二十修行別故家。留客一杯清若蜜，蜂房知是近梅花。

燕子來時人送客，不堪離別淚沾衣。如今為客秋風裡，更向人家送燕歸。

城頭啼鳥隔花鳴，城外遊人傍水行。遙認孤帆何處去，柳塘煙重不分明。

款識：靜者於龍坡

鈐印三方：首行右鈐：「淮南」。末行左款識下鈐：「臺□」、「靜農無恙」。

案：據鈐印觀察，未鈐「龍坡丈室」，知不書於七十一年五、六月以後。又此幅未見《特集》，又知非書六十九年以前，殆在七十年至七十一年夏之間書寫。與書東坡〈赤壁懷古詞〉約略同年，茲姑繫此。論者謂此草書即沈尹默論書詩所謂「龍蛇起伏筆端出，使筆如調生馬駒」，觀者應有同感。前二首詩作者爲謝翺，詩題分別爲〈山中道士〉、〈秋社寄山中故人〉，第三首作者爲鄭思肖，詩題〈春日登城〉。謝翺（一二四九—一二九五），南宋詩人，字皋羽，號晞髮子，長溪（今屬福建）人，後遷居浦城（今屬福建）。元兵南下時，曾從文天祥抗元任諮議參軍。入元不仕。詩風格沈鬱，不少作品寄寓其對宋室淪亡之悲痛。散文《西臺慟哭記》最有名。作有《晞發對集》、《楚辭芳草圖補》、《浙東西遊記》、《浦陽先民傳》，編有《天地間集》。鄭思肖（一二四一—一三一八），字憶翁，號所南，福建連江人，南宋末年著名詩人，兼擅繪事。應博學弘詞科。宋亡後，隱居蘇州寺廟，終生不仕。詩頗多感時傷世之情，抒發懷念宋室。

大字行草書橫披東坡〈赤壁懷古〉詞「故國神遊，多情應笑我，早生華髮」十三字。《書藝集》（頁一八、一九）、《書畫紀念集》（頁二五），《故宮專刊》（頁一八）著錄。臺北故宮博物院收藏。

款識：左旁行草書「龍坡靜者」。

鈐印三方：右下方「者回折了草鞋錢」。左款識下鈐：「臺靜農」、「龍坡靜者」。

案：此幅行草，不著年時，然據鈐印，未鈐「龍坡丈室」可知不書於七十一年五六月以後。又六十九年攝影臺先生書藝，七十年十月印爲《特集》出版，此幅未見《特集》，又知非書於六十九年以前，殆可能在七十年至七十一年夏之間書寫，茲姑繫七十年。此幅行書橫披自右至左，十三字分五行，首尾兩行各二字，中三行每行三字，結構錯落有致，筆勢雄渾，臺先生極爲寶重。七十九年病重時，應家人要求，同意將此行草連同其他五件，捐贈故宮收藏（見後）。

七月，應范壽康之託，楷書寫章太炎悼弘一法師詩。《法書集》（二）（頁六）著錄。

生平事跡一篇詩，絕世才華絕世姿。朱門年少空門老，藝術宗師禪法師。

款識：允臧尊兄示以太炎悼弘一法師詩，命為書之。辛酉六月，靜農於歇腳盦。

鈐印：臺靜農。靜者。

案：辛酉為七十年。六月當國曆七月。允臧，范壽康字，為臺灣大學哲學系退休教授。

卅一日，撰〈剛伯亭獻辭〉，稱其「襟懷磊落、器度恢弘，貞不絕俗，介不忤物。」

八月，以隸體書寫立碑。

先生長文學院者二十有七（？）年，始當光復之初，規模未具，先生經營擘畫，士風丕變，菁菁者莪，斐然有成。先生治史，於東西文化盛衰得失之理，參互考驗，融會貫通，時標新義，卓然成一家說。非同小儒之拘墟，實乃士林之鉅匠。尤以襟懷磊落，器度恢弘，貞不絕俗，介不忤物，秉清操以自持，處濁世而不濁……（節錄）

案：沈剛伯民國六十七年七月卅一日逝世，年八十一歲。四年後，任教各大學歷屆門人為紀念先師乃於南投縣溪頭、臺大實驗林場風景區建亭立碑。臺先生作獻辭並書寫，七十年七月底撰成，立碑在八月。沈氏民國卅七年八月應聘來任臺大文學院院長，至五十八年七月卸任，共二十一年。臺先生稿本作「二十有七」下加問號，七月書寫已改正為「二十有一」（見《沈剛伯臺先生文集》上集〈剛伯亭獻辭〉碑版景印圖片，又見《書畫紀念集》頁二四）。又臺先生此文《龍坡雜文集》未收，原稿鋼筆書寫，約七十二、三年交門人臺大中文系教授羅聯添收存。

新秋（八月）坐雨，書石門分隸穫堂集聯：「敖曹地上虎」，「希夷人中龍」。《書藝集》（頁五三）著錄。

款識：上聯右「新秋坐雨書穫堂集聯」，下聯左「靜農於臺北龍坡」。

鈐印三方：上聯右下鈐「觀海者難為水」，下聯左鈐「靜農無咎」、「靜農白首攻之」。

案：此聯未書、未鈐齋名，當是齋名將改未改時書，時或在民國七十年前後，茲繫七十年。穫堂及聯文出處待考。

九月，行書寫對聯「盤螭金錯秦宮劍，舞鳳珠垂漢殿鐙」。《書藝三集》（頁三八）著錄。

款識：辛酉秋仲，靜農於龍坡。

鈐印：「靜者白首攻之」。「臺靜農印信」。「歇腳盦」。

案：辛酉為七十年。秋仲，農曆八月，當國曆九月。

集石門摩崖字，寫五言聯「斷石校漢隸，高秋誦楚辭」贈薛平南。《書藝三集》（頁三九）、《書畫紀念集》（頁一四四）著錄。

款識：平南先生清正，石門摩崖集字。辛酉秋仲，靜農於龍坡。

鈐印：「靜者手執」。「臺靜農印信」。「歇腳盦」。

案：辛酉為七十年。秋仲，農曆八月，當國曆九月。集聯見秦文錦編《漢石門頌集聯搨本》。

十二日前，行草書李長吉〈詠仙人〉詩。《書藝集》（頁七五）、《書畫紀念集》（頁七二）著錄。

彈琴石壁上，翩翩一仙人。手持白鸞尾，夜掃南山雲。鹿（衣）飲寒澗下，魚歸清海濱。當時漢武帝，書報桃花春。

款識：李長昌（吉）詠仙人詩，辛酉中秋前，靜農於龍坡。

鈐印二方：靜農無咎。靜農白首攻之。

案：辛酉，爲七十年。是年中秋爲國曆九月十二日。李賀（七九〇—八一六），字長吉，詩見《李賀詩集》卷三。書中「鹿」下衍「衣」字。「長昌」當作「長吉」。

秋（八月—十月），應薛平南之請，行書寫前人論印詩條幅。《書藝三集》（頁四〇）、《書畫紀念集》（頁九六）著錄。

鷗波亭子一燈明，籀篆精詳著墨兵。直祖南唐徐氏法，傳衣閱世得文彭。

辛苦雕蟲細討論，平生嗜（苦）古性猶存。每憐共賞無迂鐵，隻眼只推金壽門。

一自山農鐵畫工，休和紅沬寄方銅。從茲伐盡燈明石，僅了生涯百歲中。

正直平分漢白文，李唐盤曲法何紛。寒山草篆終堪議，休論莆田雜八分。

古人篆刻思離群，野（按：應為舒）卷渾同嶺上雲。看到六朝唐宋妙，何曾墨首漢家文。

款識：辛酉秋，錄前人論印詩，奉平南兄教。靜農。

鈐印：臺靜農印信。歇腳盦。

案：辛酉爲七十年。論印絕句五首中，二、三、五首各爲沈心、厲鶚、丁敬論印絕句。

又行草書寫七絕詩二首。《書藝集》（頁二四）著錄。

龍翔鳳舞萃雞鳴，老刹精靈舍利明。傳撒與魚供【鶴】俸，開經有字記花庚。

山如得道同僧定，石復何辜耐客黥。可是梁皇成佛處，鐘聲日日打臺城。

款識：辛酉九秋，靜者。

鈐印三方：首行右鈐「淮南」。款識下鈐「臺□」、「靜農無恙」。

案：辛酉爲民國七十年。九秋謂秋季九十日，亦稱三秋，約當國曆八月至十月間。二詩出處及作者待考。

十月，《臺靜農教授的書法》特集在日本東京印行。

案：臺先生書法特集爲日本書道會理事長青山杉雨所編，東京近代書道研究所印行。封面標示印行時日爲一九八一年（昭和五十六年）十月五日。《靜農書藝集》臺先生自作後記云：「先是孫達人兄介紹攝影專家吳呈芳君，選平日作品爲之攝影片。一九六〇年日本近代書道研究所爲編之特集，即吳呈芳所攝者」。記年與特集標示不合，考專集第三頁「東漢銅器銘文」一幅書於「庚申新秋」、第三十頁「書太白詩」一幅，時在庚申中秋後，書李義山詩一幅（頁二〇）時在庚申年尾。庚申爲民國六十九年（一九八〇），此可證特集編輯，當在一九八〇年或稍後。「六〇」應爲「八〇」之誤。青山爲編特集曾來臺面見臺先生，當是請其提供書藝作品。吳呈芳爲臺先生攝製書藝影片，當即爲供給青山編特集所需者。青山來臺取影片編特集，殆在一九八〇冬或稍後。青山杉雨（一九一二—一九九三）生於日本名古屋市，師事西川寧，愛好中國書法，收藏甚豐，曾任謙慎書道會理事長、大東文化大學教授、日本藝術院會員，著有《明清書道圖說》等。其膺選爲藝術院會員，臺先生有詩稱賀（見後）。此特集共收三十五幅行、隸書法作品。大部分具見於七十四年二月臺北華正書局版《靜農書藝集》。特集封面、封底，各有墨梅一幅。前者題宋人詩句云：「孤燈竹屋清霜夜，夢到梅花即見君」。封面背頁錄篆刻十一方，其中三方爲臺先生自刻。第一頁錄臺先生所書〈董作賓墓誌銘〉，字小不清，其下爲青山氏所撰〈臺靜農教授的（の）書法〉短文，介紹推重臺先生書法造詣。特集儉薄，僅卅一頁，篇幅小，版面亦不夠大（僅較一般書本稍大），無法突顯字體氣勢。裝訂更說不上堂皇精美，冊頁形式與內容實不相稱。然當時能在日本東京印行，亦不容易。

重陽節後，行書對聯：「風流豈落正始後」，「探道欲渡羲皇前」。《書藝集》（頁一五）著錄。

款識：下聯左小字行草「辛酉九日後臺靜農於臺北龍坡」。

鈐印二方：靜農無咎　靜農白首攻之

案：辛酉爲七十年。九日指九月九日重陽節，九日後當在國曆十月間。聯文出處待考。

大千居士以元紙畫巴蜀山水贈賀臺先生八十壽，鄭因百先生賦長歌題其後，其中云：「盡收百景歸毫端，持贈故交不吝惜……願君珍重此丹青，視若隨國明珠卞和璧。」

元代素箋二三尺，兩度興亡到民國，如玉在璞金在山，篋底漫藏人未識。物必有主逢髯張，拂拭古塵見光澤。興來更寫巴山圖，紙潤墨鮮兩相得。峽束蒼波江水寒，嶺懸薄霧岫雲白。極天關塞青楓林，參以赤松兼翠柏。夕陽聚處閃孤光，估客船來掛帆席，盡收百景歸毫端，持贈故交不吝惜。我識此畫主人五十年，燕雲薊雪留陳跡，中原澒洞多風塵，雁書魚訊隔南北。亂餘不見九州同，共作浮家炎海客。龍安坡上為比鄰，風雨開窗數晨夕。渝夔東下穿巫峽，兩岸猿啼萬山色。我生於蜀君曾居，撫事展圖觀歷歷，臥遊縱好非真遊，何時重覓子雲宅？出門極目望西南，但見落日殘霞海天碧。君年八十我亦七十六，插頭索標前路窄，朋輩凋零游屐嬾，剩有縹湘慰岑寂，後山妙句題高軒，「晚知書畫真有益」。願君珍重此丹青，視若隨國明珠卞和璧。（《清畫堂詩集》卷七，頁二二三、二二四）

案：詩稱「君年八十我亦七十六」，知爲今年之作。今年十一月二十日（農曆十月廿四日）爲臺先生八十歲誕辰。大千居士常有賦詩、作畫贈親朋好友賀壽者，（如以詩賀張目寒六十初度、贈畫題詩壽張目寒六十晉七、繪僊竹石一幅賀劉太希七十，依次見《詩文集》頁四九、七十、一八六）。此巴蜀山水元紙畫作，當是贈賀臺先生八十壽誕。六十七年五月七日大千居士八十壽辰，臺先生嘗撰寫壽序以賀，極稱其繪畫造詣（見前）。居士以此重禮贈賀，或不無酬謝之意。又鄭、臺以民國十四年在北京相識（鄭騫〈靜農元白之書畫〉文《紀念文集》頁二一），迄今爲五十六年，詩擧成數故云「我識此畫主人五十年」。鄭先生卅七年來臺大任教，初居臺北市安東街（今瑞安街），後遷溫州街七十四巷日式小木屋，六十六年改建，六十八年夏遷回溫州街七十四巷一弄一號新居，位溫州街南段，臺先生居溫州街北段，同屬大安區龍坡里，故有「龍安坡上爲比鄰」之語。

十一月十一日，接到歷史博物館館長何浩天函，邀約在國家畫廊展覽書法，臺先生以準備不及，擬請延至明年十月至十二月。十七日覆函云：

敬啟者，奉到十一日惠函，承邀在貴館國家畫廊展出拙書，至感盛意。惟靜農平日未曾專業於此道，所存作品極少，擬俟有充分準備，隨時與貴館接洽。或由貴館於明年十月至十二月內預定一時間見告，如何請裁酌為幸。專此敬致

何館長鑒

臺靜農敬啟十一月十七日

（原件存歷史博物館資料室，此據《臺靜農的書法藝術》頁一四五圖版抄錄）

案：博物館資料登錄此函年代爲一九八一年，即民國七十年，函右下方有二行小字稱：「擬訂於1005—1011展出七天，稿並呈」。此乃該館承辦人員簽注意見。十月五日至十一日當指七十一年。時館長爲何浩天。是年十一月二十日（農曆十月廿四日）臺先生八十歲誕辰，何館長十一月十一日去函邀請展覽書法，殆有賀壽之意。臺先生以準備不及，因請延至明年，館方乃擬訂於七十一年十月五日起展出一週。（見後）。

二十日（農曆十月廿四日）臺先生八秩壽誕，臺大中文系門人獻論文集祝賀。

案：《臺靜農八十壽慶論文集》，孔德成小篆題署。孔氏，字達生，孔子七十七世孫，臺大中文系兼任教授，年小臺先生十九歲。兩人結爲忘年友，聚會宴飲，時相笑謔。臺先生稱之爲「聖人」，系中師生亦共尊爲「孔聖人」。論文集共卅六篇，七十餘萬言。本年十一月臺北聯經出版公司印行。臺大中文系師生於十一月二十日晚假臺北市某餐廳設宴賀壽。

行書寫宋僧人詩。《法書集》（二）（頁四、五）著錄。

北固樓前一笛風，斷雲飛出建康宮。江南二月多芳草，春在濛濛細雨中。
月落菴前夢未回，松間無限鳥聲催。莫言春色無人賞，野菜花開蝶也來。
過了梨花春亦歸，小窗新綠正相宜。白頭更作西州夢，細雨青燈話別離。

款識：宋僧人詩。辛酉十月，靜農於臺北。

鈐印：淮南。臺靜農印信。

案：辛酉，七十年。農曆十月當國曆十一月。第一首爲宋釋仲殊〈潤州〉詩，第二首出處待考，第三首爲宋釋蘊常〈送空上人〉詩。七十三年春書宋僧詩三首，其中第一首即此三首之三。見《書藝集》（頁五六）（詳後）。

十一、二月，行書寫杜牧〈題宣州開元寺水閣閣下宛溪夾溪居人〉。《法書集》（二）（頁七）著錄。

六朝文物草連空，天淡雲閑今古同，鳥來鳥去山色裡，人歌人哭水聲中，深秋簾幕千家雨，落日樓臺一笛風，惆悵無因見范蠡，參差煙樹五湖東。

款識：杜樊川題宣州開元寺水閣閣下宛溪夾溪居人。辛酉冬月，靜農於臺北。

鈐印：觀海者難為水、澹臺靜農、者回折了草鞋錢。

案：辛酉爲七十年。冬月，當國曆十一、二月。樊川詩見《全唐詩》卷五二二。七十二年又寫此詩，見《書藝集》頁二五。七十九年送故宮收藏者，即《書藝集》此幅。

十二月三日後，行草書寫杜甫七言律絕各一首〈秋興八首〉其二、〈戲為六絕句〉其四。《書畫紀念集》）（頁九八）著錄。

夔府孤城落日斜，每依北斗望京華。聽猿實【下】三聲淚，奉使虛隨八月槎。畫省香爐違伏枕，山樓粉堞隱悲笳。請看石上藤蘿月，已映洲【前】蘆荻花。

才力應堪跨數公，祇今誰是出群雄。或看翡翠蘭苕上，未掣鯨魚碧海中。

款識：辛酉立冬後，書杜公詩於臺北。靜農。

鈐印：澹臺靜農、者回折了草鞋錢。

案：辛酉，七十年。立冬，爲農曆十一月七日至八日，即國曆十二月二日至三日。「辛酉立冬後」，當在十二月三日後。二詩前者爲〈秋興八首〉之二，「聽猿實」下脫「下」字。「已映洲」下脫「前」字。後者爲〈戲爲六絕句〉之四，分別見《全唐詩》卷二三〇、二二七。

伍、歇腳盫卅六年

陸、龍坡丈室——老去空餘渡海心

（民國七十一年——七十九年，一九八二——一九九〇）

民國七十一年　一九八二　八十一歲

是年，文學院哲學系搬遷至農推系舊館，臺先生以分隸為署「哲學系」及「哲學研究所」二直匾，懸於該館正門左右旁。

案：臺先生書寫行隸不計其數，然未嘗爲臺大建物名稱題匾。哲學館兩直匾，乃臺先生爲臺大建物獨一無二題署，雖未署題者姓名，但一觀字體即知爲臺先生所書。

日本友人青山杉雨膺選日本藝術院會員，作詩稱賀，題曰〈日友青山杉雨膺藝術院會員之選〉：

一代人才有代興，汪汪雅量見清澄。龍騰虎臥千秋業，藝苑風流最上層。（《龍坡丈室詩稿．龍坡草》）

案：青山爲編臺先生《書法特集》，六十九年（一九八〇）冬前後來謁臺先生，始彼此相識。翌年十月《特集》出版（見前）。青山膺選日本藝術院會員，殆在《特集》出版後若干時日，臺賦詩祝賀應在青山選爲會員後不久，茲姑繫此年。

一月，為漢學研究中心隸書題署「漢學研究通訊」六字。

案：《漢學研究通訊》爲中央圖書館（今改名國家圖書館）附設漢學研究中心出版發行之季刊，報導國內外有關人文社會各種學術活動與消息，並設專欄報導各大專院校、研究機構等學術研究概況與教育動態。民國七十一年一月創刊，題署封面當此時或稍前。

二月上旬，行草書四屏李、杜、二王四家詩各三首。《法書集》（二）（頁一二、一三）著錄。

款識：一、杜少陵詩。靜農。二、壬戌上元後，書王摩詰詩。靜農於臺北。三、壬戌上元後，書王龍標〈從軍行〉於臺北龍坡里寄寓。靜農。四、壬戌春初，書太白詩於臺北龍坡。

鈐印：一、臺靜農。二、靜者。臺靜農印信。三、淮南。臺靜農印信。四、臺靜農印信。

案：壬戌，民國七十一年。上元，當國曆二月八日。其後當在二月上旬。杜甫三首詩題〈贈花卿〉、〈奉和嚴大夫軍城早秋〉、〈江南逢李龜年〉。王維三首詩題〈少年行四首〉其一、其三及〈送沈子歸江東〉。王昌齡三首詩題爲〈從軍行七首〉其二、其四、〈出塞二首〉其一。李太白三首詩題爲〈早發白帝城〉、〈秋下荊門〉、〈陪族叔刑部侍郎曄及中書賈舍人至遊洞庭湖五首〉其四。

農曆殘臘，煥若初夏，讀吳梅村（偉業）〈琴河感舊〉七律四首有感，以行草書之並書其序一三三字及題〈吳梅村琴河感舊〉七字，共三百六十四字。《續集》（頁二二一—三〇）著錄。

序：楓林霜信，放棹琴河。忽聞秦淮卞生賽賽，到自白門。適逢紅葉。余因客座，偶話舊遊，主人命犢車以迎來，持羽觴而待至。停驂初報，傳語更衣，已託病痁，遷延不出。知其憔悴自傷，亦將委身於人矣。予本恨人，傷心往事。江頭燕子，舊壘都非；山上蘼蕪，故人安在？久絕鉛華之夢，況當搖落之辰。相遇則惟看楊柳，我亦何堪；為別已屢見櫻桃，君還未嫁。聽琵琶而不響，隔團扇以猶憐，能無杜秋之感、江州之泣也！漫賦四章，以志其事。

白門楊柳好藏鵶，誰道扁舟蕩槳斜。金屋雲深吾谷樹，玉杯春暖尚湖花。見來學避羞團扇，近處疑嗔響鈿車。卻悔石城吹笛夜，青驄容易別盧家。

油壁迎來是舊遊，尊前不出背花愁。緣知薄倖逢應恨，恰便多情喚卻羞。故向閒人偶玉筯，浪傳好語到銀鉤。五陵年少催歸去，隔斷紅牆十二樓。

休將消息恨層城，猶有羅敷未嫁情。車過捲簾勞悵望，夢來攜袖費逢迎。青衫憔悴卿憐我，紅粉飄零我憶卿。記得橫塘秋夜好，玉釵恩重是前生。

長向東風問畫蘭，玉人微歎倚闌干。乍拋錦瑟描難就，小疊瓊箋墨未乾。弱葉嬾舒添午倦，嫩芽嬌染怯春寒。書成粉蘆憑誰寄，多恐蕭郎不忍看。

款識：辛年殘臘，燠若初夏，讀梅村琴河之作，感而書之，靜農於龍坡。

鈐印：靜者。臺靜農。

案：辛年當是辛酉年，民國七十年。農曆七十年臘月，爲國曆七十一年一月十四日至二月十二日。云「殘臘」當在二月上旬。吳偉業（一六〇九—一六七一），字駿公，號梅村，明崇禎四年（一六三一）進士，授編修，再左遷庶子。入清，官至國子監祭酒。學問博贍，爲詩工麗，尤擅歌行體。永和宮詞，琵琶行，圓圓曲等作，流播詞林，爲世所重。《四庫全書》著錄《梅村集》四十卷。宣統初武進董康刻《梅村家藏稿》六十卷，一至廿二卷分詩爲前後集，此四首七律見前《集》。序所謂「琴河」殆即指琴川，在舊江蘇常熟。城內「白門」南朝宋建康城西門，後以代稱金陵。據吳序「予本恨人，傷心往事」而賦此四章，臺先生有感而書此長篇，殆亦有所託，借之以澆塊壘。

作〈記「文物維護會」與「圓臺印社」：兼懷莊慕陵先生二三事〉，刊三月十一日《聯合報》副刊，收入《龍坡雜文》。內容敍述「文物維護會」與「圓臺印社」成立緣起及活動情況，並追記同這兩個民間團體都有關的老友莊慕陵先生的好事、修養和精神境界。大要有二：

一、「文物維護會」的成立緣起和活動經過。「文物維護會」發起的動機非常單純，北伐軍克服北京前夕，社會混亂，「怕北京文物遭到毀壞，因而有這一組織」。「委員有沈兼士、陳援庵、馬叔平、劉半農、徐森玉、周養庵諸先生，年輕人參與的有常維鈞、莊慕陵及我」。此會壽命不過三兩個月，卻辦了兩件大事：一是東陵案，即查看了孫殿英盜墓案。一是成功地阻攔了美國人安得思在蒙古挖得的九十大箱子東西，並企圖偷運出天津的事。會內也偶有閒散的時候，那麼此時聽老輩聊天，「援庵師深刻風趣，兼士師爽朗激昂。叔平師從容不迫有「齊氣」，半農先生快人快馬，口無遮攔，森玉先生氣象沖和，喜說掌故，養庵先生白皙疏髯，擅書畫，水竹村人時代做過高官，是北京文化紳士」。

二、「圓臺印社」的發起即與這種聊天有關。「一天大家談到漢魏石經殘石」和北京的收藏者，嗜古好事的莊慕陵便決意集資拓印。又成立了「圓臺印社」，社員不過五人，請王福庵、馬叔平兩先生為導師。不想這一短命的印社，竟將北京所有的漢魏石經殘石，全部拓出，精拓約十部，沒有書名，沒有序例，並引發了幾個同仁不倦的趣味。至於我，陸續的也奏刀了四十來年，這一切都與慕陵有關。慕陵之好事，正由於他有深厚的修養，加以天真澹泊，才有他那樣的境界。

張淑香〈鱗爪見風雅：談臺靜農先生的《龍坡雜文》〉：「……聽老輩聊天的樂趣，使他印象深刻難忘。……寥寥幾筆鱗爪，每個人的特徵即呼之欲出，令人無限神往。列舉法的敘述，摹擬著回憶中形象的迭現跳接，而其連續性又似造成情感的綿流。……結尾是這樣寫的：……這裡簡明的揭露了哀悼的本意與創作的情形，只是對失落本身的失去控制，紛若亂絲，不知從何說起，繼而找到軸點，透過鱗爪的掌握二三事，再度獲得控制而能夠將過去呈現出來。足見鱗爪的重構在書寫過程中獲得秩序與形式的意義。而且回憶的書寫就是一種祭儀的替換……具有淨化清滌的作用。」

案：文末段云：「前年舊曆庚申，一個正月內竟失去我的三個老友，去年春初原想寫一篇題作〈庚申正月〉的小文，聊當周年祭。」庚申為民國六十九年，正月當國曆二月十六日至三月十六日，「失去三位老友」：指張目寒，二月下旬在臺北過世；莊嚴，三月十二日亦在臺北過世；魏建功，二、三月間在北京過世，皆在舊曆正月內。云「前年」，知為七十一年，是年正月當國曆一月二十五日至二月二十三日。文作於三老友逝世二周年時。《龍坡雜文》本文末後署「一九八三年（七十二年）九月二十六日」（頁一一九）與刊出時間不合，疑為一年後修訂所記時日。

三月，行書寫杜甫〈秋興八首〉之七。《書畫紀念集》（頁九十）著錄。

昆明池水漢時功，武帝旌旗在眼中。織女機絲虛夜月，石鯨鱗甲動秋風。波漂菰米沉雲黑，露冷蓮房墜粉紅。關塞極天惟鳥道，江湖滿地一漁翁。

款識：壬戌春仲，書杜少陵〈秋興〉八首之一奉，靜農於臺北。

鈐印：「璧還」。「臺靜農」。「龍坡丈室」。

案：壬戌，民國七十一年。春仲，農曆二月，約當國曆三月。杜甫〈秋興八首〉，見《全唐詩》卷二三〇。款識「奉」字疑衍。是年五六月間始改「歇腳盦」爲「龍坡丈室」，此時齋名未改，鈐印似有誤。

四月五日後，行書書寫陶淵明〈擬古九首〉其三、其九。《法書》（二）（頁十）著錄。

仲春遘時雨，始雷發東隅。眾蟄各潛駭，草木縱橫舒。翩翩新來燕，雙雙入我廬。先巢故尚在，相將還舊居。自從分別來，門庭日荒蕪。我心固匪石，君情定何如？

種桑長江邊，三年望當采。枝條始欲茂，忽值山河改。柯葉自摧折，根株浮滄海。春蠶既無食，寒衣欲誰待。本不植高原，今日復何悔！

款識：陶公詩，壬戌清明後，靜農。

鈐印：「龍坡靜者」。「臺靜農印信」。

案：壬戌，民國七十一年。清明後時在國曆四月五日以後。〈擬古九首〉，見《陶淵明集》卷四。

四月廿日，為臺灣師大汪中教授〈儒城雜詩〉作讀後記。稱其詩「不唐不宋，竟上逼柴桑。」

……雨盦應邀赴韓國講學，……大好作詩。日成一篇，興猶未已。初以為霜天子夜，不免有清輝玉臂之思。然結撰嫵婉，必有可觀。……或者休沐得閒，留連嘉會，綠酒清歌，長裙曼舞，烏絲紅袖，想見豪情。殆雨盦自韓國歸，果以一卷見示，讀後大驚異，不唐不宋，竟上逼柴桑，老實非向所想像。何其不可測乃爾。蓋雨盦羈旅異國，靜極思深，意真語淡，如過江名理，娓娓動人，是不特見其詩學，更知其修養。……

案：末署「壬戌穀雨，臺靜農讀後記於龍坡里歇腳盦」。壬戌為民國七十一年。穀雨農曆三月廿七日，國曆四月廿日。雜詩前有劉太希「壬戌五月序」，後有「壬戌暮春三月江兆申」題跋。汪中，字履安，號雨盦，師大國文系教授。六十二年起兼任臺大中文系教授，擅書藝，善詩文，與臺先生時有文酒之會。七十一年，雨盦移居新生南路三段十六巷十四號，臺先生寓溫州街十八巷六號日式木屋，居同里——龍坡里，住同鄰——第四鄰，相去不過百步。臺先生居家齋名「歇腳盦」本年五、六月改稱「龍坡丈室」。此記仍名「歇腳盦」蓋作記時在改名前。雨盦雜詩附於其所著《雨盦和陶詩集》後，線裝，七十四年臺北市華正書局出版。此文《龍坡雜文》暨《文集》皆未收。

四、五月間，行草書寫吳梅村七律一首。《續集》（頁一）著錄。

扶杖銜泥逐少年，解衣箕踞酒爐邊。愁燒絳臘消千卷，愛把青尊擲萬錢。痛飲不甘辭久病，狂呼卻笑勝高眠。丈夫失意【須】潦倒，劇孟平生絕可憐。

款識：壬戍【戌】夏初，書梅村詩，靜農。

鈐印三方：首行右上鈐「觀海者難為水」。末行款識下鈐「靜農無咎」、「靜者白首攻之」。

案：「壬戍」當作「壬戌」，壬戌爲民國七十一年。夏初約在四月下旬或五月上旬。梅村事蹟見前，此幅七律見《梅村集》，題〈擬古九首〉。書中「失意」下漏「須」字。

五月，隸書擬金冬心筆意寫「司馬溫公」一節二十八字。《法書集》（二）（頁一一）著錄。

司馬溫公居雒，同范蜀公登嵩山。由軒轅道至龍門，涉水，涉伊水至香山。

款識：壬戌夏初，擬冬心筆意於龍坡，靜農。

鈐印：靜農無恙。

案：壬戌，民國七十一年。農曆夏初，國曆當爲五月。隸書「涉水」二字誤書，下行書「涉伊水至香山」六字，當是補正之文。

夏，以行草題署「董彥堂甲骨文法書集」置於內封頁。

案：此集爲李其俊輯，不著出版年月。封面張維翰題字，內頁郎靜山題辭。稱「壬戌夏」。壬戌爲七十一年，題字亦當在其年夏日。

五、六月（夏），「歇腳盦」易名，自刻篆文印章「龍坡丈室」（大小二方），此後書畫多

鈐此印記。

案：「歇腳盦」易名「龍坡丈室」時在是年五六月間。刻印當在易名之前或稍後，又「歇腳盦」有大小二方，「龍坡丈室」印記亦大小各一。並見《墨戲集》（頁七六、七七）著錄。

獲張大千繪贈〈灩澦堆歸舟圖〉。請王叔岷先生題詩，六月十六日王作〈題畫〉詩云：

瞿塘峽口灩澦堆，屹立奔流勢崔嵬，俗傳武侯題大字，欲避洶濤對我來，卅年離亂思鄉國，劫後山川亦可哀，髯翁豪縱老蜀士，揮毫落紙天工闢，隱隱雙帆歸意渺，臨風展卷苦低回。

題下自注：「一九八二年六月十六日，壬戌四月廿五日。」小序云：「鄉賢大千先生贈靜農兄灩澦堆歸帆圖，靜農兄囑題。」（《舊莊新詠》頁九、十）

案：七十一年六月，王氏題詩。臺先生獲贈斯圖或在王題詩前不久，殆五、六月間。張大千四川內江縣人，王氏四川簡陽縣人，籍貫皆古之蜀郡，王因尊爲鄉賢。王氏七十年五月底自星洲返臺兼任中研院史語所研究員，居南港中研院蔡元培館。

居臺近四十年，感於書齋「歇腳盦」名不符實，欲易名「龍坡丈室」，乃請大千居士為書匾額，五、六月間大千書四字橫披從右至左，懸於書室。此後書畫題記皆署「龍坡丈室」，不稱「歇腳盦」。《龍坡雜文》序：

臺北龍坡里九鄰的臺大宿舍我於一九四六年就住進來了，當時我的書齋名之為歇腳盦，既名歇腳，當然沒有久居之意。……曾有詩云：「丹心白髮蕭條甚，板屋楹書未是家。」然憂樂歌哭於斯者四十餘年，能說不是家嗎？於是請大千居士為我寫一「龍坡丈室」小匾掛起。這是大學宿舍，不能說落戶於此，反正不再歇腳就是了〈節錄〉。

案：大千居士所書「龍坡丈室」四字橫披，見《名家翰墨臺靜農法書集二》（《中國名家法書全集二十》頁八十三），末署：「壬戌閏四月爲靜農老弟書，即乞教正」。壬戌爲民國七十一年，閏四月當國曆五月廿三日至六月二十日。臺先生自三十五年十月來臺大中文系任教居「歇腳盦」，至七十一年五、六月改稱「龍坡丈室」，首尾卅七年，舉其成數應作四十年。序云：「憂樂歌哭於斯者四十餘年……於是請大千居士爲我寫一『龍坡丈室』小匾掛起。」乃自卅五年算至作〈龍坡雜文序〉之年，民國七十七年而言，首尾四十三年，故云「四十餘年」。一時失察，而未注意下文居士書匾一節（居士畫匾後翌年去世。詳下）。自七十一年五六月「歇腳盦」，掛起「龍坡丈室」後，凡書畫序跋題記皆署「龍坡丈室」，就書法觀察，如：（一）「壬戌（七十一年）冬至後五日書唐人詩」（《書藝集》頁七七）。（二）行草「秋明翁論書詩癸亥（七十二年）秋前」（《書藝集》頁一）。（三）「甲子（七十三年）後十月」，書漢魏合體橫披（《三集》頁四四）。（四）「丙寅（七十五年）冬至後」，行書蘇東坡七言詩橫披（《三集》頁四六）。（五）「丁卯

（七十六年）端午前」隸書大字「鶴壽」（《三集》頁四八）。（六）「戊辰（七十七年）中秋」篆書條幅「秦詔版」（《紀念集》頁二七）。（七）「己巳（七十八年）中秋」隸書冊頁臨石門頌（《紀念集》頁四三）等皆是。然亦有一二例外，如「庚申七月初秋」行書臨古法帖橫披，有「龍坡丈室」鈐印（《三集頁卌七》），庚申為六十九年時齋名仍為「歇腳盦」，其所以如此，究其原因殆早有意更名為「龍坡丈室」，或先自篆刻印記，不待書寫懸掛匾額。又七十一年四月間「龍坡丈室」未書寫，但早有意更名而猶稱「歇腳盦」者，如為師大汪中教授作《儒城雜詩》讀後記，署「壬戌穀雨，臺靜農讀後記於龍坡里歇腳盦」。壬戌為七十一年，穀雨約為四月二十日，此可見更名前後，涇渭分明，不稍混淆（見前）。

秋，行草書寒玉堂聯文：「攀蘿採藥分雲葉，剪樹觀碑洗石華」。《書藝集》（頁卌三）著錄。

款識：上聯右「寒玉堂聯文」，下聯左「臺靜農於龍坡丈室」。

鈐印三方：上聯款識下鈐「者回折了草鞋錢」，下聯款識下鈐「臺靜農」、「龍坡丈室」。

案：七十一年五六月始改齋名「龍坡丈室」，《書藝集》七十三年底編成。又七十一年十月臺先生在臺北歷史博物館舉行書展。此幅為展品之一，此幅書寫當在七十年秋，

「寒玉堂」溥心畬齋名，聯文見《寒玉堂詩聯》一二四號。《詩集》頁一三八。

行草書聯文：「神龍萬變海天小，猛虎一聲山月高」。《書藝集》（頁卅五）著錄。

款識：臺靜農於龍坡丈室。

鈐印三方：上聯右旁鈐「淮南」。下聯款識下鈐「臺靜農」。另二字待辨。

案：此聯鈐「龍坡丈室」印，知必書於七十一年夏以後，姑繫此。

九月二日（農曆七月既望），張大千在臺北摩耶精舍將僅存一幅倪字，草書題畫詩軸贈與臺先生：

欲圖少臺恍三分，為有清光不點雲，自結草堂深樹裏，幽山澹水太玄文。

案：張大千題記云：「壬戌七月既望，題奉靜農老弟雅賞，大千爰杜多」（專刊頁一二六）。壬戌為民國七十一年，農曆七月既望，時當九月二日。大千以六十六年五月一日自美回臺定居，六十七年八月移居外雙溪摩耶精舍。據〈大千居士贈寶記〉一文稱大千「一出病院，便立刻揀出了這張倪字，贈給臺先生」（《形象之外》，頁一七〇）。據《全傳》，張大千七十一年七月下旬以心臟病復發，進榮民總醫院醫治，八月下旬出院（頁六〇七），九月二日贈畫，時序正合。《全傳》云：「是月（農曆七月），先生經反覆考慮，毅然決定，把自己所珍藏的最後一張明末倪元璐鴻寶的書法條幅眞跡，贈送給老友臺靜農。由於倪元璐的書法蒼潤古雅，氣韻高華，而倪之作品又傳世極少，該軸十分珍貴，先生極其喜愛，以前有許多人以重金要求先生「割愛」，均遭婉辭。這次先生將之贈臺，是存「寶劍贈烈士之意」。贈臺之後，自覺十分快樂，並曾在該書軸上題「靜農方家雅賞，大千爰杜多，壬戌七月」（下冊頁六〇七）。大致根據〈贈寶記〉節錄，贈字月份稍有誤，題記亦有差異。

又《全傳》未明所贈倪字乃題畫詩軸，蓋成書在前未見後出專刊景印圖版及書畫錄。大千七十二年三月心疾復發入院，四月二日逝世，距贈畫時日，僅七個月，贈畫實含贈別之意，亦隱含「託孤」（託畫猶如託孤）之意。七十九年臺先生病重，將此軸併其他倪書畫共五件捐贈故宮典藏，可謂不負所託矣。

後七年（八十六年）故宮展覽臺先生遺贈書畫。並出版專刊。（此幅圖版見專刊頁七二）

三）著錄。

秋，楷隸書大千七言詩語：「詩壇歷落領珠玉，酒陣森嚴擁甲兵」。《書藝集》（頁一

款識：上聯右小字行書「大千先生詩語」，下聯左小字行書「靜者於龍坡丈室」。

鈐印：「靜農無恙」

案：臺先生「歇腳盦」改「龍坡丈室」，大千居士爲之題署，時在七十一年六月間，七十二年三月大千居士因病入院，四月二日逝世。此詩聯語殆在書齋改名後書寫，以年月無考，姑繫此年秋冬。詩語爲六十六年（丁已年）六月大千居士〈題贈易太白畫〉詩中句

（見《張大千臺先生詩文集》卷三，頁三三），惟「領珠玉」《張集》作「生珠玉」。

十月五日至十一日，應去年臺北市南海路歷史博物館邀請，舉行個人書藝展。《靜農書藝集後記》云：

三年前，應邀在國立歷史博物館舉行展覽後，華正書局主人郭君昌偉即擬為印一專集行世，因循至今，始踐宿諾。……七十四年元月臺靜農於臺北龍坡里。

案：書藝展年月日期，乃去年所定（見前）。此云「三年前」，係按慣例算法，自七十四年起逆算三年，應爲七十一年。臺先生嘗云「教學讀書之餘每感鬱結，意不能靜，惟弄毫墨以自排遣，但不願人知」（見《書藝集》序），因此書藝從未公開展示，學界及社會人士早聞其名，而多未見其翰墨，甚以爲憾。展覽消息一經發佈，前往參觀者至爲衆多，臺先生老友大千居士夫婦亦前往參觀，大千居士觀後稱賞不已，並訂購不少書法而去。（筆者曾親聞於臺先生）。

十二月，行草書晚唐詩人馬戴〈楚江懷古〉五律一首。《書藝集》（頁七七）著錄。

露氣寒光集，微陽下楚丘。猿啼洞庭樹，人在木蘭舟。廣澤生明月，蒼山夾亂流。雲中君不見，竟夕自悲秋。

款識：壬戌冬至後五日酷寒，書唐人詩於龍坡丈室，靜農。

鈐印三方：臺靜農。二方不清，待辨。

案：壬戌爲七十一年。冬至後五日，當在國曆十二月下旬。此幅爲唐馬戴〈楚江懷古〉詩。戴字虞臣，武宗會昌四年（八四四）進士，官至國子博士。傳見《唐才子傳》卷七，詩一卷傳世，《全唐詩》編爲二卷，見卷五五五，五五六。《唐詩三百首》卷五錄其五律二首，此其一。

民國七十二年　一九八三　八十二歲

行草寫王安石詩二首。《書畫紀念集》（頁一八二）著錄。

大虛無實可追尋，葉落松枝漫古今。若見桃花生聖解，不疑還自有疑心。
本來無物使人疑，卻為參禪買得癡。聞道無情能說法，面牆終日妄尋思。
款識：癸亥書半山詩。靜農。
鈐印：停雲。臺靜農。靜者。
案：癸亥爲民國七十二年。二詩題〈寓言〉，見《臨川先生文集》卷卅四。

畫小墨梅一，黑石二。《墨戲集》（頁五五）著錄。

款識：靜者於龍坡丈室。
鈐印：右上鈐「淮南」。左下鈐「臺靜農」。
案：七十一年夏始改齋名爲「龍坡丈室」，此款識新齋名，知爲七十一年夏以後作，茲姑繫七十二年。

為常維鈞（名惠）刻篆體圖章「為君長年」四字，以賀其九十大壽。《配圖傳記》（頁一〇七）著錄。

案：常惠（一八九四－一九八五），字維鈞，北大法文系畢業。排行三，人稱常三爺。民國十年在北大研究所國學門與莊嚴、臺先生共事，交誼深厚，與莊交往尤密。抗戰軍興，常留在北京研究機構任職，臺先生輾轉入川，莊則護送古物至貴陽。勝利後，莊、臺先後來臺灣，常惠則始終留在北京，相隔數十年未通訊息。據常惠子蘊石〈記莊常兩家〉文中稱一九八〇年（六十九年）始與莊、臺兩家通信息，（時莊已過世《故宮書法莊嚴》頁二七六）。常惠年長臺先生八歲，一九八三年爲其九十大壽，此方印章殆爲賀九十壽而刻。

行草書顏真卿《自書告身》四十六字。《書藝集》（頁八二）著錄。

真卿自南朝來，上祖多以草隸篆籀為當代所稱。及至小子，斯道大喪。曾見張旭長史，頗示糟粕，自恨無分，遂不能佳耳。

款識：無。

鈐印二方：臺靜農。龍坡丈室。

案：「龍坡丈室」齋名始於七十一年夏，《書藝集》編於七十三年冬。據是可知此幅行草當書於七十一年夏以後至七十三年冬以前，茲姑繫七十二年。顏眞卿（七〇九－七八五），唐代書法家，字清臣，顏師古五世孫。開元中舉進士擢制科，官至太子太師封魯國郡公。德宗時，李希烈叛亂，前往勸諭，被囚不屈而死。書法初學褚遂良，後學張旭筆法，正楷端莊雄偉，行書遒勁舒和，開「顏體」新風。與柳公權並稱「顏柳」。碑刻有〈顏勤禮碑〉、〈麻姑仙壇記〉，書跡有〈自書告身〉、〈祭侄文稿〉等。此幅二十六字殆出自〈自書告身〉。

行草書唐劉禹錫〈陽山廟觀賽神〉七律一首。《書藝集》（頁六四）著錄。

漢家都尉舊征蠻，血食如今配此山。曲盡（蓋）幽深蒼梧（檜）下，洞簫愁絕翠屏間。荊巫脈脈傳神【語】，野老娑娑啟醉顏。日落風生廟門外，幾人連蹋竹歌還。

款識：劉夢得陽山廟觀賽神，靜農於龍坡。

鈐印三方：首行右上鈐「靜者白首攻之」。末行款識下鈐「臺靜農」、「龍坡丈室」。

案：「龍坡丈室」齋名始於七十一年夏，《書藝集》編於七十三年冬。據鈐印，知在七十一年夏以後書，茲繫七十二年。唐劉禹錫（七七二—八四二），字夢得。詩為貶朗州時作，見《劉禹錫集箋證》卷二四。書中「曲盡」當作「曲蓋」。「蒼梧」當作「蒼檜」。「傳神」下漏「語」字。

行草書寒玉堂聯文：「畫禪似識西來意」，「書法如參空外音」。《書藝集》（頁四四）著錄。

款識：臺靜農書於龍坡丈室

鈐印二方：臺靜農　龍坡丈室

案：據款識鈐印有「龍坡丈室」齋名，知作於七十一年夏以後，七十三年編《書藝集》前，茲姑繫七十二年。聯文出自《寒玉堂詩集七言詩聯》（頁一四八，編號三三三）。

行書寫寒玉堂聯文：「臨巖松似餐露客」，「倚澗花如照水人」。《書藝集》（頁四六）著錄。

款識：臺靜農書於龍坡丈室

鈐印二方：臺□　靜農無恙

案：七十一年五六月齋名始稱「龍坡丈室」，可知此幅書於七十一年夏以後，七十三年冬編《書藝集》之前，茲姑繫七十二年。聯文見《寒玉堂詩集七言詩聯》（頁一三五，編號七九）。

書石門摩崖集字聯：「南北安平域」，「春秋大有年」。《書藝集》（頁四九）著錄。

款識：上聯右「石門摩崖集字」，下聯左「臺靜農於龍坡丈室」。

鈐印三方：上聯右下鈐「觀海者難為水」。下聯款識下鈐「臺靜農」、「者回折了草鞋錢」。

案：據款識「龍坡丈室」知書於民國七十一年夏以後，七十三年冬以前，茲繫七十二年。此前（六十九年前後）嘗集石門摩崖六字聯云「南北咸安平域」，「春秋書大有年」。實取自清秦文錦編集《漢碑集聯大觀第一輯》（頁一二三），（已見前《特集》頁二二），此幅刪「咸」「書」兩字爲五字聯。與前所書同一來源，兩幅書寫爲時相隔約三、四年。

行書七言聯文：「春歸花外燕相識」，「雨洗林間翠欲流」。《書藝集》（頁卅九）、《法書集》二（頁三二）著錄。

款識：臺靜農於龍坡丈室

鈐印二方：臺靜農　龍坡丈室

案：據款識：鈐印有「龍坡丈室」字，可斷定爲書於七十一年夏以後，茲繫於七十二年。另又書此聯，見《書畫紀念集》（頁一五八）著錄。聯文出處待考。

大字草書：「幹天下之事者要智深勇沉，神閒氣定。」二行十五字。《書藝集》（頁二八）著錄。

款識：靜者

鈐印二方：首行右上旁鈐「觀海者難為水」。款識左旁鈐「澹臺靜農」。

案：此幅不記年月，《書藝集》編成於七十三年冬，既收入《書藝集》，書寫不得晚於此時，茲繫七十二年。

石門隸體書寒玉堂聯文：「龍光騰劍氣」，「鳳沼超琴音」。《書藝集》（頁十）著錄。

款識：上聯右旁小字行書「寒玉堂聯文」，下聯左旁小字行草「臺靜農於龍坡丈室」。

鈐印：臺靜農　龍坡丈室

案：此聯文不記年月，據款識「龍坡丈室」知當書於民國七十一年五月以後，茲繫七十二年。又此聯爲第二次書寫，六十九年六月間（端午後），以大字體格式書此聯文。《特集》、《續集》均著錄，（見六十九年）。

寫作石門隸書對聯自嘲：「書學石門頌」，「圖觀山海經」。《書藝集》（頁九）著錄。

款識：靜農自嘲

鈐印：臺靜農　龍坡丈室

案：此聯文不記年月。款識「龍坡丈室」之名，始用於七十一年五月以後（見前），聯既鈐此齋名，知必書七十一年五六月以後，茲姑繫於七十二年。臺先生《書藝集》自序云：「四十年來……行草不復限於一家，分隸則偏於摩崖。」書寫石門摩崖分隸殆在其晚年七十二歲（六十二年）退休以後。石門隸書，見書法集著錄者，粗估近四十幅。見於著錄最早者，爲六十三年書贈高逸鴻「觀水」「臨觴」一聯（《書藝集三集》頁一七，見前）。其餘年月可考者二十餘幅，皆書於六十九年至七十八年間。此謂「書學石門頌」蓋意謂學石門分隸已有年，非謂始學之意。下聯乃出自陶淵明〈讀山海經〉詩句：「泛覽周王傳，流觀山海圖」（《靖節先生集》卷四）。又案〈石門頌〉，全稱〈故司隸校尉犍爲楊君頌〉，東漢摩崖隸書刻石，刻於桓帝建和二年（一四八），內容歌頌楊孟文開通陝西褒斜谷石門之功績，刻在今陝西褒城縣褒斜道石壁上，高一丈，二十二行，六百字，額題隸書，文爲王升撰，書刻俱佳，隸勢瘦勁，雄健新奇，有篆書筆意；通篇揮灑自如，意態奇縱，亦有「隸中草書」之譽，爲漢隸傑作，學隸書者範本。臺先生行草雄奇，石門分隸格調正合其所好。

行書對聯：「華雨來時游魚樂」，「柳蔭深處鳴禽多」。《書藝集》（頁一六）著錄。

款識：下聯左小字行書「臺靜農於龍坡丈室」

鈐印：臺靜農　龍坡丈室

案：七十一年五六月改齋名爲「龍坡丈室」，是知此聯書於七十一年六月以後，姑繫於七十二年。聯文出處待考。

為洪素麗文集《浮草》作序，七十二年二月臺北洪範書店出版，收入《龍坡雜文》、《散文選》。內容著重介紹本書「以輝煌的文明照射世界的最醜惡的一面」，和文集裡的「鄉土情感」。要點為：

文集有三十餘篇，短短的「有的像散文詩」，有的像札記。「然而小至浮游水草，大至宇宙星辰，以至人間社會裡種種的黑暗不平」都在文集裡描述。一、《浮草》中的人物「都是被侮辱與被損害的」。雖然他們的膚色心性境遇各異，而「以輝煌的文明照射世界的最醜惡的一面」，卻是相同的。作者筆下的人物「既不鄙棄，也無所謂憐憫，只是朋友般的說出他們的故事。」二、《浮草》中的「流浪漢不造作」，都是一些「無根的異鄉人」。同作者一樣，都是紐約客，「都忘不了自家的泥土」，作者的筆觸，也「不自覺的反映了她對於鄉土感的執著」。

夏明釗評述：「洪素麗是臺先生學生，序文透露兩方面的思想與情懷。其一是有關文藝的，可分爲二點：一、洪素麗是詩人，而詩人的筆端總是深情溫厚的。二、作者於她筆下的人物，有如「朋友般」，持一種親切和平等的態度。其二是有關人生的，也可分爲二點：一、文明似與野蠻同步，二、鄉思鄉情，於人沒有兩樣。」（手稿）。

二月二十五日，行書寫寒玉堂七言聯贈吳宏一夫婦。《法書集》（二）（頁一九）著錄。

攀蘿採藥分雲葉，剪樹觀碑洗石華。

款識：宏一弟儷賞，寒玉堂聯文，癸亥燈節前二日，靜農於龍坡丈室。

鈐印：笑把隃麋雜酒礶。靜農無咎。靜者白首攻之。

案：癸亥，民國七十二年。是年元宵節，國曆二月二十七日，其前二日當爲二月二十五日。

二、三月，篆書臨秦詔版贈沈秋雄。《書畫紀念集》（頁二七）著錄。

廿六年孝皇帝盡并兼天下諸侯，黔首大安，立號為皇帝。乃詔丞相狀綰法度量則，不壹歉疑者，皆明壹之。

款識：癸亥正月，試臨秦詔版，秋雄兄存之，靜農於龍坡丈室。

鈐印：壬亥　臺靜農

案：癸亥，民國七十二年。正月，國曆二、三月。鈐印「壬亥」應是「癸亥」之誤。

楷書寫《般若波羅蜜多心經》，《法書集》（二）（頁二〇、二一）著錄。

文略。

款識：癸亥正月，歇腳盦行者敬寫於龍坡丈室。

鈐印：歇腳盦　臺靜農　靜者

案：癸亥，民國七十二年。正月，國曆二月十三日至三月十四日。

約三月五日，至摩耶精舍訪大千居士，居士稱早年〈莫高小石窟記〉書稿已找出，將交臺先生校讀後出版。臺先生建議將石窟有關問題，由居士口述，秘書筆記分題附於書後，不久，居士因病入院，未果。序馮書云：

大千在敦煌親身調查石窟，編號標明，其編號久為國內外學者所引用，要算國內從事此項工作者第一人。另記每窟大小，窟中壁畫畫風與時代，或所畫某一佛經故事，最為詳細，名曰「莫高山石窟記」，久已成書，卻長祕行篋中。三十年前我就請他印出，竟未成事實。近年又不止一次與之談及此事，在他入醫院前曾向我說，石窟記稿已找出，日內交給我，要我先讀一過。當時我建議，石窟記中未有的有關問題，如石窟之真正發現人，壁畫上有洛神賦題材，以及壁畫畫法與印度有無關係種種，由他口授，幼衡筆記，分題附在書後，好供研究者的參考，他也欣然認可。沒想到他又入了醫院。（《形象之外》，頁六）

案：大千居士以七十二年三月八日下午病發，進臺北榮總醫院，至四月二日上午去世。序云大千在入院前交託石窟記，《全傳》定在三月五日應可信（下冊頁六二八）。惟黃天才謂一九九六年（八十五年）夏，聯經出版公司發行人劉氏稱二十多年前，臺先生受託過目石窟記，接洽出版（《五百年來一大千》頁一四七），則時在民國六十五年以前，與臺先生序有出入。又大千過世後，其家屬將石窟記手稿交給故宮，經整理後於七十四年四月出版。

三月廿一日，為馮幼衡《形象之外—張大千的生活與藝術》作序，題〈為藝術立心的大千〉：

其為大千傳記部分的資料，則是無可置疑的。大千一生絢爛，世人多當他是傳奇人物，其實也是凡夫。大千平日告訴後生，三分天才七分功力，大千本人並不如此，他是無比的天才與功力，才得超凡入聖的。幼衡希望我能對大千的藝事，有所評價，我固無此能力，即並世的評論，也未必能全窺其真風貌，將來歷史家自有定評。（《形象之外》，頁

三）

案：文末署：「七十二年三月二十一日在龍坡精舍」。時大千居士正臥病臺北榮總醫院。四月二日大千逝世，臺先生此序之作距其謝世，僅十一日。馮幼衡女士，臺大外文系畢業，政大新聞所碩士，曾任大千居士私人秘書，四月十日其書出版，居士歿已八日，書為居士身後第一本傳記。五年前（六十七年）臺先生撰大千居士八十壽序：極稱其畫藝成就「整齊百家，集其大成，歷觀畫史，殆無二人」，此文謙稱「對大千藝事，有所評價，我固無此能力」。豈壽序所評尚嫌不足耶？

四月，觀溥侗舊作有感，行書題其詩於卷末。《書畫紀念集》（頁一一四，一一五）著錄。何創時書藝基金會收藏。

浮世功勞食與眠，季鷹真得水中仙。不須更恍知機蚤，直為鱸魚也自賢。

千首文章二頃田，囊中未有一錢看。卻因養得能言鴨，驚破王孫金彈丸。

無限青山散不收，雲奔浪捲入簾鉤。直將眼力為疆界，何啻人間萬戶侯。

聞說樓居似地仙，不知門外有塵寰。幽人隱几寂無語，心在飛鴻滅沒間。

月與高人本有期，掛茅簷〔戶映蛾眉。自從昨夜十分滿，漸覺冰輪出海遲。〕

款識：癸未三月，觀西園先生舊題有感因題，龍坡丈室主人臺靜農。

鈐印：靜者　龍坡

案：民國七十一年五六月間改齋名爲「龍坡丈室」，款識稱「龍坡丈室主人」，知爲七十一年夏以後書。「癸未」應爲「癸亥」之誤。癸亥三月爲七十二年四月，改齋名不滿一年。溥侗字西園，舊作三題共五首（七絕一首，七律四首）。此題寫溥詩七絕五首。第五首只一句又三字。據《西園詩集》補「掛茅簷」下四字、二句。

四月二日，張大千逝世，十四日遺體火化，中午十二時，骨灰安葬於摩耶精舍庭園梅丘石碑之下。十六日在臺北市民權東路殯儀館公祭，友朋與祭者數百人，臺先生往祭並撰聯輓之：

大千八兄千古

宗派開新名垂宇宙丹青手

園林依舊慟絕平生兄弟交

弟臺靜農拜輓

案：此聯公祭日未懸掛，原件存江兆申篋中，《名家翰墨》月刊十一期（一九九〇年十二月出版）刊出，江兆申題記云：「張大千先生溘逝，治喪委員會商定不懸掛輓辭，友朋弔唁，僅寄文稿彙印，靜老此聯，囑為鈔轉，故稿存篋中」。

黃天才從東京回臺北參加大千喪禮後，某日會晤臺先生，談及大千「別時容易」印章，高陽以為是讓售古畫時鈐蓋，表示由大風堂直接賣出，臺先生不以為然，認為大千受佛教影

一次，我和臺靜農先生談到大千這方「別時容易」收藏印，我告訴靜老：高陽說大千這方印章是讓售古畫時鈐蓋的。有此印即可知此書畫由大風堂直接賣出。靜老聽後，幾乎失聲笑了出來，說道：「高陽這話說的太露骨了，未免把大千說成古董商人了。其實，這方印章，除了含有大千對藏品的深摯情感與藏品即將離手的心情感受之外，我想，還含有至深的意義。大千不會為了賣畫而刻這方印章。我不知道大千這方印章是哪一年刻的，也許是他多年費盡苦心，收進了這些千古名蹟之後，結果，有的毀於戰火，有的被迫而不能隨身帶走，有的甚至是由於他需錢孔亟，而一件一件經他自己之手讓售出去。從這一頁滄桑史中，他領悟到，人生在世，不管你擁有多少，到頭來總是一場空。……大千早年幾度要出家作和尚，最後雖然沒有作成，但是對佛經、佛學下過工夫，一生做人行事，受佛學影響很深。『別時容易』也許並不一定是表示『見時難』的含意，也許他是認為這些收藏雖然收得很辛苦，雖然心愛萬分，但是只要有能捨之心，也就沒有什麼難捨之念了。……」

臺靜老這一番話，是一九八三年四月間，大千過世後，我從東京回臺北參加大千喪禮，一天下午，我去拜會靜老，他一面慢慢品酌我特別為他從東京帶來的四川瀘洲大麴，一面以低沉語調向我悠悠敘說的，我當時很受感動，沒想到因為大千的一方收藏印，而引

響很深，乃寄託「沒有什麼難捨之念」：

出靜老對他剛逝去的老友一番人生領悟的道理來。（黃天才《五百年來一大千》，頁一六七，一六八）

案：臺先生所言，由黃氏當日記錄，不見其他載籍，惟據是年三月廿一日臺先生序馮書有云：「他（大千）對故宮博物院名蹟之熟悉，既能心中藏之，一旦斥去，更無惋惜，故云『別時容易』。……他初到巴西，發現一平原頗像故國成都，竟斥去所有（書畫），開山鑿湖，經營數年，居然建成一座中國園林，一旦巴西政府要此土地，則掉頭而去，毫不留戀。」可知黃氏所記眞實可信。臺先生與大千居士相交數十年，於其爲人行事，襟懷氣格，知之最深，解釋自是最確當。稍後秦孝儀亦解釋云：「『別時容易』謂暫時相守，物易星移，不可以長有也。存不欲離，去乃終捨，通情達化，豁然而不爲物役。」（七十二年七月序《大風堂遺贈名蹟特展圖錄》）所見略同，足證高陽言之未當。

臺先生又解釋大千「曾經我眼即我有」印章有二層含意：一，表示觀畫過目不忘，二，是臨摹精心，畫為其所有。黃氏記其事云：

張大千的收藏印中，還有一方印文是「曾經我眼即我有」。我曾和臺靜農先生談論過這方印章的含意。靜者認為這可能有兩層意思，一是大千自詡他的記憶力強，悟性高。靜老說他當年曾陪大千到臺中霧峰去看故宮藏畫，那些畫，大千從前在北平都看過，此次只是去查證幾件古畫上的一些疑點，大千每拿起一件畫軸，未打開，就能說出畫件的內容及題識題款等等，令人不得不佩服他的記憶力之強，過眼之物，就能記入腦際如此清楚，當然就可說是「曾經我眼即我有」了。另一層意思，靜老認為可能是大千對他的收藏品而言的，大千每收藏一件名蹟巨構，總要花一番工夫整理、鑑賞、研究、考證，如有個人心得或新發現就會在畫軸裱綾上或手卷拖尾上寫下來，遇有特別欣賞的，就整幅臨摹下來。他收藏過的巨蹟如董源「江隄晚景」，劉道士「湖山清曉」圖等，大千精心臨摹還不止一次。靜老轉述香港薛慧山說，他曾見大千對董源一幅畫上的幾株老樹，臨摹了三十遍，這樣的工夫札下去，曾經他眼的畫，當然就為他所有了。（《五百年來一大千》頁一六九）

案：此解釋發所未發，非深知其人其藝者，不能道也。

下旬，楷書臨〈爨龍顏碑〉。《法書集》（二）（頁二五）著錄。

故乃耀輝西岳，霸王郢楚。子文詔德於春秋，斑朗紹縱於季葉。陽九運否，蟬蛻河東，逍遙中源，班彪刪定漢記，班固述脩道訓。爰曁漢末，菜邑於爨，因氏族焉。

款識：癸亥四月下旬，臨〈爨龍顏碑〉，臺靜農於龍坡。

鈐印：靜者手藝　臺靜農　龍坡　癸亥。

案：癸亥為民國七十二年。四月下旬如指農曆，國曆則為六月上旬。〈爨龍顏碑〉全名〈宋故龍驤將軍護鎮蠻校尉寧州刺史邛都縣侯爨使君之碑〉，南朝宋碑刻，現存雲南陸

良縣小學內，正楷書，南朝宋大明二年（四五八）立。七十三年秋臺先生又書此碑中六十九字以贈陳瑞庚。（見後）

六月，《漢學研究》創刊號出版，以隸書題署封面。

案：臺北市中央圖書館（今改爲國家圖書館）附屬漢學研究中心，於民國七十二年六月出版《漢學研究》創刊號。此爲國際性學術期刊，每年六月、十二月出版。

龍坡丈室小園紫薇花開，行草書半山詩二首。《書藝集》（頁四）著錄。

前時偶見花如夢，紅紫紛披競淺深。今日重來如夢覺，靜無餘〔事〕可追尋。

一陂春水繞花身，身影妖嬈各占春。縱被東風吹作雪，絕勝南陌碾成塵。

款識：小園紫薇花開矣，書半山詩於龍坡丈室，癸亥六月。靜農。

鈐印：龍坡　靜農無恙

案：癸亥爲七十二年，七十一年五、六月間「歇腳盦」易名「龍坡丈室」（見前）。半山，王安石號。第一首題〈與道原自何氏宅步至景德寺（元豐七年三月十九日）〉，此「餘」下漏書「事」字。第二首題〈北陂杏花〉，並見《王安石詩集》卷二十八。

六、七月間，行草書南田〈客旅遣愁〉五律二首之一。《書藝集》（頁六三）著錄。

對酒思千里，高歌衣帶寬，無心多怨鶴，得樹亦棲鸞，為不英雄死，誰能國士看，十年塵尚在，猶有未彈冠。

款識：癸亥夏仲書南田詩。靜者

鈐印二方：首行右鈐「者回折了草鞋錢」，末行款識下鈐「澹臺靜農」。

案：癸亥爲七十二年。夏仲當國曆六月中旬至七月上旬（六月十一日至七月十日）。惲南田《甌香館集》卷八有〈客旅遣愁〉五律二首。此其第一首，書中「無心」，集作「無山」，此誤寫。「爲不」誤倒，當作「不爲」。南田清惲格（壽平）號，事蹟已見前。（六十一年）。

是秋（約八月），為臺大中文系林文月教授所畫「仕女圖」，行草書題徐孝穆〈玉臺新詠序〉，自「天時開朗」至「其才情也如此」八十二字。《臺大書畫集》（頁一一九）著錄。

款識：癸亥秋，錄徐孝穆玉臺新序題文月畫。靜農於龍坡丈室。

鈐印三方：上左鈐「臺靜農」、「靜者」。右下鈐「為君長壽」。

案：癸亥爲七十二年，七十一年五六月始改「歇腳盦」爲「龍坡丈室」，見前考。

八月，行書寫蘇轍〈逍遙堂會宿二首〉其二。《法書集》（二）（頁卅四）著錄。

秋來東閣涼如水，客去山公醉似泥。困臥北窗呼不起，風吹松竹雨淒淒。

款識：蘇子由逍遙堂，癸亥新秋。靜農於臺北龍坡丈室。

鈐印二方：臺靜農　龍坡靜者

案：癸亥爲七十二年，新秋當國曆八月。蘇轍〈逍遙堂會宿二首〉見《全宋詩》卷八五五。

初旬，行草書沈尹默〈論書詩〉七絕二首。《書藝集》（頁二）著錄。

落筆紛披薛道祖，稍加峻麗米南宮。休論臣灟二王法，腕力遒時字始工。

李趙名高太入時，董文堪簿亦堪師。最嫌爛熟能傷雅，不數精能王覺斯。

款識：秋明翁〈論書詩〉，癸亥秋前臺靜農書於龍坡丈室。

鈐印：款識下「澹臺靜農」。

案：癸亥為七十二年。秋前當指農曆立秋前夕，當國曆八月七日，書寫時間約在五、六日。秋明，沈尹默字。民國十年至十四年，臺先生在北大受業於沈氏。民國廿六年（一九三七）。沈氏在上海書四首七絕與吳湖帆、陳定山，題云：「湖帆、蝶野為拙書卷子題句，輒以小詩報之。」吳湖帆，字倩盦，陳定山，字蝶野，皆著名書畫家。四首論書七絕，癸卯（五十二年）首夏嘗書以贈天馬先生。（臺北華正書局《沈尹默論書詩墨跡》頁四九，七十八年八月出版）又抗戰期間「李趙名高太入時」一首及前首「龍蛇起伏筆端出」，沈又書以贈白沙女師院臺先生同事柴青峰，注云：「恨不能使靜農知之」。後臺先生終於在青峰處看到沈之書法（見汪中〈臺靜農先生書藝文〉引）。今年臺先生所書二首即沈氏贈天馬先生四首前二首及贈柴氏二首後一首，先後相隔二十年，二年後（七十四年）《靜農書藝集》出版，二首置於首頁，蓋有深意焉（詳後）。附考：（一）薛道祖（？—

一一〇九）：道祖，薛紹彭字，號翠微居士，長安人，北宋著名書法家，與蘇軾、黃庭堅、王銑、張舜民等過從甚密。工行草書，與米芾、劉涇爲書畫友，時稱「米薛劉」。王世貞評其書：「鋒藏不露而古意時溢豪素間」。（二）米南宮，即米芾。蘇軾評其書稱：「超逸入神」，虞集稱其書法：「神氣飛揚，筋骨雄毅」。（三）臣法二王法，指張融。融，善草書，頗自稱其能，高帝蕭道成評其書云：「卿書殊有骨力，但恨無二王法」，張融答曰：「非恨臣無二王法，亦恨二王無臣法」。（四）李，指李邕。唐玄宗時爲北海太守，世稱李北海。宣和書譜稱其書：「擺脫舊習，筆力一新」。趙，指趙孟頫，字子昂，號松雪道人。湖州（今浙江吳興）人，元代畫家，其書圓轉遒麗，論者或評其書法：「過妍媚纖柔，殊乏大節不奪之氣」。（五）董，指董其昌，明代書家。論者評其書：「領墨以取勢，枯淡以逸神」。文，指文徵明，長洲（江蘇吳縣）人，明代畫家，工行草書，得智永筆意，或評其書曰：「法度有餘，神化不足」。（六）王覺斯即王鐸（一五九二—一六九二）孟津人，清初著名書家。論者評其書：「得執筆法，學米南宮，蒼老勁健，體格近怪，祇爲名家」。沈氏所論多與前人所評未合，然「爛熟傷雅」應是獨見，可爲好書者警惕。

八月間，行書寫周文璞〈山居書事〉詩二首。《法書集》（二）（頁二二）著錄。

荼蘼架倒無人架，全似老夫狂醉時。昨夜一場溪雨橫，又漂苔蘚到花枝。

方池流水碧溶溶，怊悵靈蛇不易逢。門外行【人】常立看，一株唐末半枯松。
款識：癸亥新秋，書宋周文璞詩。靜農。
鈐印二方：臺靜農　龍坡丈室
案：癸亥爲七十二年。新秋農曆七月，即國曆八月。周文璞〈山居書事〉，見《方泉詩集》。「門外行」下脫人字，小字補書末後。
行草寫蘇東坡等四家詩四屏。《法書集》（二）（頁二八、二九）著錄。
清曉披衣尋杖藜，隔牆已見最繁枝。老人無計酬清麗，夜就寒光讀楚辭。
山水未深猿鳥少，此生猶擬別移居。直過天竺溪橋畔，獨樹為橋小結廬。
亂山環合疑無路，小徑縈迴長傍溪。彷彿夢中尋蜀道，興州東谷鳳州西。
款識：東坡〈黃州春日雜書〉。靜農於臺北。
林和靖孤山隱居書壁。靜農於臺北龍坡丈室。
蘇子由使契丹題寺壁。癸亥新秋靜農於臺北龍坡丈室。
癸亥新秋書葛天民即事詩於臺北龍坡丈室。靜農。
鈐印：四屏均鈐：臺靜農　龍坡丈室
案：癸亥爲七十二年。新秋農曆七月，國曆八月。
又行草書沈尹默論書詩七絕三首。《書藝集》（頁二〇）著錄。

龍蛇起伏筆端出，史筆如調生馬駒。此事何堪中世用，整齊猶愧吏人書。
暮年思極愧前賢，東抹西塗信偶然。好事今【看君】過我，虛因點畫費詩篇。
老嫗猶嗔角扇書，一錢不值蔡君謨。相看衹合慚愧煞，歷畫前賢腳手無。
款識：癸亥秋前書秋明翁〈論書詩〉，臺靜農書於龍坡丈室。
鈐印三方：首行右旁「觀海者難為水」。款識左旁「臺靜農」、「者回折了草鞋錢」。
案：款識記年節與前同，應是一時先後所書，第一首「史筆」沈尹默《論詩書墨跡》作「使筆」。第二首第三句「好事今」下漏「看君」字。《書藝集》釋文已補正。此一、二首即沈氏書贈吳湖帆、陳定山四首七絕詩第三、四兩首，並見沈氏《論詩書墨跡》，惟第三首沈氏《墨跡》及《沈尹默論詩叢稿》均未見，出處待考。
九月，寫墨梅一幅兩棵（右上左下各一）均橫枝疏萼。《墨戲集》（頁卌四）著錄。
款識：癸亥秋仲悶熱，燈前寫於龍坡丈室。靜者
鈐印二方：臺靜農　靜者
案：癸亥爲七十二年。新秋八月當國曆九月。（九月七日至十月五日）
九秋，行草書崔曙〈九日登望仙臺〉詩中句「關門令尹誰能識，河上仙翁去不回」。《書藝集》（頁七九）、《書畫紀念集》（頁六四）著錄。
款識：癸亥九秋，靜者於龍坡丈室。

鈐印三方：右上方鈐「老夫學莊列者」。款識末鈐「臺靜農」、「龍坡靜者」。

案：癸亥爲七十二年。九秋指農曆秋季九十日，當國曆八至十月。七十年三月嘗書崔曙〈九日〉七律一首，此其第二聯語。

作〈《詩經欣賞與研究》序〉，刊九月二十六日《聯合報》副刊，題〈悲或喜的思想與感情〉，收入《龍坡雜文》、《散文選》。內容著重介紹《詩經欣賞與研究》的體例、意義及著者的一些情況。大要如下：

溥言與糜文開是《詩經欣賞與研究》一書的著者，兩人是一對伉儷，兩人結褵二十六年，共同研究詩經就達十九年。當該書三集印行後，文開竟同溥言永訣，再由溥言獨自寫成第四集。只此三點，就給他們的著作增加了一種厚重的略帶傷感的詩的情懷。序文說，研究《詩經》這部最早的詩歌總集，是非常困難的，因為它在漢以來被經生們污染得黯然無色，還因為它歷史久遠，作者身分殊異，又詞彙、聲律、語法等等，並極複雜，至於當時的風土與史實，更不易探索。以著者之學力，本可遊刃有餘，但他們的執著與認真，卻使他們耗去了過多的精力，不過收穫亦大。今譯，大多生動真切，並且異常矜慎。解詩，能融會前人勝義，通明透徹。二十餘篇的專題論文，值得學人參考的也很多。只是不應將論文附在每集之後。臺先生回顧自己與溥言差不多是同時來臺大的，都是出自魏建功的邀聘。溥言是建功得意的學生，她在整理臺大圖書館藏書方面，實在是功不可沒。

案：臺先生與裴溥言交情頗深，作此序時「溥言既傷悼亡」，而遙聞魏建功亦已作古。撫今思昔，對卷懷人，其中悲喜交織，令人讀之悽惻。

十五日，中央研究院院長，前臺大校長錢思亮逝世，年七十六歲。十月三日在臺北市民權東路殯儀館公祭，臺先生撰聯輓之云：

炎州作育，多士群英，望門牆而傾服。

黌舍追陪，高風雅度，悲款曲於平生。《錢思亮先生紀念集》頁二六九

又以〈粹然儒者〉為題。著文悼念，讚揚其在臺大校長任內功績，及其清正自守之儒者風範。見《錢思亮先生紀念集》，收入《龍坡雜文》、《散文選》。內容大意謂：

大約是在三十八年春，一天因事去看當時臺大校長傅孟真，在傅處結識了錢。「粹然儒者」便是傅對錢的評語。這四字「到現在我還能記得」，究其因，乃是後來在於錢的長久的相處中，即有此感。傅當臺大校長，錢為教務長時，兩人配合默契，共建臺大的情境。錢「慎思明辨，從容擘畫，除舊與建新，使之漸入正軌，終於奠定了今日龐大的基礎。」傅去世後，這一重擔便「落在錢先生一人的肩上了」。此後的二十年，錢「勤勤奮奮，坦誠和易，與全校同仁從事這一大學的發展」，終「使臺大能得國際文教界的重視」。著者又不禁想起二、三十年前的一些瑣事。一次趙元任、胡適之、梅月涵、沈剛

伯時有宴聚，胡風趣而豪快，沈健談而豪飲，梅似老僧入定，而「國語最標準的莫過於趙、錢兩先生」。往事猶自依依，而「當時最年輕的錢先生，今亦隨諸老而去」。「其生平行事，清正自守，不苟且取容」「應是青年學者的風範」。

案：錢思亮（一九〇八—一九八三），浙江杭縣人，北京清華大學化學系畢業後赴美留學，獲伊利諾大學博士學位，回國就聘北京大學化學系教授。抗戰期間曾任教西南聯大，戰後仍回任北大教授。民國卅八年一月來臺，二月應臺大校長傅斯年之聘，任臺大化學系教授兼教務長。卅九年十二月傅斯年去世，翌年三月接任臺大校長，五十三年當選中研院院士，五十九年六月就任中研院院長。至七十二年逝世。任臺大校長近二十年，任研究院院長前後十四年。於教育文化與學術發展有重大貢獻。論者謂其為人溫和、無私、處事細心、認真、恪守原則為不可多得教授兼長行政之人才。（參《錢思亮先生紀念集・行述》），臺先生與錢校長在臺大共事，交往二十多年，知之至深，回憶三十四年前（民國卅八年）傅斯年校長稱其為人「粹然儒者」，至為確當，遂取以為題，著文悼念。

作〈《董陽孜作品集》序〉。刊十月十日《聯合報》副刊，題作〈從董陽孜的書法談書畫合的新境界〉，收入《龍坡雜文》、《散文選》。（文末署「一九八四年十月」似誤）文從「書畫同源」傳統觀念出發，談及書畫「合流」與創新，並從而談及董陽孜的書藝，稱其「創造了有時代意義的新境界」。要點如下：

一、「最近看了陽孜的作品，使我驚異她的進步」，她真能將書與畫融合一起，創造了有時代意義的新境界。二、「回憶昔年與溥心畬先生晤談」，得知「他從青藤白楊的畫看出書法」，而三百年前的董玄宰「則從懷素的書法看出畫法」，「兩家似是相反而適相成」，「書畫同源、書畫合流」。三、我們祖先創造的文字，本從「圖畫字」「蛻變」而成書藝兼容畫藝，「可說是與生俱來」。惟時至今日的書藝，則必得通過創新而「走向人類共同意識界」，這就得有「先天的才性與後天的功力及博識」。四、董陽孜具備這些條件，所以她創造了一種新境界：「她走的是現時代的大道，指標向著人類共同意識與喜悅」。

夏明釗評：「序文從藝無止境原理出發，肯定董陽孜的才情與努力，突出了她創造的新境界，從而表達臺先生與時俱進的藝術觀和寬廣的文化襟懷。」（手稿）

為王靜芝個展繪畫作〈詩畫〉文。刊十一月十九日《中國時報》人間副刊，收入《回憶臺靜農》。文章介紹王靜芝畫的特色是「畫中有詩」，是「詩畫」。要點如下：

一、王靜芝先生的繪畫之所以能取得相當的成就，是因為「王先生本書香世家，又以書法為畫的根基，參以詩詞的陶冶，再加上良師的指導」。二、王先生畫的特色是「王先生作畫，並不先求畫的結構，而是先有詩」，「所以紙上的畫，實際就是胸中之詩的轉譯」，是「畫中有詩」，是詩的畫，即「詩畫」。三、王先生此次個展「乃出近年所作」，「特多推介」。

夏明釗評述：「這篇帶有宣傳性意味的介紹性文字，想是受主辦單位或王先生本人所託寫成，但著者似是本著一貫的做人和做學問的準則願意成人之美而又實事求是。讀此文，可注意者有三：一是再次強調『書法爲畫的根基』。抗戰期間，王氏『書法深得沈公眞傳，而畫亦隨之進步』。二是強調詩詞於繪畫的影響，三；指出作畫的特點，『其畫的產生，實由於開始的詩中有畫』」。（手稿）

十二月，行草寫南田七言律絕各一首。《書藝三集》（頁四三）著錄。

青山曾與赤松期，又見鵑啼故國時。三月鶯花江上（路）客，十年風雨夢中思。扶桑黯淡鮫人泣，薜荔凋殘山鬼知。老驥肯忘千里志，唾壺歌斷鬢邊絲。

紫塞吹笳人未還，春花落盡穆陵關。鷓鴣不管興亡恨，只向簾前喚故山。

款識：殘紙甚佳，書南田詩。癸亥仲冬。龍坡叟。

鈐印：臺靜農

案：癸亥爲七十二年。，仲冬農曆十一月，十一月一日當國曆十二月四日。「江上」下衍路字。七律題〈贈徐徽之〉，七絕題〈紫塞〉，見《甌香館集》卷五。

大小各體自用印章見於著錄者五十五方，除方介堪、王壯為、馮康侯等各家所刻十二方外，餘四十三方均為自刻自用者，見《墨戲集》（頁七六、七七）著錄。（五十五方中十五方亦

見《書藝集》著錄，又十四方見《配圖傳記》（頁一〇六）著錄）。其中年代可考者有三方為「干支」記年。其中「癸亥」為七十二年，乃周甲結束之年。前周甲癸亥為民國十二年，是年五月臺先生任北大風俗調查委員會事務員。周甲結束之年，刻此印記，或有紀念之意，殆平生最後篆刻一枚印章。

案：各家爲臺先生刻印見於著錄者計有馮康侯一方：「靜農長壽」，見《書藝集》。方介堪四方：「澹臺靜農」、「臺靜農印信」、「靜農無恙」、「靜農無咎」見《墨戲集》。王壯爲三方：「觀海者難爲水」、「靜者手藝」、「奇峭博麗」。江菽原（兆申）一方：「少年子弟江湖老」，以上皆見《書藝集》、《墨戲集》。吳堪白二方：「靜者白首攻之」、「笑把隃麋雜酒礶」，薛平南二方：「臺靜農」、「龍坡靜者」（同前著錄）。各家所刻書畫印章用之最多者爲「觀海者難爲水」（王壯爲），「靜農無咎」、「靜農無恙」（方介堪），自刻用之最多者爲「歇腳盦」、「臺靜農」、「淮南」、「龍坡」、「龍坡丈室」、「爲君長年」等。刻「干支」用以記年者有「辛酉年」、「酉年」（七十年）、「壬戌」（七十一年）、「癸亥」（七十二年）等。又若干自刻饒有意趣者如「者回折了草鞋錢」、「老夫學莊列者」、「身處艱難氣如虹」、「醉夢」等，前者常用之於書法，後三方似只供自賞，書畫上少見。

民國七十三年　一九八四　八十三歲

在臺喜好臺先生書法作品收藏者合印《臺靜農行草小集》。王靜芝題封面，并作〈臺靜農先生與我〉一文云：

前幾年日本書道界，為臺先生印製一本書法專集，流行於日本全國。本年在臺，由幾位收藏先生書法作品的收藏家，合起來為臺先生印製一本《臺靜農行草小集》，選擇極精，可為習行草的範本。先生命我題這本帖的封面，我雖然奉命題了，卻終有班門弄斧之感。（《王靜芝散文集》，頁三〇三）

案：日本書道界以一九八一年十月印行書道特集—《臺靜農教授的書法》（見前），七十四年二月臺北華正書局出版《臺靜農書藝集》。王氏言及七十年之《特集》，而未及七十四年之《書藝集》。據「前幾年日本印製」、「本年在臺」語推測，此集之印製當在七十二、三年。以私人印製，流行不廣，知者無多。

是年，女弟子施淑持素紙冊乞為作書畫題詩，因作畫九幅，書舊作律絕二十八首，大陸書畫鑑賞家謝稚柳評為詩書畫三絕，可媲美鄭廣文、梁元帝，因題署《臺靜農三絕冊》。《逸興》著錄，施淑收藏。

茲依次列後：

一、橫幅墨梅，題記云：「久不為此，殊不成樣子，靜農」。鈐印「臺靜農」

案：枝榦橫斜，花蕚稀疏可數，有「老榦春寒更著花」之感。

二、行草書〈丙寅避地居江津白沙〉、〈寄莊慕陵秋夢盦貴陽〉詩二首，鈐印「者回折了草鞋錢」。

案：前者原題〈丙寅中秋〉，後者無「莊慕陵」三字（見《詩集白沙草》頁六、七）。「丙寅」爲「戊寅」之誤，民國廿七年戊寅在白沙作，「秋夢盦」莊慕陵號，詩作於廿七年十月（見前）。

三、老梅橫斜枝蕚稀疏題詩句：「一自荒山成獨往，堂堂歌哭寄南枝」。款識：「靜者」，鈐印二方：「榮木」、「老夫學莊列者」。

案：兩句見〈移家黑石山山上梅花方盛〉詩，「一自荒山」原作「一片寒山」（見《詩集白沙草》頁一二），卅年春作（見前）。

四、書〈泥中行〉、〈薄暮山行霧作〉、〈典衣〉詩三首。

案：三詩俱見《詩集白沙草》。〈泥中行〉詩集作〈泥途〉

五、橫幅梅花題詩云：「落紅不是無情物，化作春泥猶護花」。款識：「靜者」，鈐印：「臺靜農」。

案：臺先生梅畫題此定盦詩句凡三見，一爲五十九年題贈羅青夫婦，二不知何年所作，見《墨戲集》（頁三二），此幅乃其晚年作品。

六、書〈寄季野北平〉、〈夜起〉七絕二首，鈐印：「靜農」、「榮木」。

案：《詩集白沙草》（頁十），「季野」作「霽野」，〈夜起〉詩「繞寒林」句，《詩集》作「出寒林」。

七、右上白梅左下著色梅花，題東坡詞云：「故國神遊，多情應笑我早生華髮」。款識：「龍坡居民」，鈐印：「龍坡」，肖形印。

案：前嘗書此兩句東坡詞，見《書藝集》頁一八，乃行草中傑作，爲送故宮藏品中之一。

八、行草書〈山居〉、〈秋深〉、〈夜行〉、〈夏日山居〉詩四首、鈐印：「靜農」。

案：四首見《詩集白沙草》（頁一三至一五），約卅年前後在白沙居黑石山時作。

九、葫蘆題記：「依樣依樣，只是不像，靜者」。鈐印：「靜者」。

一〇、行書〈歇腳偈〉、〈念家山〉、〈少年行〉詩，鈐印「歇腳盦」、「少年子弟江湖老」。

案：〈歇腳偈〉作於六十三年見《詩集龍坡草》（頁四八），〈念家山〉見《詩集龍坡草》（頁四一），題下有「乙卯夏初」四字，乙卯爲六十四年。〈少年行〉見《詩集龍坡草》（頁四三），殆亦同年作（見前）。

一一、秋蘭，題識云：「紉秋蘭以為佩，歇腳盦行者」，鈐印：「歇腳盦」、「為君長年」。

案：此書畫亦見其他畫冊。

一二、行草書〈友人書來問以戰後計者〉、〈去住〉、〈乙酉迎神曲〉、〈苦蘖〉詩四首，鈐印：「靜農無恙」。

案：第一首，《詩集白沙草》（頁一六）題作〈答林逸來書問以戰後計者〉。第二首「長雲看舒展」，《詩集》「展」作「卷」。第三首《詩集白沙草》題作〈乙酉冬馬歇爾來作迎神曲〉。〈苦蘖〉見《詩集白沙草》（頁一九）。

一三、蘭花，款識：「臺北市龍坡里小民」，鈐印：「靜農無恙」。

一四、行草書〈讀元遺山四十頭顱半白句有感〉、〈蜀江岸行〉，〈孤憤〉、〈離白沙口號〉律絕四首，末自注：「一九三八年秋入蜀寄居江津縣之白沙鎮，一九四六年秋離去來臺，是在白沙九個年頭也」。

鈐印「臺靜農」、「半山草堂」。

案：四首俱見《詩集白沙草》（頁二四、二五、三三、三四、三七），繫年見前考。「半山草堂」爲黑石山寓所名。

一五、老松橫披自左至右單幹孤枝、松針稀疏。款識：「靜者」，鈐印二方：「靜者」、「龍坡」。

一六、行書〈無題〉二首，末自注：「昔人謂無題詩皆有諷喻之意，玉麐一首確有所指，當時友人見之，且賞其切合實事，今頗悔屬詞刻薄，直視作抒情可耳。」鈐印二方：肖形印、「臺靜農」。

案：無題第二首，六十四年抄本題〈感事〉置第一首前，約二十年後「頗悔屬詞刻薄」遂改題易序，變其詩旨，改有題爲無題，變諷喻爲抒情。後五年，民國七十八年《龍坡丈室詩稿・白沙草》自抄本即據此改定，以寄懷其昔日女性友人（詳後）。

一七、秋菊，題記云：「此陶公籬邊物，非今日人家客廳所陳癡肥庸俗者可比。」款識：「龍坡居民」，鈐印：「靜農無恙」、「龍坡丈室」。

一八、行書〈聞建功兄逝世〉、〈有感〉、〈甲子春日〉、〈桃花〉七絕四首。鈐印「身處艱難氣如虹」。

案：四首俱見《詩集龍坡草》（頁五二、五三、五五、六四）。第一首六十九年正月作，第二句「會有清尊話苦辛」，《詩集》作「故國河山日月新」，乃七十八年抄寫時改定。第四首題下注「甲子」，七十八年抄本題〈桃花開〉下注「甲子正月」，甲子爲七十三年（並見前）。

一九、跋：「歲在甲子命值磨蝎宮，施淑弟持素紙冊子來，云可書詩稿，因信筆為之，遣憤懣於一時。余之詩畫皆是外道，萬不可示人，留作紀念可耳，詩多居蜀時所作。識於臺北龍坡丈室。」鈐印二方一小一大：「臺靜農」、「山河大地更是幾番」。

案：甲子爲七十三年。磨蝎，星座名，十二宮之一。星象論者謂命宮爲立命之宮，生平遇事多折磨不利者爲遭逢磨蝎。臺先生於民國十三年甲子七月，正式入北大研究所國學門爲研究生，之後寫作小說，擔任教職，自十七年至二十三年（十七年四月、廿一年十二月、廿三年七月）因共黨嫌疑，三度繫囚，所謂「命值磨蝎宮」當指此而言。惟自廿六年流亡入蜀，卅五年十月來臺迄今近四十年，甚受各界人士禮敬，沉潛書畫及學術研究，終成爲臺灣書法大家及著名學者。其爲人寬厚平和，似無任何芥蒂。然據此跋所云「遣憤懣於一時」，則其心中「鬱結」雖年至耄耋，仍未消散。昌黎高閒上人序謂張旭「酣醉無聊不平，有動於心，必於草書焉發之。」此三絕冊及其他書藝詩文，所以別具風格，似皆與「鬱結」發抒有關。

春，楷書臨《爨寶子碑》。《法書集》（二）（頁四〇）著錄。

君少稟瑰偉之質，長挺高邈之操。通曠清恪，發自天然，冰潔簡靜。道兼竹葦，淳粹之德，戎晉歸仁，丸皋唱於名嚮，束帛集於閨庭。抽簪俟駕，朝野詠歌。

款識：甲子春，偶臨〈爨寶子碑〉於龍坡丈室。靜者。

鈐印：淮南。臺靜農印信。

案：甲子爲民國七十三年。〈爨寶子碑〉全名〈晉故振威將軍建寧太守爨寶子之碑〉，正楷書，晉義熙元年（四〇五）刻。清乾隆四十三年（一七七八）在雲南曲靖縣出土，現存曲靖縣第一中學碑亭內。

作〈甲子春日〉詩。論者謂為懷念早年女友而作，女弟子方瑜教授作和詩三首。

淡淡斜陽淡淡春，微波若定亦酸辛。昨宵夢見柴桑老，猶說閒情結誓人。

自注：〈閒情賦〉「欲自往以結誓，懼冒禮之為愆。」

附書：〈方瑜女弟讀後和作〉三首，其第三首云「結誓交言意未伸，繁霜遠笛亦酸辛，微波若定何曾定，淡淡斜陽淡淡雲。」方自注：〈閒情賦〉「繁霜粲於素階，雞斂翅而未鳴，笛流遠以清哀，終寥亮而藏摧。」（《龍坡丈室詩稿・龍坡草》）

案：甲子爲民國七十三年（一九八四）。據方瑜〈夢與詩的因緣〉記載，臺先生曾說「不知怎麼會夢到了淵明，還跟他談〈閒情賦〉，醒來獨坐，信筆就寫了這首絕句。」則詩所謂「昨宵夢見柴桑老」是紀實。舒蕪認爲「此詩是臺公懷念過去女友之作」（《詩集》頁五六編案引），又據李霽野〈從童顏到鶴髮〉一文敘述，一九二八年四月李與臺先生一同繫獄，臺作新詩一首題〈獄中見落花〉（見本編十七年），李認爲是表現「對一位女友純眞的友誼」，此詩所謂夢中「結誓人」當即五十六年前在獄中懷念之女友。李猷認爲此詩有「美人香草之遺意」（〈臺先生遺詩評釋〉，《詩集》頁五六引）。方瑜認爲「浪漫熱烈的情懷，與屈子離騷正一脈相承」（《詩集》附錄〈坐對斜陽看浮雲〉，頁五一）。就其作法論可謂中肯。筆者認為此詩須與另二首〈無題〉詩並觀，以資映發：一、卅四年四、五月間所作〈無題〉七律一首，雖言係模擬李商隱無題詩而作（見前），然其中所謂「夢裏凌波驚照影，月中消息誤鳴鸞」等句，顯然其中有人呼之欲出，也應是懷念昔日同一女友之作。二、卅四年冬作〈感事〉七律一首，原旨在諷喻。七十年以後，一再說明，不取諷喻意，可視為「抒情之無題詩」。七十八年自書《龍坡丈室詩稿白沙草》刪去〈感事〉二字，次於另一無題詩之後，成為〈無題〉二首之二（見後）。其中所謂「玉釐雲鬟絕世姿，凝眸飛笑最嬌癡，偶拈紅豆佯羞意，戲喚鸚哥薄醉時。」等句，隱約顯露情繫某一對象，與第一首〈無題〉同一主旨，皆寓懷思女友之意。七十九年病重時猶眷念「偶拈紅豆」一聯，王叔岷先生嘆其「生有涯而情無盡」（詳後）。凡此可知從早年（二十七歲左右），到晚歲（八十九歲）五十多年間於某一女友之懷思始終不絕。另案：方瑜附註所引〈閒情賦〉「笛流遠以清哀」句下略去「始妙密以閑和」六字，與下文「終寥亮」句不聯屬，應據原文補。

一月，行書寫舊作〈無題〉詩贈丁邦新、陳琪夫婦。《法書集》（二）（頁二七）著錄。

玉釐雲鬟絕世姿，凝眸飛笑最嬌癡。偶拈紅豆佯羞意，戲喚鸚哥薄醉時。要負今宵天豈許，欲尋往事夢難期。依依謝傅池邊柳，來歲春風屬阿誰。

款識：此昔年所作諷刺詩，視作無題可耳。新琪二兄清賞，癸亥歲暮試龍鬚筆。靜者。

鈐印：臺靜農　龍坡丈室

案：癸亥爲七十二年。歲暮指農曆十二月，國曆爲七十三年一月。又此詩原題〈感事〉，卅五年居白沙時作，見前。

又行草寫杜甫〈詠懷古蹟五首〉其三，贈丁邦新、陳琪夫婦。《法書集》（二）（頁二六）著錄。

群山萬壑赴荊門，生長明妃尚有村。一去紫臺連朔漠，獨留青冢向黃昏。畫圖省識春風面，環佩空歸月夜魂。千載琵琶作胡語，分明怨恨曲中論。

款識：癸亥歲暮，書少陵詠懷為邦新陳琪儷賞。靜農。

鈐印：臺靜農　龍坡丈室

案：癸亥爲七十二年。歲暮當指農曆十二月，國曆爲七十三年元月。杜甫〈詠懷古蹟五首〉其三，見《全唐詩》卷二三〇。

作〈有關西山逸士二三事〉，刊一月十三日《中國時報》人間副刊，收入《龍坡雜文》、《散文選》。內容主要表現「舊王孫」身世及其不凡書畫藝術與詩文「捷才」，並對「喪亂意識」之理解與同情。文分三部份：

一、溥心畬先生的畫首次在北平展出時，極為轟動，他的題款較多，「西山逸士」是其中之一。他的潤筆在琉璃廠位居第一，曾在一小店購得過他的書畫。二、回憶與溥心畬第一次見面「是在北平他的恭王府」，他體型豐腴，「白皙疏眉」，「頭髮漆光」，身材不高。心畬渡海來臺後，兩人時相往還，溥常託臺先生在臺大圖書館借書，也曾要為他刻印，其一印文曰「逸民之懷」，想是有王羲之的「喪亂意識」。三、心畬也像王粲一樣，於詩文有「捷才」，曾兩見他的這種才思敏捷，「我生平所見到的，只有心畬一人如此」，其題張大千贈我畫頁上之六十餘字，不僅「超脫渾成」，而且「極切合大千氣度」，又曾題大千照像一詩，乃係「真情流露，感慨萬端」。今則兩人俱逝，且溥「墓木拱矣」……。「余寫此回憶，雖平昔瑣屑，實深懷舊之感」。

張淑香〈鱗爪見風雅〉：「臺先生在溥心畬的畫之外，特別稱賞他的捷才，下筆成詩成文，都不假思索，斐然成篇。難得的是溥心畬與張大千這兩位畫壇大師也彼此互相賞愛。……而且也反映了他自己的性靈與修養。」

一月卅一日(癸亥除夕前一日)，行草書元人潘邠贈方回詩句，以贈臺大中文系同事王叔岷教授：「詩束牛腰藏舊稿，書訛馬尾辨新讎」。《續集》(頁五)著錄。

款識：此潘邠老贈賀方回詩句。方回詩人，尤喜校書，吾友叔岷，今之方回也。書之以博叔岷一笑，時癸亥除夕前一日，靜農於龍坡丈室。

鈐印三方：上聯右下鈐「龍坡」。下聯左鈐「臺靜農」，另二字不清待辨。

案：癸亥爲七十二年。除夕前一日，應爲國曆七十三年一月卅一日。潘邠及其詩句出處待考。方回（一二二七－一三〇六）元歙縣人，字萬里，號虛谷，宋理宗景定元年至五年（一六六〇－一六六四）進士，官至嚴州郡守，後降元。能詩，所作近萬首，著有《桐江集》《桐江續集》、《瀛奎律髓》等。

二月（元宵後），行草書宋僧詩三首。《書藝集》著錄。

過了梨花春亦歸，小窗新綠正相宜。白頭更作西州夢，細雨青燈話別離。

古松古松生大道，枝不生葉皮生草。行人不見樹栽時，樹見行人幾回老。

山縣蕭條半放衙，蓮塘無主自開花。三叉路口炊煙起，白瓦生於一兩家。

款識：甲子春燈後，舊紙書宋僧詩於龍坡方丈。靜者

鈐印：靜農無恙

案：甲子爲七十三年。春燈後，指元宵節後。七十三年元宵，當國曆二月十六日。春燈後或在二月十七八日。七十一年夏改齋名爲「龍坡丈室」，款識所謂「龍坡方丈」，殆一時筆誤。宋僧詩三首出處待考。

作〈桃花開〉、〈觀秦始皇墓車馬〉七絕各一首。《龍坡丈室詩稿。龍坡草》著錄。

蟪蛄靈椿俱可哀，任他春去與秋來，小窗寂寂枯禪坐，忽見桃花朵朵開。

離橫約縱已蹉跎，頹勢難揮反日戈，若使荊卿決一劍，後來青史又如何。

案：第一首題下注：「甲子正月」。七十三年抄本題作〈桃花〉，下注「甲子」。甲子為民國七十三年。正月指農曆，國曆為二月。葉嘉瑩以為：「詩寫得極為簡淡，……使人感到臺先生在老去之時，桃花開仍然能帶給他……內心的觸動。」（《詩集序言》頁十四、十五）李猷〈臺先生遺詩〉評釋云：「詩人善於感觸，臺先生晚年除赴校講課外，經常閉關不出，枯坐一室，於死生得失之間，參之已透，此詩當是偶然得句，然深寓禪機，尤見臺先生學問之不可測度。」臺先生七十三年八月辭去輔仁、東吳兩校教職，作此詩時可謂已眞正退休。其「閉關」「枯坐」實由於朋輩凋零，無人可與談文論藝，無處可相與飲宴。臺大老同事如沈剛伯、戴君仁、屈萬里等，校外至交如莊尙嚴、張目寒、張大千等，均在數年間先後去世。臺北士林外雙溪，張之「摩耶精舍」，嚴之「洞天山堂」常為飲宴論藝，聚會之處，三年之間張、莊二人先後去世，（莊六十九年三月卒，張七十二年四月卒）。臺先生於此感觸特深，因於翌年三月作〈傷逝〉文悼念（見七十五年）。認知此背景，似可了解此詩感受到「簡淡」「枯寂」中，實含無可奈何之沉哀。第二首緊次於第一首之後，抄本原題作〈觀秦始皇車馬墓〉，「皇」字下旁加點，蓋意謂誤書，當題作〈觀秦始皇墓車馬〉。此詩與前首嘗書之以贈鄭清茂，跋云：「甲子新春，偶得小詩二首書示清茂弟，以知老人心情如何耳。」（《詩集》頁六四，注二）是知與前首〈桃花開〉均為七十四年二月先後之作。此詩一題〈秦墓陶俑〉或題〈秦始皇墓遺物〉。「車馬」、「陶俑」、「遺物」皆同指秦始皇陵附近發掘出來之兵馬俑。一九七四年（六十三年）三月陝西臨潼縣秦皇陵一號坑兵馬俑出土，是後連續三、二號坑（一九八八、一九九四）出土甚多兵俑與車馬俑，一九九二年十二月臺北展望文教基金會嘗在臺北市外雙溪至善路「玉山莊藝術館」舉行「大陸古物珍寶展」，其中有部份爲秦皇陵出土之兵馬俑，是時臺先生不及目睹。一九八九年手稿本詩題〈觀秦始皇墓車馬〉，當指觀覽圖錄而言。

春夜（約二、三月）以石門隸體書寒玉堂聯文：「問道赤松子」，「授書黃石公」。《書藝集》（頁一二）、《書畫紀念集》（頁一二七）著錄。

款識：上聯右旁小字行書「甲子春夜書寒玉堂聯文」，下聯左旁小字行草「靜農於龍坡丈室」。

鈐印：上聯右下鈐「為君長壽」。下聯左下鈐「臺靜農」、「靜者」。

案：甲子爲七十三年。春夜約在二三月。寒玉堂聯文見《寒玉堂詩聯》。

春雨之夜，行草書東坡詞〈臨江仙夜歸臨皋〉前半闋。《書藝集》（頁七一）著錄。

夜飲東坡醒復醉，歸來彷彿三更。家童鼻息已雷鳴，敲門都不應，倚杖聽江聲。

款識：蘇公詞，甲子春雨之夜書於龍坡丈室。靜者

鈐印：臺靜農

案：甲子爲七十三年。春日約在二至四月。東坡詞見《東坡樂府》卷二。此其前半闋。

三月，行書寫惲格題畫詩四首贈周堯。《法書集》（二）（頁四四）著錄。

濕雲凝不散，風定雨初收。蜜翠閉暗谷，百道飛泉流。
拔地起千仞，側身如可進。都無筆墨痕，但見山光潤。
猿鶴聽夜吟，山靈齊起舞。層峰欲斷處，還借白雲補。
清暉滿空毫，翠微澹高樹。奇想如波濤，墨花若雲霧。
款識：甲子二月書南田題畫詩為周堯先生雅屬。臺靜農
鈐印：靜農無恙

案：甲子爲七十三年。農曆二月，國曆三月。惲恪，字壽平，號南田，事蹟已見前。四詩見《甌香館集》。

四月（農曆三月清明前），行隸書寫龔自珍詩聯：「禪戰愁心無氣力，雨花雲葉太闌珊」。《書藝集》（頁四〇）著錄。

款識：上聯右「純盦集龔定盦句」，下聯左「甲子清明前靜者於龍坡丈室」。
鈐印二方：下聯款識下鈐「靜農無恙」。

案：甲子爲七十三年。清明前約在四月初。純盦，待考。定盦，龔自珍（一七九二—一八四一）號，詩句見《龔定盦詩集》。

五日，行書寫顏真卿送別劉太沖敘。《法書集》（二）（頁四五）著錄。

昔余作郡平原，拒胡羯，而與從事掌銓吏部，第甲乙，而超升等。夷爾來蹉跎，猶屑卑位。雖才不偶命，而德其無鄰。故沖之西遊，斯有望矣。江月弦魄，秦淮頂潮，君行句溪，道在何居？魯郡公顏真卿敘。小注：「溪」下落「正及春水，勗哉之子」八字。

款識：董香光云：「顏魯公送劉太沖敘，鬱屈瑰奇，於二王法外，別有異趣。米元章謂如龍蛇生動，見者目驚，不虛也。宋四家書派皆出魯公，亦只爭坐帖一種耳，未有學此敘者。」甲子清明，靜者於龍坡丈室。

鈐印：觀海者難為水　澹臺靜農

案：甲子爲七十三年。清明當國曆四月五日。魯公，顏眞卿（七〇九—七八五）封號。眞卿字清臣，京兆萬年人，開元中進士擢第，曾爲平原太守，世稱「顏平原」。安史叛變，戡亂有功，官至吏部尙書、太子太師，封魯郡開國公。書法初學褚遂良，後得張旭筆法，又吸收南北朝以來各書家風格。論者謂其正楷端莊雄偉，行書遒勁舒和，開創「顏體」新風格，與柳公權並稱「顏柳」。

五月，行書寫鄧繩侯、陳仲甫詩。《法書集》（二）（頁四二、四三）著錄。

寥落枯禪一紙書，欹斜淡墨渺愁予，酒家三日秦淮景，何處滄波問曼殊。

身隨番舶朝朝遠，魂附東舟夕夕還，收拾閒情付逝水，惱人新月故彎彎。

款識：此兩詩皆為曼殊和尚作，前者作者鄧繩侯，後者陳仲甫。兩先生並曼殊友，燕子龕中之仲兄，即仲甫也。仲甫昔年與曼殊同船，由日本回國。曼殊每誇其在日時之羅曼司，諸友故不之信。曼殊因出篋中女子髮飾種種，捧示諸友。瞬忽擲入海中，痛哭，返身入室。仲甫因有是詩。甲子夏初，靜者書於龍坡。

鈐印：半山草堂　臺（花押）　靜農無恙。

案：甲子爲七十三年。夏初農曆四月，即國曆五月。鄧繩侯，待考。仲甫，陳獨秀字。蘇曼殊（一八八四—一九一八）。原名戩，字子谷，學名玄瑛，廣東香山（今廣東中山）人。光緒十年生於日本橫濱，父乃廣東茶商，母爲日本人。五歲時蘇曼殊隨父回廣東，十二歲時在廣州長壽寺剃度出家，後受具足戒，並嗣受禪宗曹洞宗衣缽。能詩文，擅繪畫，通曉日文、英文、法文、梵文多種文字，和陳獨秀、柳亞子等文學泰斗交往甚密，有《梵文典》、《漢英辭典》。現存的著作有《文學因緣》、《梵劍集》等，一九一八年病逝於上海，年僅卅四歲。

獲贈新荷二種，行草書大千居士〈詠荷詩〉四首以報。《書畫三集》（頁四二）、《書畫紀念集》（頁六四、六五）、《配圖傳記》（頁一二八）著錄。鴻展藝術中心收藏。

翠珮霞裙各自芳，花花葉葉對相當；莊嚴七寶池頭水，妙喜同參大梵王。

一花一葉西來意，大滌當年識得無；我欲移家花裏住，祇愁秋思動江湖。
露濕波澄夜寂寥，冰肌怯暑未全消；空明南浦西風急，驚起鴛鴦不並眠。
不施脂粉不濃妝，水殿風微有暗香；要識江妃真顏色，晚涼新浴出蘭湯。
款識：甲子孟夏承國志先生贈以新荷兩種，書大千居士詠荷以報，臺靜農於龍坡丈室。
鈐印三方：首行右上鈐「龍坡」、「靜者」。款識末行左鈐「臺靜農」。

案：甲子爲七十三年。孟夏約當五月。國志其人待考。大千居士〈詠荷〉四首第一首〈題朱荷〉見《張大千詩文集》卷二（頁八一），惟第三句作「花花相對葉相當」。第二首題〈巨荷四連屏〉見《張大千詩文集》卷三（頁八五、八六）。第三首作〈題墨荷圖〉見《張大千詩文集》卷三（頁一二三），後二句作「香明水殿泠泠月，翠裏殷勤手自搖」。亦作〈題墨荷〉第三句作「空明水閣泠泠月」。第四句「翠裏」作「翠扇」同集同卷（一三〇）。第四首見樂恕人編《張大千詩文集》（頁四九）題〈畫荷〉二首之一。末注：「六十四年乙卯嘉平月環蓽盦寫。」其他二種大千詩文集未收。

六、七月，石門隸書寫寒玉堂聯文：「高山知靜理，流水辨清音」。《書藝集》（頁四八）著錄。

款識：上聯右「甲子盛夏書寫寒玉堂聯文」，下聯左「臺靜農於龍坡丈室」。
鈐印三方：上聯鈐「笑把隃麋雜酒礶」。下聯左「臺靜農」「龍坡丈室」。

案：甲子，七十三年。盛夏約當國曆六、七月，與後「聞籟」「臨書」聯，爲一時先後所書。聯文見《寒玉堂詩集．五言詩聯》（編號七九，頁一二六）。

又再書此聯贈臺大中文系教授龍宇純、杜其容夫婦，龍氏懸之寓所壁上，未著錄。

款識：上聯右上行書寫「宇純其容儷賞」，下聯左下行書寫「甲子盛【夏】臺靜農於龍坡丈室」。

鈐印：「臺靜農」、「龍坡丈室」

案：甲子爲七十三年。「盛」下落「夏」字或「暑」字，與前幅爲同時先後書寫。八十四年莊申著文稱：「唯一的一次，見臺世伯當場揮毫，大概已經遲到一九八七年。那年的秋天我代表龍宇純兄到臺府去求墨寶，當我說明來意，臺世伯只對我說了一句話：『宇純爲什麼自己不來』。然後他就按照求者的意思而用隸書寫了一對大聯，宇純奉之如寶，到現在還高懸在他的客廳裡。聯語的字雖然字大如斗，世伯卻能在頃刻之間，奮筆而成。這幅對聯不但在筆墨上，鐵畫銀鉤，流麗生動，而且氣勢蒼渾，的是合（當是傑之誤）作。我不但爲宇純能得到這樣的墨寶爲他慶賀，我自己也因爲能夠親身體驗一位書法家的當場揮毫而頗爲高興。」（參〈且當放懷去行行沒餘齒〉《墨戲集》頁一四，見八十四年）。據此則此聯爲七十六年秋（約八九月）莊申到歇腳盦代爲求請，親見臺先生當場揮毫寫字大如斗，筆力雄渾的隸字，但年時不合。臺先生贈龍氏者爲七十三年盛夏，而莊所見書寫者為七十六年秋，筆者嘗在龍府見此對聯，近又查詢，確定臺先生寫此聯，年時實為七十三年夏，殆因時隔十餘年，莊為文一時誤記。據稱七十六年莊中確曾代龍氏求墨寶，唯所求為龍氏兒子將舉行嘉禮而求，莊見臺先生當場揮毫書寫應與嘉禮有關文字，必非此副聯文。龍宇純、杜其容均臺大中文系所畢業，龍氏任職中研院史語所，杜氏任教臺大中文系。民國五十年代兩人先後赴香港任教職，六十年先後回系服務。龍氏專精文字、音韻之學。早年著有《韻鏡校注》，晚年有《絲竹軒說詩》、《中上古漢語音韻論文集》等專書出版。龍氏在港期間，兩岸音訊不通，時臺先生父親（肇基字佛岑）居南京，龍氏不時為臺先生代轉信件及藥物，臺父嘗有謝函致龍宇純（見《配圖傳記》頁一一六）。

夏夜，隸書寫詩品三十四字。《法書集》（二）（頁四一）著錄。

魏武帝如幽燕老將，氣韻沉雄；曹子建如三河少年，風流自賞；鮑明遠如飢鷹，獨出奇矯。

款識：無前，甲子夏夜。靜者。

鈐印：臺靜農

案：甲子為七十三年。農曆夏月當國曆五、六、七月。

盛暑，隸書寫李白〈洞庭行〉，中堂形式。《書藝三集》（頁四五）、《法書集》（二）

（頁四八）著錄。

洞庭湖西秋月輝，瀟湘江北早鴻飛。醉客滿船歌白苧，不知霜露入秋衣。

款識：甲子盛暑書太白〈洞庭行〉。臺靜農於龍坡丈室。

鈐印：笑把險麋雜酒礶　臺靜農　龍坡丈室

案：甲子，七十三年。李白洞庭行原題〈陪族叔刑部侍郎曄及中書賈舍人至遊洞庭〉，共五首，本詩爲其四，見《李白詩全集》卷十九。

盛暑之夜，畫單幹稀枝疏蕚墨梅。《墨戲集》（頁五三）著錄。

款識：甲子盛暑之夜。農。

鈐印三方：右款識左旁上鈐「龍坡」，下鈐「臺靜農」。左花枝旁鈐「定慧」。

案：甲子，七十三年。盛暑，農曆五六月當國曆六七月。

六月間（夏仲），燈下寫雙幹寒梅，枝蕚稀疏。《墨戲集》（頁四七）著錄。

款識：甲子夏仲燈下寫寒枝。靜者。

鈐印二方：「龍坡」、「臺靜農」。

案：甲子，七十三年。農曆夏仲，時在五月（一日至二十九日），當國曆六月（五月卅一日至六月二十八日）。

六、七月，行草書西山逸士聯文：「聞籟客談齊物論，臨書僧有折釵評」。《書藝集》

（頁四七）著錄。

款識：上聯右「西山逸士聯文」，下聯左「甲子盛夏臺靜農於龍坡丈室」。

鈐印三方：上聯右鈐「笑把隃麋雜酒礶」。下聯左鈐「臺靜農」、「龍坡丈室」。

案：甲子爲七十三年。盛夏約當國曆六、七月。西山逸士，溥心畬號，寒玉堂其齋名。聯文見《寒玉堂詩集。七言詩聯》（編號三，頁一二八）。上聯七字鈐印爲吳平（堪白）所刻。

臺大經濟系教授華嚴出任國科會人文處長，為刻姓名印章二方。《臺大書畫集》（頁一六四）著錄。

案：華嚴教授，抗戰期間就讀於四川重慶沙坪霸中央大學經濟系，戰後在南京中大經濟系畢業，來臺歷任臺大經濟系助教、講師、副教授、教授。七十二、三年出任國科會人文社會處長。臺先生爲刻二方印章，殆因其就任處長時，作爲公務使用，時在七十二、三年華嚴就任後不久。

八月，《地之子》、《建塔者》小說集，共二十四短篇，合為一冊，由北京人民文學出版社出版。

廿七日（農曆八月初二），酷熱如孟夏，臨石門摩崖「自南自北」至「榮名休麗」六十字。《書藝集》（頁六〇）著錄。故宮收藏。

自南自北，四海攸通。君子安樂，庶士說雍，商人咸禧，農夫永同。春秋記異，今而紀功。垂流億載，世世嘆誦。序曰：明哉仁知，豫識難易。原度天道，安危所歸，勤勤竭誠，榮名休麗。

款識：甲子八月朔，猶酷熱如孟夏，臨石門摩崖於龍坡丈室，臺靜農。

鈐印：「靜農無恙」。另一方七字篆文，待辨。

案：甲子，七十三年。八月朔指農曆，國曆應爲八月廿七日。「石門摩崖」習稱〈石門頌〉，原題《故司隸校尉楗爲楊君頌》。漢桓帝建和三年（一四八）刻於陝西省褒城縣北石門崖壁上，今可見宋拓本及清乾隆畢秋帆拓本石門頌等多種。全文共三二四字，此所臨六十字，乃末段一節頌詞與序。臺先生隸書初學華山碑及鄧石如帖，約五十歲後，耽悅石門摩崖。嘗自書一聯云：「書學〈石門頌〉，圖觀《山海經》。」其《書藝集》自序亦云：「四十年來行草不復限於一家，分隸則偏於摩崖。」蓋愛其筆力雄厚奔放，故閒居常書以清賞。據臺先生親自審定之《書藝集》，收摩崖書法十七幅；《續集》、《三集》摩崖書法二十餘幅觀之，可見書寫摩崖隸體之多與愛重。七十九年病篤時，命捐贈故宮書法六件，其中之一即此「臨石門摩崖」作品。石門隸書甚多，特選出此幅捐贈，一則蓋以示證隸體之所自出，再則亦以見臨摹之精心與功力之深厚。此幅作品亦見《故宮專刊》頁七七。

草書東坡詞：「故國神遊，多情應笑我早生華髮」。收入《書藝集》，原件捐贈故宮。

案：此幅末題「龍坡靜者」，未署年月，《書藝集》編於七十三年，閏十月自為序，翌年正月出版。是書寫不得晚於七十三年編集之前，茲姑繫於本年。七十九年臺先生病重時，同意選此原跡捐贈故宮，可見臺先生於此幅書藝之珍視。《故宮專刊》頁七八著錄。

八月末，臺先生、韻閑夫人結婚六十週年，邀約若干親友、門生，宴會慶祝。

案：臺益堅《臺先生紀念文集》前言：「一九八四年八月底，父親在一家飯館宴客，當天早上他平淡地告訴我：『今天正好是你媽媽同我結婚六十週年，不過你千萬不可說出去，免得囉嗦。』我當時心裏想，世間能有幾對歡度六十週年的夫婦？何不公開慶祝一番？但又不敢違命。當晚席間，父親平靜如常。我終忍不住，乘隙暗請林文月宣布，全席歡慶。……」（《紀念文集》頁二）是知臺先生邀約宴會，意在慶祝，惟人皆不知，臨時宣布，方知其故。此正反應臺先生平日為人作風－不願驚動。

九月（仲秋），**集〈石門頌〉字書對聯「守斯寧靜」，「為君大年」寄懷老友常維鈞。《書藝集》**（頁七）**《書畫紀念集》**（頁一二六）**著錄。**

款識：上聯右旁行書「風波一失所，各在天一隅，思吾良友，書此寄懷。」下聯左旁行書「甲子秋仲集〈石門頌〉字」。左下行書「靜農於臺北，年八十三矣」。

鈐印三方：「觀海者難為水」、「臺靜農」、「者回折了草鞋錢」。

案：甲子爲七十三年。秋仲約當國曆九月。「風波」二句見漢古詩，傳爲李陵別蘇武作。「〈石門頌〉字」爲東漢摩崖刻石隸書。據故友莊申教授考證，認爲此聯爲臺先生書以寄懷老友常維鈞（常惠）。「爲君」即「維鈞」諧音字（見七十九年）。前曾爲刻石印二方，以託懷思之情（見六十年）。常維鈞年長臺先生七歲，今年爲其九十大壽。

八月至十月，隸楷臨南朝宋爨龍顏碑六十九字，贈臺大中文系副教授陳瑞庚。《書藝集》（頁六）著錄。

故乃耀輝…………藩乎王室。

款識：西樵山人詩云：「漢經以後音塵絕，惟有龍顏第一碑。」試臨之，瑞庚弟存之。

甲子秋時同寓龍坡里。靜農

鈐印：靜農無恙

案：甲子爲七十三年。秋約當國曆八月至十月。〈龍顏碑〉全名〈龍驤將軍護鎮蠻校尉寧州刺史爨龍顏碑〉，簡稱〈爨龍顏碑〉。南朝宋孝武帝大明二年（四五八）立，今在雲南陸良縣。碑陽二十四行，每行四十五字。碑陰三列，上列十五行，中列十七行，下列十六行，有額。字體在楷書中尚留有隸體筆意（《書法經緯》頁一五一），故稱隸楷。此所臨共六行，前五行每行十三字，末行四字，共六十九字。西樵山人，疑即何翀別號，亦號丹山老人、煙橋老人，清末（約一八二五—一八〇〇）廣東南海書畫家，嘗寓廣州西礁西樵山。（見莊申《關於何翀—對一位晚清廣東南海畫家的認識》文考證）。陳瑞庚，臺大中文系博士班畢業，留校任教，位至副教授。善書藝，篆、隸、楷、行、草各體皆擅長，嘗舉行多次展覽。居臺北市溫州街臺大宿舍改建之公寓，與歐陽翩皆屬龍坡里，故云同寓。七十二年四月下旬臺先生嘗楷隸書此碑六十字。

行草寫自作舊句七言聯：「師友十年埋碧血，風塵一劍敝霜裘。」《書畫紀念集》（頁一五二）著錄。黃新木收藏

款識：靜者舊句。甲子秋偶書。

鈐印：臺（花押）　靜農無恙

案：甲子爲七十三年。二句乃七律〈乙酉歲暮〉詩句，卅五年一月在白沙作。

秋夜苦熱，隸書寫〈淮南子說林〉中語四十二字。《書藝集》（頁八二）著錄。

呂望使老者奮，項託使嬰兒矜，以類相慕。使葉落者風搖之，使水濁者魚撓之，虎豹之文來射，蝯穴之捷來乍。

款識：秋夜苦熱，書〈淮南子說林〉中語，甲子八月，靜者於龍坡丈室。

鈐印：靜農無恙

案：甲子。七十三年。八月指農曆，國曆爲九月。

偶憶抗戰期間居四川白沙黑石山梅林，畫繁枝密花紅梅一副。《墨戲集》（頁四五）著錄。

款識：偶憶黑石山梅林。靜者。

鈐印三方：右下鈐「守斯寧靜，為君大年」，左下鈐「靜農無恙」。

案：七十三年仲秋嘗集〈石門頌〉字，書「守斯寧靜，爲君大年」二語，藉以寄懷良友（見前）。此不記年月，據鈐印，疑與書法一時先後之作。抗戰期間臺先生嘗居黑石山近二年（廿九年十二月至卅一年十一月），嘗作畫梅詩。此幅回憶梅林當亦兼懷白沙舊友。

得港友贈送丈二（近四公尺三七四公分，寬七四公分）宣紙，十月間奮筆濡墨，行書寫「鮑明遠飛白書勢」自「秋毫精勁」至「最是神筆」共百一十三字。自謂「年過八十，腕力還是能用」，「居然揮灑自如」，「沒有歪行，沒有錯字」，意頗自豪。《書藝集》（頁二七）、《續集》（頁七六至八〇）著錄，故宮博物院收藏。

款識：鮑明遠飛白書勢，甲子九秋，臺靜農於龍坡丈室。

鈐印三方：首行右旁鈐印一方待辨，款識下二方：澹臺靜農　身處艱難氣如虹

臺先生〈我與書藝〉：「三年前被邀舉行一次字展，友人就要為我印一專集，雖然覺得能印出也好，卻想寫幾幅自以為還可的給人家看看，拖延至今，竟寫不出較為滿意的。適有港友贈以丈二宣紙，如此巨幅，從未寫過，實怯於下筆。轉思此紙既歸我有，與其

久藏污損，不如豁出去罷。於是奮筆濡墨，居然揮灑自如。所幸爾時門鈴未響，電話無聲。不然，那就洩氣了。這幅字帶給我的喜悅，不是字的本身，而是年過八十，腕力還能用，陸放翁云：『老子尚堪絕大漠』，不妨以之解嘲。」（《龍坡雜文》頁六〇，原刊七十四年一月十六日聯合副刊）。

江兆申〈龍坡書法〉：「我記得靜老寫完『鮑明遠飛白書勢軸』之後，靜老低聲告訴我『朋友送了我一張丈二的紙，前些時候寫起來了，那天也好，沒有客人，也沒有電話，一人靜靜地寫，寫成了居然沒有歪行，也沒有錯字。』言下頗為自得。」（《故宮月刊》九十五期，頁五）。

案：款識「甲子九秋」為七十三年八月至十月間。此幅書法《書藝集》標明長三七四公分，寬七四公分。故宮專刊稱「丈二行書」，即臺先生所稱「丈二宣紙」所寫行書。臺先生以八十三高齡，作此大字長幅書法，筆力精勁，令人驚異。某日筆者趨謁於龍坡丈室，談及此幅書法：「想不到有此腕力，而寫的沒有歪行錯字」，言下頗為自豪，此亦印證臺、江兩文所記，眞實不虛。此幅書法寫成後，不久即收入七十三年閏十月編就，七十四年二月出版之《靜農書藝集》，後又收入八十年版《續集》。殆是《集》中最晚一幅書法作品。七十九年病重時，同意將自寫書藝六件捐贈故宮，此爲其一。詳後。

十月一日夜（重九前二日），**悶熱如夏，燈下行草書寫晏幾道〈蝶戀花〉詞一首。《書藝**

集》（頁八一）著錄。

醉別西樓醒不記，春夢秋雲，聚散真容易。斜月半窗還少睡，畫屏閑展吳山翠。衣上酒痕詩裡字，點點行行，總是淒涼意。紅燭自憐無好計，夜寒空替人垂淚。

款識：甲子重九前二日，猶悶熱如夏，燈下書小山詞，靜者於龍坡丈室。

鈐印三方：首行右旁鈐「淮南」。款識下鈐「靜農無恙」、「龍坡」。

案：甲子，七十三年。據《中國年曆簡譜》，七十三年甲子九月壬戌朔，爲國曆九月二十五日，重九爲十月三日，前二日應爲十月一日。晏幾道（一〇四一—一一一九），字叔原，號小山。小山詞，見《六十家詞》及《彊村叢書》。清朱祖謀《宋詞三百首》選錄此詞。

十一月，酒後寫漢魏合體橫披「唐堯虞舜長壽道春安法師檢」十二字，贈與李宗焜。《書藝三集》（頁四四）著錄。

款識：酒後信筆書此數字，意在漢魏之間，宗焜弟見而喜之，即以奉贈。甲子後十月靜農識。

鈐印：靜者白首攻之　臺靜農　肖形印　臺靜農　龍坡丈室

案：甲子爲七十三年。本年農曆十月閏，「後十月」指本年第二個農曆十月，閏十月一日爲國曆十一月二十三日。李宗焜，臺大中文研究所畢業，愛好書法，現任中央研究院史語所研究員。

十一、二月，行書聯文：「尚有清才對風月，便同《爾雅》注虫魚」贈老友臺大中文系退休教授鄭騫先生。《書藝集》（頁卌八）著錄。

款識：上聯右旁書「甲子後十月書奉」，左旁書「因百老兄發笑」。下聯左旁書「臺靜農書於臺北　時年八十三」。

鈐印：靜農無恙

案：甲子為七十三年。「後十月」指閏十月，國曆十一月廿三日至十二月廿二日。因百，鄭騫字，時同任臺北輔仁東吳中文所講座教授。鄭先生事蹟詳後（七十八年）。聯文出處待考。

郭豫倫、林文月夫婦編次臺先生七十三歲至八十三歲書藝作品為一集，臺先生集沈尹默字題署封面「靜農書藝集」。十一、二月間序之云：

余之嗜書藝，蓋得自庭訓，先君工書，喜收藏，目擩耳染，浸假而愛好成性。初學隸書〈華山碑〉及鄧石如，楷行則顏魯公〈麻姑仙壇記〉及爭座位，皆承先君之教。爾時臨摹，雖差勝童子描紅，然興趣已培育於此矣。後求學北都，耽悅新知，視書藝為玩物喪志，遂不復習此。然遇古今人法書高手，亦未嘗不流覽低徊。抗戰軍興，避地入蜀，居江津白沙鎮，獨無聊賴，偶擬王覺斯體勢，吾師沈尹默先生見之，以為王書「爛熟傷雅」，於胡小石先生處見倪鴻寶書影本，又得張大千兄贈以倪書雙鉤本及真跡，歆其格調生新，為之心折。顧時方顛沛，未之能學。戰後來臺北，教學讀書之餘，每感鬱結，意不能靜，為弄毫墨以自排遣，但不願人知。然大學友生請者無不應，時或有自喜者，亦分贈諸少年，相與欣悅，以之為樂。自大學退休後，外界知者漸多而求索者亦眾，斯又如顏之推云：「常為人所役使，更覺為累。」四十年來，雖未能專精此一藝，然時日積聚，亦薄有會心。行草不復限於一家，分隸則偏於摩崖，若云通會前賢，愧未能也。因思平生藝事，多得師友啟發之功。今師友凋落殆盡，皤然一叟，不知亦復能有所進否，書端題署係集沈先生書，亦所以紀念吾師也。

案：序末題記：「甲子後十月，臺靜農書臺北龍坡里，時年八十三。」甲子爲七十三年，臺先生八十三歲。「後十月」指閏十月，國曆十一月廿三日至十二月廿二日。翌年元月後記云：「三年前應邀在國立歷史博物館舉行展覽後，華正書局主人郭君昌偉擬爲印一專集行世，因循至今，始踐宿諾。」是知此集爲踐臺北華正書局主人之約而編。此集共七十八幅作品（含一篇六百十八字隸體壽序。）爲臺先生七十三歲至八十三歲，民國六十三年至七十三年所書。其中年月可考者，以八十三歲作品十三幅最多，餘依次爲八十歲八幅，八十二歲六幅，七十九歲五幅，七十七歲長幅壽序。以書體論，行草五十八幅最多，分隸二十幅居次，（分隸包括華山隸壽序六百十八字，石門隸十七幅，其他漢隸二幅）。就內容體裁論，聯文計三十幅，詩或詩句三十四幅，文八幅，歌詞或詞句五幅，賦一幅。

所收作品皆經臺先生親自審定，誤脫字皆於釋文中改正（加括號）。臺先生此集非按年編次，然七十二年（癸亥）秋所書沈秋明（尹默）論書詩二首置於首頁，似有寓意，一則用以紀念推重其先師，再則取「最嫌爛熟能傷雅」句作爲撰書者之警惕。序僅四百零六字，述一生學書寫字經過，典雅精練。筆者獲贈是集後，一日至龍坡丈室覲謁，偶及此序，謂「難以增損更一字」，臺先生笑而不語，似甚得其心。明年元月臺先生撰「我與書藝」一文，此序附錄其後。

是年，手鈔詩稿廿五首。

案：此本廿五首乃抽取《白沙草》、《龍坡草》詩稿中一部份，未按年序，標題部分有增改，詩句文字亦略有更易。第一首題爲〈丙寅避地居江津白沙〉，六十四年、七十八年稿本均作〈丙寅中秋〉。末一首題〈桃花〉，下自注「甲子」，甲子爲七十三年。是春賦此詩，因約略推知手鈔二十五首當在七十三年或其後。臺先生逝世後遺稿多種送南港中央研究院文哲所收藏，八十二年該所整理臺先生遺稿多種出版，中研院院長吳大猷題署「臺靜農先生輯存遺稿」。詩鈔收入其中，見頁八至廿三。

民國七十四年　一九八五　八十四歲

一月，行書寫〈觀秦始皇墓中兵馬〉詩示林文月。《法書集》（二）（頁三七）著錄。

約縱離橫竟無成，勢去難揮反日戈；若使荊卿決一劍，後來青史又如何。

款識：甲子年尾，文月弟試答此問，靜者。

鈐印：肖形印　臺靜農

案：款識言甲子年尾，甲子爲七十三年。農曆年尾十二月，國曆當爲七十四年一月。七十八年《詩稿龍坡草》抄本誤題作〈觀秦始皇車馬墓〉。

作〈我與書藝〉，刊一月十六日《聯合報》副刊，文中從古代書家被役使的情形説到自己退休後為人寫字，有如「老牛破車，不勝其辛苦」，以及題書籤的煩膩。申明從一九八五年始，「謝絕這一差使」。末附〈《靜農書藝集》序〉，收入《龍坡雜文》、《散文選》。大要如下：

文引顏之推家訓雜藝篇語。他是身歷南北朝至隋統一才死的，一千幾百年前的人了。他的先世從梁武帝朝起工書法的就有數人，直到他的裔孫顏真卿，以書法影響至今。可是之推個人卻主張「真草書蹟微須留意」，「不必過精」，以免「常為人使役，更覺為累，韋仲將遺戒，深有宜也」。韋仲將是韋誕，他的「遺戒」是怎樣的？據晉人衛恆〈四體書勢〉云：「明帝立凌霄觀，誤先釘榜，乃籠盛誕，轆轤長絚引上，使就題之。去地二十五丈，誕甚危懼，乃戒子孫，絕此楷法，著之家令。」

這故事又見世說〈巧藝〉，不過〈巧藝〉云韋誕寫了以後「頭鬢皓然」，未免誇張。顏之推的〈雜藝篇〉另記了一事：「王褒地胄清華，才學優敏，後雖入關，亦被禮遇。猶以書工崎嶇碑碣之間，辛苦筆硯之役，嘗悔恨曰：使吾不知書，可不至今日邪？」王褒與庾信同是梁亡之後，流落北朝的文士，顏之推與之時代接近。韋王兩公還是一時名士，則一般的書家被役使的情形，必有甚於此者。所不可解的，千數百年前如此，千數百年後的今時還是如此。這給我的感受非常之深，本想打算退休後，玩玩書藝，既以自娛，且以娛人，偶有潤筆，也免卻老年窘迫向朋友告貸。沒想到我的如意算盤並不如意，別人對我看法，以為退休了，沒有活作了，儘可擺出寫字攤子，以藝會友，非關交易，該多高雅。這麼一來，老牛破車不勝其辛苦了。近年使我煩膩的是為人題書簽。昔人著作請其知交或同道者為之題署，字之好壞不重要，重要的在著者與題者的關係，聲氣相投，原是可愛的風尚。我遇到這樣情形，往往欣然下筆，寫來不覺流露出彼此的交情。相反的，供人家封面裝飾，甚至廣告作用，則我所感到的比放進籠子裡，掛在空中還要難過。有時我想，寧願寫一幅字送給對方，他只有放在家中，不像一本書出入市場或示眾於書販攤上。學生對我說「老師的字常在書攤上露面」，天真的分享了我的一份榮譽感。而我的朋友卻說「土地公似的，有求必應。」聽了我的學生與朋友的話，只有報之以苦笑。左傳成公二年中有一句話：「人生實難」，陶淵明臨命之前的自祭文竟拿來當自己的話，陶公猶且如此，何況若區區者。話又說回來了，既「為人役使」，也得有免於服役的時候。以退休之身又服役了十餘年，能說不該「告老」嗎？准此，從今一九八五年始，一概謝絕這一差使，套一句老話「知我罪我」，只有聽之而已。

張淑香〈鱗爪見風雅：談臺靜農先生的《龍坡雜文》〉：「而藝術對他來說，不只是一種興趣修養，更是一種苦悶的排遣，精神的安慰。」

案：文末署「一九八五年一月」，載七十四年一月十六日聯合報副刊，見陳子善《臺靜農先生後期著作繫年》（《紀念文集》頁三一二）。收入臺先生親自審定之《龍坡雜文》（七十七年七月出版，詳後）。文末附《書藝集》序，蓋取其中引顏之推云「善書者，常爲人所役使，更覺爲累」一語，以切身經驗加以詮釋發揮。又《顏氏家訓．雜藝篇上》，「爲人」下有「所」字，「宜」作「以」，此脫、誤。

撰《靜農書藝集》後記。

案：後記末署「七十四年元月，臺靜農於臺北龍坡里。」記中稱及部分書藝係吳呈芳以前所攝，大部分係借自友朋所藏攝製，編次由郭豫倫、林文月任其事，釋文及有關雜事係由當時臺大中文所研究生李宗焜襄助，臺先生記此原委，以表謝忱。

二月，《靜農書藝集》出版。

案：是集由臺北華正書局出版，華正主持人郭昌偉，北京人，善繪事與臺先生時有交往。三年前臺先生展覽書藝後，郭氏即有意爲之刊印，此集係應郭氏之請而編。臺先生卒後不久，郭氏再出版《靜農書藝續集》。

十八日，行草書簡齋詩三首，贈許禮平。《法書集》（二）（頁四九）著錄。

中庭淡月照三更，白露洗空河漢明。莫遣西風吹葉盡，卻愁無處著秋聲。

水堂長日淨鷗沙，便覺京塵隔鬢華。夢裡不知涼是雨，卷簾微濕在荷花。

自讀西湖處士詩，年年臨水看幽姿。晴窗畫出橫斜影，絕勝前村夜雪時。

款識：甲子除夕前一日，書陳簡齋詩奉禮平先生雅屬，臺靜農於龍坡。

鈐印：龍坡　臺靜農

案：甲子爲七十三年。除夕前一日爲農曆十二月二十九日，即國曆七十四年二月十八日。陳與義，洛陽人，字去非，號簡齋。政和間登上舍甲科，紹興中累官參知政事。長於詩，嘗賦墨梅，見知於徽宗。有《簡齋集》、《無住詞》。第一首題〈秋夜〉，第二首題〈雨過〉，第三首題〈和張矩臣水墨梅〉。

三、四月間，北京啟功收到《書藝集》，為文稱其隸書開擴，草書頓挫，行書蒼勁，「一點一劃實際都是表達情感的藝術語言」。作〈讀靜農書藝集〉云：

今年春天，忽然收到由友人帶來《靜農書藝集》一大本……其中具有篆、隸、草、真各體俱備的書法，屏聯扇冊長短具備的格式。更重要的是從這些作品中看到書者的精神面目。……各件的書風，表現了寫時的精神健旺。隸書的開擴，草書的頓挫，……看行書，有時以戰掣表現蒼勁，……更多倪元璐法，……其倪字結體極密，上下字緊緊銜接，但缺左顧右盼的關係，倪字用筆圓熟，如非乾筆處，便不見生辣之致。而臺靜老的字，一行之內幾行之間，信手而往，浩浩落落，到了酣熟之處，真不知是倪是臺，這種意境和樂趣，恐怕倪氏也不見得嚐到的。（節錄《啟功叢稿題跋卷》頁三六四至三六六）

案：《靜農書藝集》七十四年（一九八五）二月出版，啟文有「今年也週歲七十又三」之語，啟功七十三週歲為一九八五年（見〈論書絕句一百首〉引言，同前書頁三六三）。故知前所謂「今年春天」為七十四年春天。即《書藝集》出版後，即託人帶往北京贈啟功，啟讀後作此文當在是年三、四月間。（啟稱週歲七十有三，中土一般按虛歲計算應為七十四歲，臺先生今年八十四歲，正合前文所謂「臺靜老則十年以長」之語。）

四月，行書寫杜甫〈觀公孫大娘弟子舞劍器行〉。《書畫紀念集》（頁一一六至一一七）著錄。

款識：乙丑二月，書少陵觀公孫大娘弟子舞劍器行，臺靜農於龍坡丈室。

鈐印：永壽　臺靜農　龍坡丈室

案：乙丑，民國七十四年。二月，國曆三、四月，姑繫於四月。杜詩見《全唐詩》卷二二二。

一九六六年，民國五十五年五月，中共爆發所謂「文化大革命」，智識分子多受迫害，臺先生友人作家老舍不堪受辱，八月廿四日午夜投北京太平湖自盡，年六十八歲。死後近二十年，臺先生作〈憶老舍兄〉七絕一首悼念：

身後聲名留氣節，文章為命酒為魂（原注：上兩句用老舍詩句）。渝州流離曾相聚，燈火江樓月滿尊。（《龍坡丈室詩稿・龍坡草》）

案：老舍（一八九九—一九六六）原名舒慶春，字舍予，滿族，北京人。一九一八年北京師範學校畢業後任小學校長和中學教員。一九二四年赴英國任倫敦大學東方學院漢語講師。一九三〇年回國後任齊魯大學，青島大學教授。抗戰軍興，在重慶任全國文藝界抗敵協會常務理事。一九四六年赴美講學。一九四九年中共佔領大陸，建立政權。年底返國歷任北京文聯主席、全國文聯副主席、中國作協副主席、政務文教委員會委員、全國人民代表、政協常委等職。以寫作小說成名，著有《四代同堂》、《老張哲學》、《駱駝祥子》等書。《駱駝祥子》為其代表作，以能運用北京方言俗語描述下層人物，筆調鮮活靈動，一時傳誦，轟動國內外。一九六六年五月，「文化大革命」爆發，紅衛兵橫行，中共幹部、智識份子備受迫害摧殘，八月廿三日老舍被逼跪在文廟前，迭受毒打，老舍不堪羞辱，八月廿四日午夜，自沉於北京北郊太平湖。甘海嵐《老舍年譜》於文革發生後對老舍受虐經過有詳細記載：「一九六六年，六十八歲，……五月四日至廿六日……文化大革命全面爆發，……六月二十日江青、張春橋策劃……提出文藝界有一條『又長又粗又深又黑反毛澤東思想的黑線』，要『徹底清洗』……七月十六日老舍因病重吐血住進醫院……八月十六日老舍身體稍癒即出院，……八月廿三日紅衛兵以『掃四舊』名義，在國子監孔廟大院中心焚燒戲裝道具，下午老舍被人從北京市文聯辦公室拉出，推上卡車送到孔廟火場，和蕭軍、駱賓基、端木蕻良、荀慧生等三十多位著名作家、藝術家一起，遭到污辱和毒打，老舍當場被打暈在地，滿臉血跡。深夜二點鐘，胡絜青將老舍接回家……八月廿四日由上午到晚上，老舍在北郊太平湖公園獨坐整天，午夜時分，攜親筆抄寫毛澤東主席詩詞一卷，投湖自盡。本年文化大革命初起時，經老舍、茅盾等一批老作家討論，由老舍執筆給毛澤東主席寫信，表示要積極參加運動，並請求降薪三分之一到一半。」（頁五二〇至五二二）。另郝長海、吳懷冰《老舍年譜》所記大致相同，惟有小異，如云：「七月卅一日至八月十五日患支氣管擴張吐血住北京醫院治療，八月二十三日去北京市文聯參加文化大革命的學習，當天下午與蕭軍、荀慧生等市文化局、市文聯的二十多位領導幹部和知名人士，被紅衛兵拉至孔廟，跪在焚燒京戲戲裝的大火爐前遭受毒打，回到市文聯後繼續受到毒打直至二十四日凌晨。八月廿五日清晨，老舍的屍體被人在德勝門豁口外太平湖的后湖中發現。太平湖公園看門人說：『八月廿四日，這位老人在這裡坐一整天……幾乎沒動過，估計，悲劇的終了是發生在午夜。』」（頁一八四）。老舍年長臺先生三歲。臺先生作有〈酒旗風暖少年狂〉、〈我與老舍與酒〉二文，述及與老舍交往與友誼，兩人大約有一年時間相處及三次短暫交往接觸：一、民國廿五年秋末冬初，臺在青島山東大學任教首晤老舍，老舍贈以新著小說《老牛破車》，此後時有文酒之會（詳見前）。二、廿七年秋，臺先生入川居江津白沙，老舍在重慶主持文藝協會，是年十月十九日為紀念魯迅逝世二週年，曾邀請臺先生作專題報告（詳見前）。三、廿九年春臺先生曾陪同老舍到白沙鶴山坪訪晤陳獨秀。四、卅年春偕同魏建功到重慶訪老舍，老舍高興之餘，不惜「破產請客」（詳見前）。抗戰勝利後，各奔前程，未再聚晤。五十五年八月老舍受迫害，不甘受辱而自沉，臺先生當早已有所聞，迨將近二十年後，始作此詩以示悼念，並用老舍自作詩句，頌其氣節，於其投湖事之原委，未置一辭，對中共文革暴政，未免過於寬厚。又此詩不記作年，次於七十四年所作〈過范允臧故居〉、〈桃花開〉二詩之間，殆亦作於七十四年。

過北市和平西路范壽康教授故居，作口號一首悼念。詩云：

和平西路故人居，一角危樓一老臞。手腳不靈心未死，居然歸骨故山隅。（題〈過范允臧先生故居口號〉）

原注：范壽康教授退休後，妻死又中風，獨居危樓中，後輾轉回故國，首丘於浙江故里。（《龍坡丈室詩稿‧龍坡草》）

案：詩題下注：「乙丑」，時爲七十四年。允臧（一八九五—一九八三）范壽康字，卒年八十九。視臺先生年長七歲，浙江上虞人，一九二三年日本帝大文學部畢業。回國後歷任商務印書館編輯、中山大學教授兼秘書長、安徽大學文學院長、武漢大學哲學系主任、國民政府軍事委員會政治部第三所副所長。抗戰勝利後來臺，應臺灣行政長官陳儀之邀，任公署教育處處長兼臺灣圖書館館長。卅六年二二八事變後，轉任臺灣大學哲學系教授，與臺先生在文學院共事相處甚佳。卅七年秋筆者考進臺大中文系，范擔任講授中文系一年級中國哲學史課程，受教一年。四十三年筆者進臺大中文系擔任助教，臺先生任系主任，筆者坐守辦公室，負責處理系務，課餘，常見范先生來系與臺先生閒談。約五十三年七十歲退休，居北市和平西路臺大宿舍，後妻死，女赴美，中風獨居，無人照顧。七十一年四月移居北京，時年八十八。曾任第五屆全國政協常委，翌年回浙江故里，卒。著有《教育哲學大綱》等書。

六月一日，臺北《國文天地》創刊出版，以隸體為之題署。

案：《國文天地》，初爲臺北正中書局創辦之月刊雜誌，內容主要報導或探討有關中學國文教材、教學各問題，後由萬卷樓圖書公司接辦。至九十四年三月已出版二三八期。

二十日，為臺大中文系教授鄭因百臺先生八十壽辰，門人撰文編為《論文集》祝壽，臺先生以分隸題署封面《鄭因百八十壽慶論文集》。

案：論文集六月二十日，由臺灣商務印書館出版，本年一月臺先生撰文聲明不題書簽（見前）。但爲老友賀壽，《論文集》題署不得不破例。

《死室的彗星》選本小說集收十篇小說，天津百花文藝出版社出版，胡從經編輯。

案：〈死室的彗星〉，爲民國十九年八月出版《建塔者》中之一篇，選本取以作書名。編者引言：「他擅於從平凡瑣細的生活中，擇取不落俗套的場景與豐姿迥異的人物，然後從這些小人小事中開掘其蘊藏的悲劇性，從而深刻地抉剔出中國農村的黑暗、冷酷、愚昧、閉鎖。這裡沒有迭宕的情節，沒有過火的渲染，然而平實近乎白描的手法，卻處處撥動著讀者的心弦，引起顫慄的共鳴與悲悒的和音。」

九月一日，臺北《聯合文學》月刊第十一期出版《臺靜農專卷》，標題〈新文學的燃燈人〉。編者前言：

雖然近半世紀臺靜農先生都不再從事小說創作，但他在中國新文學發展初期即奮然創組「未名社」，並為《未名半月刊》執筆撰著，熱心推展新文學的功績，始終為後輩所樂道。早歲，他曾出版小說集《地之子》和《建塔者》，以其第一流作品被認為是中國新文學史上一位重要的燃燈人。《聯合文學》推崇他斐然的創作成績，高標的學者風骨與精湛的書藝，特於本期製作此專卷，試從臺先生的閒居雅趣，講學精神以及小說中的人道關懷，管窺其人堅持信守的生命情操與炙烈擁抱的生活情境。卷中臺先生所作〈我的

鄰居〉等四篇小說，未收錄在此間印行的《臺靜農小說集》，《聯文》獲准重刊，彌足珍貴。

案：《聯合文學月刊》係臺北聯合報附屬機構聯經出版公司所出版兩種月刊之一（另一種爲《歷史月刊》）。所謂「臺先生……創組未名社」一節，社名實出於魯迅的建議與支持，於一九二五年九月在北京成立的文學團體，成員有魯迅、韋素園、臺靜農、曹靖華、韋叢蕪、李霽野共六人（詳見前）。臺先生是其中之一，「創組」上加「參與」二字較合事實。專卷收小說四篇中〈我的鄰居〉、〈白薔薇〉兩篇見一九二八年北京未名社版小說集《地之子》（共十四篇），一九八〇年臺北遠景版《小說集》（十五篇）未收。《專卷》拾遺補闕，自有其貢獻與價值。〈人彘〉、〈被飢餓燃燒的人們〉兩篇，原收入一九三〇年北京同前版《建塔者》，一九九〇年臺北遠景恢復《地之子》原名印行並重刊《建塔者》（十篇）皆在其中。《專卷》同時刊載二篇小說評論、一篇記事文及一篇訪問記，即樂蘅軍〈臺靜農先生小說中我的影像〉、吳達芸〈卑微的安頓—試析臺靜農先生小說中的人道關懷〉、林文月〈臺先生和他的書房〉、丘彥明〈荷香長者—訪臺靜農先生談他的小說寫作〉。又此卷前載臺先生手書今年春所作七絕二首（見前）及寒梅圖二幅。早年小說與晚年書藝並陳，顯示臺先生前後生活情趣的轉變，編排頗見巧思。

九月，在臺北新莊輔仁大學中國文學研究所講授「中國文學名著討論」及「治學方法研

究」二門課程，至七十六年七月止。

十八日，夫人于氏韻閑病逝於台大醫院，年八十四歲。（一九〇二—一九八五）

案：臺夫人逝後數日，即在臺大醫院靈堂舉行簡單儀式，發喪火化。臺家長女純懿稱：「母死後數日猶有體溫，身軀柔軟，火化時，身上散發大片紫色晶光，人稱此即佛家所謂『舍利子』，難得一見，欲檢拾保存，或稱不動爲宜。」純懿與筆者係臺大同年、同齡同學，彼此甚熟，言自可信。後詢臺先生：「師母生前是否燒香拜佛？」臺先生稱平日未見其拜佛舉動。此節臺家人從未宣揚，不爲人所知。其時筆者職掌系務，協辦喪事，知之甚確，特記之。

據說：前國防部長俞大維，死後火化亦見紫色晶光「舍利子」，俞氏一生信仰觀音菩薩，或稱此與其信仰有關。（當時報紙記載，李元平《俞大維傳》未及此節。）

二十九日後，畫橫幅墨梅。《書畫紀念集》（頁一九〇、一九一）著錄。

款識：乙丑中秋節後，寫寒梅於龍坡丈室，靜農。

鈐印四方：臺靜農　靜者　守斯寧靜為君大年　淮南。

案：乙丑，民國七十四年。中秋爲國曆九月二十九日。其後當在卅日或十月初。

十一月，臺灣大學中國文學系出版《臺大中文學報》創刊號，臺先生允門人輩之請，再破例題署封面。

案：臺大中文系所未有學術專刊，供教師發表論著。年初筆者建議趁本年十一月紀念臺大四十週年校慶時機，創刊《臺大中文學報》。經系務會議通過，遂組織編輯委員會，推筆者任執行編輯，（後改爲召集人）進行約稿工作。並請臺先生爲題封面。八月筆者承辦系務，向校方申請出版經費，獲得同意，終於順利出刊。《臺大中文學報》六字從左至右橫披，分隸書寫。本年一月十六日，臺先生撰文鄭重聲明一概謝絕題簽（詳見前）。請題封面事適在臺先生聲明之後不久，竟未拒絕，樂於爲之破例，一則意在鼓勵支持，再則由於與臺大中文系關係非同尋常。

以學術與書藝成就卓著，十二月十二日獲頒行政院文化獎。

案：文化獎六十九年四月十二日設置，由行政院文建會主辦，每兩年頒發一次。是年，由臺大推薦，經文建會評審通過，頒發與臺先生，同時獲獎者有國策顧問中研院院士蔣復璁。文建會簡介臺先生成就云：「臺先生獻身教育事業，垂五十餘年，思想常新，不凝滯於物，對中華文化精髓有深切之體認。早年致力新文學創作，文風兼具犀利批判與悲憫胸襟，作品至今猶爲文學批評界重視。其後專攻古典文學研究，闡揚文化精義，重要著作有《兩漢樂舞考》、《論兩漢散文的演變》、《論唐代士風與文學》等，斷論創新，精微獨到，於傳承文化，功不可沒。」

是月三十日，《臺大校訊》刊出獲獎消息，標題稱：「臺靜農教授榮獲文化獎，浸淫文學史數十年，見解精到，書法獨樹一幟，富於樸拙之美。」其文云：

曾在本校中文系授課二十餘年，並擔任系所主任十八年之久的臺靜農教授，本月十二日榮獲行政院頒發文化獎，以表彰他在闡揚中華文化方面的特殊貢獻。……臺教授淵博閎通，於學無所不窺，尤其是對中國文學史的浸淫，積數十年功力，深究博覽，偶拈一題，隨意評介，都有精到之論。他的論著文字典雅，思力深邃，論斷創新，精微獨到，啟迪後學甚多，如〈楚辭天問新箋〉、〈兩漢樂舞考〉……等論著中的創見，迄今仍不斷為學人稱引，其於中國文學之傳承發揚，居功厥偉。

臺教授在書畫篆刻方面，亦有獨特造詣，他的書藝初學隸書〈華山碑〉，楷行則學顏魯公。中年以後行草臨摹倪元璐，深得其精髓。晚近以來，行草已不復限於一家。隸書則以「摩崖書」的斧鑿氣勢，參以漢碑精要，別具一格。因此鑑賞家，特別推崇他的書法「脫甜熟而有樸拙之美」，在今代堪稱一絕。

行政院文化獎的設置，目的在表彰終身致力於發揚維護中華文化，而有特殊成就的人士。其遴選過程至為嚴謹，臺教授獲獎，係由本校孫校長提名，經文化獎評議會通過，報請行政院長核定。

案：是年八月，筆者接掌臺大中文系所事務。本則通訊由筆者提供資料，口授意見交研究生助教撰寫，核閱後送出。又是月十二日，由筆者約請本系龍宇純教授夫婦駕車陪同臺先生前往行政院，出席頒獎典禮，由行政院長俞國華主持頒發。是日臺大中文系師生假和平東路師大餐廳聚餐慶賀。

民國七十五年　一九八六　八十五歲

臺先生德配于韻閑夫人卒滿百日之後，一月十六日賦〈悼亡〉七絕一首。

相看兒女催人老，柴米商量累汝多。此是昔年共君語，君今先自委山阿。（《龍坡丈室詩稿•龍坡草》）

案：題下注：「韻閑逝世於一九八六年元月十六日」。「韻閑逝世」四字當斷句，指悼亡對象，「於」下年月日指賦詩日期。于韻閑夫人卒於七十四年九月十八日，至十二月廿七日滿百日。依習俗，人卒百日家屬祭奠，七十五年元月十六日賦悼亡，時當于夫人卒滿百日後不久。

一月十七日，函李霽野，謂得悉常維鈞逝世，「不免悲痛」，「少年知交，凋落殆盡」。自感「一生渺小」，「所謂自傳，實寫不出」。函後載八十二年一月十九日聯合副刊，收入《回憶臺靜農》。

案：常惠（一八九四—一九八五）字維均，七十四年逝世，年九十二歲。據常惠子韞石〈記莊常兩家〉文：「八十年代中期去世前幾年間……家父與臺伯之間都通了信。」（見《故宮書法莊嚴》頁二七六）可知民國七十四年以前常惠在世時，臺先生已與之通信息，今得其死訊，可能其家屬告知或李霽野轉告。據函語，李似曾來函慫恿臺先生寫自傳，臺以「渺小」謙辭。自六十三年九月，臺、李始通信息，迄今十餘年，臺致李書函共六件。

二月，臺先生破例為筆者所著《唐代詩文六家年譜》題署。

案：《六家年譜》本年九月臺北學海出版社出版，付印在二月，請題署在付印稍前。七十四年一月十六日，臺先生在聯合報副刊發表〈我與書藝〉一文，鄭重聲明此後一概謝絕題簽（詳見前）。筆者未予留意，冒昧登門請求，臺先生竟未謝絕，破例題署，多年後披閱《龍坡雜文》，讀至〈我與書藝〉一篇，始知其事，悔之不及。

書法篆刻家王壯為贈篆刻二石，二月十三日來函云：

寒雨兼旬，紀年已易，敬維龍坡丈人開歲百茀為頌。前交二石，經書寫數石後，覺古文非宜，仍以小篆風格為長。姓名四字筆劃均繁難減，費盡安排，仍覺充塞。朱文者自視略勝，仍嫌不能恣肆，本領已窮，只好繳卷。明隨覓得舊卷，簡單裝置，茲遣美祈送上。希乞教之，大聯請於和暖後，容時為之……去歲見聯副書藝專文，以為尊書不可復得。……壯為再拜，正月初五。（《遺存資料》。《配圖傳記》景印原函全文，「容時」釋文案：七十四年一月作《我與書藝》一文，十六日載臺北聯合報副刊，文中申明從七十四年起不再爲人寫字題簽（見前），此函所謂聯副書藝專文即指此。言「去歲」知王函作於七十五年，正月初五即國曆二月十三日。函中謂前交小篆二石，時當距此年（七十五年初）不甚久。《書藝集》（頁七四）載王壯爲贈三方篆刻（亦見《墨戲集》）：一爲「觀海者難爲水」，此方六十九年即已用於鈐印書法（凡五次見《書藝集》頁六九、《續集》頁一五、一七、二二、八二），至七十二年總共用以鈐印書法達十三次。所謂「二石」當非「觀海者」此方。二爲「靜者手藝」，《書藝集》用之僅一次（見頁五九），所謂「二石」其二當亦非指此方。三爲「奇峭博麗」，此方小篆朱文（陽文），即函中所謂「朱文者自視略勝」一方，此方未見使用（或不及用，七十五年後臺先生不再寫字，此方或無機會使用），「二石」之一似應有此方。函中又謂二石之一係「姓名四字」，此自是指「澹臺靜農」四字而言，據《書藝集》（頁七四），方介堪嘗以小篆爲刻此四字，五十九年（一九七〇）開始使用（見《續集》頁四八），是後至七十三年共鈐印八次於書法上。（《續集》頁六、六十三年。《書藝集》頁五八、六十三年。頁一、七十二年。頁七二、六十八年。頁七六、六十八年。頁七六、六十八年。頁二七、七十三年。頁二八、？年），是知王氏所刻「澹臺靜農」姓名四字，未曾使用（或晚刻無機會使用），故圖錄上未見載。總之，王壯爲所刻凡四方，三方見載於

「時」誤為「實」）

《書藝集》及《墨戲集》。一方「姓名四字」存而未用，故未見著錄。

作〈傷逝〉，載七十五年三月三十日《聯合報》副刊，收入《龍坡雜文》、《散文選》。張大千逝世於七十二年四月二日，故文首云「今年四月二日是大千居士逝世三週年祭」，文中追憶大千「最後一次入醫院」的前幾天，作者去探望他的情景，並連帶敘述老友莊慕陵去世前的生活點滴，從而表達對逝者之哀傷和對「生命便是這樣的無情」的感慨。

首先追憶與大千最後一次晚餐的前後情況：「一天下午我去看他，他正在作畫，畫後留我吃飯，平常吃飯是不招待酒的，今天意外，他不僅待我以白蘭地，自己也飲了果子酒。但他畢竟老了，看他作畫的情形便令人傷感，可他原來不是這樣的啊。」「大千看畫的神速和當場作畫的豪情與快捷，更非一般人所能想像。」「大千居住的摩耶精舍和慕陵居住的洞天山堂，僅距一華里，我是常由此及彼和由彼及此的。」接著追憶莊慕陵的最後時日，特別記述他「酒人的一點倔強。」

張淑香〈鱗爪見風雅：談臺靜農先生的《龍坡雜文》〉：「這種情緒的變化來回轉折，一張一弛，左思右量，唯是全神貫注在老朋友身上，好像老朋友的歡談，言猶在耳，酒味尚濃，而倏忽之間，即成隔世。的確，只有逆轉的模擬，才能表現這種人生無常，生命無情的慘痛精神的安慰。」

春，行草書龔自珍〈己亥雜詩〉第二四七首。《書畫紀念集》（頁六八）著錄。

鶴背天風墮片言，能蘇萬古落花魂。征衫不漬尋常淚，此是平生未報恩。

款識：丙午春，書定盦詩於龍坡里，靜農。

鈐印：龍坡丈室　臺靜農

案：七十一年五六月間改「歇腳盦」爲「龍坡丈室」，據鈐印此幅應是七十一年後所書，「丙午」疑是「丙寅」之誤。丙寅爲七十五年，姑繫此。龔自珍〈己亥雜詩〉作於清道光十九年（一八三九年），由當年農曆四月二十三日開始寫起，至同年十二月二十六日止，共三百一十五首，皆七絕。

四月，行書寫杜甫〈秋興〉八首之七贈達堂先生。《法書集》（二）（頁五六）著錄。

昆明池水漢時功，武帝旌旗在眼中。織女機絲虛夜月，石鯨鱗甲動秋風。波漂菰米沉雲黑，露冷蓮房墜粉紅。關塞極天惟鳥道，江湖滿【地】一漁翁。

款識：丙寅季春，書少陵懷古為達堂先生教，靜農。

鈐印三方：守斯寧靜為君大年　靜農八十後所書　龍坡丈室

案：丙寅，七十五年。季春農曆三月，即國曆四月。「江湖滿一漁翁」，「滿」字下落「地」字，杜甫〈秋興〉八首，見《全唐詩》卷二三〇。

五十一年秋，溥心畬作〈千歲老松圖〉十餘卷，為袁守謙「雙桐書屋」收藏，署曰「千歲盤老龍」，二十四年後，今年夏，臺先生應袁之請，作題跋，稱此圖「怒龍驚虬」、「騰蛟伏虎」，「非有高懷雄筆，安能有此」。
去北平西南約八十華里之馬鞍山戒臺寺，傳說建於唐代，寺有松十餘株，皆壽千年。心畬先生早歲讀書寺中，日與古松為鄰。……心畬既來臺灣，追念前塵，乃寫斯圖，且有詩云：……披是圖也，怒龍驚虯之勢，騰蛟伏虎之奇，俱見腕底，然非有高懷雄筆，安能有此。斯圖作於壬寅秋，明年即歸道山，歲月不居，至今已二十餘年矣。回想昔年談讌之樂，如何可得。丙寅孟夏，勱夫先生屬題。十餘株應作數十株，臺靜農於龍坡丈室
（《南張北溥藏珍集萃》頁二〇三至二〇四。）
案：「壬寅秋」溥氏作圖，壬寅為民國五十一年，翌年十一月十八日溥氏過世，二十四年後「丙寅孟夏」，臺先生題跋，時當七十五年五月間。勱夫，袁守謙字，曾任政府官職，題署「千歲盤老龍」橫披，其前落款云「心畬先生畫雙桐書屋藏」，其後題記云「西山逸士淹貫經史，筆墨蒼勁超拔，氣韻深醇，此卷全寫蒼松幽姿虯影，偃仰百態，讀之使人濁俗，丙寅人日。」人日，農曆正月初七，當國曆二月十五日。臺先生孟夏題跋在五月，其後有李猷「丙寅仲春三月中澣」題跋，為七十五年四月中旬，時間當在前。依序臺先生題跋當次其後，卷本如此，疑臺先生所記孟夏或有誤。
七月十日，由媳婦陳惠敏、次孫大翔陪同赴美遊覽，首途至舊金山，次日莊因、美麗夫婦在自宅酒蟹居設宴招待。臺先生在嘉賓簿上題記云：「八六年七月十日，與媳惠敏、孫大

翔來舊金山，次日莊因、美麗夫婦宴於酒蟹居，時長女純懿、長兒同席，飲瀘洲大麴一瓶，為遊美第一快事也。」並贈以二張書法。所書其一為宋龔元英七絕，題記云：「丁卯清明節，試洋人包裝紙，用的是龍鬚筆。」其二為小楷所書舊作七首即〈念家山〉、〈憶北平故居〉、〈少年行〉、〈有感〉、〈甲子春日〉、〈桃花開了〉、〈秦墓陶俑〉，題記云：「丙寅盛夏錄舊作，莊因、美麗兩侄存念。靜農於龍坡丈室，時年八十五矣。」（莊因〈寂寞清樽醒醉間〉，《紀念集》頁一一八）。

案：二張書法題記年時不一，臺先生以民國七十五年（一九八六）七月遊美，「丁卯」為七十六年（一九八七）「丁卯」應是「丙寅」之誤。當與另張「丙寅」七十五年（一九八六）同年所書，唯前者字體為行書，用龍鬚筆書寫時在清明節前四月初。後者小楷字體時當盛夏（農曆五六月，國曆六七月），即臺先生赴美前所書。莊因，臺先生故友慕陵次子，時任教史丹福大學教授中文、書法（見四十四年簡介）。

中旬，臺先生與子、媳、孫等赴舊金山附近，故友大千居士舊宅環蓽盦憑弔「筆塚」後，即赴美東。

在紐約，長女純懿安排臺先生住在一幕名人士巨墅中，沐浴時不慎跌倒，腦部受傷，當時不覺，打電話告訴莊因夫婦，談笑自若，莊妻笑其：「沒見過世面，怯場了」，臺先生哈哈大笑說：「是的，是的，就是這樣」。（參莊因同前文《紀念集》頁一一九）約八月初旬，攜家人回臺，耄耋之年遊美平安歸來，甚可慶幸。自嘲為暮年遊學。或詢以遊美觀感，臺先生說：「大而無當，沒有廟也看不到和尚」，妙語含意深遠，頗令人莞爾。中文系同仁，稱慶之餘，設宴為之洗塵，臺先生亦極為高興。

八月十一日晚（七夕前一日），畫墨梅、瘦梅合一圖。《墨戲集》（頁四〇）著錄。

款識：丙寅七夕前一日燈下，靜者。

鈐印二方：臺靜農。靜農無恙。

案：丙寅，七十五年。七夕前一日當國曆八月十一日。

八、九月間，本系某教授選為中研院院士，某日晚上在臺大校友會館餐廳，設宴招待其師長。筆者受邀負責陪臺先生前往，至會館前上階梯，臺先生身體突然向前傾倒，筆者在旁扶持，幸未倒地。惟是後，臺先生時感昏眩，走路不穩，後終想到此與遊美時跌跤有關。

九月十四日夜，動手術清除腦中瘀血。十月出院有函致李霽野，大意謂：「自美國歸來後……，發現腦有瘀血，必須除掉，……以八十五歲的人，動此手術，實屬大事。……去年九月十八汝嫂病逝，今年此時我臥病醫院，真是不幸。」函載八十二年十月九日聯合副刊，收入《回憶臺靜農》。

案：是年七月初旬，臺先生偕同家人赴美遊覽月餘，遊覽期中，因不慎滑跤，行動不便。回國後情況益爲嚴重，九月十四日夜到臺大醫院急救，發現腦中瘀血，隨即動手術清除。因手術順利，不久恢復正常，出院回家休養。十月致函李霽野述及治療情形，當在出院之後。又臺夫人于氏七十四年九月十八日逝世，臺先生入院動手術，正當夫人逝世後一年，一年之間，一死一病，因有「不幸」之嘆。

九月十八日，時值中秋，于韻閑夫人逝世週年，臺先生動腦部手術後，臥病醫院，後有詩悼念：

逝水不還又一秋，去年今日別君時，支離病榻孤光夜，生死茫茫兩不知。（《龍坡丈室詩稿．龍坡草》詩題〈韻閑週年祭值丙寅中秋時予臥病醫院〉）

案：丙寅中秋為七十五年九月十八日，適值于韻閑夫人逝世週年。是年九月十四日夜，臺先生到臺大急救，發現腦中有瘀血，翌日即請名醫動手術清除，手術過程順利。（時筆者主持中文系系務，十五日早晨接電話得知，立即電請臺大孫震校長，囑臺大醫院名醫，儘快動手術）復原迅速，不久即出院，惟九月十八日手術後第三天，實無可能在病床上作此詩。題稱「臥病醫院」，指手術後在醫院休養之時，補作追記其事。

十一月，臺大聘為名譽教授。

案：臺大名譽教授聘請辦法，七十四年經校務會議通過，七十五年九月始由各系提名推薦。中文系經投票通過推薦臺先生外，尚有毛子水，鄭騫二位教授。十一月校方正式具函聘請。

楷書〈臨爨寶子碑〉。《法書集》（二）（頁五四）著錄。

晉故振威將軍建寧太守爨府君之墓。

款識：沈寐叟云：大爨全是分法，而分法又非今世寫隸者觀念所及，學者不可不知。丙寅孟冬坐雨，靜者。

鈐印：靜農無恙

案：丙寅，七十五年。孟冬農曆十月，即國曆十一月。七十三年春臨寶子碑文五十七字，（見前）。此只臨其標題。沈曾植（一八五〇—一九二二），字子培，號乙盦，晚號寐叟。清光緒時進士，官至布政使，精於碑帖，章草，著有《海日樓書論》。

隸書寫王安石〈寓言二首〉之二。《法書集》（二）（頁五五）著錄。

本來無物使人疑，卻為參禪買得癡；聞道無情能說法，面〔牆〕終日妄尋思。

款識：王介甫喻言詩。丙寅孟冬，靜農於龍坡丈室。

鈐印：守斯寧靜為君大年。靜農無恙。

案：丙寅，七十五年。孟冬農曆十月，即國曆十一月。末句「面」字下落「牆」字。王安石〈寓言二首〉此其二，見《全宋詩》卷五七一。

隸書寫蔡邕〈隸勢〉。《書畫紀念集》（頁三四）著錄。

鳥跡之變，乃惟佐隸，蠲彼繁文，從此簡易。厥用既弘，體象有度，煥若星陳，鬱若雲布。其大徑尋，細不容髮，隨事從宜，靡有常制。或穹窿恢廓，或櫛比針裂，或砥平繩直，或蜿蜒繆戾，或長邪角趣，或規旋矩折。修短相副。

款識：丙寅孟冬，書蔡伯喈隸勢，靜者。

鈐印：守斯寧靜為君大年。淮南。靜農無恙。

案：丙寅，七十五年。孟冬，農曆十月，國曆十一月。蔡邕（一三二—一九二）東漢圉人，字伯喈。少博學，好辭章數術天文，妙操音律，善鼓琴。歷遷議郎，靈帝熹平中與楊賜奏定六經文字，自書冊鐫碑，立於太學門外。拜左中郎將，後獲罪死獄中。有《獨斷》、《蔡中郎集》。〈隸勢〉文見嚴可均《全後漢文》卷八〇。

行書寫七言聯「相逢握手一大笑，故人風物兩依然」。《書畫紀念集》（頁一五〇）著錄。

款識：此情此境如何可得。丙寅孟冬，龍坡靜者。

鈐印：明士　臺靜農　靜者

案：丙寅，七十五年。孟冬，農曆十月，國曆十一月。

冬，行書寫白居易〈杭州春望〉詩。《書畫紀念集》（頁七四）、《書藝三集》（頁四七）著錄。

望海樓明照曙霞，護江堤白蹋晴沙。濤聲夜入伍員廟，柳色春藏蘇小家。紅袖織綾誇柿蒂，青旗沽酒趁梨花。誰開湖寺西南路，草綠裙腰一道斜。

款識：白樂天庾樓曉望。丙寅冬月，臺靜農書於龍坡丈室。

鈐印：龍坡丈室　靜農手藝　臺靜農

案：丙寅，七十五年。冬月，十一、二月。白居易（七七二—八四六），字樂天，號香山居士，晚號醉吟先生。望海樓在杭州，詩在長慶三年（八二三）白居易五十二歲為杭州刺使時作。庾樓在江州，〈曉望詩〉元和十一年居易刺江州時作，見《白集》卷一六。款識〈庾樓曉望〉當作〈杭州春望〉，見《白氏長慶集》卷二〇。

十二月，行書寫蘇東坡七言絕句八首，橫披形式。《書藝三集》（頁四六）著錄。

款識：丙寅冬至後，坐雨書東坡小詩於龍坡丈室。靜農年八十五。

鈐印：淮南　靜農無恙

案：丙寅，七十五年。冬至在十二月二十一日左右。絕句八首，依序題為〈中秋月〉、〈東欄梨花〉、〈惠崇春江晚景二首〉其一、〈書李世南所畫秋景二首〉其一、〈贈劉景文〉、〈食荔枝二首〉其二、〈次韻郭功甫觀予畫雪雀有感二首〉其一、〈黃州春日雜書四絕〉其三，見《東坡詩集》。

民國七十六年　一九八七　八十六歲

題舊作梅畫「彷彿月下」。《書畫紀念集》（頁二〇）、《逸興》（頁四五）著錄。陳夏生

收藏。

款識：此靜者何年所作已不知之矣。八十六翁，靜者於龍坡。

鈐印：肖形印　臺靜農　靜者

案：據款識，知爲七十六年所題。

隸書臨東漢碑刻四幅。《書畫紀念集》（頁四〇、四一）著錄。葉啟忠收藏。

天姿明敏，敦詩悅禮，膺祿美厚。繼世郎吏。幼而宿衛，弱冠典城。有阿鄭之化，是以三剖符守，致黃龍、嘉禾、木連、甘露之瑞。動順經古，先之以博愛。

款識：是碑刻於東漢建寧四年，方整雄偉。楊守敬云：「方而近楷，尤多篆筆。」靜農。

鈐印：臺靜農

秦項作亂，不尊圖書，倍道畔德，離敗聖與食糧，亡於沙丘。君於是造立禮器，樂之符，鐘磬瑟鼓，雷洗觴觚，爵鹿柤梪，籩柉禁壺，修飾宅廟。

款識：是碑刻於東漢永壽二年，現存曲阜孔廟。翁方綱以為「漢碑第一，精妙俊逸，隸書之正則也。」靜農

鈐印：臺靜農印信

君之烈祖，少以濡術，安貧樂道，履該顏原，兼脩季由，聞斯行諸，砥仁〔癘〕士，階

夷愍之貢，經常伯之寮，位左馮翊，先帝所尊，垂名竹帛，考廬江太守。
款識：是碑刻於東漢建寧元年，在山東汶上縣。楊守敬云：古健豐腴，不在〈華山碑〉下，靜農
鈐印：靜農無恙
於穆我君，既敦既純，虛白之性，孝友之仁，紀行來本，蘭生有芬，克岐有兆，綏御有勛，利器不覿，魚不出淵，國之良幹，垂愛在民，蔽沛棠樹無疆。
款識：是碑刻於東漢中平三年，楊守敬以其端雅健練，源於〈西狹頌〉。今觀其體，似〈衡方碑〉。臺靜農時年八十六。
鈐印：靜農無恙
案：第四碑款識稱「時年八十六」，知爲七十六年書。四幅東漢碑刻依次爲：〈漢武都太守李翕西狹頌〉，〈漢魯相韓敕造孔廟禮器碑〉，〈衛尉卿衡方碑〉，〈蕩陰令張遷碑〉。

一月，篆書臨漢銅器銘文扇面，贈薛志揚。《書藝三集》（頁九九）著錄。

款識：丁卯正月。擬漢銅器銘文，為志揚先生清賞。臺靜農於龍坡。
鈐印二方：澹臺　靜農
案：丁卯，七十六年，作者八十六歲。該年正月一日，國曆爲一月二十九日。

又隸書臨裴岑〈紀功頌〉。《書畫紀念集》（頁三七）著錄。

惟漢永和二年八月，敦煌太守雲中裴岑將郡兵三千人，誅呼衍王等，斬馘部眾，克敵全師，除西域之災，邊境艾安，振威到此，立海祠以表萬世，除西域之災，蠲四郡之害。

款識：丙寅歲暮。臨裴岑〈紀功頌〉，靜農時年八十五。於龍坡丈室。

鈐印：臺靜農。龍坡丈室。

案：丙寅，七十五年。歲暮，農曆十二月，應爲國曆七十六年一月。七十九年九月再書此頌（見後）。

二月十二日（上元節），行書寫李白〈聽蜀僧濬彈琴〉、〈題元丹丘山居〉二詩贈叔眉。《書藝三集》（頁五二）著錄。

蜀僧抱綠綺，西下峨眉峰。為我一揮手，如聽萬壑松。客心洗流水，餘響入霜鐘。不覺碧山暮，秋雲暗幾重。

故人棲東山，自愛丘壑美。青春臥空林，白日猶不起。松風清襟袖，石潭洗心耳。羨君無紛喧，高枕碧霞裡。

款識：丁卯上元節，書太白詩，為叔眉先生清賞，臺靜農於龍坡丈室，時年八十六。

鈐印：壁還　臺（花押）　靜農無恙

案：丁卯，七十六年。上元節爲二月十二日。二詩俱見《李白詩全集》卷二十三。第二首「石禪」應作「石潭」。

又行書寫王安石七絕十四首。《書畫紀念集》(頁一二二、一二三)著錄。澄懷館收藏。

野水縱橫漱屋除,午窗殘夢鳥相呼。春風日日吹香草,山北山南路欲無。

小雨清風落楝花,細紅如雪點平沙。槿籬竹屋江村路,時見宜城賣酒家。

不見故人天際舟,小亭殘日更回頭。繅成白雪三千丈,細草遊雲一片愁。

落日平村一水邊,蕪城掩映衹蒼然。白頭追想當年事,幕府青衫最少年。

萬事黃粱欲熟時,世間談笑漫追隨。雞蟲得失何須算,鵬鷃逍遙各自知。

祏岡西路白雲深,遊子東歸得重尋。亦見舊時花躑躅,為言春至每傷心。

水際柴門一半開,小橋分路入蒼苔。背人照影無窮柳,隔屋吹香並是梅。

結綺臨春歌舞地,荒蹊狹巷兩三家。東風漫漫吹桃李,非復當時仗外花。

烏塘渺渺淥平堤,堤上行人各有攜。試問春風何處好,辛夷如雪祏岡西。

金陵陳跡老梅苔,南北遊人自往來。最憶春風石城塢,家家桃杏過牆開。

黃塵投老倦悤悤,故遶盆池種水紅。落日欹眠何所憶,江湖秋夢櫓聲中。

隱隱西南月一鉤,春風落日澹如秋。房櫳半掩無人語,鼓角聲中始欲愁。

澗水無聲遶竹流,竹西花草弄春柔。茅簷相對坐終日,一鳥不鳴山更幽。

三年衣上禁城塵,撫事怊然愧古人。明月滄波秋萬頃,扁舟長寄夢中身。

款識：荊公詩精嚴深刻，渾然天成，遣情世外，悲壯之情皆寓之於閒澹之中。丁卯上元，靜農書於龍坡丈室，時年八十六。

鈐印：壁還臺〔花押〕　靜農無恙

案：丁卯，七十六年。上元爲國曆二月十二日。王安石，字介甫，號半山，卒諡文。安石性強忮，工書畫，文章坳折峭深，人以大家目之，有《周官新義》、《臨川集》、《唐百家詩選》。十四首詩題依次爲〈悟眞院〉、〈鍾山晚步〉、〈示俞秀老二首〉其一、〈入瓜步望揚州〉、〈萬事〉、〈送黃吉父將赴南康官歸金谿三首〉其一、〈金陵即事三首〉其一其二、〈烏塘〉、〈金陵〉、〈壬子偶題〉、〈送和甫至龍安暮歸〉、〈鍾山即事〉、〈京城〉，見《臨川先生詩集》卷二九、三〇。

又摩崖隸書寫唐人詩句五言聯。《書畫紀念集》（頁一三〇）著錄。

願持山作壽，常與鶴為群

款識：唐人詩句，書以石門摩崖筆意。丁卯上元，臺靜農於龍坡丈室，時年八十六。

鈐印：靜者白首攻之。臺靜農。龍坡丈室。

案：丁卯上元爲七十六年二月十二日。「願持山作壽」乃武三思〈奉和過梁王宅即目應制〉句，見《全唐詩》卷八〇。「常與鶴爲群」出處待考，七十年嘗書此聯，見《書藝集》頁五四著錄，無年月，無款識，（見前）。

二月十二日前，行書寫李白〈寄當塗趙少府炎〉。《書藝三集》（頁五一）、《書畫紀念集》（頁七一）著錄。

晚登高樓望，木落雙江清。寒山饒積翠，秀色連州城。目送楚雲盡，心悲胡雁聲。相思不可見，回首故人情。

款識：丁卯上元前書太白詩，靜農於龍坡丈室。

鈐印：壁還　龍坡丈室

案：丁卯上元爲七十六年國曆二月十二日。此詩見《李白詩集》卷一二、《全唐詩》卷一七二。

十三、四日（上元節後），行書橫披王仲宣〈登樓賦〉贈師大教授沈秋雄。《配圖傳記》著錄。

款識：王仲宣以西京擾亂，乃之荊州依劉表，此賦即作於是時。丁卯上元節後書為秋雄兄清賞，臺靜農於龍坡丈室，時年八十六矣。

鈐印：澹臺靜農　龍坡丈室

案：丁卯上元爲七十六年農曆正月十五日。上元後當在十六、七日，國曆二月十三、四日。臺先生以七十一年五六月間改歇腳盦爲龍坡丈室，大千居士爲之書匾，沈秋雄時任師大國文系教授。

又行書寫姜夔七絕十七首，並錄《娛書堂詩話》於卷末。《書畫紀念集》（頁一二四、一二五）、《書藝三集》（頁四九、五〇）著錄。吳峰彰收藏。

老去無心聽管弦，病來杯酒不相便。人生難得秋前雨，乞我虛堂自在眠。
越國霸來頭已白，洛京歸去夢猶驚。沈思只羨天隨子，蓑笠寒江過一生。
青花綠葉上疏籬，別有長條竹尾垂。老覺淡妝差有味，滿身秋露立多時。
木末誰家縹緲亭，畫堂臨水更虛明。經過此處無相識，塔下秋雲為我生。
舊國婆娑幾樹梅，將軍逐鹿未歸來。江東父老空相憶，枝上年年長綠苔。
塞草汀雲護玉鞍，連天花落路漫漫。如今卻憶當年健，下馬題詩不道寒。
黃鶴磯邊晚渡時，柳花風急片帆飛。一聲長笛魚龍舞，白浪如山不肯歸。
萬馬行空轉屋簷，高寒屢索酒杯添。故人家住吳山上，借得西湖自卷簾。
我家曾住赤欄橋，鄰里相過不寂寥。君若到時秋已半，西風門巷柳蕭蕭。
人家多住竹籬中，楊柳疏疏尚帶風。記得下菰城下路，白雲依舊兩三峰。
歸心已逐晚雲離，又見越中長短亭。十里水邊山下路，桃花無數麥青青。
阿八宮中酒未醒，天風吹髮夜泠泠。歸時只怕扶桑暖，赤腳橫騎太乙鯨。
黃雲承襪知何處，招得冰魂付北枝。金谷樓高愁欲墮，斷腸誰把玉龍吟。
市樓歌鼓太喧嘩，燈若連珠照萬家。太守令嚴君莫舞，遊人空帶玉梅花。

遊人總戴孟家蟬，爭託星毬萬眼圓。鬧裏傳呼大官過，後車多少盡嬋娟。

紛紛鐵馬小迴旋，幻出曹公大戰年。若使英雄知國事，不教兒女戲燈前。

楊柳風微約暮寒，野禽容與只波閒。道人心性如天馬，可愛青絲十二閑。

姜堯章居苕溪與白石洞為鄰，潘轉奄字之曰白石道人，且畀之以詩曰：人間官爵似樗蒲，采到孤松亦大夫。白石道人新拜號，斷無傲駁任稱呼。堯章報以長句有云：佳名錫我何敢辭，但愁從此長苦飢。見娛書堂詩話。

款識：丁卯上元節後，臺靜農書於龍坡丈室。

鈐印：壁還　靜農無恙　龍坡

案：丁卯，七十六年。上元為國曆二月十二日，書寫在此日之後。十七首詩題依次為〈平甫見招不欲往〉、〈三高祠〉、〈武康丞宅同朴翁詠牽牛〉、〈過德清〉、〈項里苔梅〉、〈雪中六解〉其一、其二、其三、〈送范仲訥往合肥三首〉其二、〈下菰城〉、〈蕭山〉、〈偶題〉、〈綠萼梅〉、〈觀燈口號十首〉其二、其三、其七、〈次韻武伯〉，見《白石道人詩集》卷下。

四月五日前，隸書臨東漢石刻碑表頌四屏。《法書集》（二）（頁六四、六五）**著錄。海天堂收藏。**

一、永平六年，漢中受廣漢、蜀郡、巴郡徒二千六百九十人，開通褒余道。太守鉅鹿鄐郡部掾治級王弘史菅茂張守。

款識：此石刻至南宋紹熙末年，南鄭令臨淄晏袤始發現於石門西南側斷崖中。靜農識於龍坡丈室。

鈐印：壁還　靜農無恙　龍坡

二、惟漢永和二年八月，敦煌太守雲中裴岑將郡兵三千人，誅呼衍王等，斬馘部眾，克敵全師，除西域之災。

款識：敦煌太守裴岑〈紀功碑〉。靜農書於龍坡丈室。

鈐印：守斯寧靜為君大年　靜者　臺靜農

三、故司隸校尉楊君厥，諱淮，字伯，舉孝廉，尚書侍郎，上蔡、洛陽令，將軍長史，任城、金城、河東、山陽太守，御史中丞。

款識：楊淮表紀，刻於熙平二年。褒斜谷崖者，淮為孟元文元孫，是刻晚於石門頌二十餘年。靜農識於龍坡丈室。

鈐印：壁還　淮南　靜農無恙

四、五官椽南鄭趙邵字季南，屬褒中鼂漢強字產伯，書佐西成。王戒字文寶，王府君閔谷道危難，分置六部道橋。

款識：〈楊孟文頌〉，為漢建和二年漢中太守王升所立。〈頌〉後低格所書，為主鐫石之役者，茲所臨者即此。丁卯清明前，靜農識。

鈐印：守斯寧靜為君大年　淮南　靜農無恙

案：丁卯，七十六年。清明前時在國曆四月五日前。

四月二、三日（清明前三日），畫墨梅，花枝稀疏。題詩句云「紙窗竹屋清霜夜，畫到梅花便是君」。《墨戲集》（頁五二）著錄。

款識：丁卯清明前三日，八十六叟靜農。

鈐印四方：右上一方待辨。下鈐：龍坡。左款識下鈐：臺靜農、靜者。

案：丁卯七十六年。清明，農曆三月十五、六日，國曆四月五、六日，前三日約在二、三日。十年前嘗作梅畫小品，題宋人詩二句，此與之相似，惟此「紙窗」作「孤燈」，「畫到」作「夢到」，「便是」作「即見」。前所題乃宋劉梅〈立秋〉詩後兩句（見六十六年十二月）。

十一日，為臺大中文系名譽教授毛子水先生九十五歲誕辰。中文系同仁撰文編為論文集賀壽，臺先生以隸體題署封面「毛子水先生九五壽慶論文集」。又孔德成撰「壽高伏勝，業媲張侯」一聯祝賀，臺先生以隸體大字書寫，當晚壽宴懸掛。

案：壽慶《論文集》，臺北幼獅文化事業公司出版，壽聯毛先生家屬收藏。

下旬（春暮），畫墨梅大小兩株，枝少花疏。題冬心句云「故人近日全疏我，折得梅兒贈與誰」。《墨戲集》（頁四八）著錄。

款識：丁卯春暮靜者戲寫，題以冬心句。

鈐印三方：守斯寧靜為君大年　龍坡　靜者

案：丁卯，七十六年。春暮，農曆三月下旬當國曆四月下旬。冬心，金農號。梅畫題冬心句，其前云「驛路梅花影倒垂，離情別緒繫相思」見《八怪精品錄》（頁二五四，圖三九一，梅花圖之七），又見《冬心先生題畫記、畫梅題記》（頁四〇）。

作〈懷詩人寥音〉載一九八七年五月一日《中國時報》人間副刊，收入《龍坡雜文》、《散文選》。此文追憶與詩人寥音（俞大綱）交往經過，並評論其詩、詩論及其對國劇之貢獻。

同俞大綱初識於抗戰期間的四川江津白沙鎮。「白沙一別後，直到抗戰勝利，從未通過音訊」。俞來臺後，才有往還，卻已不是昔時的「英英年少」了，在《瀛海同聲》上讀到詩人寥音的詩作，每為其「老蒼幽渾」卻又「現代」而「納悶」，後來才得知這寥音便是俞大綱。俞幼承其姑父散原老人的詩教，其詩作「幽渺」，蓋受老人的影響。其詩論《寥音閣詩話》雖只有六十則，其水平卻超出吳宓的《空軒詩話》，俞對國劇的改進和貢獻，「功不可沒」，只是詩人「去的太早」，忽忽又已十年。

五月四日，臨蘇軾〈寒食帖〉，並書黃庭堅〈跋〉。《書畫紀念集》（頁一一八、一一九）

著錄。莊松輝收藏。
黄山谷跋云：右黄州寒食帖二首，東坡此詩似李太白，猶恐太白有未到處。此書兼顏魯公、楊少師、李西臺筆意。試使東坡復為之，未必及此。他日東坡或見此書，應笑我於無佛處稱尊也。
款識：〈寒食詩〉為東坡書第一，久藏私家，頃為故宮博物院購得，喜而臨之，並山谷跋。丁卯寒食後二日，臺靜農於龍坡丈室。
鈐印：守斯寧靜為君大年　靜農無咎　少年子弟江湖老
案：丁卯，七十六年。寒食爲國曆五月二日，寒食後二日即五月四日。詩跋已見前。
下旬，隸書寫「鶴壽」大字。《法書集》（二）（頁五八、五九）著錄。
款識：丁卯端午前，臺靜農書於龍坡丈室，時年八十六。
鈐印：壁還　老復丁　臺靜農
案：丁卯，七十六年。端午爲國曆五月三十一日，其前當在五月下旬。
六月，行書寫蘇軾〈後赤壁賦〉。《書畫紀念集》（頁五八至六一）著錄。周澄收藏。
款識：壬戌為神宗元豐五年，公四十七歲，時在黃州，得廢圃於東坡之脅，築而垣之。葦堂五間，堂成於大雪中，榜曰東坡雪堂，始自號東坡居士。是年七月既望，公與客泛舟赤壁，飲酒樂甚，因作是賦。十月之望，公復偕二客往遊，乃有〈後賦〉之作。公手書是〈賦〉，今藏故宮博物院。院收藏文徵明氏所書是〈賦〉，文書時年八十七，今予書時晚文氏一歲，寄情書畫，可得大年，其信然歟。丁卯五月，臺靜農識於龍坡丈室。

鈐印：壁還臺〔花押〕　靜農無恙

案：丁卯，七十六年。農曆五月爲國曆六月。今見手卷末有赤壁圖，圖後有周澄款識云：「壬申孟秋，喜得龍坡居士臺公所書東坡先生〈後赤壁賦〉。中秋月夜偶寫此作係於卷末，時旅居溫哥華，蓴波周澄注記。」鈐印：壬申、周澄、蓴波。壬申爲八十一年，據此知赤壁圖乃旅居加拿大華人畫家周澄於八十一年秋，得此書後所繪之作。

下旬，白內障動手術後畫墨梅小品，並題詩。《書藝三集》（頁八三）**著錄。**

山孤蕭條半枝銜，蓮塘無主自開花，三叉路口炊煙起，白瓦青旗一兩家。

款識：白內障手術後第一晚燈下，靜農。

鈐印：臺靜農

案：七十六年六月初旬，動白內障手術，見七十七年致李霽野函。詩出處待考。

夏，隸書寫張大千集張黑女字贈張臨生七言聯。「出水新蒲含秀氣，臨風春草散清芳。」《法書集》（二）（頁五七）**著錄。**

款識：張大千集白水張黑女字，白頭翁寫與張大家臨生慧賞。丁卯盛夏，靜者於龍坡丈室，時年八十六。

鈐印：淮南　龍坡　靜農無恙

案：丁卯爲七十六年，亦即臺先生年八十六歲書寫，張臨生女士時任職於故宮博物院。

七月，作〈始經喪亂〉文。追記民國廿六年七七事變後，自北平出亡，輾轉南下復西上入川經過。十二月一日刊臺北《聯合文學》卅八期，收入《龍坡雜文》。

案：文末署「一九八七年七月」當爲七十六年七月七日前後作，自此上溯至廿六年七七事變，適爲五十週年。臺先生撰此回憶錄當有紀念之意。

八月，受聘任輔大中文研究所講座教授。開「治學方法研究」課程至學期結束。

臨蘇軾寒食帖二首。《法書集》（二）（頁六二、六三）**著錄。施叔收藏。**

自我來黃州，已過三寒食。年年欲惜春，春去不容惜。今年又苦雨，兩月秋蕭瑟。臥聞海棠花，泥污燕支雪。闇中偷負去，夜半真有力。何殊病少年，病起頭已白。

春江欲入戶，雨勢來不已。小屋如漁舟，濛濛水雲裏。空庖煮寒菜，破灶燒濕葦。那知是寒食，但見烏銜紙。君門深九重，墳墓在萬里。也擬哭塗窮，死灰吹不起。

右黃州寒食二首。

款識：髯公〈寒食帖〉，今由私家歸諸故宮博物院。此國寶不再流入異域，喜而臨之，不敢求其似。落帖字。丁卯閏六月，靜者於龍坡丈室。

鈐印：淮南　臺靜農印信

案：丁卯，七十六年。閏六月當國曆七月下旬至八月。髯公指張大千，云「髯公寒食帖」，寒食帖應爲大千居士收藏。七十二年四月張去世，年八十五歲，五月十三日其夫人遵遺囑捐贈七十五件書畫等寶物與故宮，此寒食帖未列其中。（《大風堂遺贈名跡特展圖錄》未見著錄）。所謂「私家歸諸故宮」，前又云「故宮購得」疑是大千居士家屬售予故宮。

八月、九月間，行書寫辛棄疾詞〈永遇樂．京口北固亭懷古〉，自稱「年八十六，廉頗能飯，尚未老也。」《法書集》（二）（頁六〇、六一）著錄。

千古江山，英雄無覓，孫仲謀處。舞榭歌臺，風流總被，雨打風吹去。斜陽草樹，尋常巷陌，人道寄奴曾住。想當年，金戈鐵馬，氣吞萬里如虎。元嘉草草，封狼居胥，贏得倉皇北顧。四十三年，望中猶記，烽火揚州路。可堪回首，佛狸祠下，一片神鴉社鼓。憑誰問廉頗老矣，尚能飯否。

款識：稼軒京口〈北固亭懷古〉。丁卯新秋，酷熱，靜農於龍坡丈室，年八十六，廉頗能飯，尚未老也。

鈐印：璧還　臺（花押）　靜農無恙

案：丁卯，七十六年。新秋農曆七月，當國曆八、九月之際。

十月，《國立臺灣大學教職員書畫集》出版，臺先生以行楷題封面，並提供書法六幅（頁二四至二六），篆刻四十方（頁一六一至一六四）以襄其事。

案：據編後記，此集共收錄一六一幅書畫金石作品。其中中文系教授（包括逝世者）有毛子水、戴君仁、伍椒、董作賓、臺靜農、孔德成、王叔岷、張敬、裴溥言等提供書畫篆刻作品，共襄盛舉。

臺先生提供最多，書藝作品六幅，除隸書碑文〈剛伯亭獻辭〉外，其餘五幅：行草書東坡詞「故國神遊……」、行草書惲南田〈古意詩〉、行草書向子期〈思舊賦序〉、臨篆字〈莽量銘〉扇面、行草書〈寒玉堂聯文〉一幅（「每懷」、「自有」）俱見七十四年版《書藝集》著錄。篆刻四十方，臺先生來臺後為學界友人刻印匯集最齊全者，此足見臺先生刻印藝術之造詣，可供愛好者觀摩研究。

十一月二十日，有致長子益堅書（見《輯存遺稿》頁四六至四八）。

案：函首開頭語，受信者有意略去。函末云：「十一月廿日父書」不詳其年代，據函內容考察應是七十六年十一月致其長子益堅。臺先生《龍坡雜文》共三十五篇，七十七年七月出版，三月二十四日作序，此函云：「約在五六年前，將我近些年的散文，都是在臺灣發表的，共有三十來篇，交給樂蘅軍同學，請她為之校讀一過，等等再印去……」據此知，三十多篇雜文搜集完成，正校讀中，尚未付印，故函末所書月份日期為七十七年作雜文序之前，應在七十六年。臺先生長子益堅，臺大外文系畢業，赴美留學，研究小說戲劇，此函云「你的〈喜劇中的世界〉……轉中外文學發表應無問題」，是又知此函爲書與益堅者，臺先生逝世後，益堅將此函連同其他遺稿付與公家保存。

冬，行書寫七言聯「度是春風常長物，心如秋水不沾塵。」贈鄭清茂。《法書集》（二）（頁六六）著錄。

款識：清茂弟清賞。丁卯冬月，臺靜農於龍坡丈室。

鈐印：臺（花押）　靜農無恙

案：丁卯，七十六年。冬月，國曆十一、二月。

書漢簡筆意聯文「誰知大隱者，迺為不羈人」贈郭昌偉。《續集》（頁一四）著錄。

款識：上聯右「丁卯冬漢簡筆意書為」左「昌偉兄清賞」，下聯右「臺靜農時年八十六」。

鈐印：上聯右下鈐「淮南」。下聯左下鈐「靜農無恙」。

案：丁卯，七十六年，冬，國曆十一、二月。郭昌偉見七十四年。聯文出處待考。

民國七十七年　一九八八　八十七歲

隸書寫五言聯「老境行將及，仙書讀未閒。」《法書集》（二）（頁七〇）、《書藝三集》（頁五五）著錄。天璽堂收藏。

款識：靜者書於龍坡丈室，時年八十七。

鈐印：者回折了草鞋錢　靜農無咎

案：「時年八十七」，知寫於七十七年。

一月，行草寫秦觀詩五首。《書畫紀念集》（頁九二、九三）著錄。

渺渺孤城白水環，舳艫人語夕霏間。林梢一抹青如畫，應是淮流轉處山。

竹柏蕭森溪水南，道人為作小圓庵。市區收罷豚魚稅，來與彌陀共一龕。

夜深樓上撥書眠，天在闌干四角邊。風拂亂雲毫髮盡，獨留璧月向人圓。

天風吹月入闌干，烏鵲無聲子夜闌。織女明星來枕上，了知身不在人間。

霜落邗溝積水清，寒星無數傍船明。菰蒲深處疑無地，忽有人家笑語聲。

款識：丁卯歲暮，書秦少游詩於龍坡丈室。臺靜農時年八十六。

鈐印：守斯寧靜為君大年　臺靜農　龍坡丈室

案：丁卯歲暮為民國七十六年至七十七年年初，姑繫七十七年一月。秦觀，字少游，號淮海居士，高郵人。曾任秘書省正字，兼國史院編修官等職，為蘇門四學士之一，工詩詞。有《淮海集》《淮海居士長短句》。五首詩題依次為〈泗州東城晚望〉、〈處州水南庵二首〉其一、〈秋日三首〉其一、〈四絕〉其二、其三，見《淮海集》卷十、十一。

彙集歷年所作卅五篇文章編為《龍坡雜文》，三月廿四日自序編輯經過緣由。

這三十來篇小文，從沒有想到會結集成書。平日發表後有存有不存，一旦收集起來，甚為麻煩。……其實我又何嘗不想自己有一小集子，給朋友們看，也以此自娛。……現在結集起來，自己再讀一遍，沒有幾篇像樣兒的，必然會使朋友們失望。我有一前輩，早年在上海寫文章，曾說：「視執筆為文，寧擔大糞」，這好像是名士語，不然，他真說透了寫文章難，難的不是為讀者，而是對自己的要求。朋友們常說，偌大年紀，經事也不算少，能寫點回憶之類的文字，也是好的。我聽了，只有苦笑，寓居一地過著教書匠生活，僵化了，什麼興會都沒有了，能回憶些什麼呢？但也有意外，前年旅途中看見一書涉及往事，為之大驚，恍然如夢中事，歷歷在目。這好像一張塵封的敗琴，偶被撥動發出聲來，可是這聲音瘖啞是不足聽的。……

案：此集收三十五篇雜文，乃臺先生來臺後四十年作品，皆刊載臺灣各報章雜誌。最早一篇爲民國卅六年十月作的〈談酒〉（十一月刊於臺灣文化二卷八期）。最晚二篇爲作於七十六年〈懷詩人寥音〉及〈始經喪亂〉兩文（前者刊載於臺北中時副刊，後者刊聯合文學）。就寫作年代觀察，從民國卅六年至五十年，即臺先生四十六歲至六十歲作品僅三篇，其餘卅二篇皆五十一年後作。各篇未按年編次，篇末多有寫作年月可按，惟未載出處及出版時日。大致按體類編排，一至四篇爲論說文居前，五至十八篇懷舊憶往，記人記事屬記敘文，次後。十九至卅四篇多爲讀後感，序跋之類文章。最後一篇〈隨園故事鈔〉，共十節，約萬五千字，屬論說性質，似應編排在前，以其篇幅長，爲免頭重腳輕，故殿全書之後。序稱此書校閱排比，得樂蘅軍（臺先生門生，臺大中文系教授）協助，然分類編次當爲臺先生親自審定。本書八至十二各篇陳子善所編〈臺靜農先生後期著作繫年〉（臺靜農先生紀念文集）未列，出處待查。一九、二十、二五、卅、卅三各篇序跋隨書附見，似未別載，〈繫年〉亦未列。又多篇序記附見專書而未收入本集，如七十年六月作〈溥心畬山水長卷遠岫浮煙圖卷〉題記，七十一年五月作〈儒城雜詩讀後記〉，六十八年六月作〈梅園詩存序〉等，皆典雅文言，重要而有價值之作。諒非有意棄置，揣其原因，殆以手稿交丐序者，付印編集時或難以一一尋檢，致散逸在外，未入文集，書目亦未列。

四月，臨漢簡放大書之，一幅四十四字。

案：漢簡字下方題記云：「此不知何年製作簡書，放大書之，居然不失漢人筆意。戊辰清明後三日，靜農識於龍坡丈室，時年八十七。」戊辰爲七十七年，清明後三日，時當四月初。簡書出自羅振玉、王國維所編《流沙墜簡》書中。臺先生頗以此幅書法「不失漢人筆意」自豪。《書藝集》先此出版，故未及收。臺先生卒後，外人所編《書藝集續集》、三集亦未見，殆是臺先生最後書法遺墨。臺先生寶惜，藏之篋中，後二年臺先生病篤，同意家屬送故宮典藏。蓋臺先生視同拱璧，價値可不朽也。八十六年臺先生遺贈故宮書畫展覽專刊出版，此幅墨寶（見頁七六），方公之於世。

月初，有致李霽野函：

……一九八六年秋動腦子手術，去年端午時動了右眼白內障，勉強看書還得用放大鏡，因左眼視力差故耳。平日家居不出門，行動飲食尚正常，書不能多看，衰老現象聽之而已。所幸尚能潤筆寫字，亦有「潤筆」求者，沒有想到此一手藝亦有實惠也。最近手已衰朽，醫亦無能為力。所幸未疼，無礙飲酒。現與次子夫婦同住老宿舍，有三小孫，尚不寂寞，草草即詢儷福　四月初靜農

案：七十五年九月中旬臺先生入臺大醫院動腦部手術。七十六年端午，約五月初旬右眼動手術，此函云：「去年……動了右眼白內障」，知作書時在七十七年四月初。次子夫婦指益公與陳惠敏。「老宿舍」指溫州街舊居「歇腳盦」、「龍坡丈室」。三小孫名大鈞、大翔、大釗。釗時年七歲。

是月中旬，隸書寫五言聯「海上生明月，天涯若比鄰」贈海天堂主人。《法書集》（二）（頁六八）著錄。

款識：歲在戊辰暮春之初，佛千老兄集唐人詩句以贈海天堂主人雅鑒。臺靜農於龍坡丈室。

鈐印三方：靜者八十歲後作　臺靜農　龍坡丈室

案：戊辰爲七十七年。暮春農曆三月，國曆四月後半至五月前半。「暮春之初」當在四月中旬。「海上生明月」語出張九齡〈望月懷遠〉詩，見《全唐詩》卷四八。「天涯若比鄰」語出王勃〈杜少府之任蜀州〉詩，見《全唐詩》卷五六。

是月中下旬，行書寫梁庾肩吾《書品》，贈海天堂主人。《法書集》（二）（頁六七）著錄。

仁義起於麒麟，威形發於龍虎，雲氣時飄五色，僊人還作兩童，龜若浮溪，蛇如赴穴，流星疑燭，垂露似珠，芝英轉車，飛白掩素，參差倒薤之謠。

款識：戊辰暮春之初，書梁庾肩吾書品論，奉海天堂主人雅教。臺靜農於臺北龍坡丈室，時年八十七。

鈐印四方：壁還　靜者八十歲後作　臺靜農　龍坡丈室

案：戊辰爲七十七年。暮春，農曆三月，國曆四、五月間，「暮春之初」當在四月中下旬。庾肩吾（四八七—五五一），字子慎，一作愼之。南陽新野（今屬河南省）人。世居江陵。封武康縣侯，工詩，雕琢辭采，講究聲律，胡應麟稱其詩「風神秀相，洞合唐規。」《書品》爲其重要書法論著，文中選以東漢張芝居首，草、隸書家共一百二十八人，按品位分高、中、低三等，每等再分上、中、下三級。此書特點在於非就每件作品加以品評，而是就每一級集中綜合區分優劣。

六月中旬（五月端午前），臨明王世貞石刻拓本行筆千字文，評王字「遒逸飛動，往往妙境」。時病目，自悲臨此「殊不成字」。《書畫紀念集》著錄。千字文後記云：

王世貞壬戌千文行筆刻石關中，雖時訛筆而遒逸飛動，往往妙境，病目臨此，殊不成字，可悲也。

款識：戊辰端午前，靜者。

鈐印：臺靜農　龍坡丈室

案：王世貞（一五二六—一五九〇），明世宗嘉靖四十一年壬戌（一五六二），三十七歲作行筆千字文。世貞，字元美，號弇州山人。嘉靖二十六年（一五四七）進士，官至刑部尚書，主「文必秦漢，詩必盛唐」，爲後七子領袖。著有《弇州山人四部稿》、《續稿》，事蹟見《明史卷二八七。文苑傳三》，但不言其善書法，書藝史亦未著其名。今惟傳〈昨見帖〉一幅（見華正《明代名人墨帖》），臺先生臨其千字文，稱其書藝「遒逸飛動」，可謂發潛德之幽光。臺先生早年曾與魯迅同好收藏書法碑帖石刻拓本，卅五年來臺，攜不少書法拓紙以隨。所臨王氏行筆千字文當係據自藏之拓本。晚年頗爲白內障所苦，五月上旬動手術，所謂「病目」，即指此而言。戊辰爲七十七年，端午當國曆六月十八日，千文手卷自始臨至完成，約在六月中旬。又所謂「行筆」乃書法專有名稱，指筆毫在點劃中運行移動，起筆後至收筆此一過程，均爲行筆階段。筆鋒在點劃中不斷升降、提按、上下起伏、保持中鋒鋪毫，不平拖而過，通過一起一倒來調整筆鋒，始終居中運行。（參《書法詞典》頁六二）。

七月，《龍坡雜文》出版。

案：是集本年三月編成，七月由臺北洪範書店出版發行。據臺先生序，出版事宜由林文月教授接洽促成。

八月，行書寫陳後山詩二首，贈林中明夫婦。未著錄，林氏收藏。

書當快意讀易盡，客人可人期不來。世事相違每如此，好懷百歲幾回開。

日（雲）海冥冥日向西，春風欲動意猶微。無端一棹歸舟疾，驚起鴛鴦相背飛。

款識：戊辰新秋，書陳後山詩為中明雅純賢伉儷存念。臺靜農於龍坡丈室。

鈐印：龍坡　臺靜農

案：戊辰，七十七年。新秋約當國曆八月間。後山，陳師道（一〇五三—一一〇二）號，兩首詩題〈絕句〉，見《後山集》。第二首「日海」當作「雲海」，林中明，臺大中文系張清徽（敬）教授次子，成大電機系畢業，留學美國，獲博士學位，任職美國科技公司，後任Lovotech公司顧問。林氏對中國古典文學極有興趣，研究有成，造詣獨特，著有〈中西古代情詩比探短述—並由《易經乾卦》推演「賦比興」的幾何時空意義〉（二〇〇〇年第五屆國際學術研討會論文）、〈談諧隱—兼說戲劇傳奇裏的諧趣〉（《文心雕龍研究第四集》北京大學出版社，二〇〇〇年）、〈由文心孫子看中國古典文論的源流和發揚〉（復旦大學，二〇〇〇年《古代文論研究研討會論文集》復旦大學出版社，二〇〇二年八月）等論文多篇發表於中外學術雜誌。

為沈秋雄行書寫梁啟超集宋詞十一言聯。《書畫紀念集》（頁一五二）著錄。

玉宇無塵，時見疏星渡河漢。春心如酒，暗隨流水到天涯。

款識：梁任公集耆卿：東坡、白石、淮海四家詞句，書為秋雄兄雅賞。戊辰新秋，臺靜農時年八十七。

鈐印：老復丁　淮南　靜農無恙

案：戊辰，七十七年。新秋農曆七月，爲國曆八月。「玉宇無塵」語出柳永〈醉蓬萊〉（漸亭皋葉下）見《樂章集》中卷。「時見疏星渡河漢」語出蘇軾〈洞仙歌〉（冰肌玉骨自清涼無汗），見《東坡樂府》卷二。「春心如酒」語出姜夔〈角招〉（爲春瘦），見《姜白石詞編年箋校》卷四。「暗隨流水到天涯」語出秦觀〈望海潮四首〉其三（梅英疏淡），見《淮海居士長短句》卷上。

秋，贈《龍坡雜文》集與王叔岷先生。九月三日王讀後感賦〈龍坡〉詩云：

憂樂哭歌四十年，敗琴強自撥哀絃，迷茫世變知何極，一集龍坡萬緒牽。

題下自注：「一九八八年九月三日，戊辰七月廿三日。」小序云：「讀靜農兄惠贈龍坡雜文集，感賦小詩。兄住臺北市龍坡里臺大宿舍，雜文序謂憂樂歌哭於斯者四十餘年，又以敗琴自喻。」（《寄情吟》頁六九）。

案：《龍坡雜文》今年三月編成，七月出版（見前）。臺先生贈此集，當在出版後不久，時王氏仍兼任中研院史語所研究員，居南港舊莊蔡元培館學人宿舍。

九月二十五日，隸書臨裴岑〈紀功頌〉。《書畫紀念集》（頁三七）、《書藝三集》（頁五六）著錄。

惟漢永和二年八月，敦煌太守雲中裴岑將郡兵三千人，誅呼衍王等，斬馘部衆，克敵全師，除西域之災，蠲（四郡）之害。

款識：裴岑〈紀功頌〉，戊辰中秋。臺靜農書於龍坡丈室。

鈐印：淮南　臺（花押）　靜農無恙

案：戊辰，七十七年。中秋爲國曆九月二十五日。頌辭「蠲」下落「四郡」字，六十四年，七十六年亦臨此頌（見前）。

又篆書臨秦詔版二十九字。《書畫紀念集》（頁三〇）著錄。陳井重收藏

廿六年，皇帝盡并天下諸侯，黔首大安，立號為皇帝，乃詔丞相狀綰法度量。

款識：戊辰中秋。筆秦詔版於龍坡丈室。臺靜農。

鈐印：一食清齋　璧還　臺靜農印信

案：戊辰，七十七年。中秋為國曆九月二十五日。

九、十月之際，行書寫元好問〈春日〉詩句「忽驚此日仍為客，卻想當年似隔生」寄贈方重禹。《法書集》（二）（頁六九）**著錄。**

款識：戊辰秋仲，書遺山句寄禹兄存念。靜農於臺北，時年八十七。

鈐印：淮南　臺靜農　靜者

案：戊辰，七十七年。秋仲農曆八月為國曆九月中下旬、十月上旬。元好問（一一九〇—一二五七），字裕之，號遺山，太原秀容（今山西省忻縣）人，金代著名詩人、史學家。七歲能詩，官至行尚書省左司員外郎，金亡不仕。詩文為一代宗工，晚年尤以著作自任，有《遺山集》、《中州集》、《續夷堅志》、《唐詩鼓吹》及《箋注》。禹，指重禹，方管字，筆名舒蕪，白沙女師院國文系同事（見前）。

十月，臺先生再破例為老友鄭因百先生所著《清晝堂詩集》題署。

案：鄭氏自序云：「老友臺靜農先生，久已聲明謝絕為人題寫書簽，見於他所著《龍坡雜文》、〈我與書藝〉篇中，這次為我破例，尤為感謝。」末署「中華民國七十七年戊辰初冬」，農曆初冬，當在十一月。臺先生題簽在序前，約十月前後。臺先生發表〈我與書藝〉一文，聲明謝絕題簽，時在七十四年一月，翌年已先破例為筆者題簽，後再為《臺大中文學報》題簽，是二年多後三次破例。六十四年春臺先生為鄭先生題四卷本

《清畫堂詩存》，《詩集》十二卷係《詩存》增訂而成（詳見前）。是年十二月臺北大安出版社印行。

十九日後，行草書舊作〈題莊嚴華巖洞畫像〉詩，以追念故人。《書畫紀念集》（頁六六）著錄。

雲動華巖洞，寂寞守藏史，天寒飢虎嘯，月落千山死，時復動微吟，無那非與是，斗酒謀諸婦，且了無生旨。

款識：題莊慕陵〈華巖洞畫像〉，戊辰重九後，久雨新晴，窗外蕉葉搖風。追念故人，信筆舊作於龍坡丈室。靜農時年八十七。

鈐印：臺靜農　龍坡丈室

案：款識云「戊辰重九後」又云「靜農時年八十七」，可知時值民國七十七年。重九農曆九月初九，爲國曆十月十九日，題詩作於六十七年（見前）。莊卒於六十九年，年八十二，迄今八年，莊冥壽應爲九十，「無生旨」舊作「無生時」。

十一月，行草寫納蘭性德〈浣溪沙〉。《書畫紀念集》（頁一七七）著錄，陳井星收藏。

萬里陰山萬里沙，誰將綠鬢斗霜華。年來強半在天涯。魂夢不離金屈戍，畫圖親展玉鴉叉。生滅〔憐〕瘦一分花。　容若〈浣溪沙〉。憐

款識：陳其年云：「《飲水詞》哀感頑豔，得南唐二主之遺。」戊辰孟冬，臺靜農書於

龍坡丈室。時年八十七。

鈐印：壁還　龍坡丈室　靜農無恙

案：款識云「戊辰」又云「時年八十七」，可知時在民國七十七年。孟冬，農曆十月，爲國曆十一月。題下書「憐」字，乃表示末句「生滅」下漏此字。納蘭性德（一六五五—一六八五），原名成德，字容若，號楞伽山人。正黃旗滿州人，譽爲「清初第一詞人」。詞以小令見長，多感傷情調，間有雄渾之作。亦能詩。康熙二十一年急病卒，年三十一歲。有《飲水詞》或稱《通志堂詞》。又與徐乾學編刻唐以來說經諸書爲《通志堂經解》。

又行書寫沈尹默詞。《書畫紀念集》（頁七六）著錄。陳井星收藏。

流波一去知難再，夢短歌長無計奈。花相會，月相對，此際故人千里外。愁深情，海情重，怎生擔待。翻是了無牽掛，能教人意快。

款識：戊辰孟冬，書秋明翁詞，靜農於龍坡。

鈐印：淮南。龍坡。靜農無恙。

案：戊辰，民國七十七年。孟冬，農曆十月，爲國曆十一月。秋明，沈尹默字。七十二年臺先生書其論書詩四首（見前）。

十二月十五日，隸書臨衡方碑，自「徵拜議郎」至「脩𢈪鷹阿」橫披六十四字，以贈曾紹杰。《書藝三集》（頁七八）著錄。曾逝世周年，得視前所書，為之惘然。

款識：余藏有明拓〈衡方碑〉，昔年曾喜臨之，此頁為就正於曾紹杰兄者，宏勉得之以見示。歲月匆匆，紹杰逝世已週年矣，視此為之惘然。戊辰立冬，臺靜農於龍坡。

鈐印：靜農無恙。

案：戊辰，七十七年。立冬，農曆十一月七日，爲國曆十二月十五日。

獲四十多年前白沙女師院同事方重禹來函，十二月回覆云：

重禹吾兄：接到手書，藉悉安善為慰，惟沅芷芳方及中年逝世，殊出意外。弟媳三年前去世，現同次子夫婦同住，有孫三人，尚不寂寞，兄之兒女已成立，當見孫輩也，弟兩年前因兩腿不能行動，原係腦中瘀血壓迫神經之故，幸即時破腦除瘀血得癒。今年又動白內障手術，現勉強可用。以是體力衰憊，不再教學，八七之年真老矣，惟勉強尚可寫字自娛，偶有潤筆，得補生計。弟居臺雜文，曾由同學編印，（論學文另已編出付印），未能寄上，早遲或可見到。來信云，有人好意收輯，幸婉勸止為感。草草即詢著祺。弟靜農頓首。

案：此函原件影印見《法書集》（二）（頁七九、八〇）。方重禹（舒蕪）〈憶臺靜農先生〉云：「直到一九八八年，我才託人從美國轉寄了一封信給靜農先生，年底，收到他的回信……」（《詩集附錄》頁二三）。民國七十七年兩岸始開放通郵及臺灣老兵回鄉探親，年底重禹收到臺先生回信，臺先生收到重禹來信及復函，應在此前不久。函中所謂「沅芷芳方及中年逝世」，沅乃重禹妻，爲白沙女師院國文系臺先生學生，文革中遇害。所謂「雜文」指《龍坡雜文》，七十七年出版。「論學文……付印。」（九字旁書）指《靜農論文集》，七十八年十月出版。七十五年七月臺先生由兒女陪同赴美，遊覽月餘，不慎滑跤，以致腦部瘀血，八月回國後，病狀嚴重，九月十四日夜送到臺大醫院急救，動手術清除瘀血後，逐漸康復，所謂「破腦除瘀血」即指此而言。

民國七十八年　一九八九　八十八歲

直幅紅梅，孤榦枝少花稀，題以南田詩句。《墨戲集》（頁二四）著錄。

雪殘何處覓春光，滿見南枝放草堂，未許春風到桃李，先教鐵榦試寒香。

款識：南田梅花，靜農八十八病中題。

鈐印：臺靜農　龍坡

案：臺先生八十八歲爲七十八年。南田詩題〈梅花〉見《甌香館集》卷七。「滿見」集作「漸見」，似較佳，此疑筆誤。

臺灣商務印書館編《溥心畬書畫遺集》，臺先生應經理張連生之請作序，稱溥繪畫「高才

健筆，瀟灑天真，以詩人之襟懷，發山川之靈秀。」稱其書法，「筆思超妙，工於各體」。

> 心畬早歲潛心經史，兼工詩文，書畫乃其餘事。惟因家世清華，歷代名跡多有收藏，心領神會，涉筆不落尋常蹊徑。猶憶昔居北都，心畬首次展出時，筆墨高簡，法乎象外。藝林相驚，以為見所未見，有謂自戴文進以來三數百年所僅見。戴文進者直承馬遠、夏珪，一變元四家畫風，世謂之北宗。心畬則承北宗一變清代四王之積習。高才健筆，瀟灑天真，以詩人之襟懷，發山川之靈秀，奇矣。
>
> 時北都畫風溺於四王，甜熟無生意，見心畬所作，自為之驚異失色。於是有南張北溥之說，亦甚有意義，以兩人風格能為畫苑開新境故耳。……心畬之書法，蓋始習於少年就學時……日對晉唐宋元之墨跡，肆意臨摹，益以天才卓犖，筆思超妙，故能工於各體。行草則意態飄逸，融會二王，自具神韻。楷書則應規入矩，本諸唐人，亦時見成親王體勢。……小楷書純是晉人法度，雋雅有勁氣。

案：序不著年月，溥氏《遺集》，民國八十二年九月出版，編後語末云：「汪佩芬謹識：一九九一年五月三十日。」知爲民國八十年編竣。臺先生以民國七十九年（一九九〇）元月，檢查罹患食道癌，此後至十一月九日逝世，自無可能撰寫此序，七十八年臺先生體尙康健，應當作於此年或稍前。

行書寫杜甫〈客至〉條幅。《書藝三集》（頁六〇）著錄。

舍南舍北皆春水，但見群鷗日日來。花徑不曾緣客掃，蓬門今始為君開。盤飧（市遠）無兼味，樽酒家貧只舊醅。肯與鄰翁相對飲，隔籬（呼取）盡餘杯。

款識：杜少陵客至，落「市遠」、「呼取」四字。靜農於龍坡。時年八十八。

鈐印：臺靜農　龍坡丈室

行書寫臺灣竹枝詞四首橫披。《書藝三集》（頁五九）、《書畫紀念集》（頁二七三）著錄。

郎家住在三重埔，妾家住在白石湖，路頭相望無幾步，郎試回頭見妾無。韭菜花開心一枝，花正黃時葉正肥，願郎摘花連葉摘，到死心頭不肯離。相思樹底說相思，思郎恨郎郎不知，樹頭結得相思子，可是郎行思妾時。郎搥大鼓妾打鑼，稽首天西媽祖婆，今生夠受相思苦，乞取他生無折磨。

款識：梁任公先生輯《臺灣竹枝詞》，靜者米壽。

鈐印：龍坡丈室

案：「米壽」，知爲八十八歲，七十八年書。

春初，畫扇面梅花一幅。《書藝三集》（頁一〇〇）著錄。

款識：己巳春初，靜農。

鈐印：肖形印　澹臺

案：己巳，民國七十八年。

二月，集石門摩崖字，隸書寫五言聯「斷石校漢隸，高秋誦楚辭」。《書畫紀念集》（頁一四五）著錄。陳夏生收藏。

款識：己巳春初。臺靜農於龍坡。

鈐印：靜者八十歲後作　臺靜農　龍坡丈室

案：己巳爲民國七十八年，春初農曆一月，即國曆二月。此聯集字見秦文錦編《漢石門頌集聯搨本》。七十年嘗書此聯贈薛平南。

手鈔《白沙草》及《龍坡草》合為《龍坡丈室詩稿》，共六十九首。

案：詩稿六十九首末署「一九八九年二月」。分二編：前爲《白沙草》卅五首，臺先生後記云：「一九三八年秋入蜀，寄居江津縣之白沙至一九四六年秋離去來臺，是在白沙有九個年頭也……。」後編爲《龍坡草》卅四首，皆來臺後作。六十四年《白沙草》手鈔本前六首（〈題墨筆牡丹〉至〈金陵病中書感〉），此本未錄。臺先生詩作從未示人，故其門生朋輩無人知者。民國六十四年嘗鈔《白沙草》四十五首，付與門人林文月教授，然未公之於世，仍不爲人知（七十九年十二月臺先生卒後，始刊布於《名家翰墨》）。七十三年手鈔詩稿亦未示人，迨至本年二月，六十九首詩稿抄本完成後，始稍稍流布，門生故舊得知者，口耳相傳，輾轉影印，方爲人所知。此本與六十四年抄本比較，除文字稍有差異外，最大不同，在〈感事〉一詩改爲〈無題〉，次於另一首〈無題〉詩後，爲〈無題〉詩二首之二。時臺大中文系張以仁教授獲讀詩稿，步韻和之，題作〈奉和靜農師無題詩二首〉。原詩已見卌四、五年，茲抄錄和詩如下：

義山詩筆萬千姿，始挹清芬意轉癡，錦瑟韻柔人醉後，珠燈香暖夢迴時。調鶯倩女無由見，服食仙靈安可期，一例人間成過客，客中欲忘我其誰。

杜若芳洲夢未殘，繭絲千織理無端，恨如可譜成詩卷，情若能播井有瀾。凍雨此時飛白髮，彩雲何處覓青鸞，纏綿我識坡翁意，幽谷曾經訪素蘭。（八十年五月二十七日中央副刊曾永義〈臺靜農「無題」遙深意旨，張以仁「奉和」傳達心聲〉文）

案：和詩次第稍有不同，即和原作〈無題〉詩次於後，〈感事〉一詩改爲〈無題〉者列於前。論者謂和詩頗能傳達原詩意旨。臺先生則最欣賞「凍雨」一聯，蓋切合當時心境。翌年臺先生病重時，則眷念「偶拈紅豆」一聯，王叔岷先生喟嘆曰：「蓋生有涯而情無盡耶！」（見七十九年）。是〈感事〉詩改爲〈無題〉，詩旨遂由諷喻轉爲抒情。或謂臺之抒情蓋爲懷念早年女友而作。舒蕪〈憶臺靜農先生〉云：「我到南寧以後……桂林師院國文系主任譚丕模……也是靜農先生的老友，他說他最佩服靜農先生年輕在北京時，沒有接受某一位著名的才女的熱烈追求，不接受不稀奇，難得的是沒有像通常情形那樣愛不成便成了仇，『眞不知靜農怎麼處理那樣好』」（《詩集附錄》頁三二）。方瑜〈坐對斜陽看浮雲〉一文云：「最後病榻纏綿之際，老師曾提及詩稿中兩首神似義山七律……的〈無題〉詩中之人，嬌姿雲鬢，笑顰如見，是心底絕美的『珍藏』，卻幾乎不能算是『事件』，因爲老師說『其實對方並不知道，眞對不起人家』」（《詩集附錄》頁四九）。舒氏引述譚丕模說，既說不接受追求，又說「愛不成」，前後扺牾，語病甚大。方引述臺先生說「對方不知道」、「對不起人家」，則隱晦其辭，語意不清。綜合觀察臺先生早年似曾受到一位才女佳人的傾慕，時方從事小說寫作，參加左派團體種種活動，一時無暇顧及「私事」。況已有家室，自未便有所表示，而其實則頗欣賞，中心藏之，念念不忘，而對方不知。此其所以晚年改詩題並以寫贈門人弟子藉抒懷念之意。

一、二月間，獲讀鄭因百先生《清晝堂詩集》作七絕一首，推重其詩風「精深雋雅」，並讚揚其自作注釋編年，開詩家新例。

千首詩成南渡後，精深雋雅自能傳，詩家更見開新例，不用他人作鄭箋。（《龍坡丈室詩稿。龍坡草》題〈清晝堂詩集讀後記〉）

案：七十七年初冬鄭先生序其詩集，此前臺先生爲題署封面（見前），同年十二月詩集問世（臺北大安出版社印行）。臺先生讀後賦詩，當在出版後不久，殆在七十八年春，茲姑定於一、二月間。鄭騫（一九〇六－一九九一），字因百，滿族旗人，籍貫遼寧鐵嶺，出生於四川青城縣（清末父嘗知青城縣），民國二十年（一九三一）燕京大學中文系畢業先後任教北平匯文中學，燕京大學，東北大學，暨南大學。卅七年十月（四十三歲），渡海來臺，任臺灣大學中文系教授，六十二年七月自臺大退休，旋受聘為臺大名譽教授，輔仁、東吳大學中文系講座教授。五十七年（一九六八）五十一歲以後四度出國講學，歷任華盛頓州立大學教授，香港新亞書院中文系主任，耶魯大學、印第安那州立大學客座教授。著有專書《辛稼軒年譜》、《從詩到曲》、《景午叢編》上、下冊、《燕臺述學》、《陳簡齋年譜》、《陳後山年譜》、《陳簡齋詩集合校彙注》、《桐陰清晝堂詩存》、《唐伯虎詩集逸箋注》、《北曲新譜》、《北曲套式彙錄詳解》、《龍淵述學》、《清晝堂詩集》、《永嘉室雜文》等十五種及論文數十篇。學識淵博，辭章考據兼長。從事教學數十年，學生經其指導，多卓然有成。八十年（一九九一）七月二十八日病逝，年八十六歲。臺先生年長鄭氏四歲，兩人初識於民國十四年（一九二五）（鄭騫〈靜農元白之書畫〉，《紀念文集》頁二二）。鄭有文云：「避地臺員，亦已四十一年，兄事肩隨，切磋濡呴。」從初識至臺先生逝世凡六十多年。故鄭氏輓臺先生聯有「六十年來文酒相交」之語（見後）。六十八年鄭有〈題臺氏父女所藏溥心畬三手卷皆山水精品〉詩六首。其第二首云：「京國初相識，匆匆五十春，杯盤同笑語，燕蜀隔風塵，經亂朱顏改，論文白髮新，我南君巷北，垂老復為憐。」（《清晝堂詩集》卷五，頁一二八、一二九，參本編六十八年）六十四年、七十七年臺先生兩度爲鄭所著《清晝堂詩存》、《詩集》題署封面，此又爲其《詩集》題詩，凡此可見二人相交之深厚。《詩集》共收古近體詩一千一百二十七首，分十二卷。附編收《網春詞》六十四首。第一、二卷百三十九首爲大陸舊作，其他九百七十八首均作於臺灣。臺先生詩「千首詩成南渡後」謂來臺後詩成千首，蓋舉整數而言。又鄭詩自編自注，無須後人爲作箋釋，此例前所未有，故詩有「開新例」之語。

二月，賦詩悼念于韻閑夫人。時距夫人卒三年五個月。

韋家阿姊方家嫂，晚歲縈懷絕可憐，今已同歸泉下土，可曾相遇話當年。（《龍坡丈室詩稿・龍坡草》）

案：此詩手稿本缺題，詩前有一行「一九八九年二月」七字，疑爲寫作此詩年月。《臺靜農詩集》排印本題作〈傷逝〉（頁六九），殆編者所加，非原題。此詩次七十五年元月〈悼亡〉及九月十八日〈韻閑週年祭〉兩詩之後，當亦爲悼亡之作，殆一時疏忽僅記年月，而未標題。方瑜云：「臺公生前與她言及『韋家阿姊方家嫂』係臺夫人少年時代朋友，一位姓韋，一位嫁入方家，臺夫人過世前常談到少年時代的事情，多次提到這兩位舊友。」（《詩集附錄》頁六九，注一引）。

二月（？）作詩嘆「老去空餘渡海心」，以首二字為題云：

老去空餘渡海心，蹉跎一世更何云，無窮天地無窮感，坐對斜陽看浮雲。（《龍坡丈室詩

稿・龍坡草》）

案：此爲《詩稿》六十九首最末一首，次於『韋家阿姊』一首缺題詩之後。缺題詩前有一行年月標示「一九八九年二月」疑爲七十八年二月與前首一時前後作。是年十二月十二日臺先生函寄美國程明錚女士，內附此詩箋（程〈悲靜農先生逝世〉，《紀念文集》頁一三二）。可知詩必作於七十八年十二月以前，時臺先生體尚康健，翌年七十九年一月病發，檢查患食道癌。六月初師大汪中教授前往溫州街新修寓所探望，臺先生以《行草小集》並古雪花牋書〈老去〉詩一首持贈，詩後附記云：「三月十日病中執筆」，汪氏以爲「臺先生絕筆」之作（汪中〈臺靜農先生書藝〉，《紀念文集》頁三三）。按所謂「病中執筆」當是指病中執筆書寫，非謂病中寫作此詩。又方瑜云：「覺得正是老師的留言」（方瑜〈讀臺靜農老師的詩〉，《紀念文集》頁二五三）。按此語亦不甚妥，蓋七十八年作此詩後尚有書信與門生親友。考五十一年溥心畬題「瘦馬圖」詩云：「沙場戰罷鼓聲沉，老去空餘伏櫪心，聞道昭王憐駿骨，崚嶒猶得折黃金」（《寒玉堂詩集》南遊集卷下，頁七四）。臺先生取其第二句，改「伏櫪」爲「渡海」，發抒落葉不得歸根之憾。

二月五日前，隸書寫〈石門頌〉七言聯「西安石上校漢隸，北海尊前誦楚辭」。贈宏勉淑女夫婦。《書藝三集》（頁五八）、《書畫紀念集》（頁一四七）著錄。君香室收藏

款識：石門摩崖字書，為宏勉淑女賢伉儷清賞，戊辰除夕前，臺靜農於龍坡，時年八十七。

鈐印三方：老子尚堪絕大漠　臺靜農　龍坡丈室

案：戊辰，民國七十七年。是年農曆除夕，十二月二十九日，換算國曆爲七十八年二月五日。臺先生年應是八十八歲，云「八十七」乃指農曆年而言。又此聯集字見秦文錦編《漢石門頌集聯搨本》（臺北學海版《漢碑集聯大觀》第一輯）。

自選歷年所著論文二十五篇為《靜農論文集》。四月作序言，略述各篇作意。十月臺北聯經出版公司印行。茲先錄序言全文暨二十五篇篇目，後作説明分析。

本集所收關於漢事者，有〈兩漢樂舞考〉與〈兩漢簡書史徵〉。按漢代祭宗廟社稷之雅樂，實甚疏簡，雖有一、二人能雅歌善舞容，而制度未備。然樂府中頗流行地方樂舞，乃至異域傳來者，今漢石刻往往見之，而今之民間戲劇集，源於漢樂府之優戲。若此類民間戲樂，往往亦見之漢樂府。至於〈兩漢簡書史徵〉原擬先將史料整理後，再參證以漢簡實物，惟因實物不易見，且以之供研究漢簡者參考。

關於文學者，有〈魏晉文學思想述論〉而意未盡，乃寫〈嵇阮論〉，兩篇可比照觀之。後人多喜魏晉人襟度，實因生值亂朝，不得已託跡老莊，故作放誕，有所逃避爾。〈論唐代士風與文學〉一文以唐代文士多不重操行，始因承六朝宮體遺風，視文士為弄臣，繼則進士科取士，使文士奔競利祿，或以朋黨相傾軋。〈中國文學由語文分離形成兩大主流〉一文，四十年前，時有青年詢及，何以五四後白話文興起古文竟一蹶不振，因以歷史觀念析論之。關於〈佛學故實與中國小說〉，以千餘年來佛教小乘思想，深入中土人心，時反映於文學作品中，本篇所考述者為地獄、龍、劍俠、托塔天王等皆習見於小說中者。

書法為我國獨有之藝術，漢魏六朝碑銘皆不署寫者名氏，予以為此皆職業書家，雖非士大夫之流，自有其藝術價值，且影響於後世。〈鄭羲碑與鄭道昭諸石刻〉一文所討論者，即據此觀念。至於隋智永和尚與唐末之楊凝式，並為書學史上承先啟後人物。智永承山陰一脈，以十年之功，寫真章千字文百本，流傳人間，示範之功偉矣。楊凝式行草變古法創新意，為北宋鉅子東坡、山谷導夫先聲。

一九三六年予在廈門大學，見上海《申報》圖畫特刊，有所謂蕃女杵歌照片，一時興會，寫〈從杵歌說到歌謠的起源〉投北大《歌謠周刊》。旋得馮、佟兩君為之補證。以知早在南宋，杵歌已成為獨立樂隊矣。至於〈南宋人體犧牲祭〉者，為居蜀時涉獵《宋會要》發現，在南宋時竟有此種野蠻風俗，且一時猖獗，分布頗廣。不意昔年由圖片看到之杵歌舞，居然來到臺灣數數欣賞之。而殺人祭祀，臺灣山地人亦曾有此風俗，因有吳鳳故事之流傳。

〈讀騷析疑〉為在大學講授《楚辭》時，偶有所見，得九十餘事，裒輯成帙。《天問新箋》，曾印單行本，今併收入集中，以供讀《楚辭》者參考。

略述各篇作意如此，以當序言。一九八九年四月臺靜農於臺北，龍坡丈室。

二十五篇依目次列後，各篇前加編號，後加括號註明：寫作、出版年月，刊物名稱，卷期等。

一、兩漢樂舞考（卅六年五月著成，卅九年六月刊《臺大文史哲學報》第一期）

二、兩漢簡書史徵（卅年前後作，未發表。七十七年一月整理編入《論文集》，作附記）

三、魏晉文學思想述論（四十五年十二月臺北《文學雜誌》一卷四期）

四、嵇阮論（約四十六年著成，未發表）

五、論唐代士風與文學（五十四年十一月刊《臺大文史哲學報》十四期）

六、中國文學由語文分離形成的兩大主流（四十年五月臺北《大陸雜誌》二卷九、十兩期）

七、記王荊公詩集李壁箋注的版本（七十年六月臺北《輔仁學誌》十期）

八、從杵歌說到歌謠的起源（二十五年六月十一日在廈門南普陀山居作，九月十九日刊《北大歌謠周刊》二卷十六期又卅七年四月一日載臺北創作月刊一卷一期）

九、女眞族統治下的漢語文學諸宮調（六十一年六月《中外文學》一卷一期）

一〇、佛教故實與中國小說（六十四年一月《香港大學東方文化》十三卷一期）

一一、關於西遊記江流僧本事（卅年六月十六日重慶《文史雜誌》一卷六期，《論文集》未注出處）

一二、記孤本解金貂與溫柔鄉（廿九年八月寫作，卅九年九月刊《大陸雜誌》一卷四五期）

一三、智永禪師的書學及其對後世的影響（六十年一月十一日中央研究院〈蔡元培先生誕辰紀念學術演講稿〉，未發表）

附：蔣善進眞草千字文殘卷跋（六十三年七月香港新亞研究所敦煌學會《敦煌學》第一輯）

一四、鄭羲碑與鄭道昭諸石刻（六十七年三月藝文印書館出版《董作賓先生逝世十四週年紀念刊論集》）

一五、書道由唐入宋的樞紐人物楊凝式（六十五年臺北聯經出版公司出版《沈剛伯先生八秩榮慶論文集》）

一六、談寫經生（卅九年十一月《大陸雜誌》一卷九期）

一七、唐明皇青城山敕與南嶽告文（六十四年三月十六日載《書目季刊》八卷四期）

一八、南宋人體犧牲祭（卅四年四川國立女子師範學院《學術集刊》第一期）

一九、南宋小報（卅年六月著成，卅二年九月卅日刊重慶《東方雜誌》半月刊卅九卷十四期）

二〇、冥婚（卅九年十一月《大陸雜誌》一卷十期）

二一、記四川江津縣地卷（卅九年八月《大陸雜誌》一卷三期）

二二、讀騷析疑（六十五年歲暮著成，六十六年三月刊臺北《東吳文史學報》第二期）

二三、天問新箋（六十一年一、二月校完稿，五月臺北藝文印書館出版單行本）

二四、屈原天問篇體製別解（卅六年九月臺北《臺灣文化》三卷六期）

二五、題顯堂所藏書畫錄（六十二年八月二十四日作，十二月載《書目季刊》七卷三期）

據上列自序、篇目、寫作時地、出版刊物名稱、日期及標題性質考察，可說明下列數事：

（一）所著論文近五十篇，書目列四十六篇，尚有未刊者多篇，此集二十五篇，僅總數之半，可見編選取捨之精嚴，所選皆自認有新見，有重要觀點，足資啓發，可供參考者。

（二）自選自編此集，完成作序，距其去世時日只一年七個月，民國七十年代筆者每至龍坡丈室覲謁，屢請彙論文爲集，以便學界參考，亦以見學術成果。臺先生不置可否，其所以遲遲問世，一則殆由於鄭重其事，再則或由於論文散見各學術期刊、雜誌，一時不易尋覓。

（三）本書編排，首五篇從漢至唐以朝代爲序，第六篇以下大致以類相從，未有一定次序，如語文、詩歌、小說、傳奇、戲曲、書學、石刻、社會習俗、〈離騷〉、〈天問〉等。

（四）從二十五篇論題觀察，從先秦楚辭到今代書畫題記，上下縱貫二千多年。

（五）從廿五篇論題質量觀察，論文學及其相關者共十四篇（一、三、四、五、六、七、

八、九、一〇、一一、一二、二二、二三、二四）數量最多。論書學、石刻計七篇（二、一三、一四、一五、一六、一七、二五）居次。再次爲論社會習俗共四篇（一八、一九、二〇、二一）。文學一項論題包括《楚辭》校箋、樂舞、文學思想、詩集版本、歌謠、語文、小說、傳奇、戲曲、諸宮調等。此以見研究範圍廣泛，非同一般學者，拘守一門，專精一項。書學論題包括簡書、帛書、眞草、石刻、隸體，此不僅見其精於書藝，於書學理論亦多所發明。研究文學、書學之外，亦兼及社會民俗。拓展眼界，對後學者研究文學，起引導作用。

（六）從寫作時地發表時期觀察，最早寫作發表之論文爲第八篇〈從杵歌說到歌謠的起源〉，作於民國二十五年六月，時任廈門大學教授，發表於《北大歌謠周刊》。最晚寫作發表之論著應是〈鄭羲碑與鄭道昭諸石刻〉，載民國六十七年三月《董作賓先生逝世十四週年紀念刊》。寫作與出版年月相隔最長者，爲第二篇〈兩漢簡書史徵〉一文，前後相隔四十六年。其原因自序謂以未得漢簡實物參證，據此可見治學之嚴謹不苟。二十五篇中第八篇爲在廈門大學任教時作，另四篇（二、一一、一八、一九）係在四川白沙任職國立編譯館及任教女子師範學院時作。餘二十篇皆民國卅五年來臺後任教臺大中文系在臺北市溫州街寓所歇腳盦所作。此顯示絕大部分重要學術論著，在其後半生完成。又廿五篇有三篇未發表，一篇係單行本，其它廿一篇分別刊載《大陸雜誌》、《臺大文史哲學報》、《文學雜誌》等十七種期刊、雜誌。其中大陸雜誌刊載最多，計五篇（六、一二、一六、二〇、二一），蓋此雜誌爲臺先生北大老同學董作賓創辦，多著論刊載，自是表示一種支持。

（七）本書約四十萬字。篇幅最長者爲六十一年完成，單行本出版《天問新箋》六十五頁，五萬四千餘字。次爲卅六年五月著成〈兩漢樂舞考〉五十六頁，四萬七千餘字。及六十四年發表〈佛教故實與中國小說〉五十一頁，四萬二千字。六十五年著成〈讀騷析疑〉四十九頁，約四萬字。此可見長篇論著皆其晚年七十歲後整理完成。

五月廿一日前後，行書寫杜甫〈秋興八首〉長卷。後王壯為題引首「龍坡墨妙」四字，啟功題詩並作跋，汪中、吳平、徐邦達等皆有跋文。《法書集》（二）（頁七二、七三）著錄。天璽堂收藏。

款識：己巳穀雨前三日。書於龍坡丈室。臺靜農時年八十八。

鈐印三方：守斯寧靜為君大年　靜農無咎　靜者米壽

啟功題詩云：「杜陵鄉思繫孤舟，叢菊何時插滿頭，識得中華天地大，海堧一寸亦神州。」跋云：「龍坡近年好寫少陵秋興，蓋有同聲之感。此卷八首一氣呵成，尤為真到之筆，翌年獲觀，敬題一首，非感率爾塵點，亦以略廣臺先生之意焉。庚午夏日，堅淨學人啟功。」

汪中跋云：「少陵為客夔州所作，沉鬱頓挫，老益堅蒼，是漂泊西南心境，積久而發，讀之使人中心愴然，忠厚之氣，真詩史情聖。龍坡老人生逢世亂，久居海外，晚年作書好錄杜公諸作，長吟永慕，可以知老人之鬱積，撫卷慨然，辛未二月久旱，雨盦汪中拜識。

徐、吳跋略。

案：己巳，七十八年。穀雨，農曆四月二十日，國曆五月二十四日。前三日為五月廿一日。〈秋興八首〉見《全唐詩》卷二三〇。啟跋稱「庚午」為一九九〇年（七十九年），即臺先生書後第二年，正合所謂「翌年獲觀」之語；「夏日」臺先生正臥病臺大醫院。汪跋「辛未」為一九九一年（八十年），「二月」則臺先生已去世三月矣。

下旬，陳夏生持臺先生舊作梅花請題，遂題宋人詩句「橫斜竹底無人見，莫與微雲澹月知」。《書畫紀念集》（頁五七）著錄。

款識：此不知何年所作，夏生竟藏之，不付丙丁火，持來屬題，且以宋人妙語以資妝點爾。己巳穀雨後。靜農時年八十八。

鈐印：龍坡　臺靜農　肖形印

案：己巳，七十八年，臺先生八十八歲。穀雨，農曆四月二十日，為國曆五月廿四日，其後當在廿四日後數日。

六月八日後，行書寫王維〈晦日遊大理韋卿城南別業〉詩二首。《法書集》（二）（頁七四、七五）著錄。

與世澹無事，自然江海人。側聞塵外游，解驂（軺）朱輪。極野照暄景，上天垂春雲。張組竟北阜，汎舟過東鄰。故鄉信高會，牢醴及家臣。幸同擊壤樂，心荷堯為君。

郊居杜陵下，永日同攜手。人里藹川陽，平原見峰首。園廬鳴春鳩，林薄媚新柳。上卿始登席，故老前為壽。臨當游南陂，約略執盃酒。歸與紲微官，惆悵心自咎。

款識：王摩詰〈晦日游大理韋卿城南別業〉。己巳端午後，酷熱，書於龍坡丈室。臺靜農時年八十八。

鈐印：靜者米壽。臺靜農。龍坡丈室。

案：己巳，七十八年。端午，國曆六月八日。王詩原題〈晦日遊大理韋卿城南別業四聲依次用各六韻〉。此其一、二兩首，見《全唐詩》卷一二五。

七月，中央研究院籌設中國文哲研究所，受聘為籌備處諮詢委員。

八月，臺大考古人類系李濟門人宋文薰、張光直等，為其師撰文立碑紀念，臺先生以華山分隸為之書寫。

案：碑末署「前臺灣大學教授臺靜農敬書」，其後書：「公元一九八九年八月一日敬立。」撰寫時日當在七十八年夏或初秋。李濟，字濟之，嘗任臺大考古人類學系教授、主任，與臺先生爲文學院同事，時有過從。民國六十年一月十一日，中研院舉行蔡元培誕辰紀念學術演講會，時李任史語所所長，邀請臺先生主講〈智永禪師的書學及其對於後世的影響〉（見前）。李卒於民國六十八年，壽八十四，視臺先生年長六歲，碑文景本見《故宮文物月刊》十三卷五期，八十四年八月出版。

中秋前作〈《劉旦宅先生畫集》序〉，《畫集》今年十月臺北皇冠出版社出版，收入《回憶臺靜農》。內容讚揚劉氏畫集「形與意，情與景，自然融會」藝術之美。內容要點：

一、「今觀劉旦宅先生作品」，「信手一揮，便成妙諦。」二、旦宅寫山水描人物皆盡其妙，「其畫紅樓夢人物」，「有現代寫實精神」，「其人物衣紋，兼有書法之美」。

繪畫小品十二幅贈君碩，君碩集為《龍坡丈室幽事冊》攜以示李猷。九月，李題詩兩首稱美並記其事。《書藝三集》（頁一〇一－一〇四）著錄。

龍坡丈室多幽事，偶寫寒花墨有香，此是奇珍見高致，清芬何讓大風堂。
慧眼而今出少年，乞來歡喜廢餐眠，古賢早有枕中秘，對此籧籧夢亦仙。
款識：君碩老弟攜示靜公小畫，雅澹如稱其人，為題兩絕，己巳中秋龍潤居士猷。
鈐印：李猷

案：己巳中秋爲七十八年九月十四日。李猷賦詩題記，前距臺先生作畫應不太久，茲姑繫七十八年。

九月十四日後，隸書臨〈石門頌〉。自「君德明明」至「勒石頌德」百八十一字。《書畫紀念集》（頁四二、四三）著錄。

款識：己巳中秋後，臨〈石門頌〉於龍坡丈室，臺靜農米壽。

鈐印：龍坡　靜農無恙

案：己巳，民國七十八年。中秋，國曆九月十四日。「米壽」八十八歲。

十月下旬，隸書臨〈爨龍顏碑〉。自「夏后之盛，敷陳五教」至「三辟別駕從事史，正是當朝」二百三十六字。《書畫紀念集》（頁八八、八九）著錄。陳井星收藏。

款識：己巳秋分後，臨〈爨龍顏碑〉。臺靜農時年八十八。

鈐印：龍坡　靜農無恙

案：款識云：「己巳秋分後」，又云：「時年八十八」，故知時為民國七十八年。秋分，農曆九月二十二至二十四日，即國曆十月二十一至二十三日。「秋分後」當在十月下旬。

二十七日，致益堅函稱：「臺大另配給房子，尚未修理，可能過了年，才能遷入」。又云：「我的《論學集》剛出版，有四百七十頁」。末署：「十月廿七父書」《輯存遺稿》（頁四九、五〇）著錄。

案：所謂「我的論學集」指《靜農論文集》，收論文二十五篇共四百七十五頁，七十八年十月臺北聯經出版公司出版。據此知「十月廿七」爲指七十八年，十月正是出版月份。所居「歇腳盦」在臺北市溫州街十八巷六號，七十八年冬臺大溫州街一帶教授宿舍，校方收回改建公寓，臺先生被迫搬遷至溫州街二十五號日式木屋房子。函所謂「另配給房子」即指此而言。

接李霽野七月廿九日來信，十月覆函稱：「正準備搬出龍坡里……天天在整理書籍，……四十二年老窩，一旦被逼『掃地出門』，為之喪氣，……去年七月，我出了一本《龍坡雜文》……《論學集》一本剛出版。……自傳寫不出來，但想寫幾篇回憶的文字。《書藝》原為遣悶，意外得名，越寫越覺得難，精力現已不給。」函載八十年十一月九日聯合報副刊，收入《回憶臺靜農》。

案：七十八年冬，臺大校務會議通過臺北市溫州街十六、十八、廿各巷十餘棟日式房屋改建爲樓房，臺先生所居溫州街十八巷六號木屋亦被逼搬遷至溫州街二十五號。臺先生自卅五年十月來臺大任教。十二月配住日式木屋名「歇腳盦」，至七十八年十一月，應爲四十三年，函云「四十二年老窩」略有差誤，「老寓」被拆，有「掃地出門」之嘆，首見與李函，口頭與朋輩門人亦屢屢道及。翌年正月病發，經檢查爲食道癌，與此刺激有關，《龍坡雜文》七十七年七月出版，《論學集》指《靜農論文集》，七十八年十月出版，函既稱《論學集》剛出版，知作覆時日當在十月或稍後。

十一月，獲得「中山學術文化基金會」文藝創作獎。

十二月，以《龍坡雜文》獲中國時報第十二屆文學獎中之「推薦獎」。

三日，行草寫陸游〈三峽歌〉等三首。《書藝三集》（頁八七）、《書畫紀念集》（頁六六、六七）著錄。黃新木收藏。

十二巫山見九峰，船頭彩翠滿秋空。朝雲暮雨渾虛語，一夜猿啼明月中。

錦繡樓中看賣花，麝香山下摘新茶。長安卿相多憂畏，老向夔州不用嗟。

亂插小花楨子紅，蠻歌相和瀼西東。忽然四散不知處，踏月擗蘿歸峒中。

款識：放翁讀簡文巴東〈三峽歌〉，感之擬作，臺靜農於龍坡丈室。時己巳立冬。

鈐印三方：壁還 淮南 靜農無恙

案：己巳，七十八年。立冬，農曆十一月七日，即國曆十二月三日。陸游（一一二五—一二一〇），字務觀，號放翁，越州山陰（今浙江紹興）人。才氣超逸，尤長於詩，卒年八十五。喜愛蜀道風物，題其生平所為詩曰《劍南詩稿》。其詩清新刻露而出以圓潤，能自闢一宗，故宋以後詩有劍南一派。著有《渭南文集》、《放翁詞》。〈三峽歌五首〉此書第一、三首乃其中之二、三首，見《精選陸放翁詩集》前集。「錦繡樓看賣花」一詩，詩題待考。

臺北谷風出版社印行《魯迅全集》十六冊。臺先生以分隸題署封面。

案：《全集》出版於一九八〇年，此集據八〇年版重排，由臺大中文系教授張健校訂。

又案：臺先生自七十四年一月宣佈「謝絕題簽」後，迄今已第四次破例。人情壓力，本難抗拒，況臺先生早年與魯迅交往之密切。

民國七十九年　一九九〇　八十九歲

一月中旬，自居住四十餘年溫州街十八巷六號歇腳盦遷至溫州街二十五號。舊居難捨，心情不快，嘗有「被掃地出門」之嘆。旋感飲食困難，廿一日住進臺大醫院檢查，證實為患食道癌。

案：臺先生卅五年十月應聘來臺大任教，十二月進住臺北市溫州街十八巷六號日式木屋迄七十八年止，前後達四十四年之久。六號臺大教授宿舍係木屋平房，有前後院，後院庭園尤其寬敞，前後花木扶疏，名其居曰「歇腳盦」，七十一年夏改爲「龍坡丈室」。臺大校方擬將溫州街一帶改建爲公寓，遂強力要求居住溫州街臺先生等老教授搬遷，爲臺先生另覓一座日式房屋，即其附近溫州街二十五號。此亦日式木屋，有前院而無後園，四周環境，大不如前。臺先生被逼搬遷，心情極爲惡劣，門生輩往訪，嘗言彷彿有「被掃地出門」之感，其得病自與遷居心緒不佳引發有關。據江兆申〈龍坡書法〉一文所記，臺先生今年一月中旬遷居，二十一日住進醫院。

移家新居後，住院前，檢得舊紙，行書寫苑北論書詩三首。《書藝三集》（頁一三、一四）著錄。

西京隸勢自堂堂，點畫紛披態萬方。何必殘碑搜五鳳，漆書天漢接元康。

翠墨黟然發古光，金題錦帙照琳琅。十年校遍流沙簡，平後無慚署墨皇。

大地將沉萬國魚，昭陵玉匣刼灰餘。先塋松柏俱零落，腸斷羲之喪亂書。

款識：己酉歲暮，移家新居，檢得舊紙，書苑北兄〈論書詩〉。靜者。

鈐印：臺靜農印

案：「移家新居」指七十八年歲暮自歇腳盦遷至溫州街二十五號而言。「己酉」當爲「己巳」之誤。歲暮農曆十二月，國曆當爲七十九年一月間。苑北，啟功字。論書詩三首，《啟功叢稿．詩詞卷》未見，出處待考。

平生善飲，至老不衰，病發住院，猶酒興不減。江兆申〈龍坡書法—兼懷臺靜農先生〉文中記其事云：

二十一日（七十九年一月）進了醫院，見了面還是無憂無懼的樣子。我說：「前幾天正打算請你吃飯」。「是呀，早知道吃了就好，那幾天勉強還能吞，現在是真不能了。」接著又說：「昨天進院，帶到一瓶白蘭地，打開來喝了三分之一，居然沒有醉。」……「葉奕白（原注：葉曙，病理學權威）昨夜來看我，說是此病與酒無關，可以不忌。」

(《故宮月刊》八卷十一期,頁二三)

案:二十一日指七十九年一月,云「昨天進院」知江氏探訪時日在二十二日。臺先生頗善飲,惟適量而止,從不及亂。在其同輩中酒品最高,有「酒聖之稱。」葉曙,字奕白,著名病理學家,任教臺大醫學院。與臺先生相交數十年,情誼篤厚。五十六年臺先生嘗爲其所著《病理三十年》一書作序。(見前)。

遷離舊居,心雖不快,以生性曠達,言談仍不減其風趣,江兆申〈龍坡書法—兼懷臺靜農先生〉文云:

今年一月中旬(七十九年),靜老原住的「龍坡丈室」因為要拆建,所以遷到一間款式相彷彿的屋子裡去。……我側面聽說靜老心中多少有些悵觸,當時想去看他,卻巧遇雨龕,我問雨龕:「聽說臺公最近搬家,心裡不太舒坦」。雨龕說:「不吧,昨天在我樓下走過,我喊他,他笑著抬起頭來說:『有好吃的丟些下來』似乎很開心。」……(同前,頁二三)

案:師大汪中教授號雨龕,以寓所與臺先生鄰近,數十年來往甚密(見前)。汪居新生南路三段十六巷十四號公寓四樓,臺先生遷新址至溫州街二十五號日式木屋平房。兩人寓所僅一巷之隔,汪從四樓陽臺可俯覽臺先生寓所前院庭園及屋前街巷,臺先生殆路過溫州街回寓,汪居高臨下招呼,方有此趣談。

病後暫時出院，題舊作梅畫，詩云：「千年老幹屈如鐵，一夜東風都作花」。《墨戲集》（頁二八）著錄。

款識：雪後病後出院。

案：此畫未署名亦未鈐印，在其流傳書畫中，甚爲特別。「病後出院」爲指病發經檢查爲患食道癌後，出院返家過春節而言。其時日殆在一月下旬（農曆七十八年除夕爲國曆七十九年一月二十六日）。出院取此梅畫題詩，或在春節前後。是年一、二月嚴寒，臺灣玉山合歡山等地方皆積雪甚厚。雪後當指臺灣高山飄雪後而言。此幅墨梅，老幹枝萼稀疏橫斜，充溢豐厚生命力。病後取以題詩，揣其用意似在呈現堅毅之信心，詩句出處待考。

取前繪二枝墨菊配數根秋草圖，二三月病中題云：「秋塘逸趣」。《墨戲集》（頁五八）著錄。

款識：靜農八十八病中題。

鈐印三方：右下鈐「淮南」。左鈐「臺靜農」。一方待辨。

案：病發於七十九年一月，入院檢查後除夕前返家，題字殆與題畫贈三孫約略同時，或在二三月。

臥病期間，以去年二月手鈔詩稿影本分贈部分門人，宣稱：「給你們留作紀念」。受者知其心意，無不感傷。（《靜農墨戲集》，林文月《編後記》）

案：詩稿共六十九首，前卅五首爲《白沙草》，後卅四首爲《龍坡草》。前者作於抗戰期間，居四川江津白沙鎭。後者爲來臺後寓臺北市溫州街龍坡里歇腳盦作品。臺先生七十九年一月發病，十一月九日逝世。

舊作梅畫，老幹疏枝，數朵紅萼，是年病中補題。《墨戲集》（頁三〇）著錄。

款識：靜者於龍坡丈室，八十八病中補題。

鈐印：靜者

案：七十九年一月二十一日（農曆爲七十八年十二月二十五日）病發住院檢查，旋出院返寓，此云病中補題，應是七十九年一月出院後事，虛歲爲八十九，而此稱年八十八，當是按農曆算法。

墨石紅梅，題贈次孫大翔。《墨戲集》（頁四九）著錄。

款識：大翔次孫永念，八十九翁靜農。

鈐印二方：左上鈐「靜農無恙」。右下端鈐「守斯寧靜為君大年」。

案：此當與題贈長孫、么孫二幅皆七十九年二三月間一時先後所題。

墨梅直幅繁枝盛萼。病中題贈幼孫大釗。《墨戲集》（頁廿六）著錄。

款識：右上題「大釗小孫永念，八十八翁。」右下題「大千說此冬心也。靜農八十八病中。」

鈐印二方：俱鈐「臺靜農」印。一大一小字形略異。

案：七十九年初臺先生病發入醫院檢查，之後回寓休養。言「病中」應爲七十九年，八十九歲。自謂「八十八翁」，殆指其實歲而言。臺先生病中似預知來日無多，故取舊作梅畫，分別題贈長次幼三孫。冬心，清金農字。六十七年贈梅畫賀大千八十壽誕。大千嘗比爲冬心之作。大千卒於七十二年四月二日，年八十五歲。其生前既稱賞此畫，可知臺先生作畫時日必在七十二年以前。

約二、三月間，直幅墨梅，繁枝密萼，題贈么孫大釗。《墨戲集》（頁四四）著錄。

款識：么孫存之，一九九〇年孫九歲，祖八十八矣。

鈐印四方：右上角鈐「淮南」。右下角鈐「龍坡」。左下鈐「臺靜農」。中下一方待辨。

案：一九九〇年，國曆七十九年，依中土算法應爲八十九歲，此云八十八，應是就實足年齡而言。是年一月二十一日入院檢查，農曆除夕一月二十六日前返家。題贈墨梅或在除夕後，二、三月間。

繁枝茂萼紅梅二株，題贈長孫大鈞。《墨戲集》（頁四六）、《書畫紀念集》（頁一八六）著錄。

款識：大鈞長孫永念，八十八翁靜農。

鈐印三方：右上方鈐「淮南」。左署名下鈐「靜農無恙」。左下方鈐「龍坡」。

案：此幅當與題贈么孫大釗墨梅者同時，約在二三月間。

四月，致李霽野函稱：「入醫院近三個月，非常痛苦，自確定為食道癌後，即作各種診療，痛苦不堪。關於兄擬在此間投稿印書事，已託人接洽。」後載八十一年十一月九日聯合副刊，收入《回憶臺靜農》。

案：年初病發住進臺大醫院治療，一月廿六日農曆除夕前，嘗出院短期居家療養，據梅畫題字款識稱「病後出院」之語可知（見前）。十餘年來共六函致李霽野，此爲最後一函，五月十六日李作〈寄語老友靜農〉一文，刊臺北八月一日中時副刊。七月李再度來信閒話家常，刊同日中時副刊。

五月中下旬，接李霽野五月十日來函及錄音帶。函中多憶往話舊之語，末附舊體詩三首及其夫人文貞女士附筆問候短箋。函稱臺先生希望通電話，而李家未裝設，改用錄音，希望臺先生亦錄音寄往，藉代交談。

案：函見本年八月一日臺北中國時報副刊，標題〈寄語老友靜農〉，李函五月十日書寫，臺先生收到當在是月中下旬，時在病中。是年四月左右臺先生有函致李霽野，告以病況。此函一字未及，豈李尚未收到？

是年夏（約國曆六七月），在醫院病榻吩咐家人將珍藏倪元璐書畫真跡捐贈故宮博物院，並

同意捐贈自作六件書法。臺益堅〈先父書畫生涯紀事〉云：

一九九〇年夏，父親臥病於臺大醫院……吩咐我將其珍藏的倪元璐真跡數件由保險箱中取出，這些都是大千世伯生前贈品，叮囑我儘快安排捐贈故宮博物院。……順口問他是否也應該捐幾張自己精心的書品，父親卻淒然一笑說：「這怎麼可以，我現在還活著，故宮只收前人的作品，而且我只是自己寫寫。」我了解父親的自謙，但心中卻暗想博物院未必盡然如此，第二天一早即電告莊申，他當晚就來醫院說，故宮博物院院長、副院長及相關人員將特親自來醫院「點收」，我記得父親說：「這不敢當，雖然都是熟人，還是給送去吧。」……其後幾天我在家時即收檢他指明的幾件作品，三幅行草及一幅臨石門摩崖碑，都很容易，見載於《靜農書藝集》。……其後他要我挑揀的兩幅……一幅是臨中岳嵩靈廟碑，一幅是臨漢簡的，……似乎僅此一張。……」（《書畫紀念集》頁六）

案：據此可知捐贈之議，時在七十九年夏（約五六月）。贈品分二項：一爲倪元璐書法眞跡。一爲臺先生自作書法作品六件。前者捐贈是出於臺先生吩咐，後者則由家人徵詢獲得同意。捐贈日期，前者在當年臺先生生前八月下旬（見後），後者在臺先生逝世後，十一月末或十二月初（詳後）。均由家屬送往故宮點收。

獲李霽野七月九日來函，函中道及六十年前共同朋友韋素園逝世及安葬事，並希望儘快寄往談話錄音帶。

案：此與前函同日載中時副刊，臺先生收到當在七月中下旬，時臥病醫院，病況嚴重，似無心情談話錄音。是年八月李又寄來三信。

八月間，收到李霽野八月一日來信，提到臺先生小說在大陸甚受歡迎，自己所譯《簡愛》一書，受人喜愛。最後稱述魯迅，說：「我們可以向他的在天之靈高呼：『有你做我們的楷模，我們永遠不會失掉自信力』。」

案：此函七十九年九月七日載臺北中國時報副刊，標題〈寄語老友靜農〉之三，末署寫信年月「一九九〇年八月一日於天津」，收到時日當在八月中旬，此前李有五月十日，七月九日兩函，後有八月十日，二十日兩函。

十日，李霽野再度來函稱：「我八十歲生日時，北京電視臺還來人錄了電視片……還有一次電視是針對臺灣觀眾的……他們解釋說：『文化大革命，有些知識分子受到一些委屈，也是實情，但外邊的宣傳也很有過火之處，為解除誤會，我們只如實錄些家庭實況。』末引王勃詩句：『海內存知己，天涯若比鄰。』」

案：此與八月一日函同時刊載臺北中國時報副刊。李霽野，翻譯家，所譯《簡愛》一書，流行數十年不衰。由此函知北京電視臺曾錄其家居生活，作爲「樣板」，以示文革迫害知識分子不如外界宣傳之甚。李函八月十日寫，臺先生收到殆在是月中下旬。

二十日，李霽野三度來函，告訴臺先生字畫刻碑於薊縣長城事：「我又想起一件事，以前

沒有告訴過你……當時考慮後擅自作了決定。天津的郊區薊縣有一段長城，修好後作為旅遊點，書法家協會想請全國知名的書法家賦詩題字，建立一個碑林。……他們早就知道你是出名的書法家，又清楚你是我童年的朋友，便多次找我請你賦詩寫字，……所以就將你轉寄給我親筆書寫的詩，選一首給他們去刻碑。他們把你畫的梅花也拿去刻在同一塊碑上了。……我曾寄贈友人一首絕句，現在讀給你聽：『往事如煙去不還，追思回味一番番，時光老賊蹙眉雙，生命循環態萬千。』」一九九〇年八月二十日於天津。

案：此函與前二函同日載中時副刊。八月二十日書寫，寄到臺北殆在八月底或稍後，六十六年臺先生嘗繪墨梅小品，題以宋人詩句，交長女純懿攜往美國轉寄天津李霽野。李送梅畫刻碑者，當即此作。

八月二十日、九月七日，中國時報副刊載李霽野致臺先生五函，標題〈寄語老友靜農〉，收入《回憶臺靜農》。

案：八月二十日刊兩函爲五月十日，七月九日書寫，九月七日三函爲八月一日，八月十日，二十日書寫。均分別編入各年下（見前）。

下旬，臺先生在醫院病榻，長子益堅遵前囑將倪元璐書畫五件送往故宮捐贈。又《明人詩札》六冊亦同時捐贈。

案：捐贈之議，決定於本年夏（詳前）。捐贈倪氏書畫日期在本年八月下旬，見江兆申

〈龍坡書法〉文（詳後），倪氏書畫及明人詩札圖版並見《臺靜農先生遺贈書畫展覽》專刊（八十六年十一月臺北故宮出版）。書畫五件：一為〈古盤吟卷〉，五十七年六月大千居士自巴西八德園寄贈臺先生（詳前）。次為題畫詩軸，七十一年七月亦大千居士所贈。三為〈把酒漫成七律〉軸，羅家倫所贈，時在五十年十一月。四為〈山石圖〉，為臺先生所自藏，有「澹臺靜農所藏」印記。五為〈松石圖〉，有「雲間王儼齊收藏記」印戳，未見臺先生鈐印。疑是他人贈送。《明人詩札》原稱《明賢詩翰》，益堅〈紀事〉文未及捐贈《詩札》事，惟秦孝儀序稱《詩札》係與倪氏手跡同時捐贈故宮，應可信（詳後）。《詩札》六冊百三十幅，詩百二十五首，詞二闋，文八篇，作者五十八家，其中有何孟春、焦竑、鍾惺等詩文作品。中央研究院史語所莊申教授，於臺先生卒後六年（民國八十五年），應臺北故宮博物院之請，整理詩札，加以標點釋文，並對五十八家作者一一考證，為作傳略。一九九七年（八十六年）莊氏完成〈明代中期南京地區的詩社與畫社〉專論，後記云：「臺靜農世丈舊藏《明人詩札》六巨冊，余於一九八〇年代末期自港返臺，數度獲觀於澹臺歇腳盦，世丈嘗以為六冊釋文與明賢小傳之責相囑。世丈仙逝，瞬息六載，余於世丈所委重任，雖未敢稍忘，然自六冊捐贈國立故宮博物院後，不克再睹，於我心有戚戚焉。一九九六年秋，林柏亭兄忽以六冊複印資料一份見示，欣喜之餘，不勝滄海桑田之感。……」（《展覽》專刊頁二二二、二二三）。按莊氏民國七十五年，自港大退休返臺任中研院史語所研究員，與臺先生因世誼，不時往歇腳盦晉謁，因得獲睹《明人詩札》，並受託作釋文與明賢小傳。莊氏應故宮之請，距臺先生之託，將近十年。又臺先生與書畫收藏家蔣穀孫（亦精於鑑定，嘗兼任臺大中文系教授，授書「畫鑑別課程」）交厚，傳聞六冊詩札，係蔣氏所贈，蔣卒後，由其子孝瑀送交臺先生。

九月，陳子善編輯《臺靜農散文集》，北京人民日報出版社印行，計一九九頁，收臺先生來臺後散文作品四十五篇。

十月，《臺靜農短篇小說集》，恢復原名《地之子》，遠景出版社刊行第三版。八十年樂蘅軍作〈悲心與憤心〉一文評論云：

《地之子》在當時青年作家群中建立起作者獨特的風格，題材取自鄉土，因而被文學史家歸類為鄉土作家。……臺先生善於剪裁情節，絕少平鋪直敘地說故事，而是用倒敘、插敘、側寫、省略、隱喻、象徵等多樣性技法，來處理故事。他也不濫用衝突和戲劇高潮，而是保留在最必要時才出現，他又盡量保留過分強烈煽情的人物肢體性的動作，而將他們壓抑，轉化成心理的戲劇，這樣就使小說的舞臺場景，保持了相當的純淨，而渲染一層近乎詩的抒情。……善於模擬人物生活語言，……善讓他的人物說自己的語言。他寫小說在短短的一兩年內，就已頗得語言的三昧。所以說臺先生有天生直覺才能。……直覺才能更重要的，還是表現在講授小說意象上，就是設計一個具體的事件，

或一連串完整的動作，來傳達小說的內在意念。……（《紀念文集》頁二二八、二二九）

案：本文末記寫作年月，其中云：「去年，七十九年十月遠景再印臺先生小說，恢復《地之子》原名。」因知爲作於一九九一年，民國八十年。

十月，啟功作〈平生風義兼師友—懷龍坡翁〉，刊是年十二月一日出版之《名家翰墨》月刊十一期（頁一四、一五）。文略述二人交往經過，並述及臺先生對書法的評論與啟示。其文云：

我寫字腕力既弱，又受宗老雪齋翁之教，摹臨趙松雪。臺先生一次論起王夢樓的字，說道「側媚」，我當時雖不喜王夢樓的字，但對「側媚」的評語，還不太理解，後來屢見臺先生的法書，錯節盤根，玉質金相，固足使我驚服，並且因此而理解了王夢樓為什麼側媚，更理解了趙松雪當然也難逃撻伐，而他對於我臨趙松雪的箴規，也就不待言了。

案：末云：「我衷心祝願龍坡翁疾病速愈，福壽綿長。」並署「公元一九九〇年十月書於北京」。雪齋名伒，溥儒（心畬）從兄。

十一月二日，莊申著文題〈「為君壽」與「為君長年」—對靜農世伯所治印文與所書聯語所寫的腳註〉，內容考述兩枚印章及一副對聯，是為數十年未見面老友常維鈞而雕刻、書寫，兼記臺先生與常、莊二人的交誼。要點為：

（一）、「為君壽」為朱文印章，邊款刻：「為君壽者，懷吾兄弟交也，農記。」另一方白文方印「為君長年」邊款刻：「長懷老友常維鈞兄，力疾製此印，靜農，一九七二年十一月二日。」（二）、聯文是：「守斯寧靜，為君大年。」跋：「風波一失所，各在天一隅，思吾良友，書此寄懷，甲子秋仲，集〈石門頌〉字，靜農於臺北，年八十三矣。」（三）、卅五年春夏之交，常維鈞由樂山到重慶與莊嚴會合同赴江津白沙探訪臺先生，二人下午到，而臺先生上午攜眷乘船赴南京，從此直到一九八五年常在北京去世，五十年臺先生與常惠未再見面。（四）、民國十五、六年臺先生奉常惠之命回鄉收集民歌，常主編《歌謠週刊》於臺先生研究民俗及文學寫作有深遠影響。（見《名家翰墨》十一期，頁三六—三八）

案：常惠（一八九五—一九八五）字維鈞，一字爲君，年長臺先生七歲，多莊慕陵五歲。二方印章見《墨戲集》（頁七六）著錄。「爲君長年」一方又見《書藝集》（頁一〇二）、《配圖傳記》（頁一〇七）著錄。據常蘊石（常惠子）〈燕都舊夢入清樽〉（見本編八十年）文稱，早年在北京臺先生嘗爲刻印章邊款題稱「爲君三兄年來從事考古」云云（見《紀念集》頁八四），則印章對聯稱「爲君」當是常惠另一字諧音。對聯七十三年十月書（見前）。「爲君壽」印章，不記年月，疑與另方亦爲六十一年十一月一時先後所刻。民國卅五年常惠與莊慕陵在重慶會同往白沙探訪臺先生，失之交臂，常蘊石文亦曾道及，惟謂常惠自峨嵋來，與莊文稱自樂山來，稍有不同。常文未言時日，莊文謂時在卅五年春夏之交，據筆者考證，臺先生係卅五年八月四日乘船東下（見前）。莊文謂下午到白沙，臺先生上午離去，時應在八月四日，謂「春夏之交」，未確。

九日（農曆歲次庚午九月廿三日），中午十二時五十分臺先生逝世於臺北市臺大醫院九一九病房，年八十九歲。

翌日，王叔岷賦〈傷逝〉詩，序稱臺先生病重時猶眷念昔年無題詩「偶拈紅豆」句。詩云：

楚騷幽怨不平鳴，書藝醇醲度此生，殘燭風前猶眷眷，鸚哥紅豆少年情。

題下原注：「一九九〇年十一月十日，庚午九月廿四日」。小序云：「傷臺靜農學兄也。靜農兄苦臥病榻九月，昨午逝於臺灣大學醫院。病已深矣，猶眷念昔年無題詩句『偶拈紅豆佯羞意，戲喚鸚哥薄醉時』，蓋生有涯而情無盡邪！」（見王著《落落吟》頁七）

案：〈無題〉詩原題〈感事〉，見《白沙草》，乃抗戰期間居四川江津白沙鎮作。民國六十四年臺先生手抄本四十四首，第三十五首〈感事〉次於第卌四首〈無題〉詩之後，七十八年臺先生再度手鈔《白沙草》合《龍坡草》爲一編，共六十九首。其中《白沙草》〈感事〉詩取消標題，與前首〈無題〉合一，列爲〈無題〉詩二首之二。臺先生晚年自訂如此，必有其故。又〈無題〉二首，七十八年臺大中文系教授張以仁嘗步韻奉和，其中「凍雨此時飛白髮，彩雲何處覓青鸞」一聯最爲臺先生欣賞（詳前）。

舊作〈酒旗風暖少年狂：憶陳獨秀先生〉，刊七十九年十一月十日、十一日臺北聯合報副刊，收入《回憶臺靜農》（頁五五—六三）。內容追記抗戰期間與陳獨秀在四川江津的初識和交往，表現晚年陳獨秀對理想的執著及其有關人生、歷史與藝術的諸多識見。內容要點如下：

（一）、初識仲甫（陳獨秀）：抗戰開始，仲甫先生獲釋出獄，輾轉來到四川江津，我是在我們共同的友人鄧仲純醫生處見面的，這是我們的初面。（二）、陳仲甫與柏文蔚：初面那天，仲甫帶我去看住在附近旅館的柏文蔚，柏是「壽縣起義元勳」，曾和仲甫共事，兩人已二十多年未見面，這次柏先生來江津，想是特來訪老友的。（三）、仲甫先生在寒舍作客：仲甫定居江津縣城後，其時我住江津的白沙鎮，應我們父子之邀，仲甫曾來寒舍作客，閒談間，但見他「有時目光射人，則令人想像到《新青年》時代文章的叱吒鋒利」。他為我書寫一首早年與蘇曼殊的絕句，並述及當年本事，雖然已經幾十年前的事了，仲甫說來神色還是有些黯然。又為我以行草寫了一幅四尺立軸，其體勢雄健渾成，更見此老襟懷，真不可測。（四）、仲甫與章士釗：陳章兩人結交於一九〇三年，先是創辦《國民日報》，又同在上海學習炸藥以圖暗殺某些人物。一九一三年共辦《甲寅》雜誌，影響全國。一九二一年以後章士釗依附段祺瑞，遂一敗塗地。一九一七至一九三三，十五、六年間，他們兩人間在思想與政治方面，背道而馳，令人不可想像。兩人早年是朋友又是同志，後來分開。仲甫為追求他的理想，垂老入獄，猶孜孜於文字學研究。章則一失足，便掉進泥坑而不自拔。（五）、仲甫與沈尹默：兩人少年在杭州時是朋友，後來又在北京大學同事，抗戰期間雖同在四川，卻沒有機會見面。他們兩人在杭州時正是年少，過的是詩酒豪情的生活，所謂「酒旗風暖少年狂」（仲甫詩句）是也。仲甫於一九一五年有〈夜雨狂歌答沈二〉一詩，沈二即沈尹默，其詩極瑰麗奇詭。明年辦《新青年》，於是以雷霆萬鈞之力，反封建，反傳統，倡文學革命。實踐了詩中的「筆底寒潮撼星斗」。二十年後，先生避地入蜀，亦有唱和。只是仲老畢竟烈士暮年，另是一種境界，感慨尤深。（六）、仲甫晚年的願望：仲老晚年想寫兩部書，一是中國史，一是中國文字書。這是《新青年》時代所未曾做到的，也就是他雖在衰病的晚年，不能放棄的責任。仲老作《小學識字教本》至逝世，僅完成十之八九，但他為下一代著想的精神，令人感激。

夏明釗評述：「細考全文，有兩點似可推知：這是一篇未完稿，作者是依著憶及的點滴，再相對集中筆墨，較為層次明顯地寫出的。由此文完全可以看出：直至晚年，臺氏對陳獨秀一直是心懷崇敬和同情。他或許由仲甫先生的一生，想到了歷史的某種詭異和人生的過於蒼涼。」（手稿）

十一日，遺稿〈憶常維鈞與北大歌謠研究會〉，載臺北聯合報副刊。李霽野聞臺先生逝世，為文悼念，題〈從童顏到鶴髮〉，載十一月十日、十一日中國時報，收入《紀念文集》。內容記敍兩人一生的交情，抗戰前後聚合離散的經過，及早年在北京認識魯迅與朋友群組織文學團體、從事寫作，參加各種活動情形。其中提到臺先生三次及自己二次同受牢獄之災，是為最直接詳實的記載。

案：李霽野與臺先生是小同鄉，據他自己說，一二歲嬰兒時期，雙方父母抱著相見。後兩人與同鄉韋素園、張目寒、韋叢蕪同時進明強小學讀書，畢業後李去阜陽讀師範學校，臺先生赴武漢上中學。民國十二年春五人復相聚於北京，秋，李與韋叢蕪進崇實中學，臺先生進北大爲旁聽生。

逝後四日，十一月十三日王叔岷教授又作〈憶舊〉五絕二首，深表哀思與推許。詩云：

被褐而懷玉，為詩轉近騷，龍坡四十載，一病因醇醪。

書藝名天下，翕然一布衣，幼安慚喻我，落月憶餘暉。

題下自注：「一九九〇年十一月十三日，庚午九月廿七日。」前首後記云：「首聯集老子、林逋句，昔年贈靜農兄者。」第二首後記云：「昔年岷寓新馬教學，靜農兄賜書，以管寧（幼安）避亂遼東講學喻我，深可感也。杜甫夢李白詩句，落月滿屋梁，猶疑照顏色。李陵逸詩：明月照高樓，想見餘光輝。」（見王著《落落吟》頁七、八）

案：昔年王贈臺先生詩，集老子、林逋句，未見王著詩集。王氏民國五十七年離臺赴馬來西亞吉隆坡任教，六十一年元月轉教星州，六十八年返臺留四十日，七十年五月底回臺北南港舊莊定居。臺先生致王書應在五十七年至七十年間，確切年月待考。

陳漱渝作《鼓翅飛向莽蒼處—懷念臺靜農教授》，載十一月十日至十三日聯合報副刊，收入《紀念文集》（頁一三七—一四八）。本篇為訪問記，記臺先生早年在北京若干往事及其交往人物，其中頗多涉及周作人、樹人兄弟較罕為人知的軼事，如「臺先生說，他在北京大學聽過魯迅講《中國小說史略》和《苦悶的象徵》。魯迅講課時不照本宣科，發揮自如，語言生動，不像周作人那樣死盯著講義。他承認他的創作深受魯迅影響。」《紀念文集》（頁一四一）。又稱臺先生用斬釘截鐵的語氣說：「周作人是存心要當漢奸，保護北大校產是藉口，想當漢奸是真。」（同前，頁一四四）。關於周氏兄弟失和的原因，「臺老認為是家務糾紛，周作人之妻羽大信子在孩子身上花錢無度。魯迅對他說過：在羽大信子這個女人身上，集中了中國人和日本人的惡德。」（同前書，頁一四五）。類此記載在傳記文學史上自有其參考價值。

案：陳漱渝，大陸學者，以研究魯迅知名。一九八九年（民國七十八年）趁來臺探親之便，於是年九月四日、七日、廿二日、廿四日、十月七日凡五次訪問臺先生，翌年記其訪問所得，自是最為真實。

東海大學美術系教授蔣勳為文悼念，題〈夕陽無語—致悼臺靜農先生〉，十一月二十四日刊中國時報副刊，收入《紀念文集》。內容述論臺先生一篇書法論文及一副對聯的觀感：

一天偶然……初看到櫥窗中懸掛著一副對聯，字體盤曲扭結，彷彿受到極大阻壓的線條，努力向四邊反彈出一種驚人的張力。筆劃如刀，銳利地切割過茫然虛無的一片空白。……

燕子來時，更能消幾番風雨，

夕陽無語，最可惜一片江山。

這是我第一次被靜農先生的書法震動了，也是第一次如此清楚的感覺到中國書法成為一種美學的理由。……他的論文總是糾結著生命的理想。……〈由唐入宋的關鍵人物楊凝式〉一篇，便是極好的一例。從史的角度……抓住了唐代美學過渡到宋朝四大家的關鍵，而且，楊凝式在五代亂世之中，個人生命藉書法完成，臺先生在行文中有一種痛入心髓的體會。……（《紀念文集》頁一五九、一六〇）

案：「燕子」、「夕陽」一聯，爲梁任公集宋詞聯，常應求，書以贈人。論〈楊凝式〉文，《靜農論文集》題作〈書道由唐入宋的樞紐人物楊凝式〉（頁二八七），原載民國六十五年臺北聯經出版《沈剛伯先生八秩榮慶論文集》。蔣氏另有專文論臺先生書法。

（見後）

鄭騫先生作〈靜農、元白之書藝〉文，刊十一月廿四日聯合報，十二月一日繼載於《名家翰墨》月刊十一期〈臺靜農、啟功專號〉，收入《紀念文集》。文謂「予初識靜農，在民國十四年乙丑。」又論其書畫：「靜農久以書法擅名，尤長草隸，隸書端凝而流動，出入魯峻、衡方、婁壽、孔廟諸碑，草書奔逸，酷似明末之倪鴻寶，張大千嘗云：『三百年來能得倪書神髓者，靜農一人而已。』臨池餘事，偶畫蒼松紅梅，別饒佳趣。……」（《紀念文集》頁二一、二二）。

案：元白，啟功字，又字苑北，少鄭先生六歲。民國二十年（一九三一）鄭任教北京匯文中學時，啟爲學生。臺先生長鄭先生四歲，來臺後在臺大中文系共事四十一年，二人交誼六十年。交往情形見前。

輔仁大學中文所所長王靜芝作〈臺靜農先生與我〉載七十九年十一月二十四日聯合報副刊，又載同年十二月一日出版《名家翰墨》月刊十一期，收入《紀念文集》。文中評論臺先生書法與繪畫云：

臺先生的書法……初以二王為基礎，以篆、隸作根本，於〈石門頌〉最見功力。而行草取法米元章、黃山谷、而轉參倪元璐。由於先期功夫之深，楷隸根底之固，取晉、唐、宋、元之長，融倪元璐之崎正相生，乃能蒼潤遒勁，姿態橫生，轉折豪芒，頓挫有致，筆勢翔動，創意盎然，氣味逸雅。就實論之，實已出元璐以上，不能謂為仿之。……臺

先生也能畫，所畫梅蘭，筆墨生動，極盡雅致，當由讀書萬卷，故筆墨之間，自然流露書卷氣。（《紀念文集》頁二三、二四，節錄）

案：王靜芝抗戰時期在白沙初識臺先生，來臺後時相過從，六十二年臺先生退休，王任輔大中文所所長，聘臺先生爲講座教授（見前）。

十一月二十五日上午十時，在臺北市辛亥路第二殯儀館景仰廳，舉行公祭，與祭者數百人，臺大中文系、所、文學院、臺灣大學等單位暨門生故舊均致送輓聯頌其一生化育功勳及學術藝文成就。臺大文學院輓聯云：

自歌謠至說部詩騷，古今俱在，高文德業垂宇宙；由書法而繪畫篆刻，技藝皆精，桃李春風重儒林。（中文系張敬教授撰作）

老友王叔岷先生輓之云：

更無藥石能攻疾；剩有情僇揭悼騷。

老友鄭因百（騫）先生輓之最為沉痛：

六十年來文酒深交，弔影今爲後死者；八千里外山川故國，傷懷同是不歸人。（見《紀念集》）

案：悼逝自傷，讀之愴然，亦有不祥之感，翌年（一九九一．八十年）七月二十日鄭先生亦去世。

當日，臺先生靈柩及夫人于韻閑骨灰罐合葬於臺北縣金山墓園。

臺大中文系兼任教授孔德成為作墓碑，並以楷書撰寫立於墓側。其文曰：

先生諱靜農，字伯簡，安徽霍邱縣人，世居葉家集。幼讀經史，兼習書法、篆刻。一九二二年赴北京入學北大研究所國學門。一九二四年完婚故里，夫人于氏韻閑，嫻淑持家。先生早歲從事淮南民歌之收集與文藝創作。一九三七年舉家入川，任職國立編譯館，旋執教於江津女子師範學院中文系。一九四六年應故友邀約，任教於臺灣大學並接掌中文系，歷時凡廿載。先生晚年潛心書藝，其隸書道勁古樸，直追漢魏。行草納故吐新，為近世書法大師。一九九〇年先生歿於臺北市，其道德文章，永垂世範。　孔德成印（見《配圖傳記》頁一五六著錄）

是日臺北各報刊載悼念文章：

北京啟功作悼聯云：「河嶽日星期無忝，文章書墨友平生。」載《中國時報》副刊，收入《紀念文集》（頁六七）。

師大國文系汪中教授作〈臺靜農先生書藝〉文，載《聯合報》副刊，又載《名家翰墨》月刊十一期〈臺靜農、啟功專號〉，十二月一日出版。收入《紀念文集》（頁二七—三三）。內容記臺先生學書經過及各體書藝風格與特色。稱其書法「渾厚而拙勁，為近日最傑出的書家。」「狂草大似張旭，真是十足龍蛇起伏。」「隸書是臺先生最用力積久而又功深的書法，所寫〈石門頌〉字勁健，筆劃似錐畫沙，自然搖曳如抖顫。」」

臺大中文系張敬教授為文追悼，題〈傷逝—追悼靜農老師〉，載《中華日報》副刊，收入《紀念文集》（頁一三七—一四八）。文前錄其為臺大文學院代撰之輓聯（見前），文末錄自作哀悼聯文：「感恩空灑門牆淚，奕世猶沾翰墨香。」文中記臺先生早年在北平女子文理學院國文系講授《小說史》情形，及對學生之鼓勵與提攜。並稱其為人「侍母孝」、「處世忠」、「自奉儉樸」、「待人寬厚」等節，彰顯其人德。

案：張敬，（一九一二—一九九七）字清徽，民國廿二年就讀北平大學女子文理學院國文系，修習臺先生講授「中國小說史」課程。爲臺先生早期學生中有成就專家學者。大學畢業繼進北京大學文科研究所，隨校至昆明。婚後負擔家計輟學。四十年來臺後，受臺先生之聘，任教臺大中文系。善詩詞，以研究戲曲知名，培育學生無數，戲曲專家學者多出其門下。著有《明清傳奇導論》，論文數十篇彙爲《清徽學術論文集》，由臺北華正書局出版。

臺益堅為文追悼，題〈熘火—追悼先父臺靜農〉，載《中國時報》副刊，收入《紀念文集》（頁一〇一—一〇三）。文先敘臺先生在「歇腳盦」家居生活的特點是「不拘形式」、「不說客套話」、「親情是隱於不言中」、「忘我而不忘關切友人」。繼則記抗戰初期舉家「嚼菜根」的日子以及從莊園遷居黑石山「半山草堂」生活情形。平實真切，是極佳傳記文字。

遺作〈《古典小說論叢》序〉，載《中央日報》副刊，收入《文集》。《古典小說論叢》係臺灣大學中文系師生近年研讀的成果，共收論文四十多篇。序言題旨在強調小說研究需作「歷史性的探尋」。大要如下：

一、文學雖不是歷史，而文學作者與作品有了歷史性的問題，卻不能囫圇過去，尤其是歷史久的國家，何況過去時代隱姓埋名的作者也不少。二、再好的作品都是思想、感情、語言的結合。語言就有歷史性，所以單是作品外圍就有許多問題存在，這都需要作歷史性的探尋的。

夏明釗評論：「這是一篇富有眞知灼見的文學史論。作者意在強調小說研究的歷史研究法，即研究作品外圍，因爲這是一項基本的工作，非作不可。事實上也一直爲多數研究者所遵循，並無二致，並取得了很好的成績。除了這個主旨，序言還有兩點有光彩極具前瞻的研究識見：一是小說作者—其實是所有文學創作家尤其是傑出的創作家—的「塊壘在胸，吐出爲快」的文學本質觀，一是肯定現代研究已從外部研究走向內部研究。從「歷史」研究走向文本研究（「推展到作品本身上去」），可見著者是一位極具現代意識的中國傳統的人文知識分子，他恪守古典傳統中的優秀準則，又努力吸收現代營養。」

（手稿）

十一月末，喪事既畢，家屬將臺先生自寫書法六件送往故宮捐贈，江兆申作〈龍坡書法〉一文，其前言云：

八月下旬，臺靜農先生在病榻，將他一生珍如拱璧的倪元璐手蹟書畫共五件捐贈故宮，在《故宮文物月刊》第八卷第七期，已見林柏亭先生專文報導。不幸靜老於十一月九日，以八十九歲高齡，溘然長往。長公【子】益堅以遺命將靜老所作書法六件，再捐故宮近代【館】收藏，一代學人，以其所蓄所為，盡獻國家。……七十九年十二月中旬於外雙溪（見《故宮文物月刊》八卷十一期，中華民國八十年二月出版）

又故宮博物院院長秦孝儀〈臺靜農先生遺贈書畫展覽序〉：「民國七十九年臺先生將其一生珍同拱璧之倪氏手蹟五件及明人詩札六冊，捐贈故宮。去世喪葬既畢，男女公子純懿、益堅、純行、益公，又遵遺命，將臺先生所自為書法六件，再捐之故宮。……中華民國八十年十月吉旦衡山秦孝儀序。」

案：捐贈之議，起於本年夏（約五六月）（詳前），據江兆申文，捐贈倪氏手蹟，時在本年八月下旬。又據秦序所稱，捐贈臺先生自作書法，時在臺先生逝世，喪奠既畢之後。臺先生十一月九日逝世，廿五日安葬，家屬將書法捐贈故宮，殆在廿五日後不久─十一月底或十二月初。捐贈臺先生自寫書法，本年夏，家屬曾徵得同意，卒後捐贈乃執行臺先生意願，江文稱「以遺命」，秦序謂「遵遺命」皆不確當。六件書法名稱如下：

（一）、〈臨漢簡〉，七十七年清明後書，（二）、臨石門摩崖，七十三年八月書，見《靜農書藝集》（頁七七）。（三）、〈臨中嶽嵩高靈廟碑〉，未署年月，有題記稱「書勢與劉懷民墓誌近似」。（四）、草書「故國神遊多情應笑我早生白髮」。未署年月，見《靜農書藝集》（頁一八、一九）。（五）、丈二行書鮑明遠飛白書勢，七十三年秋書寫，見《靜農書藝集》（頁七四）。（六）、草書杜牧〈題宣州開元寺水閣〉詩，七十二年書，見《靜農書藝集》（頁三五），八十六年冬，臺北故宮博物院合前贈《明人詩札》，倪元璐書畫五件，舉行特展，並合印為專刊出版，院長秦孝儀作序。

十一、二月，翰墨軒先後在香港臺北兩地舉行「臺靜農作品展」。其中有隸書對聯：「華好月圓人壽」、「時和世泰年豐」，款識：「庚申冬月靜農」。及一幅兩株墨梅作品。款識云：「米壽翁寫牽手梅為伯和麗珠儷賞」。（參據《名家翰墨》十一期封面內頁記載。牽手梅亦見同書頁七一、七二）。

案：香港展地在銅鑼灣希慎道二一四號蟾宮大廈二〇八—二一〇室，展期十一月廿八日至十二月四日，臺北市展地在麗水街三之一號，展期自十二月八日至廿七日（參據同前）。庚申為六十九年，米壽八十八歲，為七十八年。牽手梅殆為臺先生最後一幅梅畫作品。

十二月一日，香港《名家翰墨》月刊，出版《臺靜農、啟功專號》。專號原為紀念臺先生九十壽誕，然出版時，已未及送臺先生目睹。

蔣勳又作〈書法是生命的完成—談臺靜農先生的書法美學〉，載十二月一日《名家翰墨》月刊十一期，出版《臺靜農、啟功專號》（頁六〇—六三）。內容論述臺先生〈石門頌〉隸體與倪元璐行書的美學風格：

臺先生的喜好〈石門頌〉，似乎是愛好那生命的頑強剛硬，執中鋒，如錐畫沙。行筆甚慢，墨痕如刀。一點一點刻切入紙佈局上，〈石門頌〉有遼闊氣象，筆勢甚張，使筆力的沉拙重澀中另有一種向四方蕩漾的線條造成悠遠的感覺。臺先生「問道赤松子，授書黃石公」一聯，特別明顯可以看出氣勢上的開張，把〈石門頌〉的開闊便成悠遠久長的新的美感。……

臺先生的行書是學倪元璐。……以結構來看，……在行書的夾緊結構中另有一種反力的開張，使視覺上張力特別強。……在線條上的轉折較多，拙力特別重。……起筆方硬如〈石門頌〉頌轉折的瘦硬也有隸書的精神。以美學風格言，臺先生的書法似乎是北魏的遼闊大氣，混合了南帖的悲情與自苦。

案：十一月廿四日蔣勳已有文亦論及臺先生書法（見前）。蔣勳，臺北中國文化大學歷史系畢業，六十一年赴法國學美術，六十五年回臺後，臺中東海大學聘其創辦美術系。擅長寫作，研究藝術、美學理論，著名於時。

十二月中旬，江兆申作〈龍坡書法—兼懷臺靜農先生〉，刊八十年二月《故宮文物月刊》

八卷十一期。內容評述臺先生晚年書法及捐贈故宮六件書法特色與風格，亦兼及其為人暨晚年若干事蹟。其中特別推重「靜老的行草書，將用筆提頓之美，發揮得淋漓盡致。」「靜老作隸，筆筆脈絡貫通，生氣磅礴，又有一種用行書筆意所作的隸書。如『天地堪懷古，江山獨賦詩』五言楹帖。和用篆書筆意所作的隸書如『神淵寫時雨，平疇交遠風』五言楹帖等，都是在鄧完白影響之中而又出乎影響之外之作品。」《故宮月刊》（頁一九）。

案：江兆申時任臺北故宮博物院副院長，能詩，善畫山水。與臺先生交厚。《靜農書藝集》自序云：「初學隸書華山碑鄧石如，……皆承先君之教。……四十年來……行草不復限於一家，分隸則偏於摩崖。」此可知臺先生初學隸書〈華山碑〉，晚年則偏於〈石門頌〉隸體，乃直上臨摹漢隸並非全受完白（石如）影響而出其影響。「天地」、「江山」聯，見《書藝集》（頁八），純是石門摩崖筆法。「神淵」、「平疇」聯，則神似華山隸。江所謂前者用行書筆意，後者用篆書筆意，似未確當。

江氏盛稱其為人嚴守「分際」、「毫無崖岸，極易親近」、「平凡真實」、「不假雕飾」。

論年齡，我和雨盦都比靜老要小四分之一世紀，而都覺得靜老為人，毫無崖岸，極容易親近。……更多年輕的朋友，我相信他們和靜老接近，也有相同的感覺。至於對年長的，靜老又會很嚴格守著自己的「分際」，因此，只要和靜老接近的人，應當是無老無幼，都可以成為他朋友的。……靜老自刻的一方印「老夫學莊列者」，他是一個平民意識非常濃重的人。他追求平凡，追求真實，而在個性中又隱藏著儒家的一份執著，因此在平凡真實，不屈不撓，陶鑄成一條不假雕飾的鐵錚錚漢子。……（同前，頁二三）

案：江氏所論，大致中肯，惟「平凡」、「眞實」乃出於自然，毫無造作，非「追求」而得。由於早年遭遇，來臺後猶「每感鬱結，意不能靜」，惟藉書藝「以自排遣」。（見《書藝集》自序）。其爲人通達平易，溫和寬厚，實出於書藝陶冶。

柒、百歲追思與紀念

（民國八十年—九十年，一九九一—二〇〇一）

民國八十年　一九九一　逝後一年

常蘊石作〈燕都舊夢入清樽—懷念臺靜農莊尚嚴二位世伯〉，一月十九日載臺灣《中華日報》，收入《紀念文集》（頁八三—八七）。內容記其父常惠與臺、嚴早年交往情形及與二人參加藝文活動各種事蹟。

案：常蘊石，臺先生老友常惠子，僑居美國伊州。

二月十七日，臺先生逝世滿百日，其家屬在臺北市濟南路華嚴蓮寺誦經追薦，臺大中文系師生及學界人士多前往行禮追思致意。

四月二十七日，《聯合報》副刊載莊因〈寂寞清樽醒醉間〉文，內容記其民國四十年代就讀臺大中文系期間所見所聞，有關臺先生為人處世風格及言談趣事，兼述及七十五年七月臺先生赴美遊蹤所至所遇情況。收入《紀念文集》。

莊因，民國廿二年生，莊慕陵次子。四十二年進臺大習法律，後轉中文系，受業於臺先生。研究話本小說，擅寫書法、散文，有散文集問世。研究所畢業後，赴美任教於史丹福大學，定居美國加州，名其居曰「酒蟹居」，與臺先生兩代交誼，知之至深，所記最爲眞實，最具傳記文學價値。

五月，臺北華正書局出版《靜農書藝續集》。

案：華正發行人郭昌偉七十四年出版《靜農書藝集》（見前）。此集九十七頁，畫六幅，書法四十六幅。其中畫二幅，書法三十幅係就已刊載《特集》者重印。《特集》印行已十年，讀者難得一見，郭氏取原件影印，並另取若干私藏者增訂，以廣流傳。

五月四日至六月五日，臺大中文系為紀念臺先生，特舉辦「臺靜臺先生的人格與藝術」六場演講：一、中文系師生座談，主題「臺靜農先生的人格風範」。二、施淑女主講〈談臺靜農先生的文學思想〉。三、樂蘅軍主講〈悲心與憤心—談臺靜農先生小說中的兩種情懷〉。四、方瑜主講〈「一為憐冰雪盈懷抱，來寫荒山絕世姿」—談臺靜農先生的詩〉。五、張淑香主講〈「鱗爪見風雅」—談臺靜農先生的《龍坡雜文》〉。六、陳瑞庚主講〈談臺靜農先生的書藝〉。各場參加聽講者極為踴躍。（參林文月編《臺靜農先生紀念文集》後記，頁三二二）。

二十二日，舒蕪作〈憶臺靜農先生〉，載北京《新文學史料》五十一期，《臺靜農詩集》轉載為附錄。文分五節。近二萬言，對臺先生抗戰期間在白沙工作、生活情形及寫作詩文背景，皆有翔實敘述與詮釋。其中提出臺先生詩風受明代遺民詩影響，以一「冷」字概括，尤值得重視。

案：舒蕪，方管（字重禹）別名，民國卅三年秋末到白沙女師院任副教授，時年二十二歲，與臺先生爲忘年之交，能詩善寫作。（詳見前）

廿二日，北京《新文學史料》季刊總第五十一期出版，其中有專輯，收臺先生遺作二篇，書簡一篇，紀念文章四篇，事略一篇，後期（一九四七—一九九〇）著作繫年一篇。

十一月九日，臺先生逝世週年，《臺靜農先生紀念文集》臺北洪範書局出版。

案：文集由林文月主編，臺益堅寫前言，編者作後記，收悼念、論述等文章卅九篇，輓聯九幅，輓詩三首，另收錄陳子善、秦賢次合編臺先生〈前期創作目錄〉，及陳子善主編臺先生〈後期著作繫年〉。

民國八十一年　一九九二　逝後二年

六月，陳子善、秦賢次合編《我與老舍與酒—臺靜農文集》，由臺北聯經出版公司印行。本書除附錄〈前期創作目錄〉、〈編後記〉外，收短篇小說五篇，散文二十三篇，序跋文四篇，劇本一篇，論文八篇。又本書實係臺先生前期（一九二二—一九四九）雜文集。凡《地之子》、《建塔者》、《靜農論文集》各書已收錄者，不再編入。

民國八十二年　一九九三　逝後三年

一月十九日，《聯合報》副刊（逝世三週年特刊），載臺先生自六十三年至七十九年致李霽野書函六件，收入《回憶臺靜農》。

案：六函分別寫於民國六十三年九月七日、七十五年一月十七日、同年十月、七十六年六月、七十八年十月、七十九年四月，皆編入各年下（詳見前）。六函乃李霽野於臺先生逝世三週年後提供《聯合報》刊載。

二月，《臺靜農先生輯存遺稿》，臺北南港中央研究院中國文哲研究所籌備處印行。精裝十六開，計二八一頁。本書由中研院院長吳大猷題署，除〈出版說明〉、肖像、畫像及〈小傳〉外，收臺先生書法八幅，畫十幅，家書二道，手札十一篇，文稿札記十四篇。

民國八十三年　一九九四　逝世後四年

冬，臺先生哲嗣益公與媳陳惠敏夫婦攜臺先生畫作赴北京見啟功，啟觀畫後慫恿編輯出版，以廣流傳。並為其中二幅梅畫題詩，署記。

傲雪凌霜絕世姿，孤山人仰向南枝，分明五十□前影，望斷重來杖履遲。啟功敬題，（見《墨戲集》頁六三）

獨標孤瘦雪霜姿，照雪凌寒玉一枝，今日皖公山下路，望殘仙躅再來遲。

甲戌冬日拜觀龍坡先生遺墨，淒然拈句教書於後。啟功（見《墨戲集》頁六四）

案：甲戌為民國八十三年（一九九四），冬日當在國曆十一、二月。題詩第二首見《啟功叢集》詩詞卷，標〈題臺靜農先生遺筆墨梅小幀〉（頁二二〇）。第一首第三句脫一字（脫「年」字，見頁五四），未入集，當是有意刪去。

民國八十四年 一九九五 逝後五年

啟功取臺先生非有意作畫之義，名畫集為〈靜農墨戲集〉並題署。

三月《墨戲集》編成，二十九日林文月作後記。

三月廿九日，莊申為《墨戲集》著作長文，以〈且當放懷去行行沒餘齒〉為題，論述臺先生畫梅技法及風格特徵，認為：一、畫梅運用三種技法，即1，以濃墨淡墨畫寒梅一枝。2，以渴筆畫梅一枝。3，以濕筆淡墨先畫梅榦，再以濃墨淡墨配以新枝。二、構圖特徵，就時間言，自一九七四至一九八一年，七年中所作梅畫，盡是孤枝。自一九八三至一九九〇年，梅畫構圖大都由孤枝改為雙枝。一九八三年是臺先生梅畫史上重要一年，即由孤枝變雙枝。又後期雙梅構圖，有變化創意甚多，上下相對，互相倚伏，黑白相襯，有的大小不同，上下遙對，由墨梅轉為紅梅。暗合西方美學統中一求變化。另一特徵即花朵表現，早期孤枝梅花，花朵零散，變為雙梅，花朵依然不多，直至一九九〇年為孫兒所畫墨梅紅梅，花朵繁茂，且都盛開。由少花孤枝改為繁華茂枝，是臺先生畫梅，——「晚年變法」。此在筆墨上，代表成熟的畫風，自認為得意作品。心理上自知行將大去，師友凋零殆盡，三個孫兒成為生活感情最鍾愛的親人。《墨戲集》（頁一三一—一八）

案：標題出自王維詩〈偶然作〉最後兩句。據莊申解說，意在用來形容畫梅「晚年變法」的心境，心胸坦蕩，無所牽掛。作畫寫字最終意義，是表達澹泊「得意苟爲樂」的人生哲學。（同集頁一七、一八）。文分五段：長達六、七千言，詳細分析臺先生畫梅的過程。莊與臺先生兩代世誼，知之最深。莊又爲研究藝術史專家，故能觀察入微，言之精湛，提出「晚年變法」一節，尤具獨見，發人深思。惟有二事可論：一者臺先生作畫爲時甚久，雖不易推斷其開始年代，但民國卅六年即有枝萼繁盛梅畫出現（詳見前），此文就其一九七四（民國六十三年）年以後梅畫而論，作畫歷程年代相差甚大，似不足以顯現臺先生一生作畫成就。再者，臺先生晚年八十八、九歲時，贈與門生及其孫兒梅畫，多係舊作新題，並非當時所畫。尤其七十九年罹病後，更未曾提筆作畫，贈與孫輩只取舊作加題款而已。本文以爲當時作品，據以立論，似亦有未妥。

三月間，汪中雨盦著〈風流豪蕩—靜農墨戲〉，文中評論臺先生書畫云：「篆法上追秦漢權量，隸則石門摩崖，取徑老蒼，陶寫胸臆，畫梅瘦勁，曲折如虬龍。自以為有不寐道人金俊明之意，水仙舒放馨逸，又力趨八大山人。畫菊幽雋，儼然栗里東籬，似白陽而洗脱蹊徑。松或黃山一本，老樹荒谿，茅庵兀然，殆為無懷氏之民，敻乎高迴，超然筆墨楮素之外。」《墨戲集》（頁一一）。

案：篇後署「乙亥春二月龍眠雨盦汪中敬識」。「乙亥」民國八十四年。「春二月」國曆爲三月。

汪氏又爲此集六幅梅畫作題記，見頁六四、六五、六六、六七、七一、七三。

四月廿三日，江兆申為《墨戲集》著文，題〈冰清玉潔—談臺靜農先生墨梅遺作〉，文中盛稱臺先生墨梅之成就，引張大千評論「只有冬心最堪比擬」，認為「靜老與冬心相同者……卻是他們將真實的性情豐富了筆墨，將物的形象再加以涵融陶冶，使他們的作品確切地具備有弦外音，形外似，使觀者的欣賞與想像空間更拓進一層。」《墨戲集》（頁一〇）

案：江文原載八十四年四月二十三日臺北《聯合報》副刊。《墨戲集》中甚多繪畫無題識，啓功、江兆申、汪中均應求爲之補題，頁六八、六九、七〇、七二四幅梅畫及葡萄繪畫皆江氏爲作題記。

五月八日，啟功為《墨戲集》作序，推重臺先生所作「梅花和雜卉，不但枝幹穿插，花葉掩映，各得其所，有時還用胭脂加以點染，更不是伊秉綬、翁同龢僅純外行所能比擬的。」唯可惜「是他晚年書藝應酬太繁，有許多光陰，無疑已被寫字佔去，否則，那如金的墨戲，多所流傳，至今何減於文與可、蘇東坡的竹石，為文苑生輝，藝林增寶……。」《墨

戲集》（頁七、八）

案：序末署「一九九五年五月八日，啓功識於北大醫院病房，時年第八十四歲」，由是而知其寫作時間與地點。序末段云「去年先生哲嗣益公夫婦，持來先生遺作畫戲梅竹雜卉一巨束，多未著款鈐印。……乃慫恿益公伉儷亟付影印，以廣流傳」，是又知《墨戲集》之問世，乃出於啓功之慫恿。兩幅題詩各一首（見前）。

八月，陳子善編《回憶臺靜農》，上海教育出版社出版。

案：本書實爲臺先生雜文集，收港臺報章雜誌刊載臺先生所作之序跋書簡等，共十九篇。爲繼《龍坡雜文》、《我與老舍與酒》之後出版之第三種雜文集。其中各單篇雜文，多已寫成提要編在本書各年下。

九月，郭豫倫等編《靜農墨戲集》，臺北市鴻展藝術中心出版。

案：此集北京啟功題簽。前有啟功、江兆申、汪中、莊申等序言，末附臺先生自刻用印五十五方，秦賢次〈臺靜農年表〉（依體例當稱簡譜）、林文月〈編後記〉。收梅畫百幅、竹、菊、蘭、葡萄等圖畫十一幅。

十一月廿五日，葉嘉瑩作《臺靜農詩稿》序言，內容分析臺先生寫詩的背景，其中比較《龍坡草》與《白沙草》作品的不同，認為後者「不免於有意為詩之作」，前者「全是純任感情之自然湧現的一片神行之作」。翌年七月又作〈後記〉，分析《龍坡草》中〈甲子春

日〉詩，認為「別具綿渺之思」。

案：葉嘉瑩曾任臺灣大學中文系教授，後赴加拿大任教，定居於溫哥華。與繆鉞教授合著《靈谿詞說》頗受學界重視。

民國八十五年　一九九六　逝後六年

六月，中研院文哲所編《臺靜農先生珍藏書札一》出版，王叔岷教授題署。

案：本集收民國二十八年五月十二日至卅一年四月廿日，臺先生任職四川國立編譯館期間，陳獨秀所寄函札，共百零二封，皆有年月可按，另有五封日期不能確定。陳致臺先生函札外，另有致教育部長陳立夫，編譯館館長陳可忠函各一。又有鄧仲純致臺靜農函，臺先生手鈔陳獨秀〈小學識字教本自序〉。末附陳獨秀詩文一卷、題字對聯、及手書自傳一篇。

十一月，河北石家莊教育出版社出版《二十世紀書法經典：臺靜農卷》。

案：此卷係據臺北華正書局出版之《靜農書藝集》、《續集》合編而成，計行隸共七十七幅，末頁爲印譜，附錄臺先生所著〈魏密雲太守霍揚碑〉及秦賢次所編〈臺靜農年表〉。

是年，長女純懿（一九二七—一九九六）旅居美國病逝，年七十歲。

民國八十六年　一九九七　逝後七年

八月，杜三鑫編《臺靜農（書藝）》，臺北市何創時書法藝術文教基金會出版。

案此標題《臺靜農》，爲繼《臺靜農書藝集》、《續集》之後出版第三部書藝集，可稱《臺靜農書藝三集》。收行隸書法九十三幅，行楷篆書扇面二幅，松竹梅等繪畫小品七幅。書法部分與正續編重出，圖畫多取自《墨戲集》。

十一月，臺北外雙溪故宮博物院舉行「臺靜農先生遺贈書畫展覽」，並出版專集。

案：專集前有院長秦孝儀序，其後次〈臺靜農先生小傳〉。集分二部分：前半爲圖版，包括《明人詩札》六冊，倪元璐書畫手蹟五件，及臺先生書藝六件。詩札及倪氏書畫，七十八年八月臺先生生前捐贈故宮；臺先生書藝乃其卒後由家屬獻與故宮。（書畫捐贈事及名稱，並見七十八年）。集第二部份爲書畫錄。明人詩札六冊共百一十幅，莊申教授一一爲作釋文並加標點注釋（莊氏整理詩冊緣起經過，詳七十八年），又著專論二篇：一、〈明人詩札冊書家傳略〉（毛伯溫至顧源共五十八家）。二、〈明代中期南京地區的詩社與畫社〉。二文分析評述至爲精詳，爲難得佳作。莊申時罹惡疾，已至末期，爲不辜負其世伯之囑託，盡心勉力而爲，精神可感。後三年（八十九年）八月莊逝世。

是年，李霽野在天津逝世，年九十四歲。

民國八十七年　一九九八　逝後八年

九月，盧廷清著《臺靜農的書法藝術》，臺北蕙風堂印行。

案：本書前半爲論著，四章十八節，敘述臺靜農生平事蹟，書法淵源、特色，書學思想及書藝評述。末章結論、附錄年表。後半爲圖版，收錄臺靜農各體書法及篆刻、繪畫一〇三幅。

十一月十八日，臺先生友人臺大歷史系退休教授夏德儀，在美國匹茲堡逝世，年九十八歲。

案：夏先生與臺先生卅五年差不多同時受聘來臺大任教。同事、同住龍坡里數十年，交誼篤厚。夏留有日記，現由其門人整理中，部份已發表於九十四年二、三月號《傳記文學》。（詳見前卅五年）

民國八十九年　二〇〇〇　逝後十年

五月，《臺大中文學報》出版專刊，紀念臺先生逝世十週年。

案：《臺大中文學報》七十四年創刊，臺先生爲之題署。今年十一月臺先生逝世十週年，五月出版第十二期，收曾永義、王國瓔、葉國良等論文十一篇。

十二月二十八日，臺先生家屬將臺先生剩留遺稿，及有關資料等捐贈臺大圖書館。（據典

藏組紀錄）

民國九十年　二〇〇一　逝後十一年

三月六日，中研院文哲所將所藏臺先生手稿、函札等多種資料交由臺大中文系轉送臺大圖書館收藏。（據典藏組紀錄）

案：臺先生逝世後，其遺稿及手鈔各種資料、函件等由家屬送中研院文哲所籌備處收藏。該所嘗編《臺靜農輯存遺稿》及《臺靜農先生珍藏書札》二冊，先後於八十二年二月、八十五年六月出版。（見後）

十月一日，許禮平主編《臺靜農法書集（一）》，香港名家翰墨叢刊社出版。

案：此集收行書、楷、篆、隸書法共五十四幅。楷書〈魯迅詩卷〉居前，行書〈前赤壁賦卷〉殿後。附馬國權〈臺靜農及其篆刻藝術〉評論。

盧廷清作〈……臺靜農的書法藝術〉，載九十年十月歷史博物館出版《臺靜農書畫紀念集》（頁八一一五）。內容主要評析臺先生各體書藝、書學思想及時代精神與省思。結語中謂「臺靜農偏愛〈石門頌〉與倪元璐書法，……經過長期間深造自得的實踐，也就漸成了自我的書風。」「〈石門頌〉的雄健恣肆與倪元璐的剛勁秀逸，實與臺靜農內在性格有很深刻的聯繫，這正是臺靜農書法磅礴大氣，剛毅勁拔的根源。」

案：作者畢業於師大美術系，現任教於臺北實踐大學，著有《臺靜農的書法藝術》一書（八十七年臺北蕙風堂出版），本文大部分摘錄自該書。

臺益堅作〈先父臺靜農先生書畫生涯紀事〉，載九十年十一月歷史博物館出版《臺靜農書畫紀念集》（頁六－七）。文記捐贈倪元璐書法真跡及捐贈臺先生自寫書法作品於故宮之始末經過。前者出於臺先生的叮囑，後者由於家人的請求。文末述及臺先生抗戰時期避亂入川，用舊報紙練字，在學書過程中受陳獨秀評沈尹默書法「字外無字」語的影響，多年後論書藝必強調個人思想、感情、襟懷的重要性。「自出新意」是臺先生所追求「字外之字」的境界。

十月廿五日，臺北市歷史博物館舉行「臺靜農書畫紀念展」並出版《臺靜農書畫紀念集》。

案：紀念展爲期一個月，紀念集收篆、隸、楷、行、草各體書法及梅花、蘭、竹等繪畫作品，總共二百多幅。其中書畫有部分選自已出版之《靜農書藝集》、《續集》、《三集》、《墨戲集》。大部分乃取自私藏，前所未見者，如臨隸書衡方碑橫幅長卷，臨行筆王世貞橫幅〈千字文〉長卷（一二一五公分、寬三五公分），皆初次展印，一新眼界，令人驚異。此集圖版前除館長黃光男序及臺益堅文外，又錄盧廷清〈臺靜農的書法藝術〉，蔡耀慶〈臺靜農先生的小品墨戲術〉等二篇專文。

十一月九日，香港翰墨軒出版《臺靜農詩集》。

案：詩集爲許禮平編注，收新詩六首，舊體詩七十五首，共八十一首。以臺先生自書詩稿（包括六十四年歇腳盦詩鈔四十五首，七十八年龍坡丈室詩稿六十九首）爲底本，參以門人私藏詩稿墨跡，加以整理注釋。詩集前部爲影印詩稿本，其後次以排印版，加標點注釋。集前有葉嘉瑩序言，末附舒蕪（方管）、方瑜等三篇紀念文章。許禮平作〈臺靜農先生行狀〉殿其後。

十一月廿三日，臺先生百歲冥誕，臺大中文系廿三、廿四兩日，舉辦「百年光華」紀念會。節目有：一、手稿書畫展。二、紀念座談會—臺靜農先生的風範。三、紀念學術研討會。

案一、手稿最主要有《中國文學史稿》、《晚明講史》、《漢代奴隸制度史徵》手鈔資料以及師友書信書畫數十幅，多係私藏，未曾印出。展期自十一月廿三日至十二月卅一日，地點在臺大圖書館地下一樓。二、座談會，由臺大中文系主任葉國良主持，廿三日上午舉行，地點在圖書館地下一樓國際會議廳。三、紀念學術研討會，廿三日下午至廿四日舉行，發表論文十二篇。是年十二月編爲《臺靜農先生百歲冥誕學術研討會論文集》，由臺大中文系出版。

許禮平主編《臺靜農法書集（二）》，香港名家翰墨叢刊社出版。

案：此集收行書、楷、篆、隸、金文共五十八幅。其中篆書金文各一，末爲行書函札三通，附錄編者作〈臺公靜農臺先生的行狀〉。

十一月，盧廷清著《沈鬱勁拔臺靜農》，臺北市雄獅圖書公司出版。

案：本書分五章，敘述臺先生一生經歷及書法成就，配以書畫及有關人物圖片，實爲一配圖傳記。其中著錄若干私藏書法及有關資料，足供研究參考。雖學術嚴謹稍嫌不足，然不失爲一生動活潑通俗性作品。

夏明釗著《臺靜農評傳》手稿，待出版。

案：夏明釗爲安徽合肥社科院文學所研究員，評傳約五萬言，寫臺先生一生經歷及成就。著重文學，小說部分，論之尤詳。

羅聯添著《臺靜農先生學術藝文編年考釋》手稿，待出版。

案：全書約六十萬言。前爲序言、凡例、圖影，正文分七部分，末附錄四項。

十二月廿六日，許禮平編《臺靜農—逸興》書畫冊，香港名家翰墨叢刊社出版。

案：本集包括二部分：前爲臺先生書畫圖版共五十四幅，後爲紀念文章九篇。〈臺靜農款印〉四十七方，另有臺先生〈書藝集序〉及臺益堅〈身處艱難氣若虹〉二文英譯。繪畫部分，除前四幅外，實取《靜者逸興冊》及《臺靜農三絕冊》二種彙集而成。《逸興》爲人物及花木果樹等數十幅小品繪畫，民國五十四年贈與莊嚴（慕陵）（見前）。《三絕冊》爲民國七十三年應女弟子施叔之請，作畫九幅並題字，書寫自作詩二十八首，謝稚柳稱此詩書畫爲三絕（見前）。

臺益堅為文，題〈身處艱難氣若虹—懷念先父百年永壽〉，載九十年十二月二十六日出版《名家翰墨臺靜農—逸興》冊。（頁九八—一〇二）內容記：

一、三次牢獄之災。二、抗戰避亂入川寓白沙柳馬岡莊院。三、移居黑石山及山居環境生活。四、任教女師院，嘗與同好舉辦金石書畫聯展。五、溫州街舊宅（即歇腳盦）後院有老榕樹，多年前「父親對我說『這些老榕樹長滿鬚根，深垂入土，都是為了防風暴的。』今天回想起來倒別有深意。」

案：標題取自臺先生自刻一方篆字印文，不知何時所刻。見《墨戲集》（頁七七）、《配圖傳記》（頁一〇六）、《逸興》冊（頁九五、九八）。自作書畫上似未用。

輔大中文所王靜芝教授為文紀念臺先生百歲冥壽，題〈憶曾微雨過龍坡〉，載九十年十二月二十六日出版《名家翰墨臺靜農—逸興》冊（頁一一六—一一七）。文中記臺先生跟一位女學生說的一段書法立體理論：

書法就寫在紙上來說，當然是平面的，但就書法的形貌來看，卻有立體感。先就一個字來說，字是用有彈性的毛筆寫的。毛筆是一個圓錐體，尖細，根粗。落筆用尖處，就點畫細；落筆向下按，就點畫粗。因此，一個字的筆畫，就看寫字的人如何用筆，如何按，如何提起，於是產生粗細不同的變化。粗的部分，比較突顯；細的部分，就顯得微弱。而且每一個字的結體，都有重點、聚散、姿態，重點也就是突顯的部分。突顯的部分和輕微的部分對比，就產生前後空間，而有立體感。再就一行來說，排列之間，字有大小粗細，疏密濃淡。粗大濃密之處，自然突顯；細疏淡小之處，自然微現退後。這樣，這一行之間就分出輕重明暗，而不是印版排算了。再多行排列，成為一幅。多行並列，顧盼之間，輕重濃淡，參差錯落，就成了一個整體的，多姿多態，有立體感的畫面。

案：王靜芝自云：「曾寫過一篇短文，題作〈書法的立體觀〉，發表在《臺灣美術》期刊上。臺先生當然沒有看到過，我認爲這一理論是我獨得之秘，而臺先生竟脫口而出。」臺先生說話向來簡短，此段紀錄所以如此詳盡，或由於王氏早已有同感。

捌、附錄

附錄一　書畫疑年

（一）書法

字體	題稱	款識	鈐印	著錄
隸書	「南士」「江右」十二言聯	貴筑楊龢甫調元集世說北史文苑傳序語　靜農書於龍坡丈室	靜者白首攻之　臺靜農　龍坡　靜者	書藝三集頁61
行書	寒玉堂「龍飛」「虎躍」七言聯	大千八兄誨正　寒玉堂聯語　靜農書於台北龍坡	觀海者難爲水　臺靜農　歇腳盦	書藝三集頁62 書畫記念集頁170
隸書	「大翼」「長松」七言聯	臺靜農於龍坡丈室	臺靜農印信　龍坡	書藝三集頁63
行書	沈尹默論書詩條幅	尹默師論書詩　靜農落祖宮二字	龍坡　臺靜農　靜者	書藝三集頁65 書畫記念集頁78-79
隸書	臨漢石刻條幅		淮南　臺靜農	書藝三集頁66 書畫記念集頁24
行書	東坡七言詩條幅	靜農書東坡詩	臺靜農　靜者	書藝三集頁67 書畫記念集頁75

字體	題稱	款識	鈐印	著錄
行楷	「巖下」「林間」七言聯	峰彰先生雅正　臺靜農於龍坡丈室	守斯寧靜爲君大年　臺靜農　龍坡丈室	書藝三集頁68　書畫記念集頁165
行書	「欲寄」「偷摧」十一言聯	梁任公集宋人詞句　靜農書於台北龍坡里	肖形印　淮南　靜農無恙	書藝三集頁69　書畫記念集頁153
行書	簡齋五言詩條幅	靜農寫簡齋詩	靜農無咎	書藝三集頁70　書畫記念集頁71
楷書	集張玄慕誌條幅		壁還　臺靜農	書藝三集頁71　書畫記念集頁31
隸書	「大海」「平原」七言聯	靜農於龍坡	龍坡　靜農無恙	書藝三集頁72
行書	南田岳祠詩條幅	南田岳祠詩　靜農於龍坡	靜農無咎	書藝三集頁74　書畫記念集頁70
楷書	臨爨龍顏碑條幅	擬爨碑　農	靜農無恙	書藝三集頁75　書畫記念集頁32
隸書	「豈無」「試看」十言聯		淮南　臺靜農　龍坡	書藝三集頁76

字體	題稱	款識	鈐印	著錄
隸書	臨「南士」「江右」十二言聯		淮南　靜者手藝　臺靜農　停雲	書藝三集頁77
行草	「神龍」「猛虎」七言聯	宏勉淑女賢伉儷清賞　臺靜農書龍坡丈室	臺靜農　龍坡靜者	書藝三集頁81
篆書	「酒闌」「簾垂」七言聯	宏勉淑女賢伉儷存之　臺靜農於龍坡丈室	龍坡　臺靜農印信	書藝三集頁82
行書	弘一法師集華嚴經七言聯	弘一法師集華嚴經句　靜農於龍坡丈室	龍坡　靜農無恙	書藝三集頁84
隸書	臨鄧完白四聯屏	完白山人隸法，直承兩京，一洗唐以後之弊，有起衰振廢之功。朋量兄屬爲臨之，不能似，即希正之。靜農於臺北寄寓	靜者白首攻之　靜農無咎	書藝三集頁85-86　書畫記念集頁38-39
隸書	「道力」「明哲」五言聯	靜農於龍坡	靜農無咎	書藝三集頁87　書畫記念集頁132
隸書	寒玉堂五言聯	寒玉堂聯文　臺靜農於龍坡	淮南　臺靜農印信　歇腳盦	書藝三集頁88

字體	題稱	款識	鈐印	著錄
楷書	「酒浮」「歌落」七言聯	仲夏蕤賓之月　臺靜農於龍坡	靜農無咎　靜者　白首攻之	書藝三集頁89
行書	集三公山碑八言聯	曹元忠集三公山碑　靜農於臺北龍坡	臺靜農　靜者	書藝三集頁90 法書集（一）頁26
隸書	集禮器碑七言聯	孔子廟禮器碑集字　靜農於臺北龍坡	淮南　臺靜農	書藝三集頁91 法書集（一）頁25
隸書	集景君碑五言聯	漢景君碑，渾厚峻峭，間有篆法，於東京諸碑，別成一格。試龍鬚筆更中使作字亦別有致。臺靜農於龍坡。	龍坡　靜農無恙	書藝三集頁92 法書集（一）頁24
隸書	鄧石如詩	偶見完白山人書，戲摹之　靜者		法書集（一）頁23
篆書	「文章」「其人」五言聯	龍坡靜者		法書集（一）頁27
行書	玉谿生句	方瑜女弟屬書　靜農於歇腳盦	澹臺靜農	法書集（一）頁35

字體	題稱	款識	鈐印	著錄
行書	七言絕句	靜者	老夫學莊列者　臺靜農　龍坡丈室	法書集（一）頁36。
行書	知堂、沈尹默唱和詩卷	此春初所錄，署師秋明翁筆意即呈　維摩老居士病榻　靜者	臺靜農　靜者	法書集（一）頁38-39
行書	查初白詩七言聯	查初白詩語　靜農試龍鬚筆於歇腳盦	觀海者難爲水　靜農無咎　歇腳盦	法書集（一）頁42
行書	人生實難大道多歧	靜者於龍坡	定慧　臺靜農	法書集（一）頁46-47
隸書	韓碑	臨韓碑六十一字，夏生女姪存之　靜農	永壽，靜者　臺靜農	法書集（一）頁48-49
隸書	衡方碑	試鳩居堂寸松筆，極劣。農	龍坡　靜農無恙	法書集（一）頁50-51
行書	杜少陵閣夜詩	書杜少陵閣夜詩　靜農	身處艱難氣若虹　臺靜農　者回折了草鞋錢	法書集（一）頁52

字體	題稱	款識	鈐印	著錄
行書	五言詩	靜農	者回折了草鞋錢 澹臺靜農	法書集（一）頁53
楷書	龔孝拱七言聯	此龔孝拱筆意。孝拱爲定盦子，其才與怪一如乃翁。靜農於臺北龍坡里歇腳盦。	歇腳盦 臺靜農 肖形印	法書集（一）頁54
隸書	「青春」「楊柳」四言聯	靜者	靜農	法書集（一）頁70
行書	南田題畫詩	南田題畫之作 臺靜農	臺靜農 龍坡	法書集（一）頁75
行書	黃山谷詩	黃山谷和黃龍清老詩 靜農	靜農無恙	法書集（一）頁77。
隸書	博覽周聞	墨南先生富收藏，精鑑賞，書太史公語奉貽，即乞教正 靜農	靜農無咎	法書集（二）頁8-9
隸書	臨石門摩崖扇面	禮平先生雅屬 臺靜農	臺靜農	法書集（二）頁14-15

字體	題稱	款識	鈐印	著錄
行書	七言詩扇面	禮平先生雅屬　臺靜農	臺靜農	法書集（二）頁16-17
行書	義山詩	義山〈杜工部蜀中離席〉　臺靜農書於龍坡丈室	笑把隃麋雜酒礶　澹臺靜農　者回折了草鞋錢	法書集（二）頁23
篆書	格言	曾於吾師勵耘老人壁上見東塾先生以篆法書此數語　靜農	定慧　龍坡　臺靜農印信	法書集（二）頁24
楷書	樊山詩七言聯	樊山老人詩句　龍坡丈室　靜者	榮木　臺靜農　靜者	法書集（二）頁30
行書	「春歸」「雨洗」七言聯	臺靜農試於龍坡丈室	靜者白首攻之　臺靜農　龍坡丈室	法書集（二）頁31
行書	「鹿鳴」「鳥步」七言聯	國楨先生雅屬　臺靜農於龍坡	臺靜農　龍坡丈室	法書集（二）頁32
隸書	石門摩崖五言聯	石門楊君摩崖集字　靜農於臺北龍坡	一食清齋　靜農無咎　歇腳盦	法書集（二）頁33

字體	題稱	款識	鈐印	著錄
隸書	曹全碑	曹全碑	靜農無恙	法書集（二）頁46
行書	趙松雪論書詩	右趙松雪論書兩詩，並論書法者。爲禮平先生書之。	臺（花押）靜農無恙	法書集（二）頁50-51
隸書	「老健」「詰屈」五言聯	臺靜農於龍坡丈室	守斯寧靜爲君大年　臺靜農	法書集（二）頁71
隸書	四體四屏其一	擬漢金文 臺靜農於龍坡	臺靜農	書畫紀念集頁22 書藝三集，頁80
楷書	四體四屏其二	康長素論書詩：「漢經以後音塵絕，惟有龍顏第一碑。」靜農。	臺靜農	書畫紀念集頁22 書藝三集，頁79
行書	四體四屏其三	臨索靖出師頌。靖字幼安，敦煌人，散騎常侍張芝姐之孫也。靜農。	臺靜農	書畫紀念集頁23 書藝三集，頁79
行書	四體四屏其四	義弘以四幅屏紙屬書，勉擬四體書以應。 臺靜農於龍坡丈室	靜農無咎	書畫紀念集頁23 書藝三集，頁80

字體	題稱	款識	鈐印	著錄
隸書	臨漢石刻條幅	無	淮南　臺靜農	書畫紀念集頁24
楷書	嵩高碑條幅	偶見寐叟臨此數語，不免技癢，似亦有合處。此洋紙亦可書。嵩高碑爲魏泰安二年，當劉宋孝建三年也。龍坡靜者	雲在龕收藏印　臺靜農　酒後	書畫紀念集頁28-29
楷書	集張玄墓誌條幅	無	璧還　臺靜農	書畫紀念集頁31
隸書	擬爨碑	擬爨碑，農	靜農無恙	書畫紀念集頁32
隸書	石門摩崖條幅	久未臨池，抽暇摹石門摩崖。靜農	一食清齋　臺靜農印　信　靜者	書畫紀念集頁33
隸書	西王母神耆童帝二女圖讚條幅	西王母神耆童帝二女圖讚　臺靜農	淮南　靜農無恙	書畫紀念集頁35
隸書	崑崙丘圖讚條幅	育隧谷太華昆侖丘圖讚　臺靜農	淮南　靜農無恙	書畫紀念集頁35

字體	題稱	款識	鈐印	著錄
隸書	裴岑紀功碑短幀	摹裴岑紀功碑於台北龍坡里之歇腳盦	一食清齋　臺靜農　靜者	書畫紀念集頁36
隸書	臨華山碑小中堂	西嶽華山碑　靜農臨於龍坡	守斯寧靜爲君大年　臺（花押）　靜農無恙	書畫紀念集頁44
行書	七字小中堂	靜者	臺靜農	書畫紀念集頁61
行草	七絕條幅	靜者	一食清齋　臺靜農　靜者	書畫紀念集頁62
行草	宋僧立悟大師詩條幅	宋僧立悟大師詩，見夷白齋詩話。臺靜農於龍坡丈室。（夷白齋詩話，明人顧元慶作。）	守斯寧靜爲君大年　臺靜農　龍坡丈室	書畫紀念集頁69
行草	康南海論書詩條幅	康南海論書詩　靜農於歇腳盦	一食清齋　靜者白首攻之　澹臺靜農	書畫紀念集頁69
行草	南田岳祠詩	南田岳祠詩，靜農於龍坡	靜農無咎	書畫紀念集頁70

字體	題稱	款識	鈐印	著錄
行草	簡齊詩	靜農寫簡齊詩	靜農無咎	書畫紀念集頁71
行草	東坡詩條幅	靜農書東坡詩	臺靜農　靜者	書畫紀念集頁75
行書	沈尹默論書詩	沈尹默論詩書　臺靜農落祖宮二字	龍坡　臺靜農 靜者	書畫紀念集頁78-79
行書	東坡詞條幅	靜農	澹臺靜農	書畫紀念集頁79
行書	康長素論書詩中堂	康長素論書詩，木泉先生雅屬。臺靜農於龍坡丈室。	笑把隃麋雜酒礰 臺靜農　龍坡丈室	書畫紀念集頁80
行書	南田煙柳江邨中堂	南田煙柳江邨　臺靜農書於龍坡丈室	笑把隃麋雜酒礰 臺靜農　龍坡丈室	書畫紀念集頁80
行書	姜白石詩條幅	姜白石小詩極有風致，南宋詩人中別具一格者。秋雄先生清屬。靜農於臺北龍坡。	靜農無咎　者回折了草鞋錢	書畫紀念集頁84
行草	七律中堂	靜農	者回折了草鞋錢 澹臺靜農	書畫紀念集頁86

行草	南田送友人詩中堂	偶得舊宣城紙，書南田送友人詩　靜農	臺靜農　靜者白首攻之	書畫紀念集頁87
行書	東坡詩短幀	東坡望湖樓醉書，靜農	醉夢　臺靜農	書畫紀念集頁100
楷書	陶淵明飲酒、讀山海	此昔年書於曆紙背者，今無此目力矣。龍坡靜者。	臺靜農	書畫紀念集頁104
行書	東坡詩短幀	東坡詩　靜農	定慧　臺靜農　靜者白首攻之	書畫紀念集頁105
行書	五言詩橫披	壽耆先生清正，靜農	臺靜農印信	書畫紀念集頁106-107
行書	臨顏忠義堂帖暨墨梅	靜農先生，寫梅或臨古碑帖，嘗數數得見雅逸之氣，每每撲人眉宇，而其臨書，則又自具神采，不拘形跡。此幀當爲翁暇時遣興之作，前爲臨顏忠義帖中之訊後帖，去其形而具其神，形神間仍爲翁自我筆墨。後寫墨梅，疏枝雖未具款，其爲翁作蓋無或疑。快覽之餘，因爲記之	吳平　堪白	書畫紀念集頁108-109

字體	題稱	款識	鈐印	著錄
		。丙子中秋前五日，堪白，吳平。（案此款識乃吳平於丙子年八月十日所題，即民國八十五年九月廿二日）		
行書	梅村詩手卷	殘紙書梅村詩於龍坡，靜農	龍坡　靜農無恙	書畫紀念集頁114-1115
行書	臨蘇東坡寒食帖橫披	無	淮南　靜者	書畫紀念集頁120-121
隸書	寒玉堂「升（斗）室」「衡門」五言聯	石門摩崖，參以張遷碑筆意，未能會通，反成惡札，奈何！寒玉堂製聯文，書爲秋雄兄清賞。靜農於龍坡。	者回折了草鞋錢　靜農無咎　靜者白首攻之	書畫紀念集頁128
隸書	「詩稿」「瑾瑜」五言聯	臺靜農於龍坡	守斯寧靜爲君大年　臺靜農　龍坡丈室	書畫紀念集頁129

字體	題稱	款識	鈐印	著錄
隸書	「南北」「春秋」五言聯	石門摩崖集字，靜農於臺北龍坡里	澹臺靜農	書畫紀念集頁131
隸書	寒玉堂「白蓮」「紅葉」五言聯	寒玉堂聯文，臺靜農於龍坡	淮南　臺靜農印信　歇腳盦	書畫紀念集頁133
隸書	「月出」「風定」五言聯	夏生女姪存之，靜農於龍坡里	臺靜農　靜者	書畫紀念集頁134
隸書	「陽春」「山水」五言聯	臺靜農於歇腳盦	靜農無咎　靜者　白首攻之	書畫紀念集頁135
隸書	「靜坐」「虛懷」六言聯	臺靜農於龍坡	靜農手藝　淮南　臺靜農印信	書畫紀念集頁136
隸書	「百鹿」「九龍」七言聯	莊靈賢侄存之　靜農於龍坡里	靜者　臺靜農	書畫紀念集頁137
行草	「大翼」「長松」七言聯	臺靜農於龍坡丈室	臺靜農印信　龍坡	書畫紀念集頁138
隸書	「大海」「平原」七言聯	靜農於龍坡	龍坡　靜農無恙	書畫紀念集頁140

字體	題稱	款識	鈐印	著錄
隸書	「老子」「大令」七言聯	秋雄兄清屬，靜農於臺北龍坡	者回折了草鞋錢　靜農無咎　靜者白首攻之	書畫紀念集頁141
隸書	梁任公集詞「笑索」「醉眠」十言聯	玉田〈木蘭花慢〉、夢窗〈解連環〉、玉田〈木蘭花慢〉、東坡〈清平樂〉、西麓〈木蘭花慢〉靜農書梁任公集詞於台北龍坡。	歇腳盦　靜農　臺靜農	書畫紀念集頁143
行書	臨弘一法師書法「照除」「能然」七言聯	弘一法師集華嚴經句　靜農於龍坡丈室	龍坡　靜農無恙	書畫紀念集頁148
行楷	「狂吟」「累盡」七言聯	臺靜農書於臺北	臺靜農印信　龍坡	書畫紀念集頁149
行楷	梁任公集宋人詞「欲寄」「倘摧」十二言聯	梁任公集宋人詞句　靜農於龍坡里	肖形印　淮南　靜農無恙	書畫紀念集頁153
行書	「中國」「北朝」七言聯	臺靜農於龍坡丈室	靜者八十歲後作　臺靜農　龍坡丈室	書畫紀念集頁154

字體	題稱	款識	鈐印	著錄
行楷	「詩詞」「書畫」七言聯	彧華吾兄製聯屬書 臺靜農於龍坡里	臺靜農印信 龍坡	書畫紀念集頁155
行書	「多情」「餘事」五言聯	天才先生雅屬 靜農於臺北寄寓	臺靜農印信 歇腳盦	書畫紀念集頁156
行書	梁任公集宋詞「海燕」「綠荷」七言聯	梁任公集宋人詞句 臺靜農於龍坡丈室	淮南 臺（花押） 靜農無恙	書畫紀念集頁157
行書	「萬卷」「十年」七言聯	臺靜農於龍坡丈室	臺靜農 龍坡丈室	書畫紀念集頁159
行楷	「輪箘」「寂寞」七言聯	靜者於臺北龍坡	淮南 龍坡 靜者	書畫紀念集頁161
行書	「春草」「梨花」七言聯	靜者醉墨	守斯寧靜爲君大年 臺靜農 龍坡丈室	書畫紀念集頁162
行書	「疏種」「多栽」七言聯	靜農於龍坡	靜者八十歲後作 臺靜農 龍坡丈室	書畫紀念集頁163
行草	寒玉堂「畫中」「琴外」七言聯	寒玉堂聯文 臺靜農於龍坡	笑把隃麋雜酒礰 臺靜農 龍坡丈室	書畫紀念集頁164

字體	題稱	款識	鈐印	著錄
行草	「嚴下」「林間」七言聯	峰彰先生雅正 臺靜農於龍坡丈室	守斯寧靜爲君大年 臺靜農 龍坡丈室	書畫紀念集頁165
行草	「每矜」「自得」七言聯	臺靜農書於龍坡丈室	靜者八十歲後作 臺靜農 龍坡丈室	書畫紀念集頁166
行書	「每懷」「自有」七言聯	寒玉堂聯文 臺靜農於龍坡	笑把隃麋雜酒礴 臺靜農印信 龍坡丈室	書畫紀念集頁167
行書	「無酒」「左壁」八言聯	靜農書於臺北龍坡里	靜者白首攻之 靜農無咎 一食清齋 龍坡	書畫紀念集頁168
行書	「千樹」「半塘」七言聯	勝鍾弟屬書 臺靜農	靜者白首攻之 臺靜農 龍坡丈室	書畫紀念集頁169
行書	寒玉堂「龍飛」「虎躍」七言聯	靜農於臺北龍坡	靜農無咎	書畫紀念集頁171
行書	「紅藕」「碧蘿」六言聯	靜農於龍坡	龍坡 靜農無恙	書畫紀念集頁172

字體	題稱	款識	鈐印	著錄
行書	南田詩扇	南田柴桑懷古 臺靜農書	臺靜農	書畫紀念集頁178
行書	南田贈洪昉詩畫扇	南田贈洪昉思北遊 臺靜農書	臺靜農	書畫紀念集頁179
行書	南田飛龍曲畫扇	南田飛龍曲 臺靜農書	臺靜農	書畫紀念集頁180
行書	南田晚唱畫扇	南田晚唱 臺靜農書	臺靜農	書畫紀念集頁181
行書	梅畫扇背五言詩四首	臺靜農於龍坡丈室	臺靜農 靜者	書畫紀念集頁183

附錄一　書畫疑年

（二）繪畫

畫名	題辭款識	鈐印	收藏者	著錄
小松圖	題七絕二首　靜農	臺靜農　靜者		書藝三集頁93 墨戲集頁13
菊竹圖	靜農寫於歇腳盦	歇腳盦　靜者		書藝三集頁94
仿項孔彰墨梅圖	仿項孔彰並錄其詩　靜者（案所錄之詩應爲蘇軾詩）	肖形印　靜者　龍坡		書藝三集頁95
紅梅圖	靜者	守思寧靜爲君大年 靜者無恙		書藝三集頁96
木芙蓉	（無）	淮南　臺靜農	陳夏生	逸興頁49
暗　香	牆角數枝梅，凌寒獨自開，遙知不是雪，爲有暗香來。靜者。	臺靜農　龍坡		逸興頁50
凌寒獨自開	牆角數枝梅，臨寒獨自開。靜者。	臺靜農　龍坡　停雲		逸興頁54

畫名	題辭款識	鈐印	收藏者	著錄
羅兩峰筆意梅花	空谷佳人洛浦仙，洗粧眞態更嬋娟。廣平莫倚心如鐵，掩起清愁又破禪。兩峰子。（羅聘號兩峰道人）	臺靜農		逸興頁55
寒枝幽花	周紫芝詩　靜農題舊作	龍坡　臺靜農	陳夏生	逸興頁56
梅　花	靜農	靜農無恙　淮南肖形印	陳夏生	逸興頁58
梅　花	南樓不恨吟橫笛，恨曉風千里關山半飄零，庭下黃昏冷闌干。吳君特詞。靜農。	臺靜農　歇腳盦		逸興頁101
墨　梅	靜者酒後寫	臺靜農印信	陳夏生	逸興頁109
扇面畫梅	龍坡靜者擬會稽趙悲庵	臺靜農	陳井星	書畫紀念集頁183
梅　花	靜者於龍坡丈室	永壽　臺靜農　酒後者回折了草鞋錢		書畫紀念集頁184

畫名	題辭款識	鈐印	收藏者	著錄
梅花	啟功敬題	啟功私印 元伯 停雲 臺靜農		書畫紀念集頁184-185
梅花	乙亥正月 雨盦	淮南 臺靜農 汪中 名中字履安		書畫紀念集頁187
梅花	乙亥春正 汪中並識	汪中 名中字履安 歇腳盦 臺靜農		書畫紀念集頁188
梅花	甲戌冬日，拜觀龍坡先生遺墨，凄然拈句書於後。啓功	啟功私印 元伯 臺靜農		書畫紀念集頁189
梅花	冬心先生句 兩峰畫	靜農無恙		書畫紀念集頁191
水仙、梅	靜老遺墨 江兆申敬題	江兆申印 物外眞游 臺靜農 龍坡		書畫紀念集頁192
梅花	靜者	靜農無恙 淮南		書畫紀念集頁193
梅花	故人近日全疎我，折得梅兒贈與誰。冬心句 靜者	臺靜農 定慧 歇腳盦		書畫紀念集頁194

畫名	題辭款識	鈐印	收藏者	著錄
竹、菊	靜者寫於歐腳盦	靜者　歐腳盦		書畫紀念集頁195
竹、石		停雲　臺靜農　龍坡		書畫紀念集頁196
梅、芭蕉		歐腳盦		書畫紀念集頁197
紫　玉	學漢韓叔節孔廟神器碑字，拜識靜農先生墨畫葡萄。江兆申書	江兆申印　物外眞游　淮南　臺靜農　龍坡		書畫紀念集頁198
葡　萄	靜農先生遺作，乙亥春日。菽原江兆申拜觀後題	江兆申印　物外眞游　歐腳盦　臺靜農　停雲　龍坡		書畫紀念集頁199
梅　花	久不爲此殊不成樣子　靜農	臺靜農		輯存遺稿頁26-27
梅　花	一自荒山成獨往，堂堂歌哭寄南枝。靜者	榮木　老夫學莊列者		輯存遺稿頁28-29
梅　花	落紅不是無情物，化作春泥猶護花。靜者	臺靜農		輯存遺稿頁30-31

畫名	題辭款識	鈐印	收藏者	著錄
小梅（上右下左各一）	故國神遊，多情應笑我，早生華髮。龍坡居民	龍坡　肖形印		輯存遺稿頁32-33
葫蘆	依樣依樣，只是不像。靜者	靜者　醉夢		輯存遺稿頁34-35
秋蘭	紉秋蘭以爲佩　歇腳盦行者	歇腳盦　爲君長年		輯存遺稿頁36-37
老松	靜者	靜者		輯存遺稿頁40-41

附錄二　學術論著暨藝文作品類目編年

單篇著作收入文集代號：一、靜農論文集△　二、臺靜農文集▽　三、龍坡雜文○
四、回憶臺靜農◎　五、臺靜農散文集□

(一)學術論著

書・篇名	出處	寫作出版年月
山歌原始之傳說	語絲週刊一〇	一四、一、一九
淮南民歌第一輯(一)	歌謠週刊八五	一四、四、五
淮南民歌第一輯(二)	歌謠週刊八七	一四、四、一九
淮南民歌第一輯(三)	歌謠週刊八八	一四、四、二六
淮南民歌第一輯(四)	歌謠週刊九一	一四、五、一七
淮南民歌第一輯(五)	歌謠週刊九二	一四、五、二四
致「淮南民歌」的讀者	歌謠週刊九七	一四、六、二八

書·篇名	出處	寫作出版年月
淮南情歌三輯	小說月報第一七號外（上）	一六、一
宋初詞人	北京大學研究所國學門月刊一：四 ▽	一六、六
從「杵歌」說到歌謠的起源	歌謠週刊二：一六創作月刊一：一 △	二五、九、一九 三七、四、一
魯迅先生的一生	抗戰文藝週刊二：八 ▽	二七、一〇、二九
魯迅先生整理中國古文學之成績	理論與現實季刊一：三 ▽	二八、一一、一五
記錢牧齋遺事	七月月刊五：四（署名：孔嘉） ▽	二九、一〇
兩漢簡書史徵	靜農論文集	二九、一一、三一 七八、一〇
讀《日知錄校記》	抗戰文藝月刊七：二、三合刊 （署名：孔嘉） ▽	三〇、三、二〇
關於「西遊記」江流僧本事	文史雜誌一：六 △	三〇、六、一六

書・篇名	出處	寫作出版年月
南宋小報	東方雜誌半月刊三九：一四 △	三二、九、三〇
南宋人體犧牲祭	國立女子師範學院學術集刊一 △	三四
黨錮史話	希望月刊二：四（署名：釋耒）▽	三五、一〇、一八
屈原天問篇體製別解	臺灣文化月刊二：六 △	三六、九、一
古小說鉤沈解題	臺灣文化月刊三：一 ▽	三七、一、一
兩漢樂舞考	臺灣大學文史哲學報一 △	三六、五 三九、六
記四川江津縣地卷	大陸雜誌一：三 △	三九、八、一五
「解金貂」與「溫柔鄉」（後改題〈記孤本「解金貂」與「溫柔鄉」兩傳奇的內容及結構〉）	大陸雜誌一：四、五 △	三九、八、三一 三九、九、一五

書・篇名	出處	寫作出版年月
談寫經生	大陸雜誌一：九△	三九、一一、一五
冥婚	大陸雜誌一：一〇△	三九、一一、三〇
中國文學由語文分離形成的兩大主流	大陸雜誌二：九、一〇△	四〇、五、一五 四〇、五、三一
論兩漢散文的演變	大陸雜誌五：六	四一、九、三〇
嵇阮論	靜農論文集	約四五 七八、一〇
魏晉文學思想的述論	文學雜誌一：四（署名：白簡）△	四五、一二、二〇
柳宗元	《中國文學史論集》第二集	四七、四
關於李白	文學雜誌四：三	四七、五、二〇
中國文學史稿	臺大圖書館收藏。臺灣大學出版中心題《中國文學史》（上下冊）出版	四九—五〇 九三、一二

書・篇名	出處	寫作出版年月
論碑傳文及傳奇文	傳記文學四：三 《唐代文學論集》二輯，臺北新文豐出版社	五三、三、一 八一、一一
南宋人體犧牲祭	《宋史研究集》△	五三、一〇
論唐代士風與文學	臺灣大學文史哲學報一四　羅聯添編《中國文學史論文選集》(三)台灣學生書局　△	五四、一一　六八 六八　七五（再版）
「夜宴圖」與韓熙載	純文學一：五　○□	五六、一
從「選詞以配音」與「由樂以定辭」看詞的形成	現代文學三	五六、一二
淮南民歌	民俗叢書第二四種（東方文化書局）	六〇
天問新箋	藝文印書館初版　△	六一、五
女眞族統治下的漢語文學—諸宮調	中外文學一：一　△	六一、六、一
題顯堂所藏書畫錄	書目季刊七：三　△	六二、一二、一六

書・篇名	出處	寫作出版年月
百種詩話類編（上、中、下）	藝文印書館初版	六一完成 六三、三
書「宋人畫南唐耿先生煉雪圖」之所見	中外文學三：八　△□	六三、七 六四、一、一
佛教故實與中國小說	香港大學「東方文化」一三：一　△	六四、一
唐明皇青城山敕與南岳告文	書目季刊八：四　△	六四、三、一六
書道由唐入宋的樞紐人物楊凝式	《沈剛伯先生八秩榮慶論文集》　△	六五、一二
讀騷析疑	「東吳文史學報」二　△	六五、一二、輯成 六六、三
鄭羲碑與鄭道昭諸刻石	「董作賓先生逝世十四週年紀念刊」　△	六六、九 六七、三
大千居士畫學	藝海雜誌三：一	六七、五、一
魏密雲太守霍楊碑	書目季刊一三：四	六九、三、一六

書・篇名	出處	寫作 出版年月
記王荊公詩集李壁箋注的版本	「輔仁學誌」一〇　△	七〇、六
靜農論文集（代號△）	聯經出版公司初版	七八、一〇
唐代詩歌的發展	臺大中文學報四期	五〇 八〇、六
唐代自然派詩人	臺大中文學報四	五〇 八〇、六
紱除與王羲之蘭亭集序	臺大中文學報五	六二、四 八一、六
庾信的賦	臺大中文學報五	四五—四六 八一、六

附錄二　學術論著暨藝文作品類目編年

（二）雜文（序跋、散文、書函、雜記、輓聯）

書・篇名	出處	寫作出版年月
鐵柵之外	京報・莽原週刊十期▽	一四、六、二三
記—	京報・莽原週刊二六期（署名：青曲）▽	一四、一〇、一六
奠六弟	莽原半月刊四期▽	一五、二、二五
夢的記言（外三章）	莽原半月刊五期▽	一五、三、一〇
人獸觀	國民新報副刊乙種四九、五一期▽	一五、四
病中漫語	莽原半月刊二十期▽	一五、一〇、一〇
「擇偶的藝術」序	北新書局▽	二五、一〇
致胡適函	梁錫華編《胡適秘藏書信選》下（頁九四） 臺北風雲時代出版公司	二五、一二、二一 七九、一一

書・篇名	出處	寫作出版年月
魯迅先生的一生	抗戰文藝週刊二：八 ▽	二七、一〇、二九
記張大千	時事新報・青光 ▽	二七、一一、二五
談「倭寇底直系子孫」	抗戰文藝週刊三：五、六合刊 ▽	二八、一、二一
國際的戰友	抗戰文藝週刊三：七 ▽	二八、一、二八
士大夫好爲人奴	現實半月刊三 ▽	二八、八、二五
魯迅眼中的汪精衛	中蘇文化月刊四：三 ▽	二八、一〇、一
塡平恥辱的創傷	星島日報・星座副刊四八九 ▽	二九、一、二九
「歷史之重演」	新蜀報・蜀道副刊七〇（署名：聞超）▽	二九、三、一一
秀才	新蜀報・蜀道副刊七〇（署名：釋耒）▽	二九、三、一三

書·篇名	出處	寫作出版年月
關於販賣生口	新蜀報·蜀道副刊一三一（署名：孔嘉）▽	二九、五、二八
關於買賣婦女	新蜀報·蜀道副刊一三二（署名：孔嘉）▽	二九、五、二九
跋後漢兩碑文	新蜀報·蜀道副刊二六七（署名：孔嘉）	二九、一〇、二八
瞻烏仰止於誰之屋	新蜀報·蜀道副刊二八九（署名：釋耒）▽	二九、一一、二三
讀知堂老人的《瓜豆集》	文壇半月刊二（署名：孔嘉）▽	三一、四、五
老人的胡鬧	抗戰文藝月刊七：六（署名：孔嘉）▽	三一、六、一五
我與老舍與酒	抗戰文藝月刊九：三、四合刊 ▽	三三、九
葉廣度詩集序	舒蕪〈憶臺靜農先生〉見《臺靜農先生詩集》附錄《我與老舍與酒—臺靜農文集》，臺北聯經出版公司	三五年夏作 七九 八一、六

書・篇名	出處	寫作出版年月
自書魯迅詩長卷贈方重禹	《臺靜農文集》臺北聯經出版公司	三五、八 八一、六
談酒	臺灣文化月刊二：八　▽◯	三六、一一、一
追思（改題〈記許壽裳先生〉）	臺灣文化月刊三：四　▽ 上海中國作家月刊一：三 青年界月刊新六：二	三七、五、五 三七、五 三七、一◯
中國文學系的使命	《臺靜農先生輯存遺稿》，臺北中研院文哲所籌備處	三七、八 八二、三
祭傅孟眞文	中央日報第一版	四◯、一二、二
記《銀論》一書	出處待考　◯	約四一
陶庵夢憶序	《陶庵夢憶》臺灣開明書局　◯	四六
致莊慕陵函	《法書集》（二）翰墨軒出版公司	四六、七 九◯、一一

書・篇名	出處	寫作 出版年月
覆莊慕陵函	《法書集》（二）翰墨軒出版公司	四七、九 九〇、一一
致莊慕陵函	《法書集》（二）翰墨軒出版公司	四九、一〇 九〇、一一
讀《國劇藝術彙考》的感想	齊如山《國劇藝術彙考》〇□	五一
詩人與詩序	孫克寬《詩人與詩》台灣學生書局〇	五三、二　六〇
平盧的篆刻與書法	《董作賓先生逝世三週年紀念集》（藝文）〇	五五、一一
《紅樓夢的重要女性》序	《紅樓夢的重要女性》（商務）	五五 五六、二
《病理三十三年》序	傳記文學一七：三　〇	五六 五九、九、一
儀禮復原實驗小組研究成果綜合報告	《中國東亞學術研究計劃委員會年報》九（本文與孔德成合撰）	五九

書・篇名	出處	寫作出版年月
江菽原〈寫陶公飲酒詩並作畫〉跋	汪中〈臺靜農先生書藝〉文引，《臺靜農先生紀念文集》（頁二九、三〇）洪範書店	六〇、八〇、一一
跋《雪地裏的春天》序（瓔珞，王國瓔著）	《龍坡雜文》 □	六一、四 七七、七
蔣善進眞草「千字文」殘卷	「敦煌學」一（香港新亞研究所）	六一、七
《百種詩話類編》序	《百種詩話類編》藝文印書館	六一 六三、三
張雪門《閒情集》序	《閒情集》，臺北童年書店 ◎	六二、六
歇腳偈	《臺靜農先生八十壽慶論文集》	六二、一〇、二五 七〇、一一
致楊聯陞函	《臺靜農先生八十壽慶論文集》	六二、一〇、二五 七〇、一一
記張雪老	《龍坡雜文》 □	六二 七七、七

書・篇名	出處	寫作出版年月
李玄伯先生的古史研究（李宗侗《中國古代社會史》）	《龍坡雜文》□	六三 七七、七
致李霽野函	《回憶臺靜農》（實爲《臺靜農文集》續編）	六三、九、七 八四、六
何子祥這個人	《龍坡雜文》□	六四 七七、七
張大千九歌圖手卷題記	傅申《張大千的世界》臺北羲之堂文化出版公司	六五、三 八七、九
《喬大壯印蛻》序	曾紹杰編《喬大壯印蛻》，曾氏印行	六五、一〇 六五、一二
明《十竹齋畫譜》序	《輯存遺稿》（頁二〇四）中研院文哲所籌備處出版	六五、一二 八二、二
謝次彭先生寫竹	傳記文學三〇：二	六六、二、一
〈《歷史課本必須徹底革新》讀後〉的讀後談	聯合報副刊	六六、七、二

書・篇名	出處	寫作出版年月
遼東行	聯合報副刊　△□	六六、七、一六
大千居士吾兄八秩壽序	香港・大成五五 靜農書藝集	六七、六、一 七四
記波外翁（喬大壯）	《龍坡雜文》，洪範書局	六七、一二 七七、七
輓戴君仁（靜山）聯	《戴先生逝世誄文輓幛彙集》，阮廷瑜輯印	六七、一二 六九、一二
致張大千函	《輯存遺稿》（頁五三） 中研院文哲所籌備處出版	六七 八二、二
溥儒日月潭會館碑跋	故宮月刊一九六，《溥心畬傳》引	六八、二
《白話史記》序	《白話史記》（聯經）　○□	六七、一 六八、一二、一
輓屈萬里（翼鵬）聯	《屈翼鵬先生哀思錄》 中研院史語所治喪會輯印	六八、三 六八、五

書・篇名	出處	寫作 出版年月
《梅園詩存》序	《戴靜山全集》（三） 戴靜山遺著編委會輯印	六八、六 六九、九
《張大千巴西荒廢之八德園攝影集》序	香港・大成七一 ◎	六八、一二、一六
《六一之一錄》序	聯合報副刊 ○□	六八、一一 六八、一二、一
慕陵先生書藝溯源	聯合報副刊《故宮・書法・莊嚴》，臺北雄獅圖書公司	六八、、一二、一 八八、九
《臺靜農短篇小說集》後記	聯合報副刊	六九、一、二二 六九、二、一
《說俗文學》序	《說俗文學》（聯經） ○□	六九、一 六九、四
《郁昌經先生畫集》序	香港・大成七八 ◎	六九、五、一
輔仁舊事（一題上有「北平」二字）	聯合報副刊 ○□	六八、一〇 六九、五、二四

書・篇名	出處	寫作出版年月
陽剛之美—看了董陽孜書法後的感想	中時人間副刊 ○□	六九、六、一八
鐘聲一響，一鳴驚人（鐘聲廿一響序）	中時人間副刊 ○□	六九、七、八
《早期三十年的教學生活》讀後	傳記文學三七：二 ○□	六九、八、一
中國人物的造型美（藝術見聞錄序）	聯合報副刊 ○□	六九、八、七
詩人名士剽劫者—讀《世說新語》札記	中時人間副刊 ○□	六九、八、一 六九、一〇、一
遠景版《諾貝爾文學獎全集》證言	中國時報第四版	七〇、四、二
溥心畬山水長卷・遠岫浮煙圖卷題記	《溥心畬山水長卷》，臺灣商務印書館	七〇、六 八〇、一一
剛伯亭獻辭	《國立台灣大學教職員書畫集》（頁二四）	七〇、七、三一作 七〇、八立碑

書・篇名	出處	寫作出版年月
隨園故事鈔	中國時報副刊 ○□	七○作 七七、五—一五，二○。 六—五等日分別刊載）
記「文物維護會」與「圓臺印社」—兼懷莊慕陵先生二三事	聯合報副刊 ○	七一、三、一一
《儒城雜詩》讀後記	《雨盦和陶詩集》附〈儒城雜詩〉，台北華正書局	七一、四 七四
《浮草》序	洪素麗《浮草》，洪範書局 ○□	七二、二
序馮幼衡《形象之外》題〈為藝術立命的大千〉	《形象之外》，九歌出版社	七二、三 七二、四
輓張大千聯	《名家翰墨》十一（頁六九）	七二、四作 七九、一二、一
大千居士事略	香港・大成一一四	七二、五

書・篇名	出處	寫作出版年月
悲或喜的思想與感情，收入《文集》改題〈詩經欣賞與研究序〉	聯合報副刊　○□	七二、九、二六
從董陽孜的書法談書畫合流的新境界（董陽孜作品集序）	聯合報副刊　○□	七二、一〇、一〇
輓錢思亮聯	《錢思亮先生紀念集》	七二、一〇 七三
粹然儒者（錢思亮）	《錢思亮先生紀念集》，治喪委員會　○□	七二、一〇 七三
詩畫（為王靜芝作）	中時人間副刊　◎	七二、一一、一九
有關西山逸士二三事（又題〈懷舊王孫〉香港・大成一二三期）	中時人間副刊　○◎	七三、一、一三
《靜農書藝集》後記	《靜農書藝集》華正書局	七三、一 七三、四

書・篇名	出處	寫作／出版年月
我與書藝（附《靜農書藝集》序）	聯合報副刊　○◎	七四、一、一六
致李霽野函	聯合報副刊　◎	七四、一、一七 八二、一、一九
傷逝	聯合報副刊　○□	七五、三、三〇
千歲盤老龍（溥心畬畫）題跋	《南張北溥藏珍集萃》，臺北羲之堂文化出版公司	七五、五 八八、一〇
陳子善、秦賢次編《我與老舍與酒—臺靜農文集》	臺北聯經出版公司（代號▽）	七五、五 八八、一〇
懷詩人寥音	中時人間副刊　○□	七六、五、一
《傳記文學》創刊廿五週年	《傳記文學》五一：一	七六、七、一
始經喪亂	聯合文學三八　○	七六、七 七六、一二、一
家書之一（致長子臺益堅函）	《臺靜農先生輯存遺稿》，中研院文哲所籌備處出版	七六、一一、二〇 八二、二

書·篇名	出處	寫作出版年月
《龍坡雜文》序	《龍坡雜文》	七七、三、二四
《龍坡雜文》	洪範書店（代號〇）	七七、七
覆方管（字重禹，筆名舒蕪）函	《法書集》（二），翰墨軒出版公司	七七、一二 九〇、一一、二三
《溥心畬書畫遺集》序	《溥心畬畫集》，臺灣商務印書館	約七七、七八 八〇、五
《靜農論文集》序	《靜農論文集》，聯經出版公司	七八、四 七八、十
《劉旦宅先生畫集》序	《劉旦宅先生畫集》，臺北皇冠出版社 ◎	七八、八、九 作 七八、一〇
家書之二（致臺益堅函）	《輯存遺稿》，中研院文哲所籌備處出版	七八、一〇、二七 八二、二
覆李霽野七月二十九日函	聯合報副刊 ◎	七八、一〇 八〇、一一、九

書・篇名	出處	寫作出版年月
致李霽野函	聯合報副刊 ◎	七九、四 八一、二、九
憶陳獨秀先生—酒旗風暖少年狂	聯合報副刊	七九、一一、一〇
憶常維鈞與北大歌謠研究會	聯合報副刊 《輯存遺稿》中研院文哲所籌備處出版	七九、一一、一一 八二、三、二
陳子善編《臺靜農散文集》	北京人民日報出版社印行（代號□）	七九、九
《古典小說論叢》序	中央日報 ▽	七九、一一、二五
陳子善編《回憶臺靜農》（臺靜農文集續編）	上海教育出版社（代號◎）	八四、六

附錄二　學術論著暨藝文作品類目編年

（三）舊體詩　龍坡丈室詩稿及其他二種稿本篇目及目次對照

篇題	六十四年稿本目次	七十三年稿本目次	七十八年龍坡丈室詩稿目次
題墨筆牡丹	1	○	○
無題	2	○	○
題畫	3	○	○
金陵病院中寄友	4	○	○
金陵病中書感二首	5	○	○
畫梅	6	○	1此下為《白沙草》
滬事（廿七年）	7	○	2無廿七年三字
誰使	8	○	3
丙寅中秋	9	1丙寅避地居江津白沙	4
寄秋夢盦貴陽	10	2寄莊慕陵秋夢盦貴陽	5

篇題	六十四年稿本目次	七十三年稿本目次	七十八年龍坡丈室詩稿目次
寄注史齋	11	○	6
泥途	12	3 泥中行	7
薄暮山行霧起	13	4 起改作	8 起改作
典衣	14	5	9
寄霽野北平	15	6	10
夜起	16	7	11
移家黑石山山上梅花方盛	17	○	12
題畫	18	○	13
山居	19	8	14
秋深	20	9	15
夜行	21	10	16

篇　題	六十四年稿本目次	七十三年稿本目次	七十八年龍坡丈室詩稿目次
夏日山居	22	11	17
李花谷	23	○	18 題上有遊字
友人來書問以戰後計者寫此答之	24	15 無末四字	19 答林逸書問以戰後計者
去住	25	16	20
乙酉冬觀迎神	26	17 乙酉迎神曲	21 乙酉冬馬歇爾來作迎神曲
讀史	27	○	22
苦櫱	28	18	23
乙酉歲暮	○	○	24
寄兼士師重慶	29		25
丙戌元宵友人談近事奮筆寫此	30		26

篇題	六十四年稿本目次	七十三年稿本目次	七十八年龍坡丈室詩稿目次
讀元遺山「四十頭顱半白生」句有感	31	19	27
行腳	32	20 蜀江岸行	28 蜀江岸行
和青峰韻	33	○	29
無題	34	○	30
感事	35	○	31（後改無題之二）
孤憤	36	21	33
次青峰見懷韻	37	○	34
學校遷走與重禹留白蒼山光午兄來視次重禹韻	38	○	35 贈周光午時寓白蒼山莊
題白匋爲繪半山草堂圖	39	○	32
別白沙口號	40	22	36 別作離
寄秋弟（七十八年改題〈憂患〉，見後。）	41	○	

篇題	六十四年稿本目次	七十三年稿本目次	七十八年龍坡丈室詩稿目次
盤庵屬題白石老人畫辛夷　乙酉除夕前一日	42	○	37 此下爲龍坡艸
種桃十年始花　乙卯春	43	○	38
念家山　乙卯夏初	44	13	39
憶北平故居　乙卯六月	○	○	40
少年行	○	14	41
憂患（六十四年題〈寄秋弟〉）	○	○	42
春雨	○		43
學生登阿里山歸戲示	○		44
腐鼠	○		45
夜	○		46
佳人	○		47

篇題	六十四年稿本目次	七十三年稿本目次	七十八年龍坡丈室詩稿目次
贈大千兄口號	○		48
癸丑仲秋蓮生兄寄示近作迷金偈辭詭而多諷不佞亦戲湊十八句時方退休名曰歇腳偈	○	12	49
向莊慕陵乞杖	○		50
題大千游魚	○	○	51
題大千黃山圖	○	○	52
題大千畫像	○	○	53
聞建功兄逝世	○	23	54
有感　庚申正月	○		55
過青年公園有悼　日據馬場町刑場	○	○	56

篇題	六十四年稿本目次	七十三年稿本目次	七十八年龍坡丈室詩稿目次
日友青山杉雨膺藝術院會員之選	○	○	57
甲子春日	○	25	58
余方二十歲夢中得句書示同學皆不解其意今八十歲時忽憶及此戲足成之一九八一年三月二十三日	○	○	59
慕陵老兄命題其居華陽洞時畫像華陽洞在貴州安順縣抗戰中慕陵守故宮文物於此山上時見虎跡	○	○	60
過范允臧先生故居口號 乙丑	○	○	61
懷老舍兄	○	○	62
桃花開 甲子正月	○	26	63

篇　題	六十四年稿本目次	七十三年稿本目次	七十八年龍坡丈室詩稿目次
觀秦始皇墓車馬（原題誤作「車馬墓」）	○	○	64
清畫堂詩集讀後記	○	○	65
悼亡　韻閑逝世於一九八六年元月十六日	○	○	66
老去	○	○	67
〔悼亡〕一九八九年二月排印本題〈傷逝〉	○	○	68
韻閑周年祭　值丙寅中秋時予臥病醫院		○	69

說明：

一、六十四年二月手鈔稿本　四十五首（林文月教授收藏）

二、七十三年二月手鈔稿本　二十六首（見《臺靜農教授輯存遺稿》，原稿藏臺大圖書館）。

三、七十八年二月手鈔稿本　六十九首（題《龍坡丈室詩稿》含《白沙草》、《龍坡草》，原稿藏台大圖書館）

四、三種景印稿本，皆見許禮平編注《臺靜農詩集》。

五、《龍坡丈室詩稿》未錄六十四年稿本頭五題六首，總計爲七十五首。

附錄二 學術論著暨藝文作品類目編年

（四）新詩

標題	刊物卷期	出版年月
寶刀	民國日報・覺悟	一一、一、二三
寄墓中的思永	晨報・文學旬刊	一三、四、一
因爲我是愛你	莽原半月刊二：二	一六、一、二五
請你	莽原半月刊二：二	一六、一、二五
獄中見落花	未名半月刊二：五	一八、三、一〇
獄中草	未名半月刊二：六	一八、三、二五

附錄二　學術論著暨藝文作品類目編年

（五）小說戲劇

書・篇名	出處	出版年月
負傷的鳥	東方雜誌半月刊二一：一四	一三、七、二五
途中	小說月報一五：八	一三、八、一〇
死者	京報、莽原週刊三	一四、五、八
懊悔	語絲週刊四一	一四、八、二四
天二哥	莽原半月刊一八	一五、九、二五
紅燈	莽原半月刊二：一	一六、一、一〇
新墳	莽原半月刊二：三	一六、二、一〇
燭焰	莽原半月刊二：四	一六、二、二五
棄嬰	莽原半月刊二：六	一六、三、二五
苦杯	莽原半月刊二：七	一六、四、一〇

書・篇名	出處	出版年月
兒子	莽原半月刊二：九	一六、五、二五
拜堂	莽原半月刊二：十	一六、六、一〇
吳老爹	莽原半月刊二：一四	一六、七、二五
爲彼祈求	莽原半月刊二：一六	一六、八、二五
蚯蚓們	莽原半月刊二：二〇	一六、一〇、二五
負傷者	莽原半月刊二：二三、二四合刊	一六、一二、二五
《地之子》	北京未名社出版處	一七、一一
我的鄰居	《地之子》	一七、一一
白薔薇	《地之子》	一七、一一
建塔者	未名半月刊一：一	一七、一、一〇
昨夜	未名半月刊一：三	一七、二、一〇

書・篇名	出處	出版年月
春夜的幽靈	未名半月刊一：四	一七、二、二五
人彘	未名半月刊一：五（署名：青曲）	一七、三、一〇
《建塔者》	北京未名社出版處	一九、八
死室的彗星	《建塔者》	一九、八
歷史的病輪	《建塔者》	一九、八
遺簡	《建塔者》	一九、八
鐵窗外	《建塔者》	一九、八
被飢餓燃燒的人們	《建塔者》	一九、八
井	《建塔者》	一九、八
大時代的小故事	文摘戰時旬刊三九　◎	二七、一二、一八
被侵蝕者	全民抗戰五日刊五二　▽〇	二八、二、五

書・篇名	出處	出版年月
電報	文摘戰時旬刊四四、四五 ◎	二八、二、二一
公武	抗戰文藝半月刊四：二	二八、四、二五
出版老爺	新蜀報・蜀道副刊第一二八（署名：孔嘉）▽	二九、五、二四
臺靜農短篇小說集	臺北遠景出版公司	六九、五
地之子・建塔者	北京人民文學出版社	一九八四、八
胡從經編《死室的彗星》（小說選本）	天津百花文藝出版社	一九八五、六
《臺靜農專卷—新文學的燃燈人》（小說四篇）	臺北《聯合文學月刊》十一期聯經出版公司	七四、九
建塔者	臺北遠景出版社	七九、一〇

附錄二　學術論著暨藝文作品類目編年

（六）書畫、印蛻

名稱	主編	出處	出版年月
書道グラア特集—臺靜農教授的書法	青杉山雨	日本東京近代書道研究所	一九八一、一〇
臺靜農書法專輯	雄獅美術編委會	雄獅美術出版社	七二、九
臺靜農行草小集	私人印製	未發行	七四
靜農書藝集	郭豫倫林文月	臺北華正書局	七四、二
臺靜農教授篆刻	林文月等	靜農書藝集（頁一〇二）華正書局	七四、一二
臺靜農印蛻十二方	曹以松等	國立台灣大學教職員書畫集（頁一六一－一六四）	七六、七
龍坡丈室幽事冊	君碩	臺靜農【書藝三集】	七八、八

名稱	主編	出處	出版年月
臺靜農啟功專號（書藝專號）	許禮平	名家翰墨月刊十一香港翰墨軒出版公司	一九九〇、一二
靜農書藝	郭昌偉	臺北華正書局	八〇、五
靜農墨戲集（梅畫集）	郭豫倫等	臺北鴻展藝術中心	八四、九
臺靜農卷（二十世紀書法經典）	郭昌偉主編	石家莊河北教育出版社	八五、一一
臺靜農【書藝三集】	杜三鑫	臺北何創時基金會	八六、八
臺靜農先生遺贈書畫展覽【專集】	王耀庭　許郭璜	臺北故宮博物院	八六、一一
臺靜農書畫紀念集	臺北歷史博物館編委會	歷史博物館出版	九〇、一〇
臺靜農法書集（一）、（二）（中國名家法書全集一九、二〇）	許禮平	香港翰墨軒出版公司	二〇〇一、一〇

名稱	主編	出處	出版年月
臺靜農爲友人刻印（十三方）	盧廷清輯	配圖傳記（頁一〇七）	九〇、一一
臺靜農自刻用印	仝前	仝前（頁一〇八）	
臺靜農—逸興（書畫冊）	許禮平	香港翰墨軒出版公司	二〇〇一、一〇
臺靜農印蛻十方	許禮平	名家翰墨臺靜農—逸興，中國近代名家書畫全集卅三冊（頁一二八—一二九）香港翰墨軒出版公司	二〇〇一、一二
臺靜農款印	名家款印編輯小組	仝前（頁一三〇—一三七）	仝前

附錄三　各家論述類目編年

單篇作品收入《臺靜農先生紀念文集》代號△△

（一）綜述（追思紀念文章）

書・篇名	編・著者	出處	寫作出版年月
老師，長者	林文月	純文學八：四	五九
臺靜農使臺大中文系茁壯	應平書	學人風範	六九、一二
臺靜農先生八十壽慶論文集	臺靜農先生八十壽慶論文集編輯委員會編	臺北聯經出版公司	七〇
臺靜農印象	戴天	星島晚報	七一、三、一六
81-year-old Professor Tai Ching -nung		光華	七一、一二
魯迅與臺靜農	嚴恩圖	安徽師大學報哲學社會科學	一九八三

書・篇名	編・著者	出處	寫作出版年月
當年故人半凋零：臺靜農先生珍藏的一幀舊照		聯合報	七三、六、二四
臺先生和他的書房	林文月	聯合文學一：一一	七四、九
恬淡、自然、灑脫—臺靜農以讀書與寫字爲樂	方鵬程	中央月刊一九：一	七五、一
臺靜農先生二三事	陶錦源	臺聲	七五、八
翰墨飄香天地春：胸中自有丘壑的臺靜農先生	林佩芬	文藝月刊二一四	七六、四
龍坡丈室小歇腳：臺靜農先生紅塵隨緣	黃秋芳	文訊月刊三一	七六、一〇
臺靜農教授智慧之窗動手術，心血結晶出新書	應鳳凰	中國時報	七七、七、一〇
臺靜農師	濮之珍	文滙	七八、七、六
祝臺靜農長壽	吳相湘	聯合報	七八、一二、一二
在臺北訪臺靜農教授	陳漱渝	人民日報海外版	一九八〇、四、三〇
寄語老友靜農（上）	李霽野	中國時報	七九、八、一

書・篇名	編・著者	出處	寫作出版年月
臺府探病歸來的雜記	莊申	聯合報	七九、八、一九
寄語老友靜農（下）	李霽野	中國時報	七九、九、七
臺灣初履	李霽野	聯合報	七九、一〇、二五
跌宕與沈鬱：憶靜農師	鄭再發	聯合報	七九、一〇、二九
臺靜農老師的成就	吳宏一	中央日報	七九、一一、三
人與學問一樣精彩的臺老師	林文月	中央日報	七九、一一、三
他是一個有福氣的人	曾永義	中央日報	七九、一一、三
臺靜農教授離開人間	陳長華	聯合報	七九、一一、一〇
一日之別、人天永隔，莊申驚聞惡耗、憶昨宛如目前	林英正	民生報	七九、一一、一〇
豁達、通達、獨到、門生憶往、推崇無數	林英正	民生報	七九、一一、一〇

書・篇名	編・著者	出處	寫作出版年月
先生雲遊去了、硯池遺墨留香、臺靜農教授昨病逝臺大	黃美惠	民生報	七九、一一、一〇
臥病，更見讀書人風骨：臺老長子益堅侍親雜憶	蘇偉貞訪問整理	聯合報	七九、一一、一〇
臺靜農先生	高明、王靜芝、方瑜、王夢鷗、林黛嫚、呂正惠	中央日報	七九、一一、一〇
臺靜農的小故事	張堂錡輯	中央日報	七九、一一、一〇
憶臺靜農先生	莊伯和		七九、一一、一〇
傷逝詩	王叔岷	臺靜農先生紀念文集	七九、一一、一〇 八〇、一一—
從童顏到鶴髮：記臺靜農同我的友誼	李霽野	中國時報　△△	七九、一一、一〇 —一一

書・篇名	編・著者	出處	寫作出版年月
鼓翅飛向莽蒼處：懷念臺靜農教授	陳漱渝	聯合報 △△	七九、一一、一〇—一三
儘管拿去：懷念臺靜農師—一個從容寬慈的範型	張大春	中時晚報 △△	七九、一一、一一
甘蔗林颯颯風吹：夜夢靜農師後記	洪素麗	中國時報 △△	七九、一一、一一
天心圓月自從容—我所認識的靜農師	方瑜	中國時報 △△	七九、一一、一一
憶舊詩二首	王叔岷	臺靜農先生紀念文集	七九、一一、一三 八〇、一一
悼念靜農師	鄭再發	臺靜農先生紀念文集	七九、一一 八〇、一一
悼念臺靜農先生	聶華苓	中國時報 △△	七九、一一、二四
臺靜農先生與我	王靜芝	聯合報 名家翰墨一〇 △△	七九、一一、二四 一九九〇、一二
側寫臺先生	吳宏一	聯合報 名家翰墨一〇 △△	七九、一一、二四 一九九〇、一二

書・篇名	編・著者	出處	寫作出版年月
里仁之哀	龔鵬程	中華日報 △△	七九、一一、二五
四十三年如電抹：悼念吾師臺靜農先生	葉慶炳	中華日報 △△	七九、一一、二五
傷逝：追悼靜農老師	張敬	中華日報 △△	七九、一一、二五
臺靜農先生的人格境界	陳修武	中華日報 △△	七九、一一、二五
臺先生的肖像	林文月	中國時報 △△	七九、一一、二五
一條寬厚的影子：敬悼靜農師	張健	中國時報 △△	七九、一一、二五
臺靜農先生老友自北京寄本刊之悼詩	啟功	中國時報 △△	七九、一一、二五
字緣	董橋	中國時報 △△	七九、一一、二五
爝火：追悼先父臺靜農	臺益堅	中國時報 △△	七九、一一、二五
記臺老師二三事	莊伯和	聯合報 △△	七九、一一、二五
我所尊敬與親近的臺老師	黃啓方	中央日報 △△	七九、一一、二五

書・篇名	編・著者	出處	寫作出版年月
臺老師臥病的那段日子	曾永義	中央日報 △△	七九、一一、二五
輓聯	王叔岷	臺靜農先生紀念集	七九、一一、二五
輓聯	鄭騫	臺靜農先生紀念集	七九、一一、二五
輓聯	張敬	〈傷逝〉附錄△△	七九、一一、二五
輓聯	台大文學院（張敬代撰）	〈傷逝〉文前錄△△	七九、一一、二五
那古典的輝光：思念臺靜農老師（上）、（下）	柯慶明	中央日報 昔往的輝光（臺北爾雅）	七九、一一、二五—二六 八八、二、一
臺靜農喪禮人情濃，弔唁哀悼、跨越海峽	張夢瑞	民生報	七九、一一、二六
別：敬悼靜農師	廖玉蕙	中國時報	七九、一一、二七
臺師靜農輓辭二首	林恭祖	中華詩學，中國學術院詩學研究所	七九、一一
臺靜農暖壽變紀念，九十壽辰已成冥誕、書法遺作、飆風驟起	賴素玲	民生報	七九、一二、一〇

書・篇名	編・著者	出處	寫作出版年月
龍飛在天，追念一代書家	凌虹	雄獅美術	七九、一二
平生風義兼師友—懷龍坡翁	啟功	名家翰墨一一期	一九九〇、一二
得寶側記—臺老惠賜詩卷憶述	陳夏生	名家翰墨一一期	一九九〇、一二
燕都舊夢入清樽—懷念臺靜農莊尙嚴二位世伯	常蘊石	中華日報　△△	八〇、一、一九
寂寞清樽醒醉間	莊因	聯合報　△△	八〇、四、二七
憶臺靜農先生	舒蕪（方管字重禹）	北京新文學史料一 臺靜農詩集附錄	一九九一、五　二 二〇〇一、一一
「臺靜農先生的人格風範」座談會	臺大中文系師生	林文月《紀念文集》後記稱述，無文字紀錄	八〇、五、四
度是春風常長物，靜農先生逝世一周年	臺益堅	聯合報	八〇、一一、八
清風．秋水—懷念吾師靜農先生	鄭清茂	臺靜農先生紀念文集	八〇、一一、九

書・篇名	編・著者	出處	寫作出版年月
悼詩	林辰	臺靜農先生紀念文集	八〇、一一
空餘渡海心—悲靜農先生逝世	程明琤	臺靜農先生紀念文集	八〇、一一
臺靜農先生紀念文集	林文月編	臺北洪範書局	八〇、一一
鄉土文學的先鋒—臺靜農	沈謙	中央日報	八四、一二、三〇
臺靜農（1902–1990）	汪清澄	中外雜誌	八五、二
老而彌堅—向悠游書畫中的臺靜農教授致意	應平書	風範文壇素描（正中書局）	八五
臺靜農先生珍藏書札	臺靜農先生遺稿及珍藏書札編輯小組編輯	臺北中央研究院中國文哲研究所籌備處	八五
臺靜農與北大—由三代師生臺大夜宴說起（一）（二）（三）	林中明	中華日報	八六、四、一八—二〇

書・篇名	編・著者	出處	寫作出版年月
狷介瀟灑一醇儒	郭楓	臺灣時報	八九、九、二五
臺益公回憶父親臺靜農	鄭又嘉	典藏古美術	九〇、一〇
臺靜農百年冥誕：臺大、史博館與廣東美術館舉辦特展	鄭又嘉	典藏古美術	九〇、一〇
憶曾微雨過龍坡	王靜芝	臺靜農：逸興	九〇、一二、二六
龍坡丈室憶往—爲臺先生百歲冥誕作	林文月	臺靜農：逸興	九〇、一二、二六
停影至交情	莊靈	臺靜農：逸興	九〇、一二、二六
身處艱難氣若虹—懷念先父百年永壽	臺益堅	臺靜農：逸興	九〇、一二、二六
老去空餘渡海心—紀念臺靜農先生誕生一百周年	羅孚	臺靜農：逸興	九〇、一二、二六
臺靜農龍坡歇腳翰墨香，天地洋溢	林佩芬		
臺靜農老師哀輓錄	曾傑成編	自印，分贈師友	
臺靜農書畫詩煙酒五絕	王郁離	中國時報	

書・篇名	編・著者	出處	寫作出版年月
臺靜農一場虛驚	洪素麗	國語日報	
記才高八斗的臺老師靜農	盧蕙馨		
淡泊名利率性而行：臺靜農永保書生本色	胡倩		
臺靜農搬家記	服謇		

附錄三　各家論述類目編年

(二)傳記

書・篇名	編・著者	出處	寫作出版年月
臺靜農評傳	夏明釗	待出版	
臺靜農		中國文學家辭典現代第一分冊	六八
臺灣人物春秋—王新衡、臺靜農、許水德、錢純(下)	薛慧山	大成	七五、一二
臺靜農先生的文學書藝歷程(一)、(二)、(三)、(四)	秦賢次	聯合報　△△	七九、一一、一〇—一三
記臺靜農老師生平二三事	方師鐸	中國時報	七九、一一、一四
追念臺靜農先生書中的儒者風範	吳嘉苓	中國時報	七九、一一、一六
回首向來蕭瑟處—臺靜農先生二三事	李銘宗	現代美術	七九、一二
臺靜農先生、父親和溫州街	李渝	中國時報	八〇、二、一三

書・篇名	編・著者	出處	寫作出版年月
臺靜農先生小傳	秦賢次	中國文哲研究通訊 一：一	八〇、三
民國人物小傳—臺靜農（1902–1990）	吳瑞松	傳記文學 五八：五	八〇、五
臺靜農先生事略	臺大中文系	國史館館刊	八〇、一二
臺靜農先生小傳	中研院文哲所籌備處	臺靜農先生輯存遺稿	八二、二
臺靜農年表	秦賢次	中國文哲研究通訊 五：三	八四、九
臺靜農在臺談與魯迅的友誼	李正西	傳記文學 六九：四	八五、一〇
梁實秋、臺靜農、葉公超與聯副	丘彥明	聯合報聯合副刊 卅七期	八五、一一、一四
臺靜農與魯迅的風義詩友	蔡登山	傳記文學 八一：四	
臺公靜農先生行狀	許禮平	臺靜農詩集附錄 法書集㈡（頁八二）	二〇〇一、一一

書・篇名	編・著者	出處	寫作出版年月
臺靜農先生傳	方瑜	臺灣大學中文系系史稿	九一、七
臺靜農曾是中共地下黨員	陳漱渝	臺靜農詩集附錄引述	出處年月待查

附錄三　各家論述類目編年

（三）詩文

書・篇名	編・著者	出處	寫作出版年月
潛心銳志，生死以之：評臺靜農《龍坡雜文》	周何	聯合文學四：一二	七七、一〇、一三
不薄今人愛古人—新舊文學俱佳的臺靜農教授	應平書	中華日報	七九、一一、一〇
夢與詩的因緣	方瑜	聯合報 名家翰墨二一期 靜農詩集△△	七九、一一、二五 一九九〇、一二 二〇〇一、一一
散文書藝兩稱豪臺靜農、未名社、書法藝術	濠上叟	名家翰墨二一期	一九九〇、一二
談臺先生的詩談臺靜農先生的文學思想	施淑女	紀念文集 洪範書局	八〇、五—六 八〇、一一
「爲憐冰雪盈懷抱，來寫荒山絕世姿」—談臺先生的詩	方瑜	紀念文集 洪範書局	八〇、五—六 八〇、一一
鱗爪見風雅—談臺靜農先生的《龍坡雜文》	張淑香	紀念文集 洪範書局	八〇、五—六 八〇、一一

書・篇名	編・著者	出處	寫作出版年月
《臺靜農先生詩稿》序言	葉嘉瑩	臺靜農詩集	一九九五、一一 二〇〇一、一一
〈《臺靜農先生詩稿》序言〉後記	葉嘉瑩	《臺靜農詩集》附錄	一九九六、七 二〇〇一、一一、九
坐對斜陽看浮雲—讀臺靜農老師的詩	方瑜	臺靜農詩集 △△	二〇〇一、一一
臺靜農先生其人其詩	丁邦新 陳琪	名家翰墨出版中國近代名家書畫全集三三臺靜農：逸興	二〇〇一、一二

附錄三　各家論述類目編年

（四）書畫、篆刻

書・篇名	編・著者	出處	寫作出版年月
臺靜農先生書法	于還素	藝術家月刊	六四、一二
陳援庵門下三書家	吳令湄	書譜雙月刊（香港書譜雜誌社）	六五、六
臺灣書壇簡介	不暗	書譜雙月刊	六九、八
臺靜農書法首度展出—樸拙之美・一生之愛	陳長華	聯合報	七一、一〇、四
臺靜農書法展在史物館舉行		中央日報	七一、一〇、五
張大千臺靜農談倪元璐	馮幼衡	中央日報	七一、一〇、六
融匯隸書行草運筆求「趣味」—書法家臺靜農歎好字「難求」	盧蕙馨	？	七一、一〇、九
大千居士贈寶記及其與臺靜農教授的翰墨緣	馮幼衡	大成	七一、一一
墨的斑爛與筆的虯結：書法之美與靜農先生	蔣勳	雄獅美術一五一	七二、九

書・篇名	編・著者	出處	寫作出版年月
讀《靜農書藝集》	啟功	中國書法：臺靜農作品選《啟功叢稿題跋卷》北京中華書局◎	一九八五、三、四 一九九九、七
臺靜農的書法藝術		文匯報	七五、二、二〇
屋漏痕獻給臺靜農先生	蔣勳	中國時報	七六、一一、一七
臺靜農的書法	容超然	南薰藝文	七七、一一
奇縱超逸—臺靜農先生捐贈倪元璐書畫選介	林柏亭	故宮文物	七九、一〇
臺書、自述書藝、耽悅自道	林英正	民生報	七九、一一、一〇
臺靜農的書藝	黃光男	自立早報	七九、一一、一一
臺先生寫字	林文月	聯合報 名家翰墨二一期《臺靜農啟功專號》	七九、一一、二四 一九九〇、一二

書・篇名	編・著者	出處	寫作出版年月
靜農、元白之書畫	鄭騫	聯合報 名家翰墨一一期 《臺靜農啓功專號》	七九、一一、二四 一九九〇、一二
臺靜農先生書藝	汪中	聯合報 名家翰墨一一期 《臺靜農啓功專號》	七九、一一、二五 一九九〇、一二
臺靜農遺墨未展先轟動		中國時報	七九、一一、二八
書道如蜀道	史紫忱	中華日報	七九、一二、一〇
欣聞靜農元白書畫專號出版	鄭騫	名家翰墨一一期	一九九〇、一二
從容下筆見風神—臺靜農先生印象	侯吉諒	名家翰墨一一期	一九九〇、一二
爲君壽與爲君長年—對靜農世伯所治印文與所書聯語所寫的腳註	莊申	名家翰墨一一期	一九九〇、一二
書法是生命的完成—談臺靜農先生的書法美學	蔣勳	名家翰墨一一期	一九九〇、一二
牽手梅	戴麗珠	名家翰墨一一期	一九九〇、一二

書・篇名	編・著者	出處	寫作出版年月
龍坡書法—兼懷臺靜農先生	江兆申	故宮月刊八：一一△△	七九、一二 作 八〇、二
談臺靜農先生的書藝	陳瑞庚	紀念文集 洪範書局	八〇、五—六 八〇、一一
且當放懷去，行行沒餘齒	莊申	靜農墨戲集（梅畫集）	八四、三、二九 八四、九
冰清玉潔—談臺靜農先生墨梅遺作	江兆申	聯合報 靜農墨戲集	八四、四、二三 八四、九
靜農墨戲集序	啟功	靜農墨戲集	一九九五、五、八 八四、九
只留清氣滿乾坤—談臺靜農先生墨梅筆趣	施叔青	雄獅美術	八五、一
書藝的氣韻與書家的品格：題《靜農書藝集》	牟潤孫	明報月刊	八五、四
由臺靜農〈竹枝詞稿〉論其人與書法	陳宏勉	現代美術	八五、六
文學的臺靜農・書法的臺靜農	林銓居	臺靜農書畫	八六

書・篇名	編・著者	出處	寫作出版年月
「書道美學隨緣談」之二六—被湮埋了的「五四精神」：臺靜農先生「退藏于密」	姜一涵	美育	八七、五
臺靜農的書法獨樹一格，從左派作家到書法巨擘的傳奇	林澄觀	漢家雜誌	八七、六
臺靜農書風淵源之探討	盧廷清	美育	八七、六
臺靜農的書法藝術	盧廷清	臺北蕙風堂	八七、九
臺靜農書法之研究	利佳龍	中國文化大學藝術所碩士論文	八七
臺靜農的書法與胡小石的關係	盧廷清	中華書道	八八、五
文教書藝卓然有成—臺靜農	秦賢次	臺北畫刊	八九、一一
先父臺靜農先生書畫生涯紀事	臺益堅	臺靜農書畫紀念集 歷史博物館	九〇、一〇
磅礡大氣剛毅勁拔—臺靜農的書法藝術	盧廷清	臺靜農書畫紀念集 歷史博物館	九〇、一〇

書・篇名	編・著者	出處	寫作出版年月
臺靜農及其書法篆刻藝術	馬國權	臺靜農：法書集(一)	九〇、一〇、一
臺靜農書畫紀念集	歷史博物館林治佐主編	臺北歷史博物館	九〇、一〇、二五
臺靜農先生的小品墨戲藝術	蔡耀慶	臺靜農書畫紀念集	九〇、一〇、二五
臺靜農書畫紀念集序	黃光男	臺靜農書畫紀念集	九〇、一〇、二五
《靜者逸興》與《臺靜農三絕冊》臺靜農畫藝管窺	馬國權	臺靜農：逸興	九〇、一二、二六
懸肘中鋒臨漢碑親炙臺伯學書憶往，書道如蜀道	陳夏生	臺靜農：逸興	九〇、一二、二六
臺靜農論書法	戴天	香港信報	？
從「爛熟傷雅」到「格調生新」——臺靜農看晚明文化	廖肇亨	故宮文物月刊二七九	九五、六

附錄三　各家論述類目編年

（五）小說

書・篇名	編・著者	出處	寫作出版年月
讀臺靜農短篇小說集	王夢鷗	臺灣時報	六九、三
臺靜農小說簡論	金宏遠	新文學論叢 二	一九八一
關於地之子和建塔者	胡從經	文藝報	一九八一
臺靜農的短篇小說	謝雨凝	大公報	一九八一、三、二三
無情又有情：試析臺靜農先生四則短小說	董挽華	中華日報	七〇、一一、一七
重印臺靜農短篇小說的意義	巴山	星島晚報	一九八二、一、二〇
臺靜農的短篇傑作	西波	星島晚報	一九八二、一、二〇
新文學的燃燈人：讀《聯合文學》〈臺靜農先生專卷〉有感	瘂弦	聯合文學	七四、九
臺靜農的抗戰小說	嚴恩圖	安徽師大學報 哲學社會科學	一九八六

書・篇名	編・著者	出處	寫作出版年月
悲心與憤心——談臺靜農先生兩本小說集中的生命情懷	樂蘅軍	紀念文集 洪範書局	八〇、五—六 八〇、一一

附錄四　參考書目（括號內係簡稱，大致以本書引用先後為序）

書・篇名	編・著者	出版機構	年月
靜農論文集（論文集）	臺靜農	臺北聯經出版公司	七八、一〇
龍坡雜文	臺靜農	臺北洪範書店	七七、・八
臺靜農散文集（散文集）	陳子善編	北京人民出版社	一九九〇、九
臺靜農短篇小說集（小說集）	臺靜農	臺北遠景出版社	六九、五
地之子・建塔者	臺靜農	北京人民文學出版社	一九八四
地之子	臺靜農	臺北遠景出版社	七九
我與老舍與酒——臺靜農文集（文集）	陳子善 秦賢次編	臺北聯經出版公司	八一、六
臺靜農先生紀念文集（紀念文集）	林文月編	臺北洪範書店	八〇、一一
靜農書藝集（書藝集）	臺靜農	臺北華正書局	七四、二
靜農書藝續集（書藝續集）	臺靜農	臺北華正書局	八〇、五

書・篇名	編・著者	出版機構	年月
回憶臺靜農（文集續編）	陳子善編	上海教育出版社	一九九五、八
極可珍貴的臺靜農先生遺詩（臺先生遺詩）	李猷	中華詩學十卷四期	八二
臺靜農行草小集	私人印製	未發行	七四？
書道特集—臺靜農教授的書法（書道特集）	青山杉雨	日本東京近代書道研究所 昭和五十六年	一九八一
臺靜農（書藝三集）	杜三鑫編	臺北何創時基金會	八六、八
靜農墨戲集（墨戲集）	郭豫倫等編	臺北鴻展藝術中心	八四、九
臺靜農年表（實爲簡譜，此姑仍之）（年表）	秦賢次	附見於墨戲集	
魯迅日記（魯迅全集第一四、一五卷，簡稱日記）		臺北谷風出版社	七八、一二
魯迅書信（魯迅全集第一二、一三卷）		臺北谷風出版社	七八、一二
胡適秘藏書信選上下（胡適書信）	梁錫華選註	臺北風雲時代出版社	七九、一一

書・篇名	編・著者	出版機構	年月
胡適之先生年譜長編初稿十冊（胡譜長編）	胡頌平編	臺北聯經出版公司	七九、一一
胡適之先生晚年談話錄（胡適談話錄）	胡頌平編	臺北聯經出版公司	七三
張大千詩文集（大千詩文集）	故宮博物院編	臺北故宮博物院出版	八二、六台
張大千先生年譜（大千年譜）	仝前	張大千詩文集附錄	
張大千詩文集（樂編大千詩文集）	樂恕人編	黎明文化事業公司	七三、四
張大千手寫詩冊（大千詩冊）	故宮博物院編	臺北故宮博物院出版	七七、七
張大千先生紀念冊（大千紀念冊）	編輯委員會	臺北故宮博物院出版	七七、二
張大千書畫集（一—七集）（大千書畫集）	歷史博物館編委會	歷史博物館	六九—七九
張大千詩文及編年	曹大鐵 包立民編	北京榮寶齋	一九九〇、一〇

書・篇名	編・著者	出版機構	年月
臺靜農先生輯存遺稿（輯存遺稿）	近代文哲學人論著叢刊編委會	中研院文哲所籌備處	八二、二
臺靜農先生珍藏書札（一）（珍藏書札）	同右	中研院文哲所籌備處	八五、六
大風堂遺贈印輯（大風堂印輯）	編輯委員會	臺北故宮博物院	八七、九
臺靜農先生遺贈書畫展覽（臺靜農遺贈書畫）	編輯委員會	臺北故宮博物院	八六、一一
清晝堂詩集	鄭騫	臺北大安出版社	七七、一二
龢廬詩續	孫克寬	自印本	六六、九
梅園詩存（戴靜山全集三）	戴君仁	自印本	六九、九
南園雜詠	王叔岷	藝文印書館	七〇
寄情吟	王叔岷	華正書局	七九
落落吟	王叔岷	華正書局	八二

書・篇名	編・著者	出版機構	年月
舊莊新詠	王叔岷	華正書局	七四
桐陰清晝堂詩存（清晝堂詩存）	鄭騫	藝文印書館	六四、七
臺大話當年	那廉君	群玉堂出版公司	八〇、九
臺靜農先生八十壽慶論文集	臺大中文系編委會	聯經出版公司	七〇、一一
五百年來一大千	黃天才	臺北羲之堂文化出版公司	八七、一一
形象之外—張大千的生活與藝術	馮幼衡	九歌出版社	七二、八三
張大千全傳上下（全傳）	李永翹	廣州花城出版社	一九九八、四
故宮文物月刊八卷二一期（故宮月刊）	編委會	臺北故宮博物院	八〇、二
臺靜農・啟功專號（書藝專號）名家翰墨月刊十一月號	許禮平	香港翰墨香出版公司	一九九〇、一二
南張北溥藏珍集萃	廖建欽等	臺北羲之堂文化出版公司	八八、一〇

書・篇名	編・著者	出版機構	年月
臺靜農卷（二十世紀書法經典）	郭昌偉主編 巫亞民、黃尚在、張子康策劃	石家莊河北教育出版社	一九九六、一一
※按此卷係臺北華正書局靜農書藝集、續集合編而成，計行隸七十七幅，末頁爲印譜。附錄：論書法—臺先生著〈魏密雲太守霍揚碑〉及秦賢次編〈年表〉			
波外樂章	喬大壯	臺大文學院	四四
波外詩稿	喬大壯	藝文印書館	四八、三
喬大壯印蛻	曾紹杰編	曾氏印行	
張大千研究	巴東	臺北歷史博物館	八五：一一
龍坡書法	江兆申	故宮文物月刊八卷一一期	八〇、二
陳獨秀年譜	王光遠	重慶	一九八七
中共創黨人陳獨秀（陳獨秀年表）	揚碧川	臺北一橋出版社	八八

書・篇名	編・著者	出版機構	年月
臺靜農專卷（小說四篇）		臺北聯合文學月刊 臺北聯經	七四、九一
陳垣年譜配圖長編（陳譜長編）	劉乃和 周少川等	瀋陽遼海出版社	二〇〇〇、一〇
臺靜農詩集（詩集）	許禮平編注	香港翰墨軒出版公司	二〇〇一、一一
臺靜農書畫紀念集（書畫紀念集）	國立歷史博物館編輯委員會	臺北國立歷史博物館	九〇、一〇
臺靜農法書集（一）、（二）（法書集一、二）中國名家法書全集一九、二〇	許禮平主編	香港翰墨軒出版公司	二〇〇一、一〇—一一
戴靜山先生年譜（戴譜）	阮廷瑜	戴靜山先生全集三、附錄	六九、九
沈鬱、勁拔臺靜農（配圖傳記）	盧廷清	臺北雄獅圖書公司	九〇、一一
臺靜農與陳獨秀	夏明釗	臺北歷史月刊一七三期	九一、六
國立臺灣大學中國文學系系史稿（系史稿）	臺大中文系編印	臺大中文系	九一、七

書・篇名	編・著者	出版機構	年月
臺靜農先生傳、學術簡表（臺傳、簡表）	方瑜	臺大中文系編印系史稿	九一、七
臺靜農先生百歲冥誕學術研討會論文集（百歲冥誕研討會論文集）	臺大中文系編印	臺大中文系	九〇、一二
中國書畫源流	呂佛庭	臺北華正書局	八一、一一
書法經緯	李萍	臺北華正書局	八〇
《臺靜農先生詩稿》序言（詩稿序言）	葉嘉瑩	臺靜農詩集	八四、一一
孫連仲先生年譜長編（孫連仲年譜）	劉鳳翰	國史館	八一
中國隸書名帖精華	劉炳森編	北京出版社	一九九七、九
老舍年譜	甘海嵐編撰	北京書目文獻出版社	一九八九、七
老舍年譜	郝長海 吳懷斌編	合肥黃山書社	一九八八、九
全唐詩（標點本）	出版公司	臺北明倫出版社翻印	六〇、五

書・篇名	編・著者	出版機構	年月
唐詩選註	余冠英等	臺北華正書局	七二、一
歷代名人年里碑傳總表（碑傳總表）	姜亮夫編	臺灣商務印書館	五四、四
清人文集別錄	張舜徽	明文書局	七一、一
劉禹錫集箋證	瞿蛻園	上海古籍出版社	一九八九、一二
王靜芝散文集	汪靜芝	臺灣輔仁大學出版社	九二、五
揚州八怪繪畫精品錄（八怪精品錄）	李萬村 周積寅編	江蘇美術出版社	一九九六、一〇
冬心先生題畫記	金農著	臺北學海出版社	八九、三
龔自珍全集		臺北河洛出版社	六四
宋詞三百首箋注	清朱祖謀選輯、民國唐圭璋箋注	臺北漢京文化事業公司	六九、九
白石詩詞集	姜夔 夏承燾校輯	華正書局	六三、一〇

書・篇名	編・著者	出版機構	年月
啟功叢稿	啟功	臺北華正書局	八〇
啟功叢稿・詩詞卷	啟功	北京中華書局	一九九九、七
國立台灣大學教職員書畫集（台大書畫集）	曹以松等編	臺灣大學	七六、七
朱子新探索	陳榮捷	臺灣學生書局	七七、四
啟功叢稿・題跋卷	啟功	北京中華書局	一九九九、七
莊申教授年譜（莊申年譜）見《畫史微觀—莊申教授逝世三週年紀念文集》	程君顒	臺灣歷史博物館	九二、一二
莊申教授傳（莊申傳）	楊承祖	中國唐代學會會刊十一期	九〇、六
先君許壽裳年譜（許壽裳年譜）見陳漱瑜主編《現代賢儒—魯迅的摯友許壽裳》	許世瑛	北京臺海出版社	一九九八、四
臺靜農教授著作目錄・臺靜農教授作品評論目錄	國立臺灣大學圖書館特藏組編	展覽目錄，未出版	九〇

書・篇名	編・著者	出版機構	年月
夏德儀《二二八前後日記》上下篇（夏德儀《日記》）		傳記文學月刊八六：二、三 九四、二、三月號	
臺靜農逝世前的信（致李霽野函六封）		聯合副刊	八二、一一、九
憶常維鈞與北大歌謠研究社（見《回憶臺靜農》）	臺靜農	上海教育出版社	一九九五、八
海峽兩岸唐代文學研究史（唐代文學研究史）	陳友冰	中央研究院中國文哲研究所	九〇、一〇
極可珍貴的臺靜農先生遺詩（臺先生遺詩）	李猷	中華詩學十卷四期	八二夏
臺靜農行草小集	私人印製	未發行	七四？
溥心畬傳	王家誠	臺北九歌出版社	九一六
關於何翀—對一位晚清廣東南海畫家的幾種認識（見《畫史觀微—莊申教授逝世三週年紀念文集》）	莊申	國立歷史博物館	九二、一二
畫壇奇才張大千	王家誠	臺北九歌出版社	九五、三
入海集	戴君仁	手稿本	約三五至六十

後記

本編始作於八十三年（一九九四年）秋，時自臺大中文系任教四十年退休，迄今完稿適爲一紀。是此編之成，恰以紀念臺先生百零五歲冥壽，亦識我八十初度之年。

完稿後，偶見新資料，遂隨手增訂。如近年，九十三年（二〇〇四）二月《傳記文學》（八十二卷二期）刊出臺先生友人夏德儀教授部分《日記》，其中有關「二二八」事變發生前後情況暨臺先生當時處境，頗有詳實記載。翌年，九十四年（二〇〇五）三月同上刊（八十六卷三期）載胡適指責北大老同事沈尹默一節，前所未聞。沈、胡，臺先生北大業師，關係非同尋常。諸如此類，本編均一一據以補充，以求完備。又今流傳臺先生論文、雜文集，頗多遺佚作品，未免遺珠之憾。多方搜集，拾遺補闕，都爲一冊，名《臺靜農別集》。茲附篇末，以供參考。

丙戌歲暮，九十六年元月七日

羅聯添記於臺北市溫州街永嘉樓寓所

臺靜農別集

前言

本集十六篇。分論文、雜著二類。論文四篇；雜著包括書函、題記、序跋、獻辭等十二篇。皆臺灣出版《靜農論文集》、《臺靜農文集》（臺北聯經出版公司）、《龍坡雜文》（臺北洪範書店）暨臺靜農《中國文學史》（臺灣大學出版中心）、《臺靜農先生輯存遺稿》（中央研究院中國文哲研究所編）未收之作品，而散見於其他各家詩、文集、傳記，經多年搜集累積而得。茲為公之於世，遂加整理、校考（考證文字上加「編者案」），交由臺灣學生書局隨同《臺靜農先生學術藝文編年考釋》一書出版。

本集經中央研究院近史所廖肇亨教授初步審訂，再由紀秋薌女弟重新電腦排版。二君為之費心盡力，特此誌謝。

封面「臺靜農集」隸字，係採自臺先生撰寫之張大千壽序（見《靜農書藝集》）。並識於此。藉明來源。

羅聯添識於己丑盛夏

民國九十八（二〇〇九）年六月二十日

臺靜農別集

目次

柳宗元

一

柳宗元，字子厚，河東人。少聰警絕倫，有奇名於貞元初（劉禹錫〈柳宗元集序〉）。貞元五年（七八九）十七歲，求進士於京師（柳宗元〈與楊誨之書〉），次年投行卷於權德輿，故有〈上權補闕溫卷啟〉。按唐之舉人，得先將其所作詩文，投獻主司以自薦，是謂「行卷」；過了數天，又投以所作，是謂「溫卷」，趙彥衛〈雲麓漫鈔〉卷八。德輿於貞元初以大常博士轉左補闕，有聲名於當時（《舊唐書》卷一百四十八〈權德輿傳〉）。宗元投以行卷，是希望德輿能為之延譽。貞元九年二十一歲，登進士第（柳宗元〈先侍御史府君神道表〉）。貞元十二年二十四歲，應博學宏辭科；又二年，乃以博學宏辭授集賢殿正字。時宗元「儁傑廉悍，議論證據今古，出入經史百子，踔厲風發，率常屈其座人，名聲大振，一時皆慕與之交；諸公要人爭欲令出我門下，交口薦譽之。」（柳宗元〈與楊誨之第二書〉及韓愈〈柳子厚墓誌銘〉）貞元十七年二十九歲，調藍田尉，自云：「旦暮走謁於大官堂下，與卒伍無別，居曹則俗吏滿前，更說買賣，商算贏縮。」（柳宗元〈與楊誨之書〉）以宗元的才氣，使之日與俗吏為伍，自非所樂為。貞元十九年三十一歲，擢拜監察御史。貞元二十一年正月德宗崩，順宗即位，王叔文用事，「尤奇待宗元，與監察呂溫密引禁中、與之圖事，轉尚書禮部員外，且欲大用之。會居位不久，叔文敗，與同輩七人俱貶，宗元為邵州刺史，在道，再貶永州司馬。」「元和十年移為柳州刺史。……時江嶺間為進士者，不遠數千里皆隨宗元師法，凡經其門，必為名士，著述之盛，名動於時，號柳州云。有集四十卷，元和十四年卒，時年四十七。七七三—八一九」（《舊唐書》卷一百六十〈柳宗元傳〉）

二

宗元在少年時，固已以其才氣傾動一時，然其性格剛正不阿，則非普通文士可比。如德宗寵臣裴延齡，其人行為極不堪；「以聚斂為長策，以詭妄為嘉謀，以掊克斂怨為匪躬，以靖譖服讒為盡節，揔典籍之所惡以為智術，冒聖哲之所戒以為行能，可謂堯代之共工，魯邦之少卯也。」（貞元十一年陸贄上書語）這樣姦詐貪污的小人，德宗竟親信之不疑，延齡遂得逞其凶惡，宰相陸贄，京兆尹張滂，衛尉卿李充等皆先後被其讒陷。時諫議大夫陽城上疏極論延齡禍國，且揚言：「延齡為相，吾當取白痲壞之。」（唐故事，凡拜免宰相，並使白痲紙起草）坐是遷國子司業，躬講經籍，生徒皆得有法度。時有薛約者，狂而直，言事得罪，謫連州，吏捕跡得之城家，城坐吏於門，引約飲食訖，步至都外與別。帝惡城黨有罪，出為道州刺史，太

學諸生等二百人頓首闕下請留城。(《新唐書》卷一百九十四〈陽城傳〉)當時宗元致書太學諸生,予以極大的同情與鼓勵:

二十六日集賢殿正字柳宗元敬致尺牘大學諸生足下:始朝廷用諫議大夫陽公為司業,諸生陶煦醇懿,熙然大洽,于茲四祀而已。詔書出為道州,僕時通籍光範門,就職書府,聞之悒然不喜。……翌日,退自書府,就車於司馬門外,聞之於抱關掌管者,道諸生愛慕陽公之德教,不忍其去,頓首西闕下,懇悃至願乞留如故者百數十人,輒用撫手喜甚,震抃不寧,不意古道復形於今。僕嘗讀李元禮、嵇叔夜傳,觀其言太學生徒仰闕赴訴者,僕謂訖千百年不可覩聞,乃今日聞而睹之,誠諸生見賜甚盛。……未如是,服聖人遺教,居天子太學,可無愧矣。……諸生之言,非獨為己也,於國體實甚宜,願諸生勿得私之,想復再上,故少佐筆端耳。勗之良志,俾為史者有以紀述也。努力,多賀。柳宗元白。

太學生聚眾挽留陽城,原是向專制大君抗爭的行動,而宗元竟以朝士身份向之作熱烈的聲援,公然謂此一行動足以繼承漢魏太學生的餘烈,是宗元對於德宗的昏瞶,小人的專橫,正人君子之被迫害,直與太學諸生具有同樣的憤慨。違犯大君意旨的「叛逆」行動,而他說這是有關國體為歷史家值得紀述的事,這樣的政治的熱情與膽識,雖百千年後猶虎虎有生氣。陽城初為諫議大夫尚未有所諫諍時，韓退之作〈爭臣論〉以譏之；後來陽城抨擊裴延齡而失去諫議大夫，退之卻漠然無所表示。迨宗元死，退之為作墓誌銘，亦不及此事，似乎退之不以宗元此舉為然者，然宗元此舉正足以表示其政治的膽識與節概。

三

宗元之為大學生的行動張目，既不能得退之的贊同，而宗元之與王叔文為黨，更不能得退之的諒解，故退之為子厚作墓誌銘時，猶深致惋惜。如云：「子厚前時少年，勇於為人，不自貴重顧藉，謂功業可立就，故作廢退。既退，又無相知有氣力得位者推挽，故卒死於窮裔，材不為世用，道不行於時也。使子厚在臺省時，自持其身，已能如司馬刺史時，亦不自斥，斥時有人力能舉之，且必復用不窮。」看來他對於子厚之黨王叔文，極不同情，故說「不自貴重顧藉」，不能「自持其身」，這完全是敵對者的口吻，以兩人交情之深，其相知未免過淺；而歷史家尤毫不容情的予以斥責，以為「蹈道不謹，昵比小人，自致流離，遂墮素業。」（《舊唐書》卷一百六十〈劉禹錫柳宗元傳論〉）以致後來讀書人，多以為柳宗元的文學成就固然甚大，而其人品卻有不堪之感。

為了解宗元之所以「昵比小人」，得先知道宗元與王叔文的結合。先是叔文以碁待詔，粗知書，好言理道，德宗令直東宮，太子甚重之。由是「宮中之事，倚之裁決，每對太子言，則曰：「某可為相，某可為將，幸異日用之，密結當代知名之士而欲僥倖速進者，與韋執誼，陸贄、呂溫、李景儉、韓曄、韓泰、陳諫、柳宗元、劉禹錫等十數人，定為死交。」及德宗死，太子即位，韋執誼為相，於是朝廷政事皆由叔文主決斷，禹錫宗元則為之探聽外事。數月，叔文敗，禹錫宗元均被貶謫（《舊唐書》卷一百三十五〈王叔文傳〉）。王叔文等的政治結合，只是曇花一現，但據現存的史料看來，也不過是個改良主義者，絕不能同曹操、司馬懿一流野心家可比。范希文云：叔文「議罷中人兵權，牾俱文珍輩，又絕韋皐私請，欲斬劉闢，其意非忠乎？」（《范文正集》卷六〈述夢詩序〉）又王西莊云：「其意本欲內抑宦官，外制方鎮，攝天下之財賦兵力而盡歸之朝廷。總計叔文之謬，不過在躁進，若求其真質罪名，本無可罪。」（王鳴盛《十七史商榷》卷七十四）只因出身寒素，毫無政治基礎，所仗持的順帝，又是尸居餘氣的人，加以求功過急，一意銳進，於是官僚與宦官，凜於自身的威脅，羣起而攻之。這一植根不固的新興勢力就不堪一擊的垮下來，我們文學史上的巨匠也就犧牲於這樣的朋黨中了；而盲目的歷史家竟斥叔文為小人，實失是非之公。馮山公讀柳子云：「今讀貶永州後與諸人書，既不文過，又嘗自訟，此君子引咎傷痛之詞，然而後世且據以為口實，嗚呼，小人論古無識，亦見其好議論不樂成人之美如此。」（馮景《解春集》卷十）

說到朋黨，唐一代的政治都在朋黨的傾軋中，高祖武德初年，秦王與齊王相爭，皆羅致朝臣，以為輔助，隱太子方面有魏徵、歐陽詢等，秦王有十八學士（《新唐書》卷二百一〈袁朗傳〉），唐代朋黨皆從此發端。後來秦王勝利了，作了皇帝（即太宗），又有濮王泰與皇太子承乾之爭。先是太宗曾令泰自置文學館，召引學士，及泰失敗，則責以「爭結朝士，競引凶人，遂使文武之官，各有託附，親戚之內，分為朋黨。」（《舊唐書》卷七十六〈濮王泰傳〉）足見濮王素之所為，正是太宗為秦王時之所為，朝臣文士的依附，又是十八學士之所為。武則天朝，此風更盛，如太平公主安樂公主各有一批文士為之黨與；就是武后的倖臣張易之、張昌宗門下也有一部分文士為之供驅使，甚至畫李嶠、蘇味道等十八人像號高士圖，隱擬十八學士。（《舊唐書》卷九十〈朱敬則傳〉）繼之者便是王叔文黨，叔文以後為最劇烈的牛李兩黨，兩黨領袖，都是有才識有抱負有國家觀念的人；兩黨之中雖不乏小人，亦多佳士，但為政權的爭奪，竟至不惜用種種卑劣慘酷的手段，「因是列為朋黨，皆挾邪取權，兩相傾軋，自是紛紜，排陷垂四十年。」文宗云：「去河北賊非難，去此朋黨實難。」（《舊唐書》卷一百七十六〈李宗閔傳〉）其「是非排陷，朝昇暮黜，天子亦無如之何。」（《舊唐書》卷一百六十六〈白居易傳〉）於此可見唐一代朋黨之盛，是宗元與王叔文之結黨，也不足為怪了。

總之，唐代文士多不重節操，則是事實，蓋初承六朝遺風，只知以文學供奉大君，無所謂出處之義。又由於特重進士科，使文士更加傾向於富貴的追求；大家既以富貴為人生的目的，勢必依附權貴，甘為羽翼；故唐一代文士往往皆有朋黨的關係。至於王叔文黨，尚不能比於利祿的集團，如其所結合的是「當代知名之士」，其所行動又是有關國家的大計，「內抑宦官，外制方鎮」。（《十七史商榷》卷七十四）因此，宗元自述與王叔文結合的原因，是可以相信的。他說：「早歲與負罪者親善，始奇其能，謂可共立仁義，裨教化過；不自料廑廑勉勵，惟以忠正信義為志，以興堯舜孔子之道，利安元元為務，不知愚陋不可力強。」（柳宗元〈與許京兆書〉）若果我們認為這是他文過飾非的話，那才不免「小人論古無識」之譏。

四

由於宗元之贊助太學生的活動與王叔文的結合，足見他是有強烈的正義感與有政治懷抱的人，為了要澄清國家的腐敗，不惜銳進，即使失敗，也無所悔恨。如他在柳州時，解放奴婢一事，便可看出一位政治家隨時隨地為政的精神。韓退之〈柳子厚墓誌銘〉云：

> 元和中，嘗例召至京師，又偕出為刺史，而子厚得柳州。既至，歎曰：是豈不足為政邪？因其土俗，為設教禁，州人順賴。其俗以男女質錢，約不時贖，子本相侔，則沒為奴婢；子厚與設方計，悉令贖歸，其尤貧力不能者，令書其傭，足相當，則使歸其質。觀察使下其法於他州，比一歲，免而歸者且千人。

中國自有奴婢以來，從不見歷代政府嚴厲禁止過，相反的而有所謂「官奴婢」、「私奴婢」，以及名目不同而實為奴隸的種種名稱。甘心將自家子女賣給人家作奴婢的人，都是窮迫而無告者；可是享有奴婢的人，又都是窮迫而無告的主宰者。所以奴婢制度，向被為政者所默許。即如唐代，一方面將官私奴婢成為合法的奴婢，一方面又禁止人口買賣，其意以為官私奴婢的來源，並不是由於買賣；但既容許奴婢制度的存在，而窮迫無告的人，免不了出賣其所親，以求延續其旦夕的生命。唐代荒遠之地，人口買賣之風最盛，如「嶺南諸州，居民與蠻獠同俗，火耕水耨，晝乏暮飢，迫於征稅，則貨賣男女。姦人乘之，倍討其利，以齒之幼壯，定估之高下。窘迫求售，號哭踰時。為吏者，謂南方之俗，風習為常，適然不怪，因亦為利；遂使居人男女與犀象雜物，俱為貨財。」（《唐大詔令》卷一〇九〈禁嶺南貨賣男女敕〉）相習成風，致使為吏者「因以為利」，則買賣人口風俗之盛可知。獨宗元治柳州，力革此弊，一年之中，使免於奴婢而恢復於「人」的地位者且千人。中國歷史上的政治家能有幾人像柳宗元這樣具有悲憫之懷的人道精神呢？中國的政治思想雖有所謂「仁道」，而政治家又有幾人真能了解「人」的價值呢？竟讓這位「昵比小人」的文士，作了中國歷史上解救奴隸的偉人！

五

至於退之的《順宗實錄》，記王叔文一案，卻不像具有「史識」的著作。唯《實錄》曾經竄易，不可為據。（見四部叢刊本《昌黎集》注引洪興祖所撰《退之年譜》）然宗元曾與退之討論過修史問題，頗可玩味。即元和八年，退之為史官（《昌黎集》注引《洪譜》，蔣著超之年譜繫在七年，誤），有劉秀才者，致書退之，勉以修史之事。退之答書謂：「夫為史者，不有人禍，必有天刑，豈可不畏懼而輕為之哉？」宗元在永州寄退之書，曾痛駁之云：「今學如退之，辭如退之，好議論如退之，慷慨自謂正直行行焉如退之，猶所云如是，則唐之史，述其卒無可託乎？」按退之早年，有「作唐一經，垂之於無窮，誅奸諛於既死，發潛德之幽光。」之壯語（退之〈答崔立之書〉），後來為史館修撰，竟畏葸如此，想是基於政治環境而發；而宗元的憤慨，亦由於自身處於昏暗時代，忠奸不明，惟有託諸良史，以見白於千百年後。是兩人各有寄意，不可謂兩人見解相左如是之大。

退之倡導古文，宗元實為之羽翼，若無宗元之激揚，古文未必能很快的蔚成大國。退之主張文以「載道」，宗元亦言：「聖人之言，期以明道。」（宗元〈報崔黯秀才書〉）所不同的，退之建立道統，作為古文的中心思想，宗元則沒有道統觀念。退之排斥佛老，宗元不特不排斥，並且與之接近，尤其是與佛教，他說：「吾自幼好佛，求其道且三十年」（宗元〈送巽上人赴中丞叔父召序〉），而退之則以「觝排異端，攘斥佛老」（韓愈〈進學解〉）為務。因知退之要建道統，不得不觝排佛老，而宗元則謂佛「與《易》、《論語》合，雖聖人復生，不可得而斥也」；（宗元〈送僧浩初序〉）因欲「悉取向之所以異者，通而同之；搜擇融液，與道大適，咸伸其所長，而黜其奇衺。」（宗元〈送元十八山人南遊序〉）具有這種融會貫通的態度，自然無所謂道統的觀念了。由此看來，兩人的文以載道觀，其基本的思想，並不相同。所以退之的文章，有叫囂之音，則以身負道統不免時時警戒，時時要棒喝別人；宗元的文章，有寬博的氣象，則以肩上沒有包袱，能有從容自得之趣。

（錄自《中國文學史論集》第二集，四十七年（一九五八）四月，臺北中華文化出版事業委員會）

編案：本篇與臺先生《中國文學史稿．韓愈與柳宗元》合論一節，內容篇幅頗有差異，可詳參羅聯添《臺靜農先生學術藝文編年考釋》四十七年四月〈柳宗元〉條。

關於李白

李白，字太白，生於武后大足元年（七〇一），死於肅宗寶應元年（七六二），六十二歲。（曾鞏〈李集序〉云六十四，誤。）白之家世，有金陵、山東、隴西、廣漢諸說，皆不可信，實為西域人。按李白傳記的史料，以李陽冰〈草堂集序〉與范傳正〈唐左拾遺翰林學士新墓碑〉為最早，李〈序〉作於白之死時，范〈碑〉作於白死後五十五年，兩人均言白為隴西成紀人（今甘肅天水縣附近），涼武昭王李暠的九世孫。李序云：「中葉非罪，謫居條支，易姓與名。」范碑云：「隋末多難，一房被竄於碎葉，流離散落，隱易姓名。」近人陳寅恪先生據《新唐書》〈地理志〉始發現李、范之說皆出於附會，其所作〈李白氏族之疑問〉云：

碎葉條支在唐太宗貞觀十八年——即西曆六四四年平焉耆，高宗顯慶二年——即西曆六五七年平賀魯，隸屬中國政治勢力範圍之後，始可成為竄謫罪人之地；若太白先人於楊隋末世即竄謫如斯之遠地，斷非當日情勢所能有之事實，其為依託，不待詳辨。至所以詭稱隋末者，殆以文飾其既為涼武昭王後裔，又何以不編入屬籍，如鎮遠將軍房、平涼房、姑臧房、敦煌房、僕射房、絳郡房、武陽房等之比故耳。

按天寶元年七月詔，涼武昭王以下絳郡、姑臧、敦煌、武陽等子孫，並宜隸入宗正寺編入屬籍（〈唐會要〉卷六十五）。李白既未能「編入屬籍」，足證其非唐宗室。李、范所說「謫居」與「絕嗣之家難求譜牒」者，實為彌縫之辭。可是白與當時宗室交游，多舉其輩分者，則是由於唐人喜攀附高門，故凡王姓必稱瑯琊，李姓必稱隴西。清張爾岐《蒿庵閒話》云：「近俗喜聯宗，凡同姓者，勢可藉，利可資，無不兄弟叔侄者矣。此風大盛於唐，其時重舊姓，故競相依附。」白之為隴西成紀人，亦因當時風習如此，不以為怪耳。又李〈序〉云：「神龍之始，逃歸于蜀，復指李樹而生伯陽。」范〈碑〉云：「神龍初，潛還廣漢，因僑為郡人；父客以逋以其邑，遂以客為名。」（〈李白氏族之疑問〉）則是太白至中國後方改姓也；其父之所以名客者，殆由西域之人其名字不通於華夏，因以胡客呼之，遂取以為名，其實非自稱之本名也。蓋六朝隋唐時代，蜀中為西胡行賈的區域，白父之客廣漢，當是行賈於此，漸成巨富，遂有「曩昔東遊維揚，不逾一年，散金三十餘萬」之豪舉（〈上安州裴長史書〉）。白〈贈張相鎬〉詩，所謂「本家隴西人，先為漢邊將」者，乃自諱為胡人的緣故。至於白〈上安州裴長史書〉謂「白本家金陵，世為右姓」者，前人以為此與隴西說相矛盾，因疑此書是他人所偽造（胡應麟《少室山房筆叢》），也有疑金陵為金城之誤的（全唐文〈上安州裴長史書〉注及王琦《太白集》注。金城在今甘肅皋蘭縣治）。至於杜甫〈蘇端薛復筵簡薛華醉歌〉、元稹〈唐故檢校工部員外郎杜君墓誌銘〉以及《舊唐書》〈文苑列傳〉均以白為山東人者，則由於「唐人以太行山之東為山東」（顧炎武《日知卷》三十一）的關係。

這位文學史上少有的天才詩人，五歲的時候，便能誦「六甲」；十歲的時候，則能通詩書觀百家之言；十五歲的時候，好劍術，偏干諸侯；二十歲時，正是玄宗開元八年（七四九），禮部尚書蘇頲出為益州長史，白於路中投刺謁頲，頲待以布衣之禮，因謂羣僚云：「此子天才英麗，下筆不休，雖風力未成，且見專草之骨，若廣之以學，可以相如比肩。」當時雖受知於蘇頲，卻未因頲以求顯達。時有逸人東巖子者，隱於岷山，白往從之，同隱數年，不入城市，養奇禽千計，呼之就掌取食，了無驚猜。郡守聞而異之，舉兩人以有道科，並不起。二十五歲以後，出游襄漢，南泛洞庭，東至金陵揚州，居揚州不逾一年，散金三十餘萬，有落魄公子，悉皆濟之。其生活之浪漫豪侈，可想而知。更客汝海，還憩雲夢，故相許圉師家以孫女妻之，遂留安陸十年。曾與蜀中友人吳指南同游於楚，指南死在洞庭附近，白禫服慟哭，若喪天倫，不得已暫殯於湖側，便去金陵。數年後回來看，筋骨尚在，白雪涕持刃，躬申洗削，徒步負之而行，丐貸營葬於鄂城之東。後游太原，並至齊魯，有〈答汶上翁詩〉云：「顧余不及仕，學劍來山東。」

天寶元年，白遊會稽，與道士吳筠共居剡中。會筠以召赴闕，薦之於朝。玄宗乃下詔徵之。白至京師，與太子賓客賀知章遇於紫極宮，一見賞之曰：「此天上謫仙人也。」因言於玄宗，召見金鑾殿，論當世務，草答蠻書，辯若懸河，筆不停輟。又上〈宣唐鴻猷〉一篇，帝嘉之。以七寶牀賜食，御手調羹以飯之。謂曰：「卿是布衣，名為朕知，非素蓄道義，何以得此命？」因令供奉翰林，專掌密命。（李陽冰〈草堂集序〉謂召入翰林，在天寶中，今據王琦所編《李太白年譜》。）白氏嗜酒，日與酒徒酣醉市上，帝每招之於酒肆，故杜甫詩云：「李白一斗詩百篇，長安市上酒家眠；天子呼來不上船，自稱臣是酒中仙。」天寶三載，禁中牡丹盛開，帝與楊貴妃在沉香亭，梨園弟子將奏樂歌，帝曰：「賞名花對妃子，焉用舊樂詞為？」遂召白，白立進〈清平調〉辭三章，帝頗嘉之。高力士以白曾沉醉殿上，伸足令其為之脫靴，引以為恥，因摘白詩句，激怒楊貴妃。由是帝欲官白，妃輒沮止。白自知不能容，更自放於酒，遂求還山，帝賜以金放還。（《新唐書》、《舊唐書》及《太平廣記》所引之《松窗錄》，均未書年，今從《李太白年譜》。）

天寶十四載（七五五）安祿山反，次年正月祿山稱大燕皇帝，六月玄宗奔蜀，七月太子即位於靈武，尊玄宗為太上皇。這一年，白五十六歲，自被放以來，浪跡江湖已經十二年了。明年，即肅宗至德元年，白見天下大亂，由宣城去溧陽，將轉道避居剡中，自云：「我垂北溟翼，且學南山豹」（《李太白詩集》卷十二〈經亂後將避地剡中留贈宣城〉）。後來由剡中而隱居於廬山的屏風疊，自云：「大盜割鴻溝，如風掃秋葉，吾非濟代人，且隱屏風疊。」（《李太白詩集》卷十一〈贈王判官時余歸隱居廬山屏風疊〉）可是永王璘大軍東下，白在宣州謁見，遂入永王幕僚（《舊唐書》本傳）。然白後來卻說：「半夜水軍來，潯陽滿旌旃。空名適自誤，迫脅上樓船。」（《李太白詩集》卷十一〈經亂離後天恩流夜郎憶舊遊書懷贈江夏韋太守良宰〉）永王璘是玄宗十六子，為山東南路及嶺南黔中江南西路四道節度使，璘以父在蜀城，兄在靈武，遂欲據江左自立，至次年二月兵敗而死。白以是亡走彭澤，坐繫潯陽獄中。乾元元年（即至德三年），以從永王璘罪，長流夜郎（今四川桐梓縣東），遂泛洞庭，上三峽，至巫山，次年在往夜郎途中時，遇赦得釋。還憩江夏岳陽，復回潯陽，這年他已五十九歲了。又二年，遊金陵，並往來宣城、歷陽二郡間。明年，去當塗依李陽冰，時陽冰為當塗令，十一月以疾卒，是歲為肅宗寶應元年（七六二）。

李白之從永王璘，昔人往往曲為之說，惟宋蔡寬夫論此事最為深刻，他說：「蓋其學本縱橫，以氣俠自任，當中原擾攘時，欲藉之以立奇功耳。故其〈東巡歌〉有『但用東山謝安石，為君談笑靜胡沙』之句；至其卒章乃云：『南風一掃胡塵靜，西入長安到日邊』，亦可見其志矣。大抵才高意廣，如孔北海之徒，固未必有成功；而知人料事，尤其所難議者。」（《寬夫詩話》）寬夫此論是有見地的。白之性格，志大而才疏，任氣而放誕，並不是實際政治的人物。他平日所傾慕的是動亂時代的策士與遊俠，他歌頌遊俠重然諾輕生命的精神，他欣賞策士談笑間取功名的才調，他尤衷心的仰慕魯仲連之為人。〈古風〉十云：

齊有倜儻生，魯連特高妙。明月出海底，一朝開光耀。卻秦振英聲，後世仰末照。意輕千金贈，顧向平原笑。吾亦澹蕩人，拂衣可同調。

又如〈江夏寄漢陽輔錄事〉云：「我書魯連箭，報國有壯心」；〈留別金陵崔侍御〉云：「恨無左車畧，多愧魯連生」；〈送王屋山人魏萬還王屋〉云：「辯折田巴生，心齊魯連子」；〈古風〉三十六云：「魯連及杜史，可以躡清芬。」李白之傾倒魯仲連，也正是他自以為是魯仲連一流人物，與諸葛亮高歌〈梁甫吟〉自許管樂有同樣的襟懷。至若「余亦草間人，頗懷拯物志」（〈諸葛亮〉），「願一體明主，功成還舊林」（〈留別王司馬嵩〉），更加露骨的說出他的心願。於是而有「有才知卷舒，無事坐悲苦」（〈擬古〉五），「蘭生谷底人不鋤，雲在高山空卷舒」（〈贈從弟南平太守之遙〉）的感慨。既以人生有「卷舒」，則是未嘗絕望於期待。一旦祿山叛變，舉國紛擾的時候，永王璘以帝子之親，辟之出山，此時李白未始無藉以立奇功之心，故引謝安石以自況。後來身列叛黨，遠逐夜郎，則是帝王時代，「與人家國」失敗者應有的結果，遂有「富貴與神仙，蹉跎兩無成」（〈長歌行〉）的悲歎。

由其生平看來，始則「翰林秉筆回英眄，麟閣崢嶸誰可見，承恩初入銀臺門，著書獨在金鑾殿。」（〈贈從弟南平太守之遙〉）不可說不得意了；然一被讒放，便如死灰不可復燃。繼參永王璘軍幕，而思「為君談笑靜胡沙」，可是結果更壞——「去國愁夜郎，投身窮荒谷」（〈流夜郎半道承恩放還兼欣剋復之美書懷示息秀才〉）。據此看來，白與現實政治，始終站在邊緣上，而無深厚的基礎。他自己說：「空談帝王畧，紫綬不挂身；雄劍藏玉匣，陰符生素塵。」（〈門有車馬行〉）又說：「我本不棄世，世人自棄我」（〈送蔡山人〉）。這種坦率的自白，足夠證明他是如何不甘心於寂寞的熱情。因此，我們不能認為他是超現實的詩人，他的詩充分的流露出他對於現實的指責與悲憤。可是昔人每持揚杜抑李之論，並不作如是觀。羅大經云：「李太白當王室多難，海宇橫潰之日，作為歌詩，不過豪俠使氣，狂醉於花月之間耳。社稷蒼生，曾不繫其心膂。其視杜陵之憂國憂民，豈可同年而語哉？」（《鶴林玉露》卷六）這樣膚淺的見解，何嘗能算認識李白詩的真價值，但這還代表了好些人的觀念。現在我們要來重新看一看李白詩所反映的現實的精神。

玄宗一如乃祖，喜對外武功，天寶元年，「天下聲教所被之州三百二十一，羈縻之州八百，置十節度經略使以備邊。」「凡鎮兵四十九萬，馬八萬匹。開元之前，每歲供邊兵衣糧，不過二百萬。天寶之後，邊將奏益兵浸多，每歲用衣千二十萬匹，糧百九十萬斛。公私勞費，民始困苦矣。」（《通鑑》卷二百十五）玄宗黷武政策的結果，於此可見。李白對此，曾寄以深刻的諷刺。〈戰城南〉云：

去年戰桑乾源，今年戰葱河道，洗兵條支海上波，放馬天山雪中草。萬里長征戰，三軍盡衰老。匈奴以殺戮為耕作，古來惟見白骨黃沙田。秦家築城避胡處，漢家還有烽

> 火然。烽火然，不息征戰無已時。野戰格鬬死，敗馬號鳴向天悲。烏鳶啄人腸，銜飛上掛枯樹枝。士卒塗草莽，將軍空爾為。乃知兵者是凶器，聖人不得已而用之。

他說戰爭是「不得已而用之」，該是多麼有力的一句話，要不是深切的了解戰爭的意義，能有這樣明智的見解麼？

天寶十二年，劍南節度使楊國忠執國政，仍奏徵天下兵，俾留後侍御史李宓將十萬擊南詔。輦餉者在外，海瘴死者相屬於路，天下始騷然苦之。（參《舊唐書》卷一九七〈南詔蠻傳〉）又《通鑑》卷二一六云：「制大募兩京及河南北兵，以擊南詔。人聞雲南多瘴癘，未戰士卒死者什八九，莫肯應募，楊國忠遣御史分道捕人，連枷詣送軍所。」李白對此役亦深致不滿，〈古風〉三十四云：

> 羽檄如流星，虎符合專城。喧呼救邊急，羣鳥皆夜鳴。白日曜紫微，三公運權衡，天地皆得一，澹然四海清。借問此何為，答言楚徵兵。渡瀘及五月，將赴雲南征。怯卒非戰士，炎方難遠行；長號別嚴親，日月慘光晶；泣盡繼以血，心摧兩無聲。困獸當猛虎，窮魚餌奔鯨，千去不一回，投軀豈全生。如何舞干戚，一使有苗平。

此顯然抨擊楊國忠執國政，不能使四海清平，而勞民傷財從事對外戰爭，亦即白居易所說：

「君不聞開元宰相宋開府，不賞邊功防黷武；又不聞天寶宰相楊國忠，欲求恩幸立邊功。」（〈新豐折臂翁〉）在楊國忠以前，安祿山之被親幸，便是由於邊功。《通鑑》二百一十五云：「安祿山欲以邊功市寵，數侵掠奚契丹，奚契丹各殺公主以叛。」足見玄宗欲承其祖先政策，而賊臣楊國忠、安祿山便以邊功投其所好。然李白並不是絕對反對邊功者，外敵來侵，也只有以戰爭對戰爭，是乃出於「不得已而用之」。其所作〈塞下曲〉、〈出自薊北門發白馬〉等篇，即係鼓吹邊功者，這大概作於天寶以前，以開元之時常有邊患故耳。

玄宗寵楊貴妃，荒怠國政，幾致亡國。李白之〈宮中行樂詞〉云：「宮中誰第一，飛燕在昭陽」；又〈清平調〉云：「借問漢宮誰得似，可憐飛燕倚紅妝」；兩者均是奉詔之作，但他直指楊貴妃為趙飛燕，另一面李三郎豈不就是漢成帝？李三郎的淫昏與漢成帝比，本無不同，可是李白竟能直言不諱，不能說這位天才詩人沒有節士風概。〈陽春曲〉云：

> 長安白日照春空，綠楊結煙垂裊風，披香殿前花始紅，流芳發色繡戶中。繡戶中，相經過，飛燕皇后輕身舞，紫宮夫人絕世歌。聖君三萬六千日，歲歲年年奈樂何？

這詩不是給玄宗畫像麼？一個不顧國家存亡人民生活的淫昏之主的畫像。至於當時腐蝕這位淫昏之主的外戚朝貴們，他們的驕橫與淫侈的生活，也浮現在他的筆端之下：

……雞鳴海色動，謁帝羅公侯，月落西上陽，餘輝半城樓。衣冠半雲日，朝下散皇州。鞍馬如飛龍，黃金絡馬頭。行人皆辟易，志氣橫嵩丘。入門上高堂，列鼎錯珍饈。香風引趙舞，清管隨齊謳。七十紫鴛鴦，雙雙戲庭幽。行樂爭晝夜，自言度千秋。……（〈古風〉十八）

大車揚飛塵，亭午暗阡陌。中貴多黃金，連雲開甲宅。路逢鬬雞者，冠蓋何輝赫。鼻息干虹蜺，行人皆怵惕。世無洗耳翁，誰知堯與跖。（〈古風〉二十四）

鬥雞一事看來不是大事，然證以陳鴻的〈東城老父傳〉，便知這一小事，也消耗了不少的國力，而李白的詩也並非誇張了。總之，君臣一體毫無心肝於國事，其招致覆亡，則是必然的事。果然，天寶十四年十一月安祿山舉兵反，「時海內久承平，百姓累世不識兵革，猝聞范陽兵起，遠近震駭。河北皆祿山統內，所過州縣，望風瓦解。守令或開門出迎，或棄城竄匿，或為所擒戳，無敢拒之者。」（《通鑑》二百十七）於是東西兩京相繼失陷，大皇帝也只有逃往蜀中了。李白詩筆下所反映當時的情形云：

洛陽三月飛胡沙，洛陽城中人怨嗟；天津流〔水波〕赤血，白骨相撑如亂麻。……（〈扶風豪士歌〉）

……炎涼幾度改，九土中橫潰，漢甲連胡兵，沙塵暗雲海。草木搖殺氣，星辰無光彩。白骨成山丘，蒼生竟何罪？幽關壯帝居，國命懸哥舒。長戟三十萬，開門納兇渠。公卿如犬羊，忠讜醢與菹。二聖出游豫，兩京遂丘墟。……（〈經亂離後天恩流夜郎憶舊遊書懷贈江夏韋太守良宰〉）

……中原走豺虎，烈火焚宗廟。太白晝經天，頹陽掩餘照。王城皆蕩覆，世路成奔峭。四海望長安，嚬眉寡西笑。蒼生疑落葉，白骨空相弔。連兵似雪山，破敵誰能料。……（〈經亂後將避地剡中留贈崔宣城〉）

國破的慘象，人民的無辜，寫來是多麼沉痛而有力。他對於招致這一場大禍使人民塗炭的玄宗，更致以深婉的諷刺。即如〈上皇西巡南京歌〉，所謂「草樹雲山如錦繡，秦川得及此間無」、「地轉錦江成渭水，天迴玉壘作長安」、「石鏡更名天上月，後宮親得照娥眉」這直是歌頌風流天子的遊幸，那有一絲蒙塵的意味？足見他眼中的唐明皇，有似隋煬帝一流人物，故以留連光景之辭，貌其淫昏之態，而與「白骨成山丘，蒼生竟何罪」，成強烈的對照。

玄宗不僅好邊功，好女色，並好神仙，權勢愈高，慾望愈無窮止，終至想長生不老。這本是大君的常態，玄宗自不能例外，李白對此亦毫不容情的加以諷刺。如：

登高丘，望遠海，六鰲骨已霜，三山流安在？扶桑半摧折，白日沉光彩。銀臺金闕如夢中，秦皇漢武空相待。精衛費木石，黿鼉無所凭。君不見：驪山茂陵盡灰滅，牧羊之子來攀登；盜賊劫寶玉，精靈竟何能？窮兵黷武今如此，鼎湖飛龍安可乘？（〈登高丘而望遠海〉）

三十六離宮，樓臺與天通；閣道步行月，美人愁煙空。恩疎寵不及，桃李傷春風。淫樂意何極，金輿向回中。萬乘出黃道，千旗揚彩虹。前軍細柳北，後騎甘泉東。豈問渭川老，寧邀襄野童？但慕瑤池宴，歸來樂未窮。（〈上之回〉）

將秦皇漢武荒淫愚昧的行為，以諷刺當今的大君，雖深切，亦復憤激，比於杜甫，或失之溫厚，然這正是李白的本色。白既指斥神仙為虛妄，何以自家也不免憧憬於神仙？要知白之憧憬神仙，祇是藉以表現他那高遠的寄託，無視庸俗，鄙棄下愚，所謂「蟬翼九五，以求長生，下士大笑，如蒼蠅聲」者（〈來日大難〉）。於此可以看出他心目中的神仙，猶之淵明的桃花源，皆是現實生活的反映，而不是真個向虛無飄渺中討生活的夢遊者。

據上所述，足見羅大經所謂「社稷蒼生，曾不繫其心膂」為不可信。茲再舉黃節論太白之語，以為佐證。黃先生云：「李白古風最為五言之冠，顧其天才卓絕，而憂時感憤，恒發於言。開元中白既以楊妃之譖去國，意怏怏，作〈雪讒詩〉。天寶中北討奚契丹，勤於兵，作〈戰城南〉。天寶末，君子失位，小人用事，以至胡將稱兵，天子幸蜀，作〈遠別離道〉、〈蜀難〉、〈枯魚過河泣〉等篇。閎肆俊偉，參差屈曲，幽人鬼語，使人一唱三歎而有餘哀。而忠義激發，又是以繫夫三綱五常之重，識者稱其深得國風諷刺之旨。」（《詩學》）這種論斷，自非羅大經輩短視所能及。至於李白的寫作態度，他自己也明白的說過。如〈古風〉第一首云：

> 大雅久不作，吾衰竟誰陳？王風委蔓草，戰國多荊榛。龍虎多啖食，兵戈逮狂秦。正聲何微茫，哀怨起騷人。揚馬激頹波，開流蕩無垠。廢興雖萬變，憲章亦已淪。自從建安來，綺麗不足珍。聖代復元古，垂衣貴清真。群才共休明，乘運共躍鱗。文質相炳煥，眾星羅秋旻。我志在刪述，垂輝映千春。希聖如有立，絕筆於獲麟。

楊齊賢云：「建安諸子，智尚綺靡，摛章繡句，競為新奇，而雄健之氣，由此萎薾，至唐八代極矣；掃魏晉之陋，起騷人之廢，太白蓋以自任矣。」太白的抱負確乎如此，他要以「清真」挽救建安以來的綺靡。所謂「清」者，便是不尚綺麗；所謂「真」者，則是以抒寫情志為主而不重藻飾，亦即范傳正所云：「作詩非事於文律，取其吟以自適。」（〈唐左拾遺翰林學士李公新墓碑〉）惟其如此，國風樂府的自然風格及其藝術技巧，都是他所追尋的目標。元稹說他「壯浪縱恣，擺去約束」（〈杜甫墓誌〉），也就是說他未嘗受形式上的排比聲律的束縛。所以他的詩，多是五言古風，而不甚重視唐代新體的律詩。李陽冰說：「盧黃門云，陳拾遺橫制頹波，天下質文，翕然一變。至今朝詩體，尚有陳梁宮掖之風，至公大變，掃地併盡。」（〈唐翰林李太白詩序〉）將他比擬為陳子昂，則由於他與子昂共一目標的關係，但究竟不同，子昂真正在那裏復古，太白則有類於「託古改制」，如子昂的詩置之漢魏人詩中，可以亂真，太白的詩自具一清真面目，卻亂不了人家。五言詩到了唐代，已經走向衰微的階段，太白不僅有起廢之功，卻為後來的人開一條自由抒寫的道路。但因為他的天才高，志氣宏放，聯想豐富，有縱橫揮灑之概，以致後人視之高不可攀，望之卻步，也正由此。

（錄自文學雜誌四卷三期，署名白簡，民國四十七年（一九五八）五月。又見二〇〇〇年一月陳子善編《龍坡論學集》，遼寧教育出版社。）

編案：《文學雜誌季刊》民國四十五年三月創刊，臺大外文系夏濟安教授主編，臺大工學院秘書劉守宜為發行人，臺先生字伯簡，易伯為白，取其同音。

論碑傳文及傳奇文

我在〈論兩漢散文之演變〉一文中，曾經於史傳文外，特別標出一項「文士文」的名稱。我所謂「文士」者：「不是思想家，更非政治家，單憑文學作品稱於一時的文士，這在漢以後誰都不會懷疑到這種人的存在，因為文士早成了階層的關係，如歷史上〈儒林〉而外又有〈文苑〉。」（見《大陸雜誌》五卷六期）這是說明文士具有獨立身份的特質，用現代的話說，就是以寫作為生的職業文人。漢代文士文中蔡邕一派，以碑傳文最為特色，我在那篇文中曾作如下的批評：

蔡邕多識漢事，本想繼班固為《後漢書》，因參與董卓的政權，為王允所殺，僅以碑傳文流傳後世，可是影響最大，即史傳文也有受其影響者，如范蔚宗的《後漢書》。葉昌熾《語石》卷一云：「東漢以後，門生故吏，為其府主，伐石頌德，徧於鄉邑。」這是碑傳文發達於東漢官僚社會的主要因素。以史家寫碑傳文，應文如其人，但他自己卻說：「吾為人作銘，未嘗不慚容，唯郭有道無愧耳。」（《世說新語‧德行篇注》）足見他作那麼多碑文，皆言不由衷，只以阿諛死者為能事了。顧炎武《日知錄》云：「蔡伯喈集中為時貴碑誄之作甚多，自非利其潤筆，不致為此；史傳以其名重，隱而不言耳。文人受賕，豈徒韓退之諛墓金哉？……」以利人潤筆而為文，正是後來文士的生活之道。

史傳與碑傳本同屬於歷史性的文章，而具有史學修養的蔡邕筆下的碑傳文，竟走了樣，抹去了歷史的真實性。儘管碑傳文為了刻石的關係，文字受了限制，體制不能和史傳文盡同，作法也因之有所不同，但兩者寫作的基本原則卻不能不同。換言之，寫碑傳文時，體制方法不能盡同於寫史傳文，而所要表現的人物的真實性，則應該與寫史傳文一樣的寫法。蔡邕不能如此，他用夸大藻飾的手法改變碑主的真面目，以取悅於碑主的後嗣，看他的碑傳中人物，品德之優，皆無殊賢哲。為什麼一個大文人甘願寫自家慚愧的文章？自然由於當時門閥社會有此需要的關係，何況作者又可「利其潤筆」。這樣一脈相傳，從三世紀至八世紀約六百年的駢文時代，凡所有的碑傳文，不合於歷史性的原則，可說與蔡邕的寫作態度一致。這也不能歸罪於蔡邕，社會風尚的形成，不是由於一二人的倡導，而是由於社會力量的推挽，使文士們不自覺的樂於為此。近代漢魏南北朝墓誌出土之多，可以想見社會的背景是怎樣的了。而這麼多的碑傳文，作法幾乎千篇一律，又可想見此六百年中的碑傳文的內容是怎樣的空洞了。

駢文時代過去了，代之以散文，也就是所謂古文，古文由韓愈出來而強大起來。他本有「作唐一經，垂之於無窮，誅姦諛於既死，發潛德之幽光」的大志（見〈答立之書〉）。但他只寫了一部《順宗實錄》，再不敢從事於歷史的寫作了。更可笑的，元和八年他為史官時，有位劉秀才寫信給他，勉以修史大事。他回答說：「夫為史者，不有人禍，必有天刑，豈可不畏懼而輕為之哉？」他這幾句話使貶在柳州的柳宗元大不謂然，宗元給他的信說：「今學如退之，辭如退之，好言論如退之，慷慨自謂行行焉如退之，猶所云如是，則唐之史，卒無可託乎？」韓愈的話，或許別有憤激，但他對於史學方面除《順宗實錄》外，終其身沒有其他史學的貢獻則是事實。至於他建立道統，表揚大道，聲勢雖然鏜鞳，卻不夠精微。朱熹說：

如韓退之雖是見得箇道之大用是如此，然無實用功處。它（當作他）當初本只是要討（討）官職做，始終只是這心，他只是要做得言語似《六經》，便以為是傳道。至其每日工夫，只是做詩博奕，酣飲取樂而已，觀其詩便可見，都襯貼那原道不起。至其做官臨政，也不是要為國做事，也無甚可稱，其實只是要討官職而已。（《朱子語類》卷一百三十七）

朱熹又說：

> 退之卻見得大綱，有七八分見識，如〈原道〉中說得仁義道德煞好，但是他不去踐履玩味，故見得不精微細密。伊川謂其學華者，只謂愛作文章，如作詩，說許多閑言語，皆是華也。（《語類》卷一百三十七）

朱熹認為他的思想不精微細密，程伊川認為他不過是個文章家，這都使我們同意。總之，他有意「作唐一經」而不敢為，他標榜道統卻不精深，既非史家也算不上思想家，他不過是文士而官僚，——如晦庵所說「只是要討官職而已」。至於他的文章影響之大且久，那是唐以後沒有第二個人趕得上的。但他藝術技巧最高的文章，我以為不是屬於思想方面的，而是屬於碑傳文方面的。他所作那麼多篇的碑傳文，使後來的散文家五體投地的佩服，以為變化多方，不可捉摸。試看宋元明清四代的散文家文集，其中的碑傳文，有幾人能不向《昌黎集》中討些生活。可是他那極具變化的手法，還不是從司馬遷一派的史傳文得來？以欲「為唐一經」的大手筆，結果轉向於碑傳文的製作，而又不能以寫史傳的態度為人寫碑傳，只以「諂諛」為工，這種態度不是與蔡邕完全一樣麼？（此處引用「諂諛」兩字，是朱晦庵說過的，他說：「今讀其書，則其出於諂諛戲豫放浪而無實者，自不為少。」見《晦庵先生文集》卷七十〈讀唐志〉。）

他有一篇戲謔的文章〈毛穎傳〉，李肇《國史補》謂此傳「其文尤高，不下遷《史》」，《談藪》亦謂此傳「似太史公筆」（俱見《昌黎先生集》引）。這本是他受當時傳奇文的影響而寫的，居然似太史公的史筆者，是什麼原因？這就是由史筆蛻變為沒有歷史的真實性的碑傳文，同時又由史筆蛻變為創造故事性的傳奇文，因為碑傳文與傳奇文實同源而異流。宋朝人不願將小說體的古文與韓愈一派古文，看作同等的價值，乃以志異者為傳奇，載道者為古文，傳奇遂為唐人小說的通稱了。其實，同一來源，同是單筆古文，兩者表現的手法又極相似，只有內容不同而已。韓愈的〈毛穎傳〉所以「不下《遷史》」者，雖唐人如李肇者也不得不如此說。

按以史傳文的表現方法寫小說，其發生的時代，還早於韓愈一派的古文，儘管創造性的小說被貶抑不受重視，可是事實卻不能否認。如現存傳奇最早的〈古鏡記〉的作者，他是文中子通的弟弟，東皋子績的哥哥，隋大業中為御史，死於唐初武德年間，足見隋末唐初已經有人用古文寫小說了。又有一篇〈補江總白猿傳〉，內容是誣衊歐陽詢的，作者雖不可考，但為唐初人則無疑問。大曆中有沈既濟作〈枕中記〉，這是唐人小說極有名的一篇，既濟於德宗建中二年（七八二）以宰相楊炎薦拜左拾遺史館修撰，時韓愈才十四歲（愈生於七六八年）據此足證韓愈一派的碑傳文實發生於傳奇文之後。傳奇之所以盛於唐代者，不是偶然的，自有它的社會背景。宋趙彥衛《雲麓漫鈔》卷八云：

唐之舉人，先藉當世顯人以姓名達之主司，然後以所業投獻，踰數日又投，謂之溫卷，如《幽怪錄》、《傳奇》等皆是也。蓋此等文備眾體，可以見史才、詩筆、議論。

陳寅恪先生據此，以為「唐代舉人之以備具眾體之小說之文求知於主司，即與以古文詩什投獻者無異。元稹、李紳撰鶯鶯傳及歌於貞元時，白居易與陳鴻撰長恨歌及傳於元和時，雖非如趙氏所言是舉人投獻主司之作品，但實為貞元元和間新興之文體。此種文體之興起與古文運動有密切關係，其優點在便於創造，而其特徵則尤在備眾體也。」（《元白詩箋證稿》第一章）陳先生此說，是基於古文運動的觀點；而我所注意的為傳奇與「史才」的關係，即具有「史才」而寫碑傳文的有韓愈一派的作家，同時寫傳奇文的作家也同樣的具有「史才」。如〈古鏡記〉的作者王度，大業中曾奉詔修國史（見〈古鏡記〉及《唐文粹》）；〈枕中記〉的作者沈既濟，則「博通群籍，史筆尤工」，並「撰《建中實錄》十卷，為時所稱」（見《舊唐書》卷一百四十九〈沈傳師傳〉）；〈長恨歌傳〉作者陳鴻，曾修「《大統紀》三十卷，七年始成」（《唐文粹》卷九十五）；這幾個人都是傳奇的大作家，如此，則傳奇文與史傳文的關係，更可想見了。此外如「能刱窈窕之思」的沈亞之，〈李娃傳〉的作者白行簡，〈鶯鶯傳〉的作者元稹，〈南科太守傳〉的作者李公佐都是進士出身，他們雖不見有專門史學著作，而皆具有「史才」，又是必然的事了。

唐代進士科既重視史學，可是唐一代的史學卻不發達，這又是政治的原因了。先是隋文帝開皇十三年詔禁私家撰述國史，至唐猶承其風，而其時文士凜於後魏太武時，崔浩以重修國史坐夷三族的橫禍（四五〇年），有史學修養者自不敢輕於為史學的著作（見《中國史學史》第六章）。這也就是劉知幾所慨歎的：「夫孫盛實錄，取嫉權門，王劭直書，見讐貴族，人之情也，能不畏乎？」（見〈與監修國史蕭至忠〉等書）又《舊唐書》作者於〈于休烈等傳〉後，也深致其感慨：

史官曰：前代以史為學者，率不偶於時，多罹放逐，其故何哉？誠以褒貶是非在於手，賢愚輕重繫乎言，君子道微，俗多忌諱，一言切己，嫉之如讐。所以峋（令狐峋）薦（張薦）坎壈於仕途，沈（既濟）柳（登）不登於顯榮，後之載筆執簡者，可以為之痛心。（《舊唐書》卷一百四十九）

足見當時進士科之重視史學，目的在培養史官，並無獎勵私人修史的意思。因此，有史才的文士以史筆為人寫碑傳文，同時有史才而不受正統思想所羈絆者，乃以史筆創作小說；是由史筆這一淵源，分為兩大支流，一是碑傳文，一是傳奇文；傳奇文重創造，不重寫實，碑傳文則重寫實不重創造。但事實並不如此，碑傳文除了碑主的郡望官秩生卒尚可徵信外，其品德行為沒有不被加以藻飾夸張的。蔡邕始以複筆為之，影響所及，延續了六百餘年；繼之者韓愈以單筆為之，延續以至清一代的桐城派，又有一千多年。這一文體，虛而不實，原是裝點死人的工作，而竟延續了一千六、七百年之久，由此又可以看出中國社會的性質和風尚了。

（錄自《傳記文學》第四卷第三期；民國五十三年（一九六四）三月。又見二〇〇〇年一月陳子善編《龍坡論學集》，遼寧教育出版社。）

編案：民國五十六年（一九六七）傳記文學出版社印行《什麼是傳記文學》暨臺北新文豐出版社出版《唐代文學論集》第二輯，均收此篇。至未收入《靜農論文集》原因，可詳參羅聯添《臺靜農先生學術藝文編年考釋》五十三年（一九六四）三月條說明。

魏密雲太守霍揚碑

霍揚碑，縱一百八十七公分，橫八十七公分，如此豐碑，是魏碑所少見。此碑是近世所發現，羅振玉始著錄於其《石交錄》卷三云：

魏密雲太守昌國子霍揚碑，二十餘年前出山西。碑字大徑寸，十七行，行二十七字，文極鄙陋，不甚可解，書亦拙朴。碑首有穿，穿上刻花紋。兩旁額字各一行，行四字，文曰：「密雲太守霍揚之碑」，篆文尤繆戾，不合六書。以晚出，為前人所未見。……

又見歐陽輔《集古求真續編》卷二云：

霍揚碑，十七行，行二十七字。字大寸許，無書撰人名。有篆額云：「密雲太守霍揚之碑」八字。作方形，略無筆意，殆非雅人所為。書法學北魏人，而粗俗已甚，多構別體，而乏古野之趣。其模糊之字，非自然剝落，實故意敲破剜壞。細審一過，竟無一是，顯為偽託。額兩行，居左右，中間上為造像，像下為穿。北魏碑額，作造像者有之，而作穿者殊少。當是時，迷信最盛。凡造像者，無不金容圓滿，妙相端正，位置天然，雕刻精工，雖不及漢石室畫像渾樸。而美麗過之。即斷裂剝蝕，僅留半面半身，亦足令人賞玩。蓋風氣盛行，石匠有專工於此道者，雖無畫師着筆，自能信手開雕，裝成神佛，決不致如此刻之粗劣。大似羅剎夜叉，絕無慈悲之形態，即此可斷其偽託。末題景明三年（實為五年），是時佞佛之徒，精誠具足，更不應有此潦倒惡陋之作。近始發現，乃亦有人珍之，不可解矣。

歐陽輔以為篆額「略無筆意，殆非雅人所為」，「書法粗俗已甚」，又造像「粗劣」，因而斷是偽託，碑之剝落處，謂「實故意剗壞」，如此鑑賞，未免主觀武斷。試觀漢魏以來書碑人，有幾個是所謂「雅人」，即如漢碑篆額之流麗，也不過出於「書佐」或「書工」等人之手，決不是歐陽輔心目中的文士雅人。至謂造象精工者為真，其粗劣的必偽，今能見到的南北朝造象甚多，又未必如此。

至於羅振玉以為「文極鄙陋」、「書亦拙朴」、篆額「不合六書」，不失為前人評鑑石刻的傳統觀念。前人大都據石刻以證史，或考家族世系，這一大碑「文極鄙陋」，死者雖位至太守，卻不像有文化的家族。此碑之立雖不是霍氏家族而是「臨汾人」，但霍氏家族若有相當的文化，則未必會接受此種「極鄙陋不甚可解的文字」。如碑文末段云：

昊天不弔，春秋五十有五薨，群僚執哽而涕衿，蓬野「咸噎」（？）以酸吟。子包侳僕射臨汾令昌國子霍珍，纂脩父道。忠孝竝宣，奉遷神宅，終願永訣。時臨汾人張保興梁祖脩等紼送坐故，哀德哲之潛世，徽音之更（？）絕，乃刊石銘碑，述之云爾。

看來霍揚死後，其子霍珍為臨汾令。於是臨汾人張保興、梁祖脩等為之「刊石銘碑」。這同〈鄭文公碑〉立於故吏等一樣的情形。不過鄭文公的兒子鄭道昭畢竟是有文化修養的官僚，所以鄭碑的文字也就不尋常了。

我對於〈霍揚碑〉的興趣，是它的書法。惟其「拙朴」卻有其「拙朴」的意義。不能因其「拙朴」忽略了他在書法上發展的價值。按北魏書法影響於近世書苑的，大家都知道有王遠的〈石門銘〉與鄭道昭先人的〈鄭文公碑〉及其〈雲峰山刻石〉，〈霍揚碑〉正與之同時。但發現得晚，知道的少，羅振玉本是識家，卻存一隅之見，未免埋沒了這一北魏書法史上的新資料。試看：

密雲太守霍揚碑：「大魏景明五年（五〇四），歲在甲申正月戊申朔廿六日癸酉造。」

按世宗景明僅有四年，明年正月「丙寅，魏大赦，改元正始」（《通鑑·梁紀》一），是碑書五年者，以戊申至丙寅不過兩旬，民間猶未知改元之故。

石門銘：「魏永平二年（五〇九）。太歲己丑正月己卯朔卅日戊申，梁秦典籤太原郡王遠書。」

袞州刺史滎陽文公鄭義下碑：「永平四年（五一一），歲在辛卯，刊上碑在直南廿里天柱山之陽。」

雲峰山鄭道昭論經書詩：「魏永平四年（五一一），歲在辛卯刊。」（以上兩刻石，通稱「鄭道昭書」，余以為實係當時民間書家所書，見余所撰〈鄭羲碑與鄭道昭諸刻石〉，發表於《董作賓先生逝世十四周年紀念刊》。）

據此知〈霍揚碑〉早於王遠的〈石門銘〉五年，早於鄭道昭的〈鄭文公碑〉及〈論經書詩〉七年，下距鄭道昭卒十二年。道昭卒於熙平元年（五一六），見《魏書》卷五十六〈鄭羲傳〉。是不特證明〈霍揚碑〉書者與王遠鄭道昭同時，並且證明〈霍揚碑〉的書法與王遠、鄭道昭刻石同是屬於一時書風的產品。康有為說：

石門銘飛逸奇渾，分行疏宕，翩翩欲仙。源出石門頌、孔宙等碑，皆夏殷舊國，亦與

中郎分疆者，非元常所能牢籠也。《六十人造像》、《鄭道昭瘞鶴銘》乃其法乳，後世寡能傳之。（《廣藝舟雙揖》卷四）

康氏說〈石門銘〉源出〈石門頌〉，是無疑義的，至云鄭道昭承〈石門銘〉法乳，則是沒有見到〈霍揚碑〉的關係。按〈霍揚碑〉的書法與〈石門銘〉、〈鄭文公碑〉同是圓筆，體勢也相同，飛逸固不能比〈石門銘〉，嚴整則略同〈鄭文公碑〉，雖藝術的成就有高下，而其為「一家眷屬」，則是不能否認的。

北魏風俗，為生死人祈福的造像與墓誌或墓碑，最為流行，而操此種刻石文字的撰寫人，大都是職業性的，且極少高手。要知北朝文士少，不能與南朝比，昔庾信入北就有「韓陵一片石」之感。因之此類文字的作法及辭彙，幾千篇一律。書法亦復如此，體勢和筆意，往往相似，特精拙不同耳。〈石門銘〉與〈鄭文公碑〉同是北魏碑的精品，而前者是〈梁秦典籤太原郡王遠書〉，是具有官吏身分的書家，所以署名並具頭銜，後者字雖精而無署名，則是與「霍揚碑」的「拙朴」書家同是以書碑為職業的。這些職業的書者，在當時固然談不上有什麼地位，但是中國書苑千餘年來的多種風貌，使後人深心膜拜，皆是這些無名的書藝家的成就。

漢人隸書，圓筆是一大宗，這當然是從篆書筆意蛻變出來的。若〈石門頌〉、〈楊淮表紀〉則是漢隸圓筆之代表作。而北魏之〈石門銘〉、〈鄭文公碑〉又皆承漢人法乳而蛻變之。兩者「奇逸」與「端麗」久已輝映書苑。今〈霍揚碑〉晚出，而且年代較早，觀其用筆取勢皆與此兩碑近似。其「拙朴」處，却令人有古厚之感，可以說他行筆不夠純熟，造境不夠超脫，也可以說他於〈石門銘〉、〈鄭文公碑〉外別成一格，這是我所以重視此碑的理由。

（錄自《中國書目季刊》十三卷四期，民國六十九年（一九八〇）三月出版，學生書局）

編案：此篇係三十年前編者主編《書目季刊》期間，臺先生應編者之請而作。不僅未收入《臺靜農文集》，亦未見著於秦賢次等所編之書目。經由紀秋薌女弟到臺大總圖書館搜檢而得，甚是可貴；蓋據此足助瞭解臺先生於漢魏碑帖之獨見。

上胡適函

適之吾師：

師回國以後，時在報上見到行止，藉悉起居安善，至為欣慰。生本年度原系仍留厦大，惟因今春在厦，身受濕熱甚重，常為疾病所苦，適有友人在山大，遂來此充一專任講師。山大校長為林濟青氏，省政府委員，曾任教會齊魯大學校長，此次長山大，聞系韓主席保薦。此校無文學院，僅有國文、英文兩系，全校學生四百餘人，國文系學生六十餘人。至於厦大，過去兩年，辨明先生任校長，力加整頓，情形漸好。本年因辨明先生與陳嘉庚氏有改革學校之約，後為林文慶氏所知，因與其左右力攻辨明先生，陳嘉庚氏便中途返漢，辨明先生不安其位，辭去文學院長，厦大一切從此操于林氏左右兩三人之手，（教部國立東方語言學校之創辦，趙元任先生推薦辨明先生任校長，就否尚未定。）開學後，學生一度罷課要求國家收回，校方懇請厦門市長出面調解，風潮始息。政府年出十餘萬之津貼，竟任其腐敗下去，實為可惜。

往年生在北平任事，于南方情形，實為隔膜。近年以來，據所知者與北平較之，相差誠遠。如學校當局，除對外敷衍政府功令外，對內惟希望學生與教員相安無事而已；至於如何提倡研究空氣，如何與學生及教員研究上之方便，均非所問。長此以往，誠非國家之福。

專此，即詢

康和

學生 臺靜農 敬上【民廿五】十二月二十一日

（錄自《胡適秘藏書信選》，梁錫華選註，臺灣臺北：風雲時代出版公司，民國七十九年（一九九〇）十一月）

編案：梁錫華一九八二年（民國七十一年）任教於香港中文大學。本篇資料乃自《胡適來往書信選》（三冊）百多萬言中選出，加以整理，分類並註釋，清爽可讀，實有便於讀者。

張大千九歌圖手卷題記

大千先生辛巳歲西去敦煌，摩挲鳴沙石窟者三載。歸蜀之明年，小隱青城山經營斯圖，期年有成。

昔李龍眠為〈九歌圖〉，趙松雪撫之，今趙本存，而李本不可見。大千此圖獨契靈翼，造妙入微，想松雪見之，亦當失色。蓋松雪筆墨極於龍眠，大千則笑帶曹衣，盡收腕底。其卓犖前修者，以能會心於北魏隋唐之間故爾。此松雪平生夢想所不能及，龍眠居士亦未曾有此勝緣。

披是圖也，若排閶闔而禮大君，游八荒以接羣神，乃其幽篁逸韻，皓質長愁；平原猛士，毅魄為雄。信如東坡論吳道子，出新意於瀿度之中，實妙理於豪放之外者。

頃大千扶病歸國，舉如椽卷子示靜農曰：「予老且病目，將不復為此筆墨，卷中題識故人，亦多化為異物。今不因行李之勞而攜至者，必屬弟為記之。白首交親，為之感喟。既而展卷游目，又不勝其歡喜讚嘆矣！」

大千八兄命題　丙辰立春靜農於臺北龍坡里

（錄自傅申《張大千的世界》，頁一五二，一九九八年（八十七）九月，臺北羲之堂文化公司）

編案：丙辰立春，為民國六十五年（一九七六）二月五日，詳參羅聯添《臺靜農先生學術藝文編年考釋》

喬大壯印蛻

丁亥夏，大壯先生渡海來臺，余始與先生共事臺灣大學。余知先生則自讀所譯波蘭顯克微支說部。始與先生接席，溫恭謙挹，初以為古之中庸者，久則以先生跡中庸而實狂狷者；當酒後掀髯，跌蕩放言，又非遁世無悶者。居府掾，非其志；主講大庠，又未能盡其學，終至阮醉屈沉，以詩詞篆刻傳，亦可悲矣！

丙辰後中秋臺靜農於歇腳盦

（錄自曾紹傑編《喬大壯印蛻》六十五年十二月印行）

編案：丙辰為民國六十五年（一九七六）。是年農曆八月閏「後中秋」，時當十月八日。詳參羅聯添《臺靜農先生學術藝文編年考釋》

喬大壯印蛻

丁亥夏大壯先生渡海來臺余始與先生共事臺灣大學余知先生則自讀其所譯波蘭顯克微支說部始與先生接席溫恭謙挹初以為古之中庸者久則以先生跡中庸而實狂狷者當酒後撫髯跌蕩放言又非遁世无悶者居府掾非其志主講大庠又未能盡其學終至阮醉屈沉以詩詞篆刻傳亦可悲矣

丙辰後中秋臺靜農於歇腳盦

大千居士吾兄八秩壽序

神州畫學，兆始於三代，而拓宇於兩漢。先以刻鏤，若商周之鼎彝；繼以筆墨，若荊楚之帛畫。光怪奇詭，極先民之精思。兩漢則人物禽獸，或刻石、或縑素，乃至器物，大都雄渾飛動而合於實用。今敦煌壁畫，六朝舊蹟猶存，可上窺漢魏之遺風，下見隋唐之新意，莊嚴明麗，蔚然為上國光。

盛唐歌詠，山水方滋，王摩詰以雅好自然之詩人，藻繪山川，寄情玄遠，遂開山水畫之宗風。兩宋承之，奇葩異彩，紛披藝苑。後人映其餘暉猶能自燭者，元四家是已。明世諸賢，法古功深，創新意少。清之四王，刻意工巧，都乏天趣。然奇才孤憤之士，奮起其間，以與古人爭勝者未嘗無人。若石濤、八大諸賢，高才健筆，固一世之雄，而世習甜熟，昧於不學，致千數百年繪事，至清季而益衰。

吾　兄大千居士，始以石公風格，力挽頹風。大筆如椽，元氣淋漓，景響及於域外。然後力追前古，摩詰而下，荊關董巨，莫不尋其源流，收諸腕底。又西去敦煌，寢饋於鳴沙石室者三載。六朝隋唐勝蹟昔賢夢想未及者，盡得親歷而觀摩之，讀吾　兄所譔〈莫高山石窟記〉，論六朝隋唐之畫風，皆精湛絕倫，視前人徘徊於宋元間者，相去霄壤，元明巨子，若趙松雪、董玄宰，其學與藝，雖足以撼一時，而澤潤後人，然皆未有此勝緣。此固時會有助於吾 兄，亦吾 兄之學之才有以濟之。世論吾 兄起衰之功為五百年所僅見，余則以為整齊百家，集其大成，歷觀畫史，殆無二人。故能手闢鴻濛，以與造物者游。籠天地於形內，挫萬物於筆端，諔詭瑰異，變化無方，猗歟聖矣！抑有進者，時方顛沛，藝事紛拏，滄海塵飛，莫知其既。若吾 兄之才性時會，固前修之所無，亦來者之所難追。膺命世之重荷，信風流而獨擅，皤然一叟，繫天下藝壇，雅望如此，長宜雲山供養，世外優游，清明在躬，福祉日至，謹獻斯文，用申嵩祝。

（錄自《靜農書藝集》臺北華正書局，民國七十四年（一九八五）二月。又見一九九〇年九月陳子善編《臺靜農散文集》，北京人民日報出版社）

編案：民國六十七年（一九七八）五月七日（農曆四月初一日）為張大千先生八十壽辰，臺先生撰此序以賀，應在張大千先生壽辰前不久，殆是年四月間。詳參羅聯添《臺靜農先生學術藝文編年考釋》

溥儒日月潭教師會館碑跋

吾友劉白如先生長臺灣教育廳時，建教師會館於日月潭，饒有湖光山色之勝。心畬先生游山憩駕於此館，顧而樂之，欣然記其湖山建築之美。其文工麗，有徐庾風灋，書則初唐遺韻。書後，親奉白如曰：「此勿庸使侍史鈐印記，若彼輩知，會一向君索潤筆也。」白如既將此記歸國立歷史博物館永遠藏之，而感激先生不能忘，因屬靜農記其事。歲月如流，先生逝世至今十六年矣！　己未元月臺靜農於龍坡

（錄自王家誠《溥心畬傳》頁一四二，臺北九歌出版社，民國九十一年（二〇〇二）。碑跋原見《故宮月刊》一九六期，頁一四三。《溥傳》據以引述。）

編案：己未為民國六十八年（一九七九）。元月，國曆二月。溥作碑末署：「歲在壬寅春正月穀旦」。壬寅，民國五十一年，翌年溥氏逝世。臺先生六十八年作跋，上距溥氏卒十六年，故跋尾云：「先生逝世至今十六年矣」。劉白如名真，民國三十八年至五十一年間（一九四九—一九六二），任臺灣臺北師範大學校長暨臺灣教育廳長。

溥碑今藏臺灣歷史博物館，碑文後有款無章，臺先生作跋言其緣故，碑所謂「侍史」乃指溥夫人李墨雲。詳參羅聯添《臺靜農先生學術藝文編年考釋》。

梅園詩存序

吾友戴靜山先生昔年手寫《梅園詩存》百四十餘篇，影印行世，皆渡海以來所作。詩境沖和閒靜，一如其人。趙秋谷云：「詩人貴知學，尤貴知道。讀靜山詩，則知其蓄積之深及厚，粹然儒者之詩也。」

其古詩，近淵明；近體短章，極似陳簡齋，蓋身經喪亂，感內傷事與前賢同其襟懷故爾。所作未收入《詩存》者猶多，曾訝其別擇之甚，問之，別笑而不答，意或有不願示友生者。

今靜山既歸道山，志鵷夫人整理遺稿，得詩六十餘篇，乃其生前自定，將補入《詩存》者，此外又得若干篇，編為補遺。三十年流寓海上，教學養生之餘，寄憂勤於蕭散，其有不能已於言者，盡在是矣。而志鵷夫人高齡倦目，猶親為工楷寫定，其伉儷深情得不令人感動耶！

己未端午後　　弟臺靜農謹序於臺北龍坡。

（錄自《戴靜山全集》第三冊，民國六十九年（一九八〇）八月出版）

編案：序云「己未」知為民國六十八年，端午，國曆五月卅日，其後作序，當在六月初。詳參羅聯添《臺靜農先生學術藝文編年考釋》

溥心畬山水長卷——遠岫浮煙圖卷題記

昔年心畬先生始將新作山水人物公諸於世，時北都藝文士皆相驚失色。以久習四王遺緒之甜熟，未曾見有如是之峻奇雄肆者。於焉以為北宗衰落者數百年，得先生出而振之。先生負宏博絕逸之才，又以帝王家世所藏畫史名蹟，心領神會，悉能探其玄奧，收諸腕底。其能震駭一世者，並非偶然。

渡海來臺，絕交遊，居陋巷，日夕弄筆，惟以丹青自娛，尺幅寸縑皆為海內外人所珍寶。若此遠岫浮煙巨蹟，未嘗示人，而其精神筆墨大足與馬夏抗衡，真國寶也。

先生學宗儒術，多有撰著，古詩宗漢魏，律近唐風。以身經喪亂有蒼涼之音，至若下筆成章，則余生平所僅見。

辛酉六月臺靜農識於臺北市龍坡里

錄自《溥心畬山水長卷》，臺灣商務印書館，民國八十年（一九九一）十一月

編案：辛酉為民國七十年（一九八一）。長卷二幅：前為遠岫浮煙，後為江山翠靄。十二年後（民國八十二年），商務再出版《溥心畬書畫遺集》，臺先生亦為之序，見後。詳參羅聯添《臺靜農先生學術藝文編年考釋》

耆年心畬先生始得詩作山水人物公諸於世，時北都藝文士皆相驚失色。以久習四王遺緒之甜熟，未曾見有如是之峻奇雄肆者。於是以為北宗衰落者數百年，得先生而振之。先生負宏博絕逸之才，又以帝王家世所藏畫史名蹟，心領神會，悉能探其玄奧，收諸腕底。其能震駭一世者，並非偶然。渡海來臺，絕交游，居陋巷，日夕弄筆，惟以丹青自娛，尺幅寸縑皆為海內外人所珍寶。若此卷遠岫浮煙巨蹟，求諸古人，而其精神筆墨大足與馬夏抗衡，真國寶也。先生學宗儒術，身有撰著，古詩宗漢魏，律近唐人，以身經喪亂，有蒼涼之音。至其下筆成章，則余生平所僅見

辛酉六月　臺靜農書於臺北市龍坡里

剛伯亭獻辭

前國立臺灣大學文學院院長沈剛伯教授逝世後，及門弟子葺亭於臺灣大學之溪頭農場。其地層巒疊嶂，林壑幽深，士女游斯亭者，想望風徽，垂範於無窮焉。蓋先生長文學院者二十有七（？）年，始當光復之初，規模未具，先生經營擘劃，士風丕變，菁菁者莪，斐然有成。

先生治史於東西文化盛衰之理，參互考驗，融會貫通，時標新義，卓然成一家說，非同小儒之拘攄（當作墟），實乃士林之巨匠。尤以襟懷磊落，氣度恢弘，貞不絕俗，介不忤物，稟清操以自持，處濁世而不淄。悲夫，逝水不還，哲人長往，緬懷名德，敬獻辭曰：

縱浪大化，澹泊天真。夷歟惠歟，得道之純。奇思壯采，文質彬彬。高談偉論，傾倒群倫。
卅年黌舍，日接清塵，事靡鉅細，相與推誠。追陪遊宴，尊酒豪情。風流跌宕，感慨平生。
如何凋殞，沕謨神明。高山仰止，多士景行。

前國立臺灣大學教授弟臺靜農敬譔並書
中華民國七十年七月三十一日

（據臺先生手稿鈔錄，羅聯添收藏）

編案：臺先生〈剛伯亭獻辭〉手稿，用鋼筆書寫，約民國七十年（一九八一）八、九月交付筆者。沈剛伯民國卅七年八月應聘來任臺大文學院長，六十七年七月卅一日逝世，年八十一歲。卒後三年，七十年八月，臺大文學院歷屆門生為紀念先師，乃於南投縣溪頭，臺大實驗林場風景區，建亭立碑，碑辭由臺先生用隸體書寫。沈氏至五十八年七月卸任，文學院長任期為二十一年，碑已修正原手稿二十七年之誤。民國七十一年十月，中央日報出版《沈剛伯先生文集》（上下），上冊文前附有碑文影印圖片。（詳參羅聯添《臺靜農先生學術藝文編年考釋》）

儒城雜詩讀後記

客歲雨盦移居龍坡里，與余家隣近，方喜有晨夕談藝之樂。既而雨盦應邀赴韓國講學，去後經月，無時念其起居。有自彼邦歸者言雨盦大好作詩，日成一篇，興猶未已。初以為霜天子夜，不免有清輝玉臂之思，然結撰嫵婉，必有可觀。或者休沐得閒，留連嘉會，綠酒清歌，長裙曼舞，烏絲紅袖，想見豪情。迨雨盦自韓國歸，果以一卷見示。讀後大驚異，不唐不宋，竟上薄柴桑，老實非向所想像，何其不可測乃爾！蓋雨盦羈旅異國，靜極思深，意真語淡，如過江名理，娓娓動人。是以不特見其詩學，更知其修養。

其尤難者，此六十篇皆和吾師秋明翁詩韻，渾脫自然，了無泥滯，其逞才耶，抑省翻檢韻書之勞耶！

王戍穀雨臺靜農讀後記於龍坡里歇脚盦

（錄自汪中《雨盦和陶詩集》附《儒城雜詩》（套裝線裝本一冊）。民國七十四年（一九八五），臺北市華正書局出版。）

編案：本篇作於「壬戌穀雨」，時為七十一年國曆四月五日。汪中字履安，號雨盦，民國七十年（一九八一）赴韓國漢城（儒城）講學。《雜詩》乃其講學期間撰作並親筆書寫。詩雅麗，書法醇厚，誠彬彬君子之作。雨盦，師大國文系教授，臺大中文系嘗聘為兼任教授，講授「李商隱詩」、「杜詩」等課程。善詩文，擅書法，與臺先生時有文酒之會。詳參羅聯添《臺靜農先生學術藝文編年考釋》

儒城雜詩讀後記

客歲雨盦移居龍坡里，与余家隣近，方喜有晨夕談藝之樂。既而雨盦應邀赴韓國講學。去後經月，亦時念其起居，有自彼邦歸者言雨盦大好作詩，日成一篇，興猶未已。初以為霜天子夜，不免有清輝玉臂之思，然結撰嬿婉外，有可觀。或者休沐得閒，留連嘉會，綠酒清歌，長裙曼舞，烏絲紅袖，想見豪情。迨雨盦自韓國歸，果以一卷見示。讀後大驚異，不唐不宋，竟上薄柴桑，老實非向所想像，何其不可測乃爾！蓋雨盦羈旅異國，靜極思深，意真語淡，如過江名理，娓娓動人。是不特見其詩學，更知其修養。其尤難者，此六十篇皆和吾師秋明翁詩韻，渾脫自然，了無泥滯，其運才耶，抑省翻檢韻書之勞耶！

壬戌穀雨臺靜農讀後記於龍坡里歇腳盦

爲藝術立心的大千

幼衡將她近年所寫關於大千先生的文章，編成集子，要我寫一小序。此時大千正臥病醫院，我們心情都非常沈重，而她的書正待出版，一時實不知怎樣下筆。幼衡因言：「你只寫點你對他的藝事的看法，或朋友間的雜事，我的文章則是忠實的記錄，不必有何稱美。」幼衡在摩耶精舍任記室多年，日在大千畫室左右，見聞自為親切。以她真誠的性格，任何敘述，皆寫實可信，而她明潔的文筆又足以達之，其為大千傳記部分的資料，則是無可置疑的。大千一生絢爛，世人多當他是傳奇人物，其實也是凡夫。大千平日告訴後生，三分天才七分功力，大千本人並不如此，他是無比的天才與功力，才得超凡入聖的。幼衡希望我能對大千的藝事有所評價，我固無此能力，即並世的評論，也未必能全窺其真風貌，將來歷史自有定評。

且談一二舊事吧。猶記三十年前陪大千去臺中北溝故宮博物院看畫，當時由莊慕陵兄接待，每一名蹟到手，隨看隨卷，亦隨時向我們說出此畫的精微與源流，看畫的速度，不免為之喫驚。可是有一幅署名仇十洲而他說是贋品的著色山水，他不特看得仔細，並且將是畫結構，及某一山頭、某一叢林、某一流水的位置與顏色，都分別注在另一紙片上。這一幅畫，他在南京時僅一過目，卻不同於其他名蹟早已記在心中，這次來一溫舊夢而已。由這一小事，使我看出他平日如何用功，追索前人，雖贋品也不放過其藝術的價值。

當晚在招待所客廳，據案作畫，分贈故宮博物院執事諸君，大家一起圍觀，只見其信筆揮灑，疾若風雨，瞬息便成一幅。觀者歡喜讚歎，此老亦掀髯快意，一氣畫了二十餘幅。因而想到，抗戰前，大千任中央大學教授，每週來南京，落腳在張目寒兄家。有次在目寒家客廳，一面作畫，一面同三數朋友說笑，畫一完成，即釘在牆上，看「亮」不「亮」。這是我第一次才聽到畫法上有所謂「亮」這一名詞，其實便是西畫法的「透視」。

幼衡談到大風堂鎮山之寶董源的「江堤晚景」，要知大風堂鎮山之寶豈止一件，多著呢。如顧閎中「夜宴圖」，董源「瀟湘圖」，黃山谷書「張大同手卷」，都是大風堂至寶；這三件至寶於我有幸，曾在我家住過短短時間。早年大千將這三件至寶帶來臺北，臺北鑑藏家一時為之震撼。時大千有日本之行，有一老輩想暫時借去，好好賞玩。而大千表示這三件上面都鈐有「東西南北只有相隨無別離」的印，有似京戲裏楊香武要盜九龍玉杯，對方卻「杯不離手，手不離杯」。畢竟短時間去日本，帶來帶去，海關出入，有些不便。由目寒建議，暫存在我家。我於字畫古玩，既無可買，亦無可賣，不引人注意。於是他同目寒親自送到我家，我當時有說不出的惶恐，只得將這三件至寶供養在壁櫥舊衣堆裏。傳說凡寶物所在處，必有神光射入斗牛，可是在寒舍的寶物，卻沒有神光射出，也許寶物自知借地躲藏，姑且收斂，不然定有人追蹤而至。

大千擁有那些人間至寶，也以此自豪，因有「敵國之富」一印鈐在那些名蹟上。他願「相隨無別離」，卻又有一印「別時容易」，往往兩印同鈐在一幅書畫上。他又說：「曾經我眼即我有」，這話好像是自嘲，其實不然。海內外中國名蹟，他不特都經眼過，並且都記在心目中，例如他對故宮博物院名蹟之熟悉，既能中心藏之，一旦斥去，更無惋惜，故曰「別時容易」。

他初到巴西，發現一平原，頗像故國成都，竟斥去所有，開山鑿湖，經營數年，居然建成一座中國園林。一旦巴西政府要此土他，則掉頭而去，毫不留戀。雖說「我真不成材啊」，可是古今來有如此襟懷的人麼？惟其有如此的襟懷，才能有他那樣突破傳統創造新風格的盛業。

大千在敦煌親身調查石窟，編號標明，其編號久為國內外學者所引用，要算國內從事此項工作者第一人。另記每窟大小，窟中壁畫畫風與時代；或所畫某一佛經故事，最為詳細，名曰〈莫高山石窟記〉，久已成書，卻長祕行篋中。三十年前我就請他印出，竟未成事實。近年又不止一次與之談及此事，在他入醫院前曾向我說，石窟記稿已找出，日內交給我，要我先讀一過。當時我建議，石窟記中未有的有關問題，如石窟之真正發現人，壁畫上有〈洛神賦〉題材，以及壁畫畫法與印度有無關係種種，由他口授，幼衡筆記，分題附在書後，好供研究者的參考，他也欣然認可。沒想到他又入了醫院，我想幼衡這一文集出版時，他已經康復了，再繼續這一工作。我們祝福他。

七十二年三月二十一日在龍坡精舍

（錄自馮幼衡《形象之外——張大千的生活與藝術》，臺灣九歌出版社，七十二年（一九八三）八月三版。又見一九九〇年九月陳子善編《臺靜農散文集》，北京人民日報出版社。）

編案：臺先生作此序，時張大千先生正臥病臺北榮總醫院。民國七十二年（一九八三）四月二日大千逝世，距臺先生作序僅十一日。馮幼衡，臺大外文系畢業，政大新聞所碩士，曾任大千私人秘書，四月十日馮書出版，大千歿已八日。書為大千身後第一本傳記。詳參羅聯添《臺靜農先生學術藝文編年考釋》

千歲盤老龍題跋

去北平西南約八十華里之馬鞍山有戒臺寺，傳說建於唐代。寺有松十餘株，皆壽千年。心畬先生早歲讀書寺中，日與古松為鄰。陳弢庵、陳蒼虬亦時至，並有詩記之。心畬既來臺灣，追念前塵乃寫斯圖，且有詩云：「海嶠風煙異昔時，放山空憶歲寒枝，臥龍松頂娟娟月，年少曾陪太傅棋。」

披是圖也，怒龍驚虬之勢，騰蛟伏虎之奇，俱見腕底，然非有高懷雄筆，安能有此。斯圖作於壬寅秋，明年即歸道山，歲月不居，至今已三十年矣，回想昔年談讌之樂，如何可得。丙寅孟夏，勤夫先生屬題。十餘株應作數十株，臺靜農於龍坡丈室。

（錄自《南張北溥藏珍集萃》，臺北義之堂文化出版公司，一九九九年（民國八十八年）十月）

編案：「丙寅孟夏」，時在七十五年（一九八六）五月間。勤夫，袁守謙字，曾任國民政府官職。民國五十一年（一九六二），溥氏作圖，翌年溥過世，圖為袁守謙雙桐書屋收藏。臺先生應袁之請題跋，距溥過世已三十四年。詳參羅聯添《臺靜農先生學術藝文編年考釋》

溥心畬書畫遺集序

臺灣商務印書館印行《溥心畬先生書畫遺集》，計書百一十七幅，畫二百六十，皆藏之於家，未曾印出者。心畬先生為當代藝苑鉅子，聲名播於中外，其作品秘藏二十餘年者，今公諸於世，誠藝苑盛事。

心畬先生早歲潛心經史，兼工詩文，書畫乃其餘事。惟因家世清華，歷代名跡多有收藏，心領神會，涉筆不落尋常畦徑。猶憶昔居北都，心畬首次展出時，筆墨高簡，法乎象外，藝林相驚，以為見所未見。有謂自戴文進以來，三數百年所僅見。戴文進者直承馬遠、夏圭，一變元四家畫風，世謂之北宗。心畬則承北宗，一變清代四王之積習。高才健筆，瀟灑天真，以詩人之襟懷，發山川之靈秀，奇矣。時北都畫風，溺於四王，甜熟無生意，見心畬所作，自為之驚異失色。於是有「南張北溥」之說，亦甚有意義，以兩人風格能為畫苑開新境界故耳。

心畬於山水外，凡人物花鳥皆精妙，動物若馬，當時貴族皆喜畫之，心畬筆下神駿，則法乎唐人，以家藏有唐人鉅跡故耳。然心畬學畫時較晚，年三十左右，因家藏名畫多，隨意臨摹，直以古人為師。自云：「有師之畫易，無師之畫難，無師必自悟而後得，由悟而得，往往工妙，惟始學時難耳。」此誠經驗之言。然惟心畬有此家世與天才，始能有此境界，一代大師之成功，實非偶然。

心畬之書法，蓋始習於少年就學時。自述云：「書則始學篆隸，次北碑、右軍正楷，兼習行草。十二歲時，先師使習大字，以增腕力，並習雙鈎古帖，以鍊提筆。時家藏晉、唐、宋、元墨跡，尚未散失，日夕吟習，並雙鈎數十百本，未嘗間斷，亦未嘗專習一家也。」其學習書法之過程如此。日對晉、唐、宋、元之墨跡，肆意臨摹，此豈常人所能有？益以天才卓举，筆思超妙，故能工於各體。行草則意態飄逸，融會二王，自具神韻。楷書則應規入矩，本諸唐人，亦時見成親王體勢，亦是由於昔日貴族風尚故耳。小楷書純是晉人法度，雋雅有勁氣，甚為難得，惜不多作。

心畬渡海臺灣，時年五十四，至六十八歲逝世。此十餘年中，深居陋巷，屏絕塵氛，惟以書畫自怡。日在斗室中據案揮灑，客來談笑，亦縱筆不停。有時厭煩囂，則攜紙筆至友生家。此以藝事為生命之精神，殆由於平生襟懷皆寄於筆墨間故耳。觀其所作，或簡澹，或精麗，莫不氣韻生動，有時設想之奇，出人意外。詩文有捷才，舉筆成篇，無所改定，此為予生平所僅見者。作畫亦如之，信筆所至，便成高趣，以是作品極多，殆不可計。他日有收其作品者，當於島上求之。

予昔在北都，與心畬從兄雪齋先生同事於輔仁大學，又因吾友啟苑北兄之介，訪之於恭王府；來臺後則時有文酒之會，談藝之樂。是集即將印行，連生總經理以予與心畬有舊，屬為序之。

臺靜農於臺北龍坡里

（錄自《溥心畬書畫遺集》（上下冊），臺灣商務印書館，民國八十二年（一九九三）九月出版）

編案：此篇約作於民國七十八年（一九八九）。詳參羅聯添《臺靜農先生學術藝文編年考釋》

國家圖書館出版品預行編目資料

臺靜農先生學術藝文編年考釋（附　臺靜農別集）

羅聯添著. – 初版. – 臺北市：臺灣學生， 2009.09
面；公分

ISBN 978-957-15-1470-3 (精裝)

1. 臺靜農 2. 學術思想 3. 臺灣傳記 4. 藝術家

783.3886　　98013713

臺靜農先生學術藝文編年考釋
（附　臺靜農別集）

著作者：羅聯添
出版者：臺灣學生書局有限公司
發行人：盧保宏
發行所：臺灣學生書局有限公司
臺北市和平東路一段一九八號
郵政劃撥戶：〇〇〇二四六六八號
電話：(〇二)二三六三四一五六
傳真：(〇二)二三六三六三三四
E-mail: student.book@msa.hinet.net
http://www.studentbooks.com.tw

本書局登記證字號：行政院新聞局局版北市業字第玖捌壹號

印刷所：長欣彩色印刷公司
中和市永和路三六三巷四二號
電話：二二二六八八五三

定價：精裝新臺幣一六〇〇元

西元二〇〇九年九月初版

78301

ISBN 978-957-15-1470-3 (精裝)